Unternehmensübernahmen nach taiwanesischem und deutschem Recht

Europäische Hochschulschriften

European University Studies

Publications Universitaires Européennes

Reihe II **Rechtswissenschaft**

Series II Law

Série II Droit

Band/Volume **5849**

Kuo-Ching Wang

Unternehmensübernahmen nach taiwanesischem und deutschem Recht

Mit besonderer Berücksichtigung der Pflichten des Vorstands der Aktiengesellschaft bei öffentlichen Angeboten

PL ACADEMIC RESEARCH

Bibliografische Information der Deutschen Nationalbibliothek
Die Deutsche Nationalbibliothek verzeichnet diese Publikation in der Deutschen Nationalbibliografie; detaillierte bibliografische Daten sind im Internet über http://dnb.d-nb.de abrufbar.

Zugl.: Bonn, Univ., Diss., 2015

D 5
ISSN 0531-7312
ISBN 978-3-631-67489-5 (Print)
E-ISBN 978-3-653-06956-3 (E-Book)
DOI 10.3726/978-3-653-06956-3

PL Academic Research ist ein Imprint der Peter Lang GmbH.
Peter Lang – Frankfurt am Main · Bern · Bruxelles · New York · Oxford · Warszawa · Wien

Diese Publikation wurde begutachtet.

www.peterlang.com

Inhaltsverzeichnis

3. Kapitel: Die Pflichten des Vorstands bei öffentlichen Angeboten ... 109

Abkürzungsverzeichnis

ABl.	Amtsblatt
Abs.	Absatz
ADHGB	Allgemeines Deutsches Handelsgesetzbuch
a.F.	alte Fassung
AG	Die Aktiengesellschaft (Zeitschrift), Aktiengesellschaft
AGG	Allgemeines Gleichbehandlungsgesetz
AktG	Aktiengesetz
Alt.	Alternative
ArbHdb.	Arbeitshandbuch
Art.	Artikel
ARUG	Gesetz zur Umsetzung der Aktionärsrechterichtlinie
BaFin	Bundesanstalt für Finanzdienstleistungsaufsicht
BB	Der Betriebs-Berater (Zeitschrift)
Bd.	Band
BEAA	Business Entity Accounting Act (Taiwan)
Begr.	Begründung
BGB	Bürgerliches Gesetzbuch
BGBl.	Bundesgesetzblatt
BGH	Bundesgerichtshof
BGHZ	Entscheidungen des BGB in Zivilsachen
BMAA	Business Mergers & Acquisitions Act (Taiwan)
BT-Drucks.	Bundestags-Drucksache
BVerfG	Bundesverfassungsgericht
BVerfGE	Entscheidungen des Bundesverfassungsgerichts
CDF	China Development Financial Holding Corporation (Taiwan)
CFL	Corporate Finance Law (Zeitschrift)
CGK	Corporate Governance Kodex (Taiwan)
D&O	Directors & Officers
DB	Der Betrieb (Zeitschrift)
DCGK	Deutscher Corporate Governance Kodex
EMC	Eastern Multimedia Co. Ltd. (Taiwan)
FS	Festschrift
FSC	Financial Supervisory Commission (Taiwan)
FTA	Fair Trade Act (Taiwan)
GesG	Das Gesellschaftsgesetz (Taiwan)
GG	Grundgesetz
GmbH	Gesellschaft mit beschränkter Haftung
GmbHG	Gesetz betreffend die Gesellschaften mit beschränkter Haftung
GmbHR	GmbH-Rundschau (Zeitschrift)
GTSM	Over-The-Counter Markt

Hdb.	Handbuch
HGB	Handelsgesetzbuch
h. M.	herrschende Meinung
i.V.m.	in Verbindung mit
KG	Kommanditgesellschaft
KGaA	Kommanditgesellschaft auf Aktien
LBO	Leverage-Buy-Out
LG	Landgericht
LSA	Labor Standards Act (Taiwan)
MitbestG	Mitbestimmungsgesetz
M&A	Mergers & Acquisitions
MOEA	Ministry of Economic Affairs (Taiwan)
m. W. N.	mit weiteren Nachweisen
NZG	Neue Zeitschrift für Gesellschaftsrecht
OHG	Offene Handelsgesellschaft
OLG	Oberlandesgericht
PublizitätsG	Gesetz über die Rechnungslegung von bestimmten Unternahmen und Konzernen
RegE	Regierungsentwurf
RGZ	Entscheidungen des Reichsgerichts in Zivilsachen
RIW	Recht der Internationalen Wirtschaft (Zeitschrift)
RL	Richtlinie
Rn.	Randnummer
SFIPC	Securities and Futures Investors Protection Center (Taiwan)
SIFN	Statute for Investment by Foreing Nationals (Taiwan)
StGB	Strafgesetzbuch
TDR	Taiwan Depositary Receipt
TISC	Taiwan International Securities Corporation (Taiwan)
TPEx	Taipei Exchange Markt Taipei Exchange Markt
TSEC	Taiwan Stock Exchange Corporation
TWD	Taiwan Dollar
TWSE	Taiwan Stock Exchange Markt
twWpHG	Wertpapierhandelsgesetz (Taiwan)
twWpHG-AngUVO	Verordnung zu Angaben in der Unterlage über das Öffentliche Erwerbsangebot (twWpHG-AngUVO)
twWpHG-AngVO	Verordnung zur Aufsicht über öffentliche Angebote zum Erwerb von Wertpapieren einer Publikums-AG
UmwG	Umwandlungsgesetz
VermAnlG	Gesetz über Vermögensanlagen
VermVerkProspV	Verordnung über Vermögensanlagen-Verkaufsprospekte
VorstandsR	Vorstandsrecht
WM	Wertpapier-Mitteilungen (Zeitschrift)
WpHG	Wertpapierhandelsgesetz
WpPG	Wertpapierprospektgesetz

WpÜG	Wertpapiererwerbs- und Übernahmegesetz
WpÜG-AngVO	Verordnung über den Inhalt der Angebotsunterlage, die Gegenleistung bei Übernahmeangeboten und Pflichtangeboten und die Befreiung von der Verpflichtung zur Veröffentlichung und zur Abgabe eines Angebots
z. B.	zum Beispiel
ZBB	Zeitschrift für Bankrecht und Bankwirtschaft
ZGB	Zivilgesetzbuch (Taiwan)
ZGR	Zeitschrift für Unternehmens- und Gesellschaftsrecht
ZHR	Zeitschrift für das gesamte Handelsrecht und Wirtschaftsrecht
ZIP	Zeitschrift für Wirtschaftsrecht

1. Kapitel: Einleitung

A. Problemdarstellung

Gegenstand der vorliegenden Untersuchung ist die Unternehmensübernahme nach dem taiwanesischen Recht und dem deutschen Recht. Die Arbeit nimmt die Perspektive des Vorstands des Bieters und der Zielgesellschaft bei öffentlichen Angeboten ein und betrachtet die jeweils zu beachtenden Pflichten. Bevor hierauf eingegangen werden kann, sind zunächst die Rechtsrundlagen für die Unternehmensübername bei öffentlichen Angeboten und die Funktion des Vorstands einer Aktiengesellschaft in Taiwan sowie die damit einhergehenden, grundlegenden Probleme darzustellen.

I. Gesetzliche Grundlagen für M&A-Transaktionen und öffentliche Angebote in Taiwan

1. *Das BMAA*

Am 6. Februar 2002 ist das Gesetz über Merger und Acquisition von Unternehmen, also Business Mergers & Acquisitions Act (BMAA)[1], in Kraft getreten. Das BMAA ist ein speziell für M&A-Transaktionen in Taiwan eingeführtes Gesetz. Es enthält 50 Paragraphen in sechs Abschnitten, die vom ersten bis zum sechsten Abschnitt jeweils wie folgt betitelt sind: „Allgemeine Vorschriften" (§§ 1 bis 17), „Verschmelzung, Übernahme und Ausgliederung" (§§ 18 bis 33), „Steuerrechtliche Maßnahmen" (§§ 34 bis 43), „Finanzierungsmaßnahmen" (§§ 44 bis 46), „Umstrukturierung" (§§ 47 und 48) und Schlussvorschriften (§§ 49 und 50). Gemäß § 2 Abs. 1 BMAA finden die Vorschriften des Gesellschaftsgesetzes[2] (GesG), des Wertpapierhandelsgesetzes[3] (twWpHG), des Gesetzes für fairen Handel[4], also Fair Trade Act (FTA), des

---

1 Vgl. chinesischen Text des Gesetzes über Merger und Akquisition von Unternehmen vom 6. Februar 2002, zuletzt geändert am 5. Mai 2004, und die englische Übersetzung „Business Mergers & Acquisitions Act (BMAA), abrufbar auf der Website vom Ministerium der Justiz: http://law.moj.gov.tw/LawClass/LawAll.aspx?PCode=J0080041.

2 Vgl. chinesischen Text vom Gesellschaftsgesetz (GesG) vom 26. Dezember 1929, zuletzt geändert am 30. Januar 2013, und die englische Übersetzung „Company Act", abrufbar auf der Website vom Ministerium der Justiz: http://law.moj.gov.tw/LawClass/LawAll.aspx?PCode=J0080001.

3 Vgl. chinesischen Text vom Wertpapierhandelsgesetz (twWpHG) vom 30. April 1968, zuletzt geändert am 5. Juni 2013, und die englische Übersetzung „Securities Exchange Act", abrufbar auf Website vom Ministerium der Justiz: http://law.moj.gov.tw/LawClass/LawAll.aspx?PCode=G0400001.

4 Vgl. chinesischen Text vom Gesetz über Fairen Handel vom 4. Februar 1991, zuletzt geändert am 23. November 2011, und die englische Übersetzung „Fair Trade Act"

Arbeitsstandardgesetzes[5], die Ordnung über Investitionen von Ausländern[6], also Statute for Investment by Foreign Nationals (SIFN) sowie weitere Gesetze Anwendung auf M&A-Transaktionen, soweit das BMAA nichts anderes vorschreibt.

Rechtspolitisch sollen M&A-Transaktionen in Taiwan durch eine dritte Änderung des BMAA weiter gefördert. Der Exekutiv-Yuan,[7] das Kabinett in Taiwan, hat einen Entwurf zur Änderung des Gesetzes über Merger und Acquisition von Unternehmen[8] in der Kabinettssitzung am 21. November 2013 genehmigt und am 25. November 2013 dem Legislativ-Yuan,[9] dem Parlament in Taiwan, überreicht. In der Begründung des Regierungsentwurfs wird ausgeführt, dass sich das BMAA seit seiner Einführung am 6. Februar 2002 bei der Förderung der M&A-Transaktionen, bei der Unterstützung der Umstrukturierung von Unternehmen und bei der Beschleunigung der Entwicklung von Unternehmen als sehr hilfreich erwiesen hat und dass es seit der letzten Änderung am 5. Mai 2004 notwendig geworden ist, das BMAA als die wichtigste Rechtsgrundlage für M&A-Transaktionen in Taiwan entsprechend den internationalen Entwicklungen nach den folgenden Grundsätzen zu novellieren: a) das Verfahren von M&A-Transaktionen soll weiter vereinfacht werden, b) die Flexibilität bei M&A-Transaktionen soll erhöht werden, c) die Möglichkeiten zur Ausgestaltung der Gegenleistungen in M&A-Transaktionen sollen ausgebaut werden und d) Investoren sollen besser geschützt werden.[10]

(FTA), abrufbar auf der Website vom Ministerium der Justiz: http://law.moj.gov.tw/LawClass/LawAll.aspx?PCode=J0150002.

5 Vgl. chinesischen Text vom Arbeitsstandardsgesetz vom 30. Juli 1984, zuletzt geändert am 11. Dezember 2013, und die englische Übersetzung „Labor Standards Act" (LSA), abrufbar auf der Website vom Ministerium der Justiz: http://law.moj.gov.tw/LawClass/LawAll.aspx?PCode=N0030001.

6 Vgl. chinesischen Text der Ordnung über Investitionen von Ausländern vom 14. Juli 1954, zuletzt geändert am 19. November 1997, abrufbar auf der Website vom Ministerium der Justiz: http://law.moj.gov.tw/LawClass/LawAll.aspx?PCode=J0040002, und die englische Übersetzung „Statute for Investment by Foreign Nationals" (SIFN), abrufbar auf der Website der Kommission für Prüfung von Investition, Ministerium für Wirtschaft (Investment Commission, MOEA).

7 Der Exekutiv-Yuanist verfassungsrechtlich die Oberste Verwaltungsbehörde der Republik China; vgl. Website vom Exekutiv-Yuan: http://www.ey.gov.tw.

8 Vgl. Allgemeine Begründung des Regierungsentwurfs zur Änderung des Gesetzes über Merger und Akquisition von Unternehmen und Tabelle der Vorschriften vor und nach der Änderungen; abrufbar auf der Website vom Exekutiv-Yuan: http://www.ey.gov.tw/News_Content5.aspx?n=875F36DB32CAF3D8&sms=7BD79FE30FDFBEE5&s=5ADE5CB093930E10.

9 Der Legislativ-Yuan ist verfassungsrechtlich das Gesetzgebungsorgan der Republik China; vgl. Website vom Legislativ-Yuan:http://www.ly.gov.tw/innerIndex.action.

10 Vgl. Allgemeine Begründung des Regierungsentwurfs zur Änderung des BMAA, S. 1, abrufbar auf der Website vom Exekutiv-Yuan:http://www.ey.gov.tw/News_Content5.aspx?n=875F36DB32CAF3D8&sms=7BD79FE30FDFBEE5&s=5ADE5CB093930E10.

2. *Regelungen zur Unternehmensübernahme durch öffentliche Angebote*

Der Erwerb von Wertpapieren einer Aktiengesellschaft ist als ein Typ der M&A-Transaktionen in § 4 Nr. 4 BMAA definiert. Am 6. Februar 2002 sind neben dem BMAA der novellierte § 43–1 twWpHG und die neu eingeführten §§ 43–2 bis 43–5 twWpHG in Kraft getreten. Für öffentliche Angebote zum Erwerb von Wertpapieren einer Publikums-AG gelten seitdem die §§ 43–1 bis 43–5 twWpHG und die aufgrund der Ermächtigungen in § 43–1 Abs. 4 und § 43–4 Abs. 2 erlassenen Verordnungen, die jeweils das Verfahren des öffentlichen Angebots und die Angebotsunterlage des Bieters näher regeln. Die genannten Vorschriften im twWpHG und die zwei Verordnungen sind die gesetzlichen Grundlagen für öffentliche Angebote zum Erwerb von Wertpapieren einer Publikums-AG in Taiwan. Seit ihrer Einführung im Jahre 2002 besteht ein Reformbedarf hinsichtlich des Übernahmerechts im Allgemeinen und der Einführung von Regelungen zu Abwehrmaßnahmen gegen feindliche öffentliche Angebote im Besonderen.[11]

II. Empirischer Befund

Nach der offiziellen Statistik der Handelsabteilung des Ministeriums für Wirtschaft[12] der Republik China wurden nach der Einführung des BMAA seit dem 6. Februar 2002 bis zum 31. Dezember 2013 insgesamt 2.084 M&A-Transaktionen im Wert von 9.217.100 Millionen Taiwan Dollar (TWD), oder 224.944,48 Millionen EUR,[13] unter Geltung des BMAA durchgeführt.[14] Die Anzahl der M&A-Transaktionen und ihr Gesamtwert verdeutlichen die Bedeutung von M&A-Transaktionen in der taiwanesischen Wirtschaft im letzten Jahrzehnt. Auch in Zukunft werden Merger und Acquisition ein wichtiges Mittel für die Weiterentwicklung von Unternehmen in Taiwan als Wirtschaftsstandort in der Region Greater China sein.[15]

---

11 *LAI, In-Jaw*, Wertpapierhandelsrecht (2014), S. 306.

12 Das Ministerium für Wirtschaft der Republik China ist die zentrale Regierungsbehörde, die für die Rechtspolitik im Bereich des Gesellschaftsrechts und des Übernahmerechts zuständig ist; vgl. Website des Ministeriums für Wirtschaft: http://www.moea.gov.tw/Mns/populace/home/Home.aspx.

13 Berechnet auf der Basis des durchschnittlichen Wechselkurses am 31. Dezember 2013: 1 EUR = 40,975 TWD; vgl. Website von Taiwanrate: http://www.taiwanrate.org/exchange_rate_EUR_.php?forex=2013/12/31.

14 Vgl. die monatlichen Informationen über M&A-Transaktionen, abrufbar auf der Website vom Portal der Dienstleistungen für Handel und Industrie (Commercial Industrial Services Portal): http://gcis.nat.gov.tw/main/subclassNewAction.do?method=getFile&pk=126.

15 Vgl. *SHEN Wan-Yu*, Merger und Akquisition sind die Zukunft von Unternehmen, nach Interview mit Herrn Dr. *Jack J.T. Huang*, Managing Partner der US-amerikanischen Anwaltskanzlei Jones Day Taipei Office, United Daily News vom 14. Mai 2014, abrufbar auf der Website von United Daily News: http://udn.com/NEWS/FINANCE/FIN11/8673628.shtml.

Die offizielle Statistik zu M&A-Transaktionen sollte jedoch nicht so verstanden werden, dass in Taiwan M&A-Transaktionen im Allgemeinen und Unternehmensübernahmen durch öffentliche Angebote im Besonderen normalerweise erfolgreich oder rechtlich reibungslos ablaufen. Im Gegenteil, häufig gibt es Streitigkeiten und es ist nicht selten, dass bei fehlgeschlagenen oder gescheiterten M&A-Transaktionen die Vorstandsmitglieder oder die Führungskräfte der daran teilnehmenden Unternehmen wegen der Verletzung gesetzlicher Pflichten verklagt werden. Man nimmt an, dass die Erfolgsquote von M&A-Transaktionen in Taiwan bei unter 30% liegt. Die Gründe für eine so niedrige Erfolgsquote liegen einerseits darin, dass aussichtsreiche Geschäftschancen aufgrund des raschen Wandels der Wirtschaftslage oft schnell wieder verschwinden, und andererseits darin, dass die Vorstände der an der Transaktion beteiligten Gesellschaften während des Verfahrens oft nicht mit der notwendigen Sorgfalt agieren. Die Haftung wegen Verletzung der gesellschaftsrechtlichen und übernahmerechtlichen Treuepflichten und Sorgfaltspflichten der Vorstandsmitglieder ist daher bei M&A-Transaktionen in Taiwan von großer Bedeutung.[16]

Von Januar 2012 bis Ende 2014 wurden 29 bei der FSC angemeldete Angebotsverfahren durchgeführt.[17] Die Statistik der angemeldeten öffentlichen Angebote vor 2012 ist der Öffentlichkeit dagegen nicht zugänglich.

III. Fälle von erheblicher Bedeutung in der taiwanesischen Rechtsprechung

1. *CDF/TISC aus dem Jahre 2005*

Ein erstes Beispiel bildet die gescheiterte feindliche öffentliche Übernahme von Taiwan International Securities Corporation (TISC), einer börsennotierten AG, durch die China Development Financial Holding Corporation (CDF), ebenfalls eine große börsennotierte AG, im Jahr 2005. Als Abwehrmaßnahme hat der Vorstand der TISC innerhalb kurzer Zeit erfolgreich Zusammenschlüsse mit drei weiteren Wertpapierhandelsunternehmen, die alle Publikums-AG sind, vollzogen. Als Gegenmaßnahme hat die CDF gemeinsam mit ihren verbundenen Unternehmen zum Erwerb der ausgegebenen Aktien der an der genannten Abwehrfusion beteiligten wichtigsten

16 Vgl. *HUANG, Yu-Wen*, Haftung des Vorstands beim Unternehmensübernahme, Bericht zum Vortrag von Prof. *XUE, Ming-Ling*, Wirtschaftsprüfer und Vorstandsvorsitzender der „Pricewater-houseCoopers Education Foundation“ auf der von der Taiwan Corporate Governance Association am 12. November 2014 in Taipeh veranstalteten Symposium „Corporate Governance Summit Meeting“, Commercial Times vom 13. November 2014, S. A22.

17 Vgl. Information über öffentlichen Angebote, abrufbar auf Website „Market Observation Post System“ des Taiwan Securities Exchange: http://mops.twse.com.tw/mops/web/t162sb02.

Wertpapierhandelsgesellschaft verschiedene Aktienkaufverträge mit deren Aktionären unterzeichnet, um die geplante Übernahme der TISC durchsetzen zu können.

Das Problem in diesem Fall liegt darin, dass die Aktienkaufverträge, die zwischen CDF und den Aktionären der Wertpapierhandelsgesellschaft abgeschlossen wurden, die Schwelle von 42.93% der ausgegebenen Aktien der Gesellschaft erreicht haben. Die Erwerbe hätten also nach § 43–1 Abs. 3 twWpHG i.V.m. § 11 Abs. 1 twWpHG-AngVO durch öffentliche Angebote erfolgen müssen, weil der Schwellenwert von 20% der Aktien der Zielgesellschaft für zwingende öffentliche Angebote überschritten wurde. CDF hat die Regelungen zu zwingenden öffentlichen Angeboten jedoch umgangen. Ihr Argument, dass der Abschluss eines Aktienkaufvertrags keinen „Erwerb" von Aktien im Sinne des § 43–1 Abs. 3 twWpHG darstelle, was auch durch ein Rechtsgutachten bestätigt werde, hat das Gericht jedoch nicht überzeugt. Im Ergebnis wurden der General Manager und bestimmte Führungskräfte der CDF wegen Verletzung des § 175 twWpHG am 19. März 2015 rechtskräftig zur Geldstrafe verurteilt.[18]

Der Fall veranschaulicht zunächst, dass Abwehrmaßnahmen bei feindlichen Übernahmeangeboten ein wichtiges offenes Thema darstellen und die Abwehrfusion als eine zulässige Abwehrmaßnahme im taiwanesischen Recht anerkannt worden ist. Ferner verdeutlicht der Fall, dass die Supervisoren und unabhängige Direktoren der CDF und ihrer Tochtergesellschaften Maßnahmen zur Kontrolle der rechtswidrigen Verhaltens unterlassen hatten, obwohl es nicht denkbar ist, dass sie keine Kenntnis von der Finanzierung der rechtswidrigen Maßnahmen für die Übernahme hatten. Die Überwachungsfunktion der Supervisoren oder der unabhängigen Direktoren einer börsennotierten AG kann sich bei Entscheidungsfindungen im Zusammenhang von Unternehmensübernahmen also kaum entfalten.

2. *Carlyle/EMC aus dem Jahre 2006*

Wie dieser Fall verdeutlicht, kann die Beschlussfassung der Hauptversammlung einer taiwanesischen Aktiengesellschaft zu einem Vorschlag des Vorstands zur Durchführung einer Unternehmensübernahme nur einen formellen Akt darstellen. Die Interessen der Minderheitsaktionäre können dabei sogar bewusst ignoriert werden. Im Beispiel geht es um die Übernahme von Eastern Multimedia Co. Ltd. (EMC) durch den US-amerikanischen Konzern Carlyle Group (Carlyle) im Jahr 2006. EMC war eine Publikums-AG und hatte am 20. März 2006 ihren Status der Publikums-AG aufgegeben. Am 12. Juli 2006 hat Carlyle durch eine Tochtergesellschaft mit der Übernahme zum Preis von 32,5 TWD pro Aktie begonnen und mit dem Großaktionär der EMC einen Aktienkaufvertrag zu dem Preis abgeschlossen, ohne diesen jedoch offengelegt zu haben. Am 2. August 2006 hat Carlyle ca. 90% der ausgegebenen

18 Vgl. Oberster Gerichtshof, Urt. v. 19. März 2015 – 104 (2015) Tai-Shang-Zi Nr. 720; Oberlandesgericht Taiwan, Urt. v. 27. November 2013 – 99 (2010) Jin-Shang-Zhong-Zi Nr. 61; Landgericht Taipeh, Urt. v. 27. August 2010 – 98 (2009) Jin-Zong-Su-Zi Nr. 12; abrufbar auf der Website vom Justiz-Yuan: http://jirs.judicial.gov.tw/FJUD/.

Aktien von EMC kontrolliert. In der außerordentlichen Hauptversammlung von EMC nach dem Erlangen der Kontrolle haben die Aktionäre nach Anweisung von Carlyle neue Direktoren gewählt und eine einfache Verschmelzung mit der Tochtergesellschaft von Carlyle beschlossen. Nach Fassung des Verschmelzungsbeschlusses machte die Tochtergesellschaft von Carlyle die Übernahme bekannt.

Ein Minderheitsaktionär, ein prominenter Professor mit hervorragendem Renommee auf dem Fachgebiet des Gesellschaftsrechts, wendete sich hiergegen und verlangte den Kauf seiner Aktien zu demselben Preis, der im Aktienkaufvertrag vereinbart war. Als Antwort auf diese Aufforderung bot die neue EMC für den Erwerb von Aktien in den Händen der Minderheitsaktionäre einen Preis von nur 26 TWD pro Aktie an. Ca. 98% der Minderheitsaktionäre waren aus verschiedenen Gründen gezwungen, das Angebot anzunehmen. Die übrigen 2% der Minderheitsaktionäre, von denen viele Rechtsanwälte und professionelle Experten aus dem industriellen Umfeld oder auf dem Kapitalmarkt waren, bekämpften die Ungleichbehandlung der Aktionäre der Zielgesellschaft aufgrund der unangemessenen Gegenleistung weiter. Sie haben schließlich mit Erfolg eine Klage gegen das diskriminierende Erwerbsangebot erhoben. Weitere Minderheitsaktionäre haben jeweils Klagen eingereicht und ihr Andienungsrecht entsprechend geltend gemacht.[19]

Wie die genannten Gerichtsverfahren gezeigt haben, ist die Aufarbeitung des Sachverhalts jedoch aufwendig. Die Streitigkeiten im Zusammenhang mit der Übernahme der EMC durch Carlyle sind bis Ende 2014 noch nicht beendet worden. In einem Strafverfahren wurde festgestellt, dass der Hauptaktionär und Hintermann als faktischer Entscheidungsträger der EMC, der mit Carlyle einen Aktienkaufvertrag für die Übertragung seiner Aktien zum Preis von 32,5 TWD pro Aktie abgeschlossen hatte, nach dem Vertragsabschluss von vielen Kleinaktionären Aktien zum Preis von 20 TWD pro Aktie oder zu anderen unangemessen niedrigen Preisen erworben und danach an die Tochtergesellschaft von Carlyle in Taiwan zu einem Preis von 32,5 TWD pro Aktie weiterverkauft hat. Das SFIPC, also die Stiftung zum Schutz der Anleger des Kapitalmarkts in Taiwan, hat für die beschädigten Kleinaktionäre erfolgreich Klageverfahren gegen den Hauptaktionär und zwei Gesellschaften, die gemeinsam mit ihm gehandelt haben, auf Schadensersatz wegen unerlaubter Handlungen angestrengt.[20]

19 In der ersten Instanz war ein Preis im gleichen Betrag von 32,5 TWD festgestellt und in den nachfolgenden Verfahren war ein Preis von 30 TWD rechtskräftig festgelegt. Vgl. Landgericht Taipeh, Beschluss v. 27. Februar 2007 – 95 (2006) Si-Zi Nr. 1073; Landgericht Taipeh, Beschluss v. 23. Januar 2008 – 96 (2007) Kang-Zi Nr. 227; Oberlandesgericht Taiwan, Beschluss v. 24. April 2008 – 97 (2008) Fei-Kang-Zi Nr. 34; abrufbar auf der Website vom Justiz-Yuan: http://jirs.judicial.gov.tw/FJUD/.

20 Vgl. Oberster Gerichtshof, Beschluss v. 24. Oktober 2012 – 101 (2012) Tai-Kang-Zi Nr. 861; Oberlandesgericht Taiwan, Urt. v. 7. Oktober 2014 – 102 (2013) Jin-Shang-Zi Nr. 11; Oberlandesgericht Taiwan, Urt. v. 8. Juli 2014 – 101(2012) Jin-Shang-Zi Nr. 12, abrufbar auf der Website vom Justiz-Yuan: http://jirs.judicial.gov.tw/FJUD/.

Die Angemessenheit der Gegenleistung bei öffentlichen Angeboten sowie die Frage, wie der faire Preis als Gegenleistung im Sinne des § 12 BMAA, der den Squeeze-out regelt, festgesetzt werden sollte, waren zwei Hauptthemen in den genannten zivil- oder strafrechtlichen Prozessen. Was nicht vom Gericht behandelt wurde, war die Frage, ob die gesetzlichen Pflichten des Bieters bei öffentlichen Angeboten, die Aktionäre der Zielgesellschaft und ihre Minderheitsaktionäre bei der Ausübung ihres Andienungsrechts nach der Übernahme gleich zu behandeln und eine angemessene Gegenleistung anzubieten, sowie die Pflichten des Vorstands der Zielgesellschaft durch Gesetzesumgehung verletzt wurden. Denn EMC hat vor der Übernahme durch Carlyle einen Antrag auf Aufhebung ihrer Stellung als Publikums-AG bei der FSC gestellt, sodass die Übernahme nicht mehr durch öffentliche Angebote erfolgen konnte, was letztlich zu einer Umgehung der gesetzlichen Regelungen zu öffentlichen Angeboten geführt hat.

3. *Fälle von Insidergeschäften*

Seit der Einführung des BMAA und der Regelungen zu öffentlichen Angebote im Jahre 2002 sind zahlreiche Urteile unterschiedlicher Instanzen zu Insidergeschäften bei Unternehmensübernahmen veröffentlicht worden. Die fehlgeschlagene Übernahme der Siemens-Handysparte durch die taiwanesische börsennotierte AG BenQ unter der Vermittlung von Citigroup im Jahre 2005 hat auch Streitigkeiten über das Insiderhandelsverbot in Taiwan ausgelöst.[21] Weil das Verbot von Insidergeschäften kein Hauptgegenstand der Untersuchung ist, sollen diese Sachverhalte nicht näher dargestellt werden. Festzuhalten ist jedoch die wichtige Frage, ob die übernahmerechtlichen Regelungen in Taiwan aufgrund unsorgfältiger rechtspolitischer Überlegungen vor und während des Gesetzgebungsverfahrens ein großes Tor für verbotene Insidergeschäfte geöffnet haben. Betrachtet man die im Jahre 2013 veröffentlichten Entscheidungen des Obersten Gerichtshofs[22] in Taiwan, in denen die Führungskräfte der an Unternehmensübernahmen beteiligten Gesellschaften wegen Insidergeschäften zum Gefängnisstrafen oder Schadensersatz verurteilt worden sind, ist diese Frage wohl bejahend zu beantworten.

21 Der Vorsitzende des Vorstands und die Führungskräfte wurden wegen Insidergeschäften angeklagt und letztendlich freigesprochen, vgl. Oberlandesgericht Taiwan, Urt. v. 10. April 2013 – 101 (2012) Zhong-Jin-Shang-Gen(1)-Zi Nr. 5; Oberlandesgericht Taiwan, Urt. v. 28. Juli 2011 – 98 (2009) Zhu-Shang-Zhong-Shu-Zi Nr. 61.

22 Vgl. Oberster Gerichtshof, Urt. v. 17. Januar 2013 – 102 (2013) Tai-Shang-Zi Nr. 123; Oberster Gerichtshof, Urt. v. 11. April 2013 – 102 (2013) Tai-Shang-Zi Nr. 1420; Oberster Gerichtshof, Urt. v. 8. August 2013 – 102 (2013) Tai-Shang-Zi Nr. 3211, abrufbar unter Website vom Justiz-Yuan: http://jirs.judicial.gov.tw/FJUD/.

IV. Die unangemessen vereinfachte Rechtsübernahme als grundlegendes Problem

1. *Übernahmerechtliche Regelungen in Taiwan*

Nach der Begründung zum Regierungsentwurf zur Novellierung des Wertpapierhandelsgesetzes in Taiwan vom 24. Oktober 2001 wurden die einzelnen Regelungen in Taiwan aus den bestehenden Regelungen zu öffentlichen Angeboten in den USA, Japan und Großbritannien entnommen. Die Einführung der Regelungen zu öffentlichen Angeboten bezweckt nach der Gesetzesbegründung die Effizienz von Unternehmen zu erhöhen und den Wirtschaftsstandort Taiwan zu verstärken, um dem raschen Wandeln der Weltwirtschaft gerecht werden zu können. Öffentliche Angebote zum Erwerb von Wertpapieren einer Publikums-AG als ein Typ von M&A-Transaktion sollen einerseits gefördert werden; anderseits sollen die Interessen der individuellen Anleger und die Funktion und Weiterentwicklung des Kapitalmarkts in Taiwan angemessen geschützt werden.[23]

Der oben kurz dargestellten Fall Carlyle/EMC aus dem Jahre 2006 hat jedoch gezeigt, dass die Aktionäre der EMC als Anleger im Übernahmeverfahren nicht angemessen geschützt wurden. Durch die Aufhebung der Stellung von EMC als Publikums-AG wurden die Regelungen zu öffentlichen Angeboten umgangen. Die Übernahme der EMC erfolgte durch öffentliche Angebote, unter der Vermittlung des Hintermanns der EMC, ohne Anmeldung und Veröffentlichung einer Angebotsunterlage bei der FSC. Außer dem Hintermann haben die Aktionäre der EMC ihre Aktien zu einem unangemessen niedrigen Preis veräußert. Die übrigen Minderheitsaktionäre, die ihre Aktien nicht an den Hintermann verkauft haben, konnten ihre Aktien auch nicht zu einem angemessenen Preis an Carlyle, den Bieter des Angebots, verkaufen, sodass viele Klagen auf Bestimmung der angemessenen Abfindung erhoben wurden. Hier ist festzuhalten, dass die Angemessenheit der Abfindung in den verschiedenen Verfahren uneinheitlich bestimmt wurde. Der von Carlyle an den Hintermann der EMC angebotene Preis von 32,5 TWD pro Aktie war dabei für die Bemessung der Angemessenheit der Abfindung in den Gerichtsverfahren nicht maßgeblich.

Ist das Angebot einer angemessenen Gegenleistung etwa keine Pflicht des Bieters bei öffentlichen Übernahmeangeboten im taiwanesischen Übernahmerecht? Die Rechtslage ist diesbezüglich nicht klar. Fest steht lediglich, dass es im

---

23 Vgl. Allgemeine Erläuterungen zum Regierungsentwurf für Änderung bestimmten Vorschriften im twWpHG, Betroffene Dokumente der 5. Sitzung, 6. Sitzungsperiode, 4. Wahlperiode vom Legislative-Yuan, S. 144 f., abrufbar auf Website vom Legislative-Yuan: http://lis.ly.gov.tw/lgcgi/lgmeetimage?cfcbcfc9cfc9cfcfc5cacec8d2cacbcd; Protokoll der 6. Sitzung der Finanzausschusses, 6. Sitzungsperiode, 4. Wahlperiode vom Legislative-Yuan am 3. Dezember 2001, Legislative-Yuan-Gazette, Band 90, Nr. 59, S. 16 ff., abrufbar auf Website vom Legislative-Yuan: http://lis.ly.gov.tw/ttscgi/lgimg?@905900;0015;0033.

taiwanesischem Übernaherecht keine gesetzliche Regelung gibt, welche die Pflicht des Bieters zum Angebot einer angemessenen Gegenleistung ausdrücklich vorsieht. Dabei ist die angemessene Gegenleistung bei öffentlichen Angeboten ein Kernthema beim Schutz der von öffentlichen Angeboten betroffenen Wertpapierinhaber.

Die Fälle von Insidergeschäften bei Unternehmensübernahme haben gezeigt, dass die geltenden Regelungen im taiwanesischen Übernahmerecht dem Ziel, die Funktion des Kapitalmarkts vor Marktverzerrungen zu schützen, nicht gerecht werden. Da das Angebotsverfahren in Taiwan erst mit der Anmeldung und der Veröffentlichung der Angebotsunterlage bei der FSC beginnt, verfügt der Bieter nach seiner Entscheidung zur Abgabe eines Angebots bis zur Erstellung, Anmeldung und Veröffentlichung der Angebotsunterlage über einen großen zeitlichen Spielraum. Dieser ermöglicht Insidern, die aus verschiedenen Anlässen Informationen über das bereits beschlossene, jedoch noch nicht bei der FSC angemeldete öffentliche Angebot des Bieters erworben haben, solche Insiderinformation zu ihrem eigenen Vorteil zu verwenden. Die aus der Ausnutzung der Insiderinformationen ausgelösten Marktverzerrungen beeinträchtigen zweifelsfrei die Funktion des Kapitalmarkts in Taiwan und die Interessen der Anleger auf dem Kapitalmarkt.

Der Fall CDF/TISC aus dem Jahre 2005 wurde wegen der heftigen Managementmachtkämpfe zwischen dem Bieter CDF und dem Zielgesellschaft TISC zum bekanntesten Fall einer feindlichen Übernahme durch öffentliches Angebot in Taiwan. Rechtlich ist der Fall von Bedeutung, weil er gezeigt hat, dass Abwehrmaßnahmen gegen feindliche Angebote in Taiwan im geltenden Übernahmerecht keine Grenzen kennen. Die Interessen der Gesellschaft und der Arbeitnehmer werden dabei vernachlässigt. Ferner ist das „zwingende Angebot“ oder „Pflichtangebot“ im Sinne des taiwanesischen Übernahmerecht[24], das nach der Gesetzesbegründung[25] aus dem „Mandatory Offer“ im Übernahmerecht Großbritanniens übernommen wurde, unklar geregelt. Zudem können die Regeln zum zwingenden Angebot sehr leicht umgangen werden. Weil das „Mandatory Offer“, das in Rule 9.1 des englischen „City Code on Takeovers and Mergers“ ganz anders geregelt ist[26], muss der Aufbau der Übernahmerechtsordnung und die damit verbundene Unterteilung der Art des öffentlichen Angebots überprüft werden, um die Folgen der auf Missverständnissen bzw. unangemessenen Modifikationen beruhenden Rechtsübernahme zu beseitigen.

---

24 Um Missverständnis zu vermeiden wird in der vorliegenden Arbeit den Begriff „zwingenden Angebot“ verwendet. Die chinesische Übersetzung des „zwingenden Angebots“ und die des „Pflichtangebots“ sind identisch.

25 Vgl. Begründung des Regierungsentwurfs für Änderung bestimmten Vorschriften im twWpHG, zu § 43–1 Abs. 3, Betroffene Dokumente der 5. Sitzung, 6. Sitzungsperiode, 4. Wahlperiode vom Legislative-Yuan, S. 148 f., abrufbar auf Website vom Legislative-Yuan: http://lis.ly.gov.tw/lgcgi/lgmeetimage?cfcbcfc9cfc9cfcfc5cacec8d2cacbcd; zur Modifikation bei der Übernahme und den daraus entstehenden Problemen, *LEE, Chih-Jen*, The Military Law Journal, 2005, Nr. 12, S. 22, 27 ff.

26 Vgl. Rule 9.1 der City Code.

Die oben dargestellten Fälle CDF/TISC aus dem Jahre 2005 und Carlyle/EMC aus dem Jahre 2006 sowie die kurz erwähnten Fälle von Insidergeschäften, welche die Rechtsprechung in Taiwan beschäftigt haben, geben Anhaltspunkte dafür, dass die Regelungen des Übernahmerechts in Taiwan eine Übernahmerechtsordnung bilden, die auf Basis einer unangemessen vereinfachten Rechtsübernahme entstanden sein könnte. Dieser Frage und den möglichen Lösungen soll im Lichte des deutschen Übernahmerechts in der folgenden Untersuchung weiter nachgegangen werden.

2. *Regelungen zur Funktion des Vorstands einer Aktiengesellschaft in Taiwan*

Zu den Aufgaben des Vorstands einer Aktiengesellschaft in Taiwan gehört nach § 202 GesG die Führung der Geschäfte. Bei der Erfüllung der Aufgaben sind alle Vorstandsmitglieder nach § 23 Abs. 1 GesG verpflichtet, mit entsprechender Sorgfalt vorzugehen. Sie müssen sich nach § 193 GesG gesetzestreu verhalten und dürfen die Pflichten, die in der Satzung oder in Beschlüssen der Hauptversammlung festgelegt werden, nicht verletzen. Ferner müssen sie gemäß § 23 Abs. 1 GesG die Treuepflicht gegenüber der Gesellschaft erfüllen. In § 5 Abs. 1 BMAA wird die Sorgfaltspflicht und in § 5 Abs. 1 BMAA die Legalitätspflicht des Vorstands im Zusammenhang mit der M&A-Transaktion nochmals ausdrücklich geregelt. In § 5 Abs. 1 BMAA wird ferner vorgeschrieben, dass der Vorstand bei M&A-Transaktionen die Interessen der Aktionäre zu wahren hat.[27] Bei einer gesetzwidrigen Entscheidung des Vorstands gilt nach § 193 Abs. 2 GesG das Prinzip der Gesamtverantwortung, d.h. sämtliche an der Beschlussfassung beteiligten Vorstandsmitglieder sind wegen der Verletzung der Legalitätspflicht gegenüber der Gesellschaft und u.U. einem Dritten als Gesamtschuldner zum Schadensersatz verpflichten. Von der Haftung befreit sind nur diejenigen Vorstandsmitglieder, die in der Vorstandssitzung zu Protokoll erklärt haben, dass sie gegen die rechtswidrige Beschlussfassung sind und gegen diese gestimmt haben.

Aus den oben dargestellten Fällen CDF/TISC und Carlyle/EMC wird jedoch deutlich, dass die Angeklagten bzw. Beklagten nicht alle Mitglieder des Vorstands, sondern tatsächlich nur der Vorsitzende des Vorstands und/oder die für die Übernahme zuständigen Führungskräfte waren. Weder unabhängige Direktoren noch Supervisoren wurden verklagt. Das Gefälle zwischen der gesetzlichen Regelung zur Gesamthaftung und der Realität in der Praxis könnten darauf zurückzuführen sein, dass die Funktion des Vorstands im taiwanesischen Gesellschaftsrecht nur unzureichend und vergleichsweise einfach geregelt worden ist.

27 „Interesse der Aktionäre" wird von „Interesse der Gesellschaft" ersetzt, wenn der am 25. November 2013 dem Legislativ-Yuan vorgelegten Entwurf für die Novellierung des BMAA vorgeschlagene Änderung zu § 5 vom Parlament angenommen wird. Dabei handelt es sich um eine Änderung von der Shareholder-Value-Orientierung zur Stakeholder-Value-Orientierung.

Ferner haben die oben dargestellten Fälle CDF/TISC und Carlyle/EMC sowie manche Fälle von Insidergeschäften gezeigt, dass die Legalitätspflicht der Vorstandsmitglieder der als Parteien an der Unternehmensübernahme beteiligten Gesellschaften aus vielen Gründen nicht erfüllt wurde. In den genannten Entscheidungen lassen sich die folgenden Argumente der Angeklagten bzw. Beklagten finden: 1) das Vorgehen sei übliche Praxis; 2) sie hätten fachkundigen Rechtsrat eingeholt und danach gehandelt; 3) sie hätten alles zum Wohl der Gesellschaft getan; und 4) nach der Business Judgment Rule, die in den USA allgemein anerkannt sei, dürfte das Gericht ihre Entscheidung nicht überprüfen.

Entsprechend den Argumenten der Angeklagten bzw. Beklagten in den genannten Prozessen sollen hier daher die folgenden Fragen untersucht werden:

1) Welche gesetzlichen Pflichten muss der Vorstand einer Aktiengesellschaft bei einer Übernahme durch öffentliche Angebote erfüllen?
2) Was für eine Rolle spielt der fachkundige Rechtsrat bei einer Unternehmensübernahme?
3) Darf eine gesetzliche Pflicht deswegen verletzt werden, weil die Pflichtverletzung für die Gesellschaft von Nutzen ist?
4) Greift die Business Judgment Rule auch bei „nützlichen" Pflichtverletzungen ein?

Aus diesen Fragestellungen können sich noch viele weitere Folgefragen ergeben. Diese könnten aber letztendlich alle auf ein grundlegendes Problem zurückführen sein, welches als wesentliche These dieser Untersuchung dienen soll: Bei der Übernahme des ausländischen Rechts im Bereich des Aktienrechts ist man, vor dem Hintergrund der Funktion des Vorstands im taiwanesischen Recht, mit einer unangemessen vereinfachenden Betrachtungsweise vorgegangen.

B. Gründe für die rechtsvergleichende Betrachtung zum deutschen Recht

„Der Nutzen der Rechtsvergleichung mag sich auf wenigen Gebieten so bewähren, wie auf dem vorliegenden"[28] – was *Karl Lehmann* im Vorwort seines im Jahre 1904 erschienenen Werkes „Das Recht der Aktiengesellschaften" Band II, geäußert hat, könnte heute gleichermaßen für Taiwan gelten, vor allem unter dem geschichtlichen Gesichtspunkt der laufenden Modernisierung des Rechtssystems in China. Das Rechtssystem in Taiwan wurde in weiten Teilen aus dem deutschen Rechtssystem übernommen. Kann aber ein Rechtsvergleich mit dem deutschen Übernahmerecht, dessen Praxis in einer Ära der wirtschaftlichen und rechtlichen Globalisierung von angelsächsischen Ländern stark beeinflusst worden ist, auch von Nutzen für das Übernahmerecht in Taiwan sein? Inwieweit kann das deutsche Übernahmerecht

28 *Lehmann, Karl*, Das Recht der Aktiengesellschaften, Band 2, Berlin 1904, S. VI, abrufbar auf der Website von Max-Planck-Institut für europäische Rechtsgeschichte: dlib-pr.mpier.mpg.de.

noch zu einer Weiterentwicklung des taiwanesischen Übernahmerechts beitragen? Diese grundsätzlichen Fragen für den Gang der Untersuchung soll vorab nachgegangen werden.

I. Verbindungen zwischen dem taiwanesischen und dem deutschen Recht

Taiwan wurde am 25. Oktober 1945, nach der Kapitulation Japans im zweiten Weltkrieg, wieder zu einem Teil Chinas. Das Rechtssystem in China befand sich in den letzten 117 Jahren, beginnend mit der Rechtsreform der Qing-Dynastie im Jahre 1898, über die Gründung der Republik China im Jahr 1912 bis heute, von der Zeit von 1949 bis 1979 unter der völlig geschlossenen Politik der Regierung der VR China abgesehen, stets im Wandel und ist vom deutschen Rechtssystem stark beeinflusst worden. In Taiwan wurde während der Kolonialzeit von 1895 bis 1945 ein ausgewählter Teil des japanischen Rechtssystems eingeführt. Nach der Rückgabe Taiwans 1945 und einer Übergangszeit bis 1949, hat Taiwan das gesamte Rechtssystem der Republik China, das in weiten Teilen aufgrund des deutschen Rechtssystems strukturiert wurde, eingeführt. Das 1930 und 1931 eingeführte Zivilgesetzbuch der Republik China, das aus den fünf Teilen Allgemeiner Teil, Schuldrecht, Sachenrecht, Familienrecht und Erbrecht besteht, bildet die grundlegende Verbindung zwischen dem taiwanesischen und dem deutschen Recht.[29] Weitere Verbindungen zwischen dem taiwanesischen und dem deutschen Recht, die auf die Modernisierung des chinesischen Rechts zurückgehen, bestehen im Verfassungsrecht, in einer Vielzahl von Rechtsinstituten und gesetzlichen Regelungen im Strafrecht, Verwaltungsrecht und im Zivil-, Straf- und Verwaltungsprozessrecht.[30] Nicht zu vergessen sind schließlich die bedeutsamen Verbindungen zwischen den beiden Rechtsordnungen in der Methodenlehre zur Anwendung und Auslegung von Gesetzen sowie in der Rechtsfortbildung.[31]

Ein kurzer Rückblick auf die Übernahme des dualistischen Verwaltungssystems in der Verfassung der Aktiengesellschaft seit der Qing-Dynastie kann die geschichtliche Verbindung zwischen dem taiwanesischen und dem deutschen Rechtssystem als wichtige Grundlage für die Betrachtung der vorliegenden Arbeit verdeutlichen. Das Gesellschaftsgesetz von 1904, das als das erste Gesetz über die Aktiengesellschaft und andere

---

29 Vgl. z. B. zur Übernahme des deutschen bürgerlichen Rechts, *WANG Tze-Chien*, Die Rezeption des deutschen bürgerlichen Rechts und die Entwicklung des bürgerlichen Rechts in Taiwan, Vortrag beim „Forum für Aufbau des bürgerlichen Rechts in China“ an der Universität der Politikwissenschaft und Rechtswissenschaft China (China University of Political Science and Law) am 18. September 2006, Journal of Comparative Law, 2006 Nr. 6, S. 1 ff.

30 Vgl. zum geschichtlichen, gesellschaftlichen und kulturellen Hintergrund der Modernisierung des Rechtssystems in China, *HUANG, Yuen-Shen*, Rechtsrezeption und das chinesische Recht in der Neuzeit (2007), S. 6 ff., 47 ff., 214 ff.

31 Vgl. *WANG, Tze-Chien*, Das juristische Denken und Fälle im bürgerlichen Recht (2001), S. 212 ff.

Formen von Gesellschaften mit 131 Paragraphen, zusammen mit den „Allgemeinen Bestimmungen für Kaufleute" als „Handelsgesetz der Qing-Dynastie", von der Qing-Regierung am 21. Januar 1904 eingeführt wurde, stellt das erste Gesetz in der Modernisierung des Rechtssystems in China dar. Das aus Vorstand als Geschäftsführungsorgan und Auditoren als Überwachungsorgan bestehende dualistische Verwaltungssystem in der Verfassung der Aktiengesellschaft wurde stark vom deutschen Recht beeinflusst.[32] Nach der Gründung der Republik China im Jahr 1912 wurde das Gesellschaftsgesetz der Qing-Dynastie von 1904 am 1. September 1914 durch die Gesellschaftsverordnung[33] abgelöst, die wiederum am 1. Juli 1931 durch das Gesellschaftsgesetz vom 26. Dezember 1929 ersetzt wurde. Das Gesellschaftsgesetz von 1929, das bis Ende 2013 bereits 23 Änderungen erfahren hat, ist in Taiwan bis heute gültig. Das aus Vorstand als Geschäftsführungsorgan und Auditoren im Gesellschaftsgesetz von 1904 bzw. Supervisorrn in der Gesellschaftsverordnung von 1914[34] als Überwachungsorgan bestehende dualistische Verwaltungssystem ist seit dem Jahr 1904 bis heute im geltenden Recht für die Nicht-Publikums-AG im Wesentlichen unverändert geblieben.[35]

Die Verbindungen zwischen dem taiwanesischen und dem deutschen Recht, die nicht nur im gesamten Rechtssystem, in den einzelnen gesetzlichen Regeln verschiedener Rechtsgebiete, sondern auch in der Methodenlehre bestehen, sind für den Rechtsvergleich von erheblicher Bedeutung. Solche Verbindungen bilden einerseits bei der rechtsvergleichenden Betrachtung des Übernahmerechts in den beiden Rechtsordnungen eine Grundlage dafür, dass die bei der Betrachtung von Rechtsbegriffen, Auslegungsmethoden, dogmatischen Einordnungen der Rechtsfiguren oder von Lösungsansätzen eventuell auftretenden Verständnisschwierigkeiten reduziert werden können. Andererseits können die Verbindungen die Basis dafür bilden, dass Entwicklungsansätze für Lösungen im taiwanesischen Übernahmerecht reibungslos aus den deutschen Regelungen herausgearbeitet werden könnten.

II. Rechtsvergleich zum deutschen Recht in einer Ära der Globalisierung

Nach der zur Weiterentwicklung der Wirtschaft in Taiwan eingeführten Novellierung des Gesellschaftsgesetzes im Jahr 1966,[36] hat das US-amerikanische Recht die Gesetzgebung, die Rechtsprechung und die Anwaltspraxis auf den Fachgebieten

32 Vgl. *LAI, In-Jaw,* National Taiwan University Law Journal, 1984, Nr. 2, S. 1, 2 ff., ausführlich zum Gesellschaftsgesetz von 1904 in englischer Sprache, *LI, Chun,* Chengchi Law Review, 1974, Nr. 10, S. 171 ff., Nr. 11, S. 163 ff.

33 Vgl. *YAO, Chen-Han,* Kommentar zur Gesellschaftsverordnung (1914), S. 13 ff.

34 Vgl. *YAO, Chen-Han,* Kommentar zur Gesellschaftsverordnung (1914), S. 178.

35 Vgl. *LAI, In-Jaw,* Taipei University Law Review, 2012, Nr. 84, S. 1, 24.

36 Das Gesellschaftsgesetz wurde in 1966 vom Legislativ-Yuan, dem Parlament, nach dem Regierungsentwurfs zur Weiterentwicklung der Wirtschaft in Taiwan gründlich novelliert. Danach bildet das Gesellschaftsgesetz 1929 mit 449 Paragraphen bis heute die Rechtsgrundlage für das Aktienrecht in Taiwan.

des Gesellschaftsrechts und Kapitalmarktrechts in Taiwan stark beeinflusst. Die Einrichtung der unabhängigen Direktoren und des Auditausschusses gilt als die entscheidende Änderung der Verfassung der Aktiengesellschaft unter dem GesG. Seit der Einführung des BMAA und des Übernahmerechts im Jahr 2002 wird das Recht und die Praxis von M&A-Transaktionen, einschließlich der öffentlichen Angebote, in Taiwan vom US-amerikanischen Recht dominiert. Eine ähnliche Wirkung der Globalisierung kann man im deutschen Aktienrecht und vor allem im Kapitalmarktrecht, sowie in der M&A-Praxis in Deutschland feststellen. Die Corporate Governance als ein globales Thema kennzeichnet den Einfluss des Rechts der angelsächsischen Länder in der Zeit der Globalisierung.[37] Die größten M&A-Märkte der Welt sind die USA, Großbritannien und Kanada; auf dem europäischen Kontinent folgen Deutschland und Frankreich.[38] Dies erklärt auch den Trend der Globalisierung des Rechts.

Die wirtschaftliche Globalisierung unter dem starken Einfluss des US-amerikanischen Rechts im Bereich des Aktien- und Kapitalmarktrechts und der M&A-Praxis in Taiwan ermöglicht jedoch weder die reibungslose Übernahme der Rechtsinstitute aus dem US-amerikanischen Recht noch gewährleistet sie, dass die übernommenen Rechtsfiguren ohne weiteres ihre Funktion erfüllen können. Die Beispiele Carlyle/EMC und CDF/TISC haben gezeigt, dass in diesen Fällen fast keine Überwachungsmaßnahmen gegen Gesetzverstöße von Supervisoren oder unabhängigen Direktoren der betroffenen börsennotierten Aktiengesellschaft getroffen wurden. Die Funktion des Vorstands als Geschäftsführungsorgan unter dem geltenden Recht bei der Geschäftsführung im Allgemeinen und bei M&A-Transaktionen im Besonderen ist ein Dauerproblem.

Im Rahmen des Übernahmerechts kann man seit der Einführung des BMAA und §§ 43–1 bis 43–5 twWpHG nur wenige rechtswissenschaftliche Arbeiten finden, die systematisch und ausführlich das Übernahmerecht und die Praxis im Allgemeinen erläutern oder vertieft die einzelnen Themen hinsichtlich der Planung, Bewertung, Transaktionsstrukturierung, Finanzierung, Due-Diligence-Prüfung, Verhandlungen, Vertragsgestaltung, Vertragsvollziehung und Integration bei einer M&A-Transaktion im Besonderen behandeln[39].

Demgegenüber wurde in Deutschland der ganze Vorgang einer Unternehmenstransaktion unter angelsächsischem Einfluss stark professionalisiert.[40] Die Devise: „Nur mit einem interdisziplinären und zugleich ganzheitlich-strategischen Denken und Handeln einerseits und einem vertieften Verständnis der Erfolgsfaktoren für das Transaktionsmanagement werden sich wertesteigernde, werteschaffende

37 Vgl. *Marsch-Barner* in Marsch-Barner/Schäfer, Hdb. börsennotierte AG (2014), § 2 Rn. 23 ff.

38 *Hopt*, Europäisches Übernahmerecht (2013), S. 2.f.

39 Vgl. dazu, das Vorwort des Verfassers in *HUANG Wei-Feng*, Kommentar zum BMAA(2007), dem einzigen Kommentar zu §§ 1 bis 33 des BMAA in Taiwan.

40 Vgl. Vorbemerkung in *Holzapfel/Pöllath*, Unternehmenskauf in Recht und Praxis (2010).

und zukunftssichernde Lösungen erarbeiten und umsetzen lassen“[41], legt für deutsche Unternehmen die grundlegenden Anforderungen an eine M&A-Transaktion fest. Einen breiteren Blickwinkel der deutschen Rechtswissenschaft im Bereich des Übernahmerechts auf der internationalen Bühne bezeugen die zahlreichen Stellungnahmen in der Literatur zu diesem Thema.[42]

Die einzelnen Aspekte einer M&A-Transaktion, z. B. die Due-Diligence-Prüfung, wurden im Schrifttum in Deutschland praxisorientiert und wissenschaftlich fundiert untersucht.[43] Mit den professionellen deutschen Handbüchern und Kommentaren vergleichbare Literatur gibt es in Taiwan nicht. Auf Aufsätze wie z. B. „Grundzüge des ordnungsmäßigen Unternehmenskaufs“ sowie die „69 Regeln“ für eine ordnungsgemäße „Ausschreibung und Bietung als Richtigkeitsgewähr wirtschaftlicher und rechtlicher Konditionen des Unternehmenskaufs“ sowie viele weitere praxisnahe und wissenschaftlich fundierte Aufsätze und Monographien wird man in Taiwan noch lange Zeit warten müssen, obgleich bei einem vergleichenden Blick vor dem Hintergrund des Unternehmensschutzes, der in der Rechtsprechung des Bundesverfassungsgerichts als Rechtssatz aufgestellt wurde[44] und der die gemeinsame Basis für Käufer und Verkäufer in der Transaktion bilden kann[45], hierfür ein großes Bedürfnis bestünde.

Im Rahmen des Übernahmerechts fallen die Kommentare zum WpÜG und die Literatur mit vertieften Untersuchungen einzelner Aspekte des Übernahmerechts, vor und nach der Einführung des WpÜG am 1. Januar 2002, im Vergleich zur Durchdringung des Übernahmerechts in Taiwan ungleich umfangreicher aus. Die Zulässigkeit und die inhaltlichen Grenzen von Vertragsklauseln, die aus den angelsächsischen Rechtsordnungen stammen und bei Unternehmensübernahmen

---

41 Vgl. Vorwort in *Picot, Gerhard* (Hrsg.), Hdb. Mergers & Acquisitions (2012).

42 Vgl. zu Besonderheiten beim grenzüberschreitenden Unternehmenskauf, *Wetzler* in Hölters, Hdb. Unternehmenskauf (2010), Teil XI, S. 1311 ff.; zum Unternehmenskaufvertrag nach angloamerikanischem Muster, *Duys/Henrich* in Hölters, Hdb. Unternehskauf (2010), Teil XVI, S. 1385 ff. und die zitierte Literatur.

43 Vgl. *Berens/Brauner/Strauch/Knauer* (Hrsg.), Due Diligence bei Unternehmensakquisitionen (2013), Vorwort.

44 Vgl. BVerfGE 93, 165, 175 f. (zum Erbrecht). Der Bundesverfassungsgerichtshof hat zu Unternehmen, vor allem zu mittelständischen Unternehmen ausgesagt: „Derartige Betriebe, die durch ihre Widmung für einen konkreten Zweck verselbständigt und als wirtschaftlich zusammengehörige Funktionseinheit organisiert sind, sind in besonderer Weise gemeinwohlgebunden und gemeinwohlverpflichtet: Sie unterliegen als Garant von Produktivität und Arbeitsplätzen insbesondere durch Verpflichtungen gegenüber den Arbeitnehmern, das Betriebsverfassungsrecht, das Wirtschaftsverwaltungsrecht und durch die langfristigen Investitionen einer gesteigerten rechtlichen Bindung.“ und „die Fortführung des Betriebes steuerlich nicht gefährdet wird.“

45 Vgl. zu den zivilrechtlichen Wirkungen des verfassungsrechtlichen Schutzes von Unternehmensschutzes für Unternehmenskauf, *Holzapfel/Pöllath,* Unternehmenskauf in Recht und Praxis (2010), Rn. 2; *Pöllath,* in FS Welf Müller, 2001, S. 833, 844 ff.; *Pöllath,* FS Gerold Bezzenberger, 2000, S. 549, 550 ff.

durch öffentliche Angebote sehr häufig zwischen dem Bieter und der Zielgesellschaft vereinbart werden, sind in Deutschland seit mehr als 10 Jahren als „Private Legal Transplants“[46] tief untersucht worden.[47] Die Frage ob und wie eine bestimmte Rechtsfigur in den angelsächsischen Ländern vom deutschen Recht übernommen wird, betrifft nicht nur die Integrität des deutschen Rechtssystems, sondern auch die dahinter stehende Wertordnung. Sowohl die rechtspolitischen Überlegungen, die rechtsdogmatischen Erörterungen, der Regelungsinhalt, die Regelungstechnik, die rechtliche Funktion des übernommenen Rechtsinstituts als auch die Auslegung der einzelnen Regelungen könnten instruktiv für die Betrachtung des taiwanesischen Übernahmerechts sein.

C. Untersuchungsgegenstand und Zielsetzungen

Die vorliegende Arbeit behandelt die Funktion des Vorstands im Organisationsgefüge der Aktiengesellschaft und die Pflichten des Vorstands einer Aktiengesellschaft bei öffentlichen Angeboten. Untersucht werden die Regelungen des Übernahmerechts in Taiwan, also §§ 43–1 bis 43–5 twWpHG und die aufgrund der Ermächtigung in § 43–1 Abs. 4 und § 43–4 Abs. 2 erlassenen Verordnungen. Das taiwanesische Recht und das deutsche Recht sollen dabei miteinander verglichen werden, wodurch die folgenden Fragen beantwortet werden:

1. Welche wesentlichen Unterschiede zwischen dem taiwanesischem und dem deutschem Aktienrecht bestehen hinsichtlich der Funktion des Vorstands im Organisationsgefüge der Aktiengesellschaft, die die Entscheidungsfindung der Bietergesellschaft und der Zielgesellschaft bei öffentlichen Angeboten maßgeblich beeinflussen können?
2. Welche wesentlichen Unterschiede zwischen dem taiwanesischem und dem deutschem Übernahmerecht bestehen hinsichtlich der Regelungen und des Normzwecks im Allgemeinen und der einzelnen Verhaltenspflichten des Vorstands der Bietergesellschaft und der Zielgesellschaft im Besonderen?
3. Wurden die Regelungen und Regelungsgegenstände bei der Übernahme des ausländischen Rechts im Rahmen der Normierung des Übernahmerechts in Taiwan unangemessen vereinfacht?
4. Könnte das deutsche Übernahmerecht in einer Ära der wirtschaftlichen und rechtlichen Globalisierung, in der das Recht und die Praxis der angelsächsischen Länder das Kapitalmarktrecht weltweit stark beeinflusst haben, als Referenzpunkt zur Verbesserung des Übernahmerechts in Taiwan beitragen?
5. Inwieweit könnte das deutsche Übernahmerecht in einer Ära der Globalisierung zur Verbesserung des taiwanesischen Übernahmerechts beitragen?

46 Vgl. *Fleischer*, ZHR 172 (2008), 538, 553 ff.

47 Vgl. z.B. zu Deal-Protection-Vereinbarungen, *Drygala*, WM 2004, 1413 ff., 1457 ff.; zu Break-Fee-Vereinbarungen, *Fleischer*, AG 2009, 345 ff.

D. Gang der Untersuchung

Gegenstand der Untersuchung sind die Pflichten des Vorstands der Aktiengesellschaft als Bieter oder Zielgesellschaft bei öffentlichen Angeboten im taiwanesischen und im deutschen Recht.[48] Als Vergleichsgrundlage wird dabei der Vorstand im Organisationsgefüge der Aktiengesellschaft in den beiden Rechtsordnungen betrachtet.

Nach der Einleitung im 1. Kapitel wird zunächst im 2. Kapitel der Vorstand im taiwanesischen Gesellschaftsrecht hinsichtlich seiner geschichtlichen Entwicklung und rechtlichen Rahmenbedingungen im Vergleich zum deutschen Recht betrachtet. Untersucht werden nicht nur die Kompetenzen des Vorstands im Rahmen der Verfassung der Aktiengesellschaft, sondern auch die Rechtsverhältnisse des einzelnen Vorstandsmitglieds zur Gesellschaft und die Organpflichten des Vorstandsmitglieds in den beiden Rechtsordnungen. Das Wesen und die Bedeutung der Aktiengesellschaft und die Entwicklung des Aktienrechts in der Republik China sollen für ein besseres Verständnis der Hintergründe kurz dargestellt werden.

Bei der Untersuchung im 3. Kapitel werden zunächst die Pflichten des Vorstands im taiwanesischen Übernahmerecht betrachtet. Untersucht werden die Rechtsgrundlagen des Übernahmerechts, die Pflichten des Vorstands der Bietergesellschaft sowie die Pflichten der Zielgesellschaft. Bei der Betrachtung des deutschen Übernahmerechts sollen die gleichen Aspekte entsprechend untersucht werden. Nach der Betrachtung des Übernahmerechts beider Rechtsordnungen wird ein Rechtsvergleich vorgenommen. Wesentliche Unterschiede zwischen dem taiwanesischen und dem deutschen Übernahmerecht werden herausgearbeitet. Vor diesem Hintergrund sollen dann die im Rahmen der Zielsetzung der vorliegenden Arbeit gestellten Fragen beantwortet werden.

Im 4. Kapitel werden schließlich die Schlussfolgerungen aus den rechtsvergleichenden Betrachtungen des 2. und 3. Kapitels zusammengefasst.

48 Die Gesellschaft als Unternehmensträger im Sinne des BMAA ist gemäß § 4 BMAA nur die Aktiengesellschaft. Verschmelzung wird in § 20 BMAA als die zwischen Aktiengesellschaften oder zwischen einer Aktiengesellschaft und einer GmbH definiert. Nach § 20 BMAA muss bei Verschmelzung jedoch die aufnehmende Gesellschaft oder die neu gegründete Gesellschaft eine Aktiengesellschaft sein.

2. Kapitel: Vorstand der Aktiengesellschaft

A. Vorstand der Aktiengesellschaft im taiwanesischen Recht

I. Wesen und wirtschaftliche Bedeutung der Aktiengesellschaft in Taiwan

Die Gesellschaft ist in § 1 des Gesellschaftsgesetzes der Republik China[49] (GesG) vom 26. Dezember 1929, zuletzt geändert am 30. Januar 2013, als Gewinn erzielender, nach dem GesG organisierter, eingetragener und dadurch entstehender Verein mit eigener Rechtspersönlichkeit definiert. Die Aktiengesellschaft, eine Rechtsform der Gesellschaft, ist als eine von mindestens zwei Aktionären oder von der Regierung oder von einer juristischen Person als einzigem Aktionär organisierte Gesellschaft, deren Grundkapital in Aktien zerlegt wird und deren Aktionär oder Aktionäre nur für die gezeichneten Aktien gegenüber der Gesellschaft haften, festgelegt (§ 2 Abs. 1 Nr. 4 GesG). Die im Jahr 1966 verankerte Ermächtigung des Ministeriums für Wirtschaft, also Ministry of Economic Affairs (MOEA), als zuständige Regierungsbehörde zum Erlass einer Rechtsverordnung über den Mindestbetrag des Grundkapitals der Aktiengesellschaft (§ 156 Abs. 3 GesG a. F.) wurde 2009 aufgehoben. Es besteht seitdem keine gesetzliche Anforderung im Hinblick auf einen Mindestbetrag des Grundkapitals mehr.[50] Die Aktiengesellschaft ist nach ihrem Wesen eine Kapitalgesellschaft[51] und nach der gesetzlichen Definition der Gesellschaft in § 1 GesG, wie

---

49 Vgl. chinesischen Text des Gesellschaftsgesetzes vom 26. Dezember 1929, zuletzt geändert am 30. Januar 2013, und seine englische Übersetzung, abrufbar auf der Website der Datenbank der Gesetze und Rechtsverordnungen der Republik China (Laws & Regulations of The Republic of China) des Ministeriums der Justiz: http://law.moj.gov.tw/LawClass/LawAll.aspx?PCode=J0080001.

50 Vgl. Ministeriums für Wirtschaft, Verwaltungsauslegung, Jing-Shang-Zi Nr. 0980 2414070 vom 18. Juni 2009, abrufbar im Internet unter der Website vom Datenabrufsystem der Rechtsverordnungen und Verwaltungsvorschriften für Business und Industrie (Law Source Retrieving System of Business and Industry): http://gcis.nat.gov.tw/elaw/query/index2.htm. Nach der Rechtsverordnung des Ministeriums für Wirtschaft Nr. 09002253490 vom 5. Dezember 2001 musste die Aktiengesellschaft zumindest einen Grundkapital im Betrag von einer Million TWD haben. Der Mindestbetrag des Grundkapitals wurde in 2008 auf eine halbe Million TWD reduziert und letztendlich in 2009 abgeschafft; vgl. zur Abschaffung des Mindestgrundkapitals, *LIAO, Da-Ying*, Gesellschaftsrecht (2012), S. 109; *KE, Fang-Chih*, Gesellschaftsrecht (Teil I) (2012), S. 128 f.

51 Vgl. *LIAO, Da-Ying*, Gesellschaftsrecht (2012), S. 16, 108 ff.; *KE, Fang-Chih*, Gesellschaftsrecht (Teil I) (2012), S. 10.

auch die offene Handelsgesellschaft, die Kommanditgesellschaft und die Gesellschaft mit beschränkter Haftung, ein Verein mit eigener Rechtspersönlichkeit[52].

Nach der offiziellen monatlichen Statistik für Gesellschaftseintragungen der Abteilung für Statistik des Ministeriums für Wirtschaft, bestanden bis zum 31. Dezember 2013 insgesamt 154.635 AGs mit einem Gesamtgrundkapital von 18.641.447 Millionen TWD (ca. 454.947 Millionen EUR)[53], 461.439 GmbHs mit einem Gesamtstammkapital von 2.184.800 Millionen TWD (ca. 53.320 Millionen EUR), 22 OHGs mit einem Gesamtkapital von 460 Millionen TWD und 11 KGs mit einem Gesamtkapital von 56 Millionen TWD[54]. Es gab bis zum 13. Dezember 2013 insgesamt 866 börsennotierte AGs, darunter 800 taiwanesische AGs, 36 in Taiwan börsennotierte ausländische Gesellschaften (F-Gesellschaften) und 28 Hinterlegungsscheine, also Taiwan Depositary Receipt (TDR), auf dem Markt der Taiwan Securities Exchange (TWSE)[55]. Bis zum 30. Dezember 2013 gab es 658 börsennotierte AGs auf dem Over-The-Counter-Markt, der von der Stiftung des Zentrums für Over-The-Counter-Wertpapierhandel in Taiwan, also der Foundation GreTai Securities Market (GTSM), organisiert wird[56]. Der GreTai Securities Market oder Over-The-Counter-Markt wurde zum 4. Februar 2015 in Taipei Exchange (TPEx) umbenannt.

II. Rechtsquellen des taiwanesischen Aktienrechts

1. Gesetz

a) Das Gesellschaftsgesetz

Die maßgebenden Regelungen für taiwanesische AGs sind zusammen mit den Regelungen für OHGs, KGs und GmbHs in einem einheitlichen Gesellschaftsgesetz

52 Die Gesellschaft, gleichgültig in welcher Rechtsform, ist seit dem Erlass der Gesellschaftsverordnung in 1914 (§ 3) als eine juristische Person bestimmt; vgl. zum Wesen der Gesellschaft als juristische Person, *WANG, Tai-Chuan/WANG, Chih-Cheng*, Gesellschaftsrecht (2010), S. 57 ff.; 137 ff.; zur Rechtsfähigkeit der Gesellschaft, *TSENG, Wang-Ruu*, Neustrukturierung der Grundlagentheorien der Gesellschaftsrechtsordnung (2012), S. 39 ff.

53 Berechnet auf der Basis des durchschnittlichen Wechselkurses am 31. Dezember 2013: 1 EUR = 40,975 TWD; vgl. website von Taiwanrate: http://www.taiwanrate.org/exchange_rate_EUR_.php?forex=2013/12/31.

54 Vgl. die offizielle monatliche Statistik der Gesellschaftseintragung des Ministeriums für Wirtschaft, abrufbar auf der Website vom Ministerium für Wirtschaft: http://www.moea.gov.tw/Mns/dos/content/ContentLink.aspx?menu_id=6849.

55 Vgl. Bericht unter der Website http://news.cnyes.com/Content/20131213/KHC1MZ09IB1T2.shtml von CNYES, ein Internet-Unternehmen, das laufend wirtschaftliche und finanzielle Informationen auf den Kapitalmärkten in Taiwan, Hong Kong und China bietet.

56 Vgl. Bericht der Tageszeitung von China Times am 30. Dezember 2013, abrufbar unter der Website von China Times: http://www.chinatimes.com/realtimenews/20131230003193-260410, eine der vier führenden Tageszeitungen in Taiwan.

enthalten. Das Gesellschaftsgesetz der Republik China[57], das am 26. Dezember 1929 in der damaligen Hauptstadt Nanking verkündet wurde, am 1. Juli 1931 in Kraft trat und zuletzt am 30. Januar 2013 in Taiwan geändert wurde, bleibt trotz der durch den Bürgerkrieg ausgelösten fundamentalen und gravierenden Änderungen der politischen Lage in China seit 1949 sowie mehrmaliger grundlegender Novellierungen die gesetzliche Grundlage für die verschiedenen Typen der Gesellschaft in Taiwan.

b) Das Zivilgesetzbuch

Das Gesellschaftsgesetz ist im taiwanesischen Rechtssystem ein Sondergesetz im Verhältnis zum Zivilgesetzbuch der Republik China[58] (ZGB). Der Allgemeine Teil des Zivilgesetzbuches wurde am 23. Mai 1929 verkündet und ist am 10. Oktober 1929 in Kraft getreten. Die Teile „Schuldrecht“ und „Sachenrecht“ sind am 5. Mai 1930 und die Teile „Familienrecht“ und „Erbrecht“ sind am 5. Mai 1931 in Kraft getreten. Das Zivilgesetzbuch enthält nicht nur Normen des bürgerlichen Rechts, sondern auch die Regelungen des Handelsrechts. Beispielsweise sind die Regelungen zu Prokuristen und Handelsvertretern (§§ 553 bis 564 ZGB), Handelsmaklern (§§ 565 bis 575 ZGB), Kommissionsgeschäften (§§ 576 bis 588 ZGB), Lagergeschäften (§§ 613 bis 621 ZGB), Frachtgeschäften (§§ 624 bis 653 ZGB) und Speditionsgeschäften (§§ 660 bis 666 ZGB) zu nennen. Der Prokurist im Sinne des § 553 ZGB wird in manchen Schriften gleichbedeutend als „Management Officer“ einer Aktiengesellschaft im Sinne des § 29 GesG verstanden[59]. Aufgrund des Wesens der Aktiengesellschaft als Verein mit eigener Rechtspersönlichkeit in § 2 Abs. 1 Nr. 4 GesG können zur Lückenfüllung des Aktienrechts in Taiwan die allgemeinen Bestimmungen über die juristische Person unter dem ZGB (§§ 25 bis 44 ZGB), z. B. § 28 ZGB über die unerlaubte Handlung der juristischen Person[60], und die Vorschriften über den Verein

---

57 Vgl. chinesischen Text des Gesellschaftsgesetzes vom 26. Dezember 1929, zuletzt geändert am 30. Januar 2013, und seine englische Übersetzung, abrufbar im Internet unter der Website vom Ministerium der Justiz: http://law.moj.gov.tw/LawClass/LawAll.aspx?PCode=J0080001.

58 Vgl. chinesischen Text des Zivilgesetzbuchs vom 23. Mai 1929, zuletzt geändert am 11. Dezember 2013 und seine englische Übersetzung, abrufbar unter der Website vom Ministerium der Justiz: http://law.moj.gov.tw/LawClass/LawAll.aspx?PCode=B0000001.

59 Vgl. *LIU, Yu-Sen*, Allgemeine Bestimmungen des Gesellschaftsgesetzes (2009) S. 206 f, 210 ff.

60 Vgl. Oberster Gerichtshof, Urt. v. 23. Oktober 2013 – 102 Tai-Shang-Zi Nr. 1991, abrufbar unter der Website vom Justiz-Yuan: http://jirs.judicial.gov.tw/FJUD . In diesem Fall hat der Angestellter der Beklagten, einer Aktiengesellschaft, im Namen der Gesellschaft (Käufer) von einer anderen Gesellschaft (Verkäufer) eine große Volume von Computer im Betrag von mehr als 68 Millionen TWD, ca. 1,70 Millionen Euro, gekauft. Der Verkäufer hat die Computer in der Tat nicht geliefert. Trotzdem hat der Angestellte im Namen des Käufers ein Schreiben zur Bestätigung der Lieferung von gekauften Computern dem Verkäufer gegeben. Der Verkäufer hat dann von einer Bank, in diesem Fall die Klägerin, aufgrund des inhaltlich vollkommen unrichtigen

(§§ 45 bis 58 ZGB), z. B. § 56 ZGB über die Aufhebung und die Unwirksamkeit eines Beschlusses der Mitgliederversammlung, herangezogen werden.[61]

c) Das Gesetz über den Wertpapierhandel

Eine Aktiengesellschaft, die ihre Aktien an das Publikum ausgegeben hat, ausgibt oder ausgeben wird, muss als Publikums-AG die Regelungen im Gesetz über den Wertpapierhandel[62] (twWpHG) vom 30. April 1968, zuletzt geändert am 5. Juni 2013, einhalten. Das twWpHG enthält neben Bestimmungen über öffentliche Kaufangebote sowie die Ausgabe, den Handel und die Überwachung von Wertpapieren viele spezielle Regelungen hinsichtlich der Organisation und Pflichten des Vorstands einer Publikums-AG. Wichtige Sonderregelungen bilden z. B. der § 14–2 twWpHG zu den unabhängigen Direktoren und der § 14–4 twWpHG zum Auditausschuss, die nach der Novellierung des twWpHG am 11. Januar 2006 eingeführt wurden und das dualistische Führungssystem bei kleinen börsennotierten AG geändert und bei großen börsennotierten AG mit einem Grundkapitel von mindestens 2 Milliarden TWD durch das monistische Führungssystem ersetzt haben. Das twWpHG ist eine der wichtigsten Rechtsgrundlagen für Unternehmensübernahmen durch öffentliche Angebote[63]. Die Unternehmensübernahme durch öffentliche Angebote ist in §§ 43–1 bis 43–5 twWpHG und den aufgrund der gesetzlichen Ermächtigungen erlassenen Verordnungen geregelt.

d) Das BMAA

Für den Unternehmenskauf und -verkauf zwischen Aktiengesellschaften oder zwischen einer Aktiengesellschaft und einer GmbH in Taiwan, gleichgültig ob die Transaktion durch das öffentliche Übernahmeangebot durchgeführt wird oder nicht, findet das BMAA vom 6. Februar 2002, zuletzt geändert am 5. Mai 2004, Anwendung. Taiwan ist in vielerlei Hinsichten als ein wichtiger Standort und M&A-Markt in der Region Greater China weltweit anerkannt und hat sich durch die Anzahl der M&A-Transaktionen nach der Einführung des BMAA bewährt. Zur Verbesserung

---

Bestätigungsschreiben Darlehen im Betrag von mehr als 60 Million TWD, ca. 1,50 Millionen Euro erhalten und war danach nicht mehr erreichbar. Die Bank hat gegen den Käufer die Klage auf Schadensersatz erhoben. Der Oberste Gerichtshof hat bestätigt, dass der Käufer als eine Gesellschaft für die unerlaubte Handlung des Angestellten, die der Angestellte durch das inhaltlich täuschende Schreiben begangen hat, verpflichtet ist, nach § 28 ZGB den der Bank entstandenen Schaden zu ersetzen.

61 Vgl. dazu *LIU, Len-Yu*, Modernes Gesellschaftsrecht (2012), S. 3 ff.; *WANG, Wen-Yeu*, Gesellschaftsrecht (2008) S. 168.

62 Vgl. chinesischen Text des Wertpapierhandelsgesetzes vom 30. April 1968, zuletzt geändert am 5. Juni 2013 und seine englische Übersetzung, abrufbar auf der Website vom Ministeriums der Justiz: http://law.moj.gov.tw/LawClass/LawAll.aspx?PCode=G0400001.

63 Vgl. unten unter IV. 1. Das gemischte Verwaltungssystem, S. 23 ff.

der Rahmenbedingungen in Taiwan als Standort für internationale Investitionen ist nach der überwiegenden Meinung in Taiwan eine grundlegende Reform des BMAA notwendig. Die Regierung hat am 21. November 2013 einen Beschluss für einen Entwurf einer Novelle, in der mehr als die Hälfte der Vorschriften des BMAA geändert werden sollen, gefasst und dem Parlament am 25. November 2013 den Regierungsentwurf vorgelegt.[64]

Die Unternehmensübernahme durch öffentliches Angebot ist als ein Typ der M&A-Transaktionen in § 4 Nr. 4 BMAA definiert. §§ 12, 18 BMAA regeln den Squeeze-out der Minderheitsaktionäre im Falle der Verschmelzung. Sie sind bei einer Übernahme durch öffentliches Angebot auf den Ausschluss der Minderheitaktionäre der Zielgesellschaft anwendbar, wenn der Bieter nach Durchführung des Angebotsverfahrens mindestens 90% der Wertpapiere der Zielgesellschaft erworben hat und die Verschmelzung mit dem Bieter und der Zielgesellschaft anstrebt. Maßgeblich für die Verschmelzung und die Geltendmachung des Andienungsrechts der Aktionäre ist die Beschlussfassung des Vorstands des Bieters und der Zielgesellschaft.

e) Weitere Gesetze

Die Rechtsverhältnisse der Aktiengesellschaft werden in Taiwan selbstverständlich nicht nur im GesG, ZGB, twWpHG und BMAA geregelt. Vielmehr werden sie in den verschiedensten Bereichen durch zahlreiche weitere Gesetze reguliert. Das Gesetz über die Handelsrechnungslegung, also Business Entity Accounting Act (BEAA)[65], vom 7. Januar 1948, zuletzt geändert am 3. Juni 2009, gilt als die wichtigste Rechtsgrundlage für die Rechnungslegung aller Formen von Gesellschaften. Das Gesetz über den Fairen Handel[66] vom 4. Februar 1991, zuletzt geändert am 23. November 2011, ist die gesetzliche Grundlage für sowohl das Recht gegen den unlauteren Wettbewerb als auch das Recht gegen Wettbewerbsbeschränkungen. Dem Bankgesetz[67] vom 28. März 1931, zuletzt geändert am 9. November 2011,

---

64 Vgl. Pressemitteilung vom Exekutiv-Yuan vom 21. November 2013 über die Novellierung und die Schwerpunkte des Regierungsentwurfs, abrufbar im Internet unter der Website vom Exekutiv-Yuan: http://www.ey.gov.tw/News_Content.aspx?n=F8BAEBE9491FC830&s=F368D15486172B28.

65 Vgl. chinesischen Text des Gesetzes über Handelsrechnungslegung vom 7. Januar 1948, zuletzt geändert am 3. Juni 2009, und seine englische Übersetzung, abrufbar unter der Website vom Ministerium der Justiz: http://law.moj.gov.tw/LawClass/LawAll.aspx?PCode=J0080009.

66 Vgl. chinesischen Text vom Gesetz über Fairen Handel vom 4. Februar 1991, zuletzt geändert am 23. November 2011, und seine englische Übersetzung, abrufbar unter der Website vom Ministerium der Justiz: http://law.moj.gov.tw/LawClass/LawAll.aspx?PCode=J0150012.

67 Vgl. chinesischen Text des Bankgesetzes vom 28. März 1931, zuletzt geändert am 9. November 2011, und seine englische Übersetzung, abrufbar unter der Website vom Ministerium der Justiz: http://law.moj.gov.tw/LawClass/LawAll.aspx?PCode=G0380001.

unterliegen sämtliche Typen von Banken, also Handelsbanken, Spezialbanken und Kapitalanlagegesellschaften. Das Gesetz über Finanzholdinggesellschaften[68] vom 9. Juli 2001, zuletzt geändert am 21. Januar 2009, bildet die Rechtsgrundlage für M&A-Transaktionen zwischen oder mit Finanzinstituten. Die genannten Gesetze enthalten jeweils spezielle Regelungen zu den Pflichten des Vorstandes.

2. *Die Rechtsverordnung*

Rechtsverordnungen[69], die nach § 150 des Verwaltungsverfahrensgesetzes[70] vom 3. Februar 1999, zuletzt geändert am 22. Mai 2013, von den zuständigen Regierungsbehörden aufgrund der gesetzlichen Ermächtigung erlassen werden können, spielen im Bereich des Aktienrechts und Wertpapierhandelsrecht eine wichtige Rolle in Taiwan. Ein Beispiel bildet die von der Kommission der Finanzaufsicht erlassene Rechtsverordnung über die Einrichtung unabhängiger Direktoren bei der Publikums-AG sowie weiterer einzuhaltender Maßnahmen[71] vom 28. März 2006, zuletzt geändert am 4. August 2011.

Die Verwaltungsvorschriften[72], die von den für das GesG, das twWpHG, das BMAA und weiteren gesetzlichen Grundlagen des Aktienrechts zuständigen Regierungsbehörden zur Gesetzesauslegung erlassen wurden, spielen in der Praxis in Taiwan eine wichtige Rolle, auch wenn sie nach § 159 Abs. 1 des Verwaltungsverfahrensgesetzes nach außen keine direkte Rechtswirkung entfalten. Ein Beispiel ist die vom Ministerium für Wirtschaft am 24. Dezember 2009 erlassene Verwaltungsauslegung Nr. 0982173660[73] über die Feststellung eines verbundenen Unternehmens

---

68 Vgl. chinesischen Text des Gesetzes über Finanzholdinggesellschaften vom 9. Juli 2001, zuletzt geändert am 21. Januar 2009, und seine englische Übersetzung, abrufbar im Internet unter der Website vom Ministerium der Justiz: http://law.moj.gov.tw/LawClass/LawAll.aspx?PCode=G0380112.

69 Die Rechtsverordnung ist in § 150 des Verwaltungsverfahrensgesetzes definiert.

70 Vgl. chinesischen Text des Verwaltungsverfahrensgesetzes vom 3. Februar 1999, zuletzt geändert am 22. Mai 2013, und seine englische Übersetzung, abrufbar auf der Website des Ministeriums der Justiz: http://law.moj.gov.tw/LawClass/LawAll.aspx?PCode=A0030055.

71 Vgl. chinesischen Text der Rechtsverordnung über die Einrichtung der unabhängigen Direktoren der Publikums-AG und die einzuhaltenden Maßnahmen vom 28. März 2006, zuletzt geändert am 4. August 2011, und seine englische Übersetzung, abrufbar unter der Website des Abrufsystems für Gesetze und Rechtsverordnungen für Wertpapier & Futures, also Law Source Retrieving System of Stock Exchange & Futures Trading (SELAW), vom Bureau für Wertpapier und Futures, Kommission der Finanzaufsicht: http://www.selaw.com.tw/Scripts/Query4A.asp?FullDoc=all&Fcode=G0101973.

72 Die Verwaltungsvorschrift ist in § 159 des Verwaltungsverfahrensgesetzes definiert.

73 Vgl. chinesischen Text der Verwaltungsauslegung Nr. 0982173660 des Ministeriums für Wirtschaft vom 24. Dezember 2009, abrufbar unter der Website „SELAW": http://www.selaw.com.tw/Scripts/Query1B.asp?no=3J00800%B8g%B0%D3++++++

im Sinne des § 369–1 GesG, wonach von verbundenen Unternehmen ausgegangen werden soll, wenn sich die Hälfte der Vorstandsmitglieder der zwei betroffenen Gesellschaften personell überlappen.

3. *Der Corporate Governance Kodex für börsennotierte Aktiengesellschaften*

Corporate Governance wurde nach der asiatischen Finanzkrise in 1997 zu einem wichtigen Thema in Taiwan. Zur Verbesserung der Corporate Governance wurde keine offizielle Institution von der Regierung gegründet. In Anlehnung an die "OECD Principles of Corporate Governance 1999" hat die TWSE am 4. Oktober 2002 gemeinsam mit der GTSM, einen Corporate Governance Kodex für die börsennotierten AG[74] (CGK) erlassen. Der CGK enthält Empfehlungen zur Corporate Governance in fünf Abschnitten: Schutz der Aktionärsinteressen, Verstärkung der Kompetenz und Fähigkeit des Vorstands, Entfaltung der Funktion des Supervisors, Achtung von Interessen der Stakeholder und Verbesserung der Informationstransparenz. Aufgrund des CGK haben die TWSE und GTSM eine Reihe von Mustern zu internen Regelungen einer börsennotierten AG zur Verbesserung der Corporate Governance erlassen. Zwei Beispiele sind die Mustergeschäftsordnung des Vorstands vom 25. April 2003, zuletzt geändert am 8. November 2012, und die Musterorganisationsregeln für den Auditausschuss vom 25. April 2003, zuletzt geändert am 27. September 2006.[75] Die Empfehlungen im CGK und die Musterregelungen der TWSE und GTSM haben keine Gesetzesqualität. Sie haben keine gesetzliche Bindungswirkung auf börsennotierten AGs. Sie wirken aber als "soft law" im Sinne der Empfehlungen, die aufgrund der im Rahmen der Notierung geschlossenen Verträge zwischen TWSE bzw. GTSM und den börsennotierten AGs zur Selbstregulierung hinsichtlich der Corporate Governance führen sollen.

+++++++++++09802173660+&K1=%C3%F6%ABY%A5%F8%B7~&StartDate=20090101&EndDate=20101231.

74 Vgl. chinesischen Text des Corporate Governance Kodexes für die Börsennotierten AG vom 4. Oktober 2002, zuletzt geändert am 11. März 2013, und seine englische Übersetzung, abrufbar unter der Website „SELAW“: http://www.selaw.com.tw/Scripts/Query4B.asp?FullDoc=%A9%D2%A6%B3%B1%F8%A4%E5&Lcode=G0100259.

75 Vgl. chinesischen Text der Mustergeschäftsordnung des Vorstands vom 25. April 2003, zuletzt geändert am 8. November 2012, und seine englische Übersetzung, abrufbar unter der Website „SELAW“://www.selaw.com.tw/Scripts/Query4A.asp?FullDoc=all&Fcode=G0100300; den chinesischen Text der Musterorganisationsregeln für Auditausschuss vom 25. April 2003, zuletzt geändert am 27. September 2006, und die englische Übersetzung, abrufbar unter der Website „SELAW“: http://www.selaw.com.tw/Scripts/Query4A.asp?FullDoc=all&Fcode=G0100299.

4. Die Rechtsprechung

Nach § 80 der Verfassung der Republik China[76] sind die Richterinnen und Richter unabhängig und nur dem Gesetz unterworfen. Gerichtsentscheidungen sind kein Gesetz im materiellen Sinne und keine Rechtsquelle. Zur Vereinheitlichung der Rechtsprechung besteht seit mehr als 100 Jahren ein Rechtsinstitut der „Gerichtsentscheidungen mit Bindungswirkung“, wonach die Ansichten zu bestimmten Rechtsfragen in den von den Richterinnen und Richtern der Zivilsenate oder Strafsenate des Obersten Gerichtshofs gemeinsam ausgewählten Entscheidungen in Zivilsachen oder Strafsachen als festgelegte Ansichten für den Obersten Gerichtshof und die untergeordneten Gerichte bindende Wirkung entfalten. Die Bindungswirkung der ausgewählten Entscheidungen des Obersten Gerichtshofs kann nur durch Beschluss der Richterinnen und Richter der Zivilsenate oder Strafsenate des Obersten Gerichtshofs wieder aufgehoben werden[77]. Im Bereich des Aktienrechts als Regelungsgebiet des Gesellschaftsgesetzes gibt es bis heute 40 ausgewählte, von 1932 bis 1997 getroffenen Entscheidungen des Obersten Gerichtshofs, denen Bindungswirkung zukommt[78].

III. Vorstand in der geschichtlichen Entwicklung des Aktienrechts

Der Begriff „Direktor“ ist im taiwanesischen Aktienrecht gleichbedeutend mit „Vorstandsmitglied“. Im Rahmen des taiwanesischen Rechts und damit auch in dieser Arbeit werden diese beiden Begriffe daher synonym verwendet.

---

76 Vgl. chinesischen Text der Verfassung der Republik China vom 1. Januar 1947 und ihre englische Übersetzung, abrufbar im Internet unter der Website des Ministeriums der Justiz: http://law.moj.gov.tw/LawClass/LawAll.aspx?PCode=A0000001, und ihre zusätzliche Vorschriften für Taiwan vom 1. Mai 1991, zuletzt geändert am 10. Juni 2005, und ihre englische Übersetzung, abrufbar unter der Website des Ministeriums der Justiz: http://law.moj.gov.tw/LawClass/LawAll.aspx?PCode=A0000002.

77 Das jetzige Rechtsinstitut zur Vereinheitlichung der Rechtsprechung, also Gerichtsentscheidungen mit Bindungswirkung, wird möglicherweise nach dem Plan des Justiz-Yuans zur Novellierung des Gerichtsverfassungsgesetzes (GVG) durch das Rechtsinstitut der Großen Senate nach dem Vorbild der Großen Senate des BGH abgelöst.

78 Vgl. „Die Sammlung der Leitsätze der Entscheidungen des Obersten Gerichtshofs in Zivilsachen mit Bindungswirkung“ von 1927 bis 2005; „Die Sammlung des Volltexts der Entscheidungen mit Bindungswirkung des Obersten Gerichtshofs“ von 1950 bis 2009. Sämtliche Gerichtsentscheidungen mit Bindungswirkung sind abrufbar auf der Website vom Justiz-Yuan: http://jirs.judicial.gov.tw/FJUD.

1. *Vorstand im Aktienrecht unter dem Gesellschaftsgesetz der Qing-Dynastie von 1904*

Das erste Gesetz über die Aktiengesellschaft und andere Formen von Gesellschaften in China ist das „Gesellschaftsgesetz" der Qing-Dynastie aus dem Jahr 1904. Als das erste aufgrund der Übernahme westlicher Rechtsinstitute verfasste Gesetz in China wurde das Gesellschaftsgesetz mit 131 Paragraphen zusammen mit den „Allgemeine Bestimmungen für Kaufleute" als „Handelsgesetz der Qing-Dynastie" von der Qing-Regierung am 21. Januar 1904 verkündet und eingeführt.[79] Das Gesellschaftsgesetz von 1904 hat vier Typen von Gesellschaften geregelt: die Kollektivgesellschaft, die Kollektivgesellschaft mit beschränkter Haftung, die Aktiengesellschaft ohne beschränkter Haftung und die Aktiengesellschaft mit beschränkter Haftung (§ 1). Für die Entstehung der Gesellschaft bedurfte es keiner Genehmigung der Regierung, sondern es galt das Eintragungsprinzip (§§ 7, 11, 12 16 und 21). Außer in den allgemeinen Vorschriften, einschließlich 12 Paragraphen über die Aktiengesellschaft, war die Aktiengesellschaft mit beschränkter Haftung in den Abschnitten 2 bis 7 in den §§ 33 bis 131 geregelt. Eine Aktiengesellschaft mit beschränkter Haftung musste mindestens sieben Aktionäre haben (§ 13). Die Regelungen über die Rechte der Aktionäre (§§ 45 bis 61) und die Vorschriften über Direktoren und den aus Direktoren bestehenden Vorstand (§§ 62 bis 78) waren den Bestimmungen über Auditoren (§§ 78 bis 84), den Bestimmungen über Vorstandssitzungen (§§ 85 bis 97) und den Vorschriften über Generalversammlungen als Versammlung aller Aktionären der Aktiengesellschaft mit beschränkter Haftung (§§ 98 bis 106) vorangestellt. Die Geschäftsführung der

79 Die chinesische Übersetzung der Gesetze der europäischen Ländern, die Gründung der Einrichtungen für eine modernisierte juristische Ausbildung und das Entwerfen neuer Gesetze unter der Leitung von SHEN, Chia-Ben (1840–1913) und WU, Ting-Fang (1842–1922) seit 1902 haben die Modernisierung des ganzen chinesischen Rechts- und Justizsystems in Qing-Dynastie und, nach der Teilnahme und unter der Leitung von WANG, Chong-Hui, in der nach der Revolution in 1912 gegründeten Republik China maßgeblich und nachhaltig beeinflusst. Das Handelsgesetz von 1904, einschließlich des Gesellschaftsgesetzes in 113 Paragraphen, wurde von einem Arbeitsgruppe unter der Leitung von ZAI, Zhen, und WU, Ting-Fang ausgearbeitet. WU, Ting-Fang, der in 1842 in der damaligen englischen Kolonie Singapore geboren war, in 1846 nach seiner Heimat Kanton Provinz in China zurückkehrte, in Hong Kong studierte und danach als Dolmetscher beim Obersten Gerichtshof in Hong Kong arbeitete, ab 1874 insgesamt 3 Jahre Jura in Lincoln Law School studierte, war der erste Chinese, der als Barrister Zulassung für seine Praxis in Hong Kong erhielt. Ausführlich zu WU, Ting-Fang, zum Gesetzgebungshintergrund und Inhalt des Gesellschaftsgesetzes von 1904 in chinesischer Sprache, vgl. LAI In-Jaw, National Taiwan University Law Journal, 1984, Band 13, Nr. 2, S. 1, 2 ff., ausführlich zum Gesellschaftsgesetz von 1904 in englischer Sprache, vgl. *LI, Chun*, Chengchi Law Review, 1974, Nr. 10, S. 171 ff., Nr. 11, S. 163 ff.; zur kurzen Einführung des Gesellschaftsgesetzes von 1904 in der Geschichte der Börsen in China von 1869 bis 1952 in deutscher Sprache, vgl. *Pissler*, Chinesisches Kapitalmarktrecht (2004), S. 73 ff.

Gesellschaft war dem Vorstand, der mindestens aus 3 und höchstens aus 13 Personen bestehen musste, zugewiesen (§ 63), während die Überwachung der Geschäftsführung als Aufgabe der Auditoren bestimmt wurde. Jeder Direktor musste mindestens 10% der Gesellschaftsaktien halten (§ 65). Die Vergütung der Direktoren wurde in der Satzung oder von der Generalversammlung bestimmt (§ 66). Die Direktoren mussten nicht ständig anwesend sein (§ 67), während die Vorstandssitzung zumindest einmal in der Woche stattfinden musste (§ 95). Neben den Direktoren musste die Generalversammlung einer Aktiengesellschaft auf der ersten Sitzung nach ihrer Gründung mindestens zwei Auditoren aus dem Kreis der Aktionäre bestellen (§ 79). Die Auditoren hatten das Recht, zu jeder Zeit die Bücher der Gesellschaft zu prüfen, in alle Dokumente der Gesellschaft Einsicht zu nehmen und Fragen über die Geschäftsführung zu stellen; die Direktoren und die nachgeordneten Führungskräfte durften die Anfragen eines Auditors nicht blockieren und mussten die gestellten Fragen beantworten (§ 84). Der mindestens aus drei Direktoren bestehende Vorstand als Geschäftsführungsorgan und die mindestens zwei Auditoren als Überwachungsorgan bildeten das dualistische Verwaltungssystem der Aktiengesellschaft mit beschränkter Haftung unter dem Gesellschaftsgesetz von 1904.

2. *Vorstand im Aktienrecht unter der Gesellschaftsverordnung 1914 in China*

Das Gesellschaftsgesetz der Qing-Dynastie von 1904 wurde nach der Gründung der Republik China am 1. Januar 1912 von der „Verordnung für Gesellschaften“[80] abgelöst, die mit 251 Paragraphen vom Staatspräsidenten am 13. Januar 1914, wegen der damaligen politischen Lage ohne Genehmigung des Parlaments, verkündet wurde und am 1. September 1914 in Kraft getreten ist. Die Verordnung für Gesellschaften hat in weiten Teilen in Anlehnung an die Regelungen über Gesellschaften im japanischen Handelsgesetzbuch[81] vier Typen von Gesellschaften, die offene Handelsgesellschaft, die Kommanditgesellschaft, die Aktiengesellschaft und die Kommanditgesellschaft auf Aktien (§ 2) geregelt. Alle Typen von Gesellschaften wurden als juristische Person vorgeschrieben (§ 3). Es galt weiterhin das Eintragungsprinzip (§§ 5 und 6). Das Aktienrecht fand seine gesetzliche Regelungen in §§ 1 bis 8 des Ersten Teils „Allgemeine Vorschriften“ und in den §§ 97 bis 229 des Vierten Teils „Aktiengesellschaft“. Als Organe der Aktiengesellschaft wurden die Hauptversammlung (§§ 141 bis 151), Direktoren (§§ 152 bis 165) und Supervisoren (§§ 166 bis 177) vorgesehen. Die Hauptversammlung wurde als das oberste Organ der Willensbildung der Gesellschaft bestimmt.[82]

---

80 Vgl. *LAI, In-Jaw*, National Taiwan University Law Journal, Band 13, 1984, Nr. 2, S. 1, 16; *YAO, Cheng-Han*, Kommentar zur Gesellschaftsverordnung (1914); zur kurzen Einführung der Gesellschaftsverordnung von 1914 in der Geschichte der Börsen in China von 1869 bis 1952 in deutscher Sprache, vgl. *Pissler*, Chinesisches Kapitalmarktrecht (2004), S. 73 ff.

81 *YAO, Cheng-Han*, Kommentar zur Gesellschaftsverordnung (1914), S. 10.

82 *YAO, Cheng-Han*, Kommentar zur Gesellschaftsverordnung (1914), S. 156.

Sie hatte das Recht, über alle Angelegenheiten, die die Gesellschaft betreffen, durch Beschlussfassung zu entscheiden[83]. Der Direktor war als ständiges Organ zuständig für die Vertretung und die Geschäftsführung der Gesellschaft[84]. Direktoren mussten in der Hauptversammlung aus dem Kreis der Aktionäre bestellt werden (§ 152) und man ging, obwohl die Mindestzahl der Direktoren nicht vorgeschrieben wurde, davon aus, dass der Vorstand mindestens aus drei Direktoren bestehen musste[85]. Die Geschäftsführung der Direktoren unterlag der Zustimmung der einfachen Mehrheit des Vorstands, wenn nichts anderes in der Satzung bestimmt wurde (§ 157). Jeder Direktor hatte das Recht, die Gesellschaft nach außen zu vertreten (§ 158 Abs. 1). Die Sorgfaltspflicht und die Haftung des Direktors gegenüber der Gesellschaft wurden in § 163 Abs. 1 und die Legalitätspflicht und die Gesamthaftung der Direktoren gegenüber Dritten wurden in § 163 Abs. 2 ausdrücklich bestimmt. Der Supervisor, der in der Hauptversammlung aus dem Kreis der Aktionäre bestellt werden musste (§ 166), war unter der Gesellschaftsverordnung 1914 das notwendige Überwachungsorgan der Gesellschaft[86]. Der Supervisor hatte das Recht, von den Direktoren Berichterstattung zu verlangen und in die Bücher, Dokumenten und Vermögensverhältnisse der Gesellschaft einzusehen oder diese zu untersuchen (§ 170). Wenn es notwendig war, konnte der Supervisor die Hauptversammlung einberufen (§ 172 Abs. 1). Der Supervisor vertrat die Gesellschaft gegenüber den Direktoren (§ 175). Unter der Gesellschaftsordnung 1914 galt folglich weiterhin das dualistische Verwaltungssystem der AG aus Vorstand als Geschäftsführungsorgan und Supervisoren als Überwachungsorgan.

Unter der Gesellschaftsverordnung 1914 wurde eine Weiterentwicklung des Aktienrechts im Allgemeinen und eine Verbesserung der Verfassung der Aktiengesellschaft im Besonderen wurden deutlich. Ein Unterschied zum Gesellschaftsgesetz 1904 lag darin, dass die Gesellschaftsverordnung 1914 weder die Mindestzahl der Direktoren oder Supervisoren noch die Mindestzahl der Vorstandssitzungen bestimmt hat. Dieser kleine Unterschied zum Gesellschaftsgesetz 1904 bedeutet einerseits mehr Freiheit bei der satzungsmäßigen Regelung der Verwaltung der Gesellschaft.[87] Andererseits bedeutet er, dass Direktoren nebenamtlich tätig sein konnten und in einem solchen Fall der hauptamtliche „Führungsdirektor" im Sinne des Vorstandsvorsitzenden[88] eine maßgebliche Rolle bei der Geschäftsführung spielen konnte, und dass die Funktion des Überwachungsorgans in einem Fall, in dem nur ein nebenamtlich tätiger Supervisor bestellt wurde oder werden konnte, geschwächt wurde.

83 *YAO, Cheng-Han*, Kommentar zur Gesellschaftsverordnung (1914), S. 156.
84 *YAO, Cheng-Han*, Kommentar zur Gesellschaftsverordnung (1914), vor § 152, S. 167.
85 *YAO, Cheng-Han*, Kommentar zur Gesellschaftsverordnung (1914), S. 168.
86 *YAO, Cheng-Han*, Kommentar zur Gesellschaftsverordnung (1914), S. 178.
87 Vgl. dazu, *YAO, Cheng-Han*, Kommentar zur Gesellschaftsverordnung (1914), S. 171.
88 Vgl. zur Regelung vom „führenden Direktor" und Geschäftsteilung zwischen Direktoren in der Satzung, *YAO, Cheng-Han*, Kommentar zur Gesellschaftsverordnung (1914), S. 171.

3. *Vorstand im Aktienrecht unter dem Gesellschaftsgesetz 1929 in China*

Das Gesellschaftsgesetz 1929 mit 233 Paragraphen ist seit der Gründung der Republik China im Jahr 1912 das erste vom Parlament genehmigte Gesetz über Gesellschaften, das dieselben bereits in der Gesellschaftsverordnung von 1914 gefassten vier Formen von Gesellschaften regelt. § 1 des Gesetzes definierte die Gesellschaft als eine für die Gewinnerzielung gegründete Körperschaft. Alle vier Rechtsformen der Gesellschaft waren als juristische Personen ausgestaltet (§ 3). Die Allgemeine Bestimmungen (§§ 1 bis 11) und die Bestimmungen über Aktiengesellschaften (§§ 87 bis 214) im Gesellschaftsgesetz 1929 bildeten die wesentlichen gesetzlichen Regelungen zum Aktienrecht.

Die Regelungen über Direktoren als Geschäftsführungsorgan, die aus dem Kreis der Aktionäre bestellt werden mussten (§§ 138 bis 151) und über die Supervisoren als Überwachungsorgan (§§ 152 bis 165) blieben gegenüber den Regelungen in der Gesellschaftsverordnung 1914 im Wesentlichen unverändert. Ein Unterschied bestand jedoch darin, dass eine Aktiengesellschaft nach dem Gesellschaftsgesetz 1929 mindestens fünf Direktoren haben musste.

Die erste Novellierung erfuhr das Gesellschaftsgesetz 1929 im Jahr 1946 im Rahmen der Bemühungen zum Wiederaufbau der chinesischen Wirtschaft nach der Kapitulation Japans im Jahr 1945. In der Reform von 1946 wurde die Gesellschaft mit beschränkter Haftung geregelt und viele neue Rechtsfiguren dabei eingeführt. Nach der gründlichen Novelle von 1946 hatte das Gesellschaftsgesetz 361 Paragraphen. Keine wesentlichen Änderungen fanden sich im Hinblick auf das dualistische Verwaltungssystem aus Direktoren (§§ 184 bis 199) und Supervisoren (§§ 200 bis 213) der Aktiengesellschaft. Eine wesentliche Änderung bestand in der Einführung der Regelungen zum „Management Officer“ in §§ 214 bis 225.

4. *Vorstand im Aktienrecht nach 1949 in Taiwan*

Am 1. Oktober 1949 wurde die Volksrepublik China auf dem chinesischen Festland gegründet. Das ganze Rechtssystem der Republik China, deren Regierung sich 1949 auf die im Jahr 1945 nach dem zweiten Weltkrieg von Japan zurückgegebene Insel Taiwan verlagert hat, wurde 1949 auf dem chinesischen Festland abgeschafft. Das Gesellschaftsgesetz 1929 gilt seitdem nur noch in Taiwan. Die zweite grundlegende Änderung des Gesellschaftsgesetzes 1929 erfolgte erst 20 Jahre nach dem zweiten Weltkrieg in Taiwan. 1966 hat das Parlament die Änderung des Gesellschaftsgesetzes auf der Grundlage des Regierungsentwurfs zur Entwicklung der Wirtschaft in Taiwan genehmigt. Dabei wurden sowohl das US-amerikanische, englische und japanische als auch das deutsche Aktienrecht als Vorbilder herangezogen[89]. Nach

89 Vgl. den Prüfungsbericht vom Wirtschafts- und Justizausschuss über den Änderungsentwurf des Gesellschaftsgesetzes des 8. Juni 1965, in: Legislative-Yuan Offizielle Gazette, Sitzungsperiode 37, Nr. 13 (20. Juli 1966), S. 6.

der Novellierung im Jahr 1966 ist das Gesellschaftsgesetz 1929 mit 449 Paragraphen bis heute die zentrale gesetzliche Grundlage für das Aktienrecht geblieben.

Ein wichtiges Thema bei den Beratungen im Parlament im Jahr 1966 war, ob die OHG, KG und KGaA als Formen der Gesellschaft abgeschafft werden und somit nur die Regelungen über Gesellschaften mit beschränkter Haftung und Aktiengesellschaften modernisiert werden sollten. Im Parlament hat man sich letztlich zwar für die Beibehaltung der fünf Formen der Gesellschaft entschieden[90], konnte sich aber nicht vor der Realität verschließen, dass das Gesellschaftsgesetz in Taiwan in der Praxis nur für die AG und die GmbH zum Tragen kommt, so dass die KGaA 1980 abgeschafft wurde. Nach der grundlegenden Novellierung von 1966 wurde das Gesellschaftsgesetz jeweils in den Jahren 1968, 1969, 1970, 1980, 1983, 1990, 1997, 2000, 2001, 2005, 2006, 2009, 2011, 2012 und 2013 geändert und hat damit bis Ende 2013 insgesamt 21 Änderungen erfahren[91]. Bei allen Novellen stand das Aktienrecht im Zentrum der Änderungen. Die Regelungen zu Hauptversammlung, Vorstand und Supervisor wurden in den Jahren 1980, 1983, 1997, 2001, 2005 novelliert und die Bestimmungen zum Vorstand wurden danach noch mehrmals in den Jahren 2009, 2011 und 2012 geändert.

Die Änderungen nach 1966 sind stark vom US-amerikanischen Recht beeinflusst. Die zentralen gesetzlichen Regelungen für das Aktienrecht in Taiwan sind heute neben den Allgemeinen Bestimmungen des Ersten Teils in den §§ 1 bis 39 GesG sowie dem Teil 6–1 unter dem Titel „Verbundenen Unternehmen" in den §§ 369–1 bis 369–12 GesG im Fünften Teil unter dem Titel „Aktiengesellschaft" in den §§ 128 bis 356 GesG enthalten. Der Vorstand, das Organ der Geschäftsführung, ist im Vierten Abschnitt des Fünften Teils unter dem Titel „Direktoren und Vorstand" in den §§ 192 bis 215 geregelt. Neben dem Geschäftsführungsorgan wird im Fünften Abschnitt des Fünften Teils unter dem Titel „Supervisor" in den §§ 216 bis 227 das Organ für die Überwachung der Geschäftsführung geregelt. Das seit dem Erlass des Gesellschaftsgesetzes von 1904 während der Qing-Dynastie eingeführte und die Gesellschaftsverordnung von 1914 und das Gesellschaftsgesetz von 1929 mehr als 100 Jahre überdauernde dualistische Verwaltungssystem der Aktiengesellschaft hat sich seit der Reform des Wertpapierhandelsgesetzes im Jahr 2006 zu einem gemischten Verwaltungssystem gewandelt. Es gilt heute nur für die Nicht-Publikums-AG und nicht börsennotierte Publikums-AGs in Taiwan, die Supervisoren als Überwachungsorgan gewählt und eingerichtet haben.

---

90 Nach dem Bericht des Vorsitzenden des Wirtschaftsausschusses in der 31. Plenarsitzung des Legislative-Yuans in der Sitzungsperiode 35 am 29. Juni 1965 der 1. Wahlperiode gab es damals 7407 AG, 3630 GmbH, 35 OHG und 26 KG. Es gab keine KGaA, vgl. dazu Legislative-Yuan Offizielle Gazette 1965, Sitzungsperiode 35, Nr. 14, S. 15.

91 Die letzte Änderung am 30. Januar 2013 hat das Prinzip „Piercing the Corporate Veil" im englischen und US-amerikanischen Recht durch die Einfügung des § 154 Abs. 2 in das Gesellschaftsgesetz eingeführt.

IV. Kompetenzen des Vorstands im Organisationsgefüge der Aktiengesellschaft

Die Verfassung der Aktiengesellschaft ist seit der Reform des Wertpapierhandelsgesetzes am 11. Januar 2006, in der die aus dem US-amerikanischen Recht stammenden Rechtsfiguren des unabhängigen Direktors und des Auditausschusses eingeführt wurden, nicht mehr einheitlich im GesG geregelt. Für die Verfassung der Nicht-Publikums-AG gelten seitdem nur die Regelungen im GesG, die nur das dualistische Verwaltungssystem aus Vorstand als Geschäftsführungsorgan und Supervisor als Überwachungsorgan vorsehen. Für die Verfassung der Publikums-AG gelten neben den Vorschriften des GesG auch die Regelungen im twWpHG, die der nicht börsennotierten Publikums-AG ein Wahlrecht zwischen dem dualistischen und einem gemischten Verwaltungssystem gewähren und für die börsennotierte AG nur das monistische Verwaltungssystem vorsehen. Finanzholdinggesellschaften, Banken, und Wertpapierhandelsunternehmen sowie weitere Finanzinstitute müssen ein monistisches Verwaltungssystem einrichten. Vor der Darstellung der Kompetenzen des Vorstands soll daher zunächst die Verfassung der Aktiengesellschaft in Taiwan entsprechend ihrem Typus näher erläutert werden.

1. Das gemischtes Verwaltungssystem

a) Die Nicht-Publikums-AG

Der Unterschied zwischen einer Publikums-AG und einer Nicht-Publikums-AG in Taiwan ist wesentlich für ihre Verfassung. Für Nicht-Publikums-AGs, also Aktiengesellschaften, die ihre Aktien nicht an das Publikum ausgeben, gilt das dualistische Verwaltungssystem, in dem der Vorstand als notwendiges Organ für die Geschäftsführung und der Supervisor als notwendiges Organ für die Überwachung der Geschäftsführung jeweils ihre Aufgaben wahrnehmen.[92]

Nach § 192 Abs. 1 GesG besteht der Vorstand aus mindestens drei Direktoren, die in der Hauptversammlung aus geschäftsfähigen Personen bestellt werden.[93] Gemäß § 202 GesG soll das Geschäft der Gesellschaft durch Beschlussfassung vom Vorstand geführt werden, soweit dies nicht durch das Gesellschaftsgesetz oder die Satzung der Hauptversammlung vorbehalten ist. In der Satzung muss die Anzahl der Direktoren und ihre Amtszeit angegeben werden (§ 129 Nr. 6 GesG). Die Namen und die Amtszeit der Direktoren sowie die Anzahl ihrer Aktien an der Gesellschaft müssen

---

92 Vgl. *KE, Fang-Chih*, Gesellschaftsrecht (Teil I) (2012), S. 208; *WANG, Wen-Yeu*, Gesellschaftsrecht (2008), S. 268 ff.; *LIU, Len-Yu*, Modernes Gesellschaftsrecht (2012), S. 524; *LIAO, Da-Ying*, Gesellschaftsrecht (2012), S. 176 f.; *WANG, Tai-Chuan/WANG, Chih-Cheng*, Gesellschaftsrecht (2010), S. 516 f.

93 Die Direktoren der Nicht-Publikums-AG braunen nicht Aktionäre zu sein. Die Direktoren der Publikums-AG müssen jedoch nach dem twWpHG zusammengerechnet bestimmte Quote der ausgegebenen Aktien der Publikums-AG halten (§ 192 Abs. 2 GesG).

im Handelsregister eingetragen und der Öffentlichkeit zugänglich gemacht werden (§ 393 Abs. 2 Nr. 5 GesG). Der Vorstand ist somit das für die Geschäftsführung der Aktiengesellschaft notwendige Organ.

Neben dem Vorstand muss die Nicht-Publikums-AG mindestens einen Supervisor haben, der von der Hauptversammlung bestellt wird (§ 216 Abs. 1 GesG) und für die Überwachung und Kontrolle der Geschäftsführung zuständig ist (§ 218 Abs. 2 GesG). Die Anzahl und die Amtszeit der Supervisoren müssen in der Satzung angegeben (§ 129 Nr. 6 GesG). Der Name und die Amtszeit des Supervisors sowie die Anzahl seiner Aktien an der Gesellschaft müssen ferner im Handelsregister eingetragen und der Öffentlichkeit zugänglich gemacht werden (§ 393 Abs. 2 Nr. 5 GesG). Der Supervisor ist somit ein für die Überwachung der Geschäftsführung der Nicht-Publikums-AG notwendiges Organ.

b) Die Publikums-AG

Im Unterschied zur Nicht-Publikums-AG muss eine Publikums-AG nach § 26–3 Abs. 1 twWpHG einen Vorstand haben, der aus mindestens fünf Direktoren besteht. Welches Verwaltungssystem die Publikums-AG haben kann, hängt davon ab, ob es sich um eine nicht börsennotierte Publikums-AG oder eine börsennotierte AG handelt.

aa) Die nicht börsennotierte Publikums-AG

Die nicht börsennotierte Publikums-AG ist eine Aktiengesellschaft, die nicht börsennotiert ist, jedoch ihre Aktien an das Publikum ausgegeben hat oder ausgeben wird und das beim Bureau für Wertpapier- und Terminkontrakte, also Securities and Futures Bureau (SFB), und der Kommission für Finanzaufsicht, also Financial Supervisory Commission (FSC), angemeldet hat. Für die nicht börsennotierte Publikums-AG besteht zunächst ein Wahlrecht zwischen a) einem traditionellen dualistischen Verwaltungssystem aus Vorstand und Supervisoren, wie es zuvor bereits dargestellt wurde, und b) einem Verwaltungssystem mit einem Vorstand, der aus Direktoren und unabhängigen Direktoren besteht.

Wählt eine nicht börsennotierte Publikums-AG das traditionelle dualistische Verwaltungssystem aus Vorstand und Supervisoren, so unterliegt sie den Regelungen des GesG zur Verfassung der Aktiengesellschaft, wie sie oben bei der Nicht-Publikums-AG dargestellt wurden.

Die nicht börsennotierte Publikums-AG kann alternativ nach § 14–2 Abs. 1 Satz 1 twWpHG satzungsgemäß unabhängige Direktoren einrichten, die die Geschäftsführung der Gesellschaft mitüberwachen sollen. Entscheidet sich die Gesellschaft zur Einrichtung der unabhängigen Direktoren, so hat sie ein zweites Wahlrecht zwischen a) der Beibehaltung der Supervisoren als Überwachungsorgan; und b) der Einrichtung eines Auditausschusses, der aus unabhängigen Direktoren besteht und die Supervisoren ersetzt. Die nicht börsennotiere Publikums-AG muss also nach § 14–4 Abs. 1 Satz 1 twWpHG zwischen der Einrichtung des Auditausschuss und der Einrichtung bzw. dem Fortbestand der Supervisoren entscheiden. Wählt sie den

Auditausschuss, so finden die Regelungen zum Supervisor im GesG, twWpHG und in weiteren Gesetzen nach § 14–4 Abs. 3 twWpHG *mutatis mutandis* Anwendung auf den Auditausschuss. Die Aufgaben des Supervisors im traditionellen dualistischen Verwaltungssystem in Taiwan werden dann vom Auditausschuss ausgeübt.

bb) Die börsennotierte AG

FSC hat am 31. Dezember 2013 die Rechtsverordnung Jin-Guan-Zheng-Fa-Zi Nr. 1020053112 erlassen.[94] Danach muss jede börsennotierte AG nach § 14–2 twWpHG mindestens zwei unabhängige Direktoren als Mitglieder des Vorstands benennen. Ferner müssen mindestens 20% der Mitglieder des Vorstands der börsennotierten AG unabhängige Direktoren sein. Die Ernennung der unabhängigen Direktoren muss für sämtliche börsennotierten AGs, unbeschadet der Amtsdauer der vor dem Erlass der Verordnung bestellten Direktoren, im Zeitraum von 2015 bis 2017 erfolgen.

Jede große börsennotierte AG muss zudem einen Auditausschuss zum Ersatz der Supervisoren einrichten. Nach der Rechtsverordnung der FSC Jin-Guan-Zheng-Fa-Zi Nr. 10200531121 vom 31. Dezember 2013 muss jede börsennotierte AG, deren eingezahltes Eigenkapital 2 Milliarden TWD (ca. 48,8 Millionen EUR)[95], erreicht, aber 10 Milliarden TWD (ca. 244 Millionen EUR)[96], nicht überschreitet, einen Auditausschuss einrichten. Dies muss unbeschadet der Amtsdauer der vor dem Erlass der Verordnung bestellten Direktoren und Supervisoren im Zeitraum von 2017 bis 2019 erfolgen.

Nach derselben Rechtsverordnung der FSC muss ferner jede börsennotierte AG, deren eingezahltes Eigenkapital 10 Milliarden TWD erreicht, aber 50 Milliarden TWD nicht überschreitet, einen Auditausschuss einrichten. Dies muss ebenfalls im Zeitraum von 2015 bis 2017 erfolgen, sodass die Amtsdauer der vor dem Erlass der Verordnung bestellten Direktoren und Supervisoren nicht beeinflusst wird.

2. *Kompetenzen des Vorstands*

a) Der Gesamtvorstand

Was man unter dem Begriff der „Geschäftsführung“ im Sinne des § 202 GesG zu verstehen hat, ist weder im Gesetz näher geregelt noch wird dies im Schrifttum

---

94 Vgl. FSC, Rechtsverordnung, v. 31. Dezember 2013, Jin-Guan-Zheng-Fa-Zi Nr. 10200531121 abrufbar auf Website der FSC: http://law.fsc.gov.tw/law/NewsContent.aspx?id=4444.

95 Berechnet auf der Basis des durchschnittlichen Wechselkurses am 31. Dezember 2013: 1 EUR = 40,975 TWD; vgl. website von Taiwanrate: http://www.taiwanrate.org/exchange_rate_EUR_.php?forex=2013/12/31.

96 Berechnet auf der Basis des durchschnittlichen Wechselkurses am 31. Dezember 2013: 1 EUR = 40,975 TWD; vgl. website von Taiwanrate: http://www.taiwanrate.org/exchange_rate_EUR_.php?forex=2013/12/31.

ausführlicher erörtert. Von den Kompetenzen des Vorstands ausgeschlossen ist jedenfalls die Vertretung der Gesellschaft nach außen gegenüber Dritten. Der Vorstand trifft also nur Entscheidungen, die nicht direkt nach außen wirksam werden können. Weil nur der Vorsitzende des Vorstands die Gesellschaft nach außen vertritt (§ 208 Abs. 3 Satz 1 GesG), ist der Vorstand nicht als Vertretungsorgan, sondern nur als Willensbildungsorgan der Aktiengesellschaft für die Geschäftsführung zu verstehen.[97] Neben dem Vorstandsvorsitzenden können einzelne Direktoren oder Management Officers aufgrund Ermächtigung die Gesellschaft nach außen gegenüber Dritten vertreten.[98] Ferner wird die Ausführung der Geschäftsentscheidungen des Vorstands durch Beschlussfassung dem Vorsitzenden, dem stellvertretenden Vorsitzenden, geschäftsführenden Direktoren oder Management Officers übertragen. Der Vorstand bestellt den Vorsitzenden, den stellvertretenden Vorsitzenden, die geschäftsführende Direktoren (§ 208 Abs. 1 und 2 GesG) und Management Officers (§ 29 Abs. 1 GesG) und überwacht die Ausführung der Geschäftsentscheidungen.[99]

Die gesetzlich ausdrücklich dem Vorstand zugewiesenen Kompetenzen umfassen zunächst die im GesG geregelten Angelegenheiten: (1) Bestellung und Abberufung sowie Festsetzung der Vergütung des Abschlussprüfers (§ 20 Abs. 3 i.V.m. § 29 Abs. 1 GesG); (2) Bestellung und Abberufung sowie Festsetzung der Vergütung von Management Officers (§ 29 Abs. 2 GesG); (3) Ausübung der Kompetenzen der Hauptversammlung im Falle einer Einmann-AG (§ 128–1 Abs. 2 GesG); (4) Festsetzung des Werts im Falle einer Einlage durch Aufrechnung oder einer immateriellen Sacheinlage (§ 156 Abs. 7 GesG); (5) Ausgabe von neuen Aktien als Gegenleistung für den Erwerb von Aktien einer anderen Gesellschaft (§ 156 Abs. 8 GesG); (6) Rückkauf eigener Aktien zum Zwecke der Ausgabe von Mitarbeiteraktien (§ 167–1 Abs. 1 GesG); (7) Abschluss von Optionsvereinbarungen mit Mitarbeitern (§ 167–2 Abs. 1 GesG); (8) Einberufung und Vorbereitung von Hauptversammlungen (§ 171 GesG); (9) Vorschläge zur Beschlussfassung der Hauptversammlung über die Bestellung oder Abberufung von Direktoren oder Supervisoren, zu Satzungsänderungen oder zur Auflösung der Gesellschaft (§ 172 Abs. 5 GesG); (10) Zusammenschlüsse, Ausgliederungen oder bedeutende Änderungen des Geschäfts oder Vermögens der Gesellschaft im Sinne des § 185 Abs. 2 GesG (§ 185 Abs. 5 GesG); (11) Vorlage des Geschäftsberichts und Jahresabschlusses und Vorschlag an den Supervisor zur Gewinnausschüttung oder zum Verlustausgleich zur Prüfung (§ 228

---

97 Vgl. dazu *KE, Fang-Chih*, Gesellschaftsrecht (Teil II) (2011), S. 297; *WANG, Wen-Yeu*, Gesellschaftsrecht (2008) S. 335.

98 Vgl. *KE, Fang-Chih*, Gesellschaftsrecht (Teil I) (2012), S. 52 f.; *WANG, Wen-Yeu*, Gesellschaftsrecht (2008), S. 124 f.; *LIU Len-Yu*, Modernes Gesellschaftsrecht (2012), S. 196 f.; *LIU, Yu-Sen*, Allgemeine Bestimmungen des Gesellschaftsgesetzes (2009) S. 211.

99 *KE, Fang-Chih*, Gesellschaftsrecht (Teil II) (2011), S. 298 f.; *WANG, Wen-Yeu*, Gesellschaftsrecht (2008) S. 335; *LIU Len-Yu*, Modernes Gesellschaftsrecht (2012), S. 336 ff.; *LIAO Da-Ying, Gesellschaftsrecht* (2012) S. 193 ff.; *WANG, Tai-Chuan/WANG, Chih-Cheng*, Gesellschaftsrecht (2010), S. 388 ff.; ausführlich, *TSENG, Wang-Ruu*, Neustrukturierung der Grundlagentheorien der Gesellschaftsrechtsordnung (2012), S. 139 ff.

Abs. 1 GesG); (12) Wahl des Vorsitzenden, stellvertretenden Vorsitzenden und geschäftsführenden Direktoren (§ 208 Abs. 1 und 2 GesG); (13) Antrag auf Eröffnung des Insolvenzverfahrens (§ 211 Abs. 2 GesG); (14) Ausschüttung der Dividende und des Bonus aufgrund Ermächtigung der Satzung bei der Publikums-AG (§ 240 Abs. 6 GesG); (15) Verwendung der Rücklage aufgrund Ermächtigung der Satzung bei der Publikums-AG (§ 241 Abs. 2 GesG); (16) Ausgabe von Schuldverschreibungen und Mahnung zur Zahlung der gezeichneten Schuldverschreibungen (§§ 246 Abs. 2, 254 GesG); (17) Ausgabe von neuen Aktien (§ 266 Abs. 2 GesG); (18) Antrag auf Sanierung (§ 282 Abs. 1 Nr. 1 und Abs. 2 GesG); (19) –Durchführung einfacher Zusammenschlüsse (§ 316–2 Abs. 1 GesG); (20) Berichterstattung an die Hauptversammlung sofern über die Hälfte des Grundkapitals verloren sind (§ 211 Abs. 1 und 3 GesG); (21) Bereitstellung der Satzung, Protokolle der Hauptversammlungen und Jahresabschlüsse zur Einsicht der Aktionäre (§ 210 Abs. 1 GesG).

Bei einer Publikums-AG, die unabhängigen Direktoren eingerichtet hat, gleichgültig, ob sie börsennotiert ist oder nicht, gehören zur Kompetenz des Vorstands die in § 14–3 twWpHG geregelten Angelegenheiten: (1) Gründung oder Änderung eines internen Kontrollsystem gemäß § 14–1 twWpHG; (2) Festlegung oder Änderung der Regelungen gemäß § 36–1 twWpHG zu wichtigen finanziellen oder geschäftlichen Maßnahmen, wie dem Erwerb oder der Verfügung über das Vermögen, Transaktionen hinsichtlich Derivaten, Einräumung von Darlehen aus dem Kapital, über Indossament oder Bürgschaft; (3) Angelegenheiten im Zusammenhang mit eigenen Interessen des Direktors oder Supervisors; (4) wichtige Transaktionen über das Vermögen oder Derivate; (5) Einräumung von wichtigen Darlehen aus dem Kapital, über Indossament oder Bürgschaft; (6) öffentliche Angebote, Ausgabe oder Privatplatzierung von Wertpapieren mit Merkmalen des Aktieneigentums; (7) Bestellung und Abberufung des Abschlussprüfers sowie Festsetzung seiner Vergütung; (8) Bestellung und Abberufung des Leiters für Finanzen, Rechnungslegung, oder Interne Kontrolle der Gesellschaft; sowie (9) weitere von der Kommission für Finanzaufsicht, also der FSC, vorgesehene Angelegenheiten.

Die Sitzungen des Vorstands werden vom Vorsitzenden einberufen (§ 203 Abs. 1 Satz 1 GesG). Die Einladung zur Vorstandssitzung in elektronischer Form ist zulässig, soweit die Direktoren damit einverstanden sind (§ 204 Abs. 2 GesG). Bei der Beschlussfassung des Vorstands muss für eine Entscheidung mehr als die Hälfte sämtlicher Direktoren anwesend sein und mehr als die Hälfte der anwesenden Stimmen sich einig sein, soweit im Gesetz nichts anderes geregelt ist (§ 206 Abs. 1 GesG). Das GesG kennt das Prinzip der Gesamtgeschäftsführung nicht. Eine qualifizierte Mehrheit, welche die Anwesenheit von zwei Dritteln der Mitglieder und die einfache Mehrheit bei der Beschlussfassung erfordert, ist in den Fällen notwendig, die jeweils in § 156 Abs. 8, § 167–1 Abs. 1, § 167–2 Abs. 1, § 185 Abs. 5, § 208 Abs. 1 und 2, § 240 Abs. 6, § 241 Abs. 2, § 246 Abs. 2, § 266 Abs. 2, § 282 Abs. 2 und § 316–2 Abs. 1 GesG geregelt werden. Bei Stimmengleichstand hat kein Direktor, den Vorsitzenden eingeschlossen, das Recht, durch seine Stimme den Ausschlag zu geben. Auch die Satzung darf dem Vorsitzenden kein Recht zum Stichentscheid gewähren.[100]

b) Der Vorsitzende des Vorstands

Der Vorsitzende des Vorstands spielt eine sehr wichtige Rolle in der Praxis in Taiwan. Der Vorstandsvorsitzende wird nach § 208 Abs. 1 GesG in der Vorstandssitzung mit Anwesenheit von mehr als 2/3 der Direktoren und der Zustimmung von mehr als der Hälfte der anwesenden Direktoren gewählt. Wenn die Satzung die Einrichtung eines stellvertretenden Vorsitzenden des Vorstands vorschreibt, muss der stellvertretende Vorsitzende auf gleiche Weise gewählt werden. Wenn satzungsgemäß geschäftsführende Direktoren bestellt werden, müssen der Vorsitzende und der stellvertretende Vorsitzende des Vorstands von den geschäftsführenden Direktoren auf dieselbe Art und Weise gewählt werden.

Der Vorstandsvorsitzende ist nach § 208 Abs. 3 Satz 1 GesG nicht nur innerhalb der Gesellschaft der Vorsitzende der Hauptversammlung, der Vorstandssitzung und der Sitzung der geschäftsführenden Direktoren, sondern auch das einzige Mitglied des Vorstands, das nach außen gegenüber Dritten die Gesellschaft vertritt. Gegenüber den übrigen Direktoren, die in der Praxis üblicherweise ihre Aufgaben nebenamtlich wahrnehmen, übt der Vorsitzende seine Aufgaben in der Regel als Hauptamt aus. Der Vorsitzende des Vorstands hat nach Ansicht des Schrifttums die Befugnis zur Führung der Geschäfte der Gesellschaft und ist ohne weiteres für die Ausführung der Geschäftsführungsentscheidungen des Vorstands zuständig.[101] Wenn der Vorsitzende sein Amt nicht ausführen kann, wird er vom stellvertretenden Vorsitzenden vertreten. Wenn es keinen stellvertretenden Vorsitzenden gibt, wird ein geschäftsführender Direktor oder Direktor aufgrund Bestimmung des Vorsitzenden oder Wahl aus dem Kreis der geschäftsführenden Direktoren oder Direktoren den Vorsitzenden vertreten (§ 208 Abs. 3 Satz 2 GesG).

Soweit es um die Geschäftsführung geht, ist dem Vorstandsvorsitzenden eine unbeschränkte Vertretungsbefugnis zugewiesen (§ 208 Abs. 5 i.V.m. § 57 GesG). Die Beschränkung der Vertretungsbefugnis des Vorstandsvorsitzenden, z. B. durch die Satzung oder durch Beschlussfassung der Hauptversammlung oder des Vorstands, ist gutgläubigen Dritten gegenüber unwirksam (§ 208 Abs. 5 i.V.m. § 58 GesG).[102] Wenn es sich nicht um ein Geschäft der Gesellschaft handelt, hat der

---

100 Vgl. Ministerium für Wirtschaft, Verwaltungsauslegung, v. 1. Februar 1992, Shang-Zi Nr. 200876; *KE, Fang-Chih*, Gesellschaftsrecht (Teil II) (2011), S. 321.

101 Vgl. *LIU, Len-Yu*, Modernes Gesellschaftsrecht (2012), S. 507; *WANG, Wen-Yeu*, Gesellschaftsrecht (2008), S. 347 f.; *KE, Fang-Chih*, Gesellschaftsrecht (Teil II) (2011), S. 325; *LIAO, Da-Ying*, Gesellschaftsrecht (2012), S. 219; *WANG, Tai-Chuan/WANG, Chih-Chen*, Gesellschaftsrecht (2010), S. 492 ff;

102 Vgl. ausführlich *WANG, Tai-Chuan/WANG, Chih-Cheng*, Gesellschaftsrecht (2010), S. 492 ff; *KE, Fang-Chih*, Gesellschaftsrecht (Teil II) (2011), S. 325; *WANG, Wen-Yeu*,

Vorsitzende des Vorstands keine Befugnis zur Vertretung der Gesellschaft.[103] Ein Beispiel hierfür ist ein Fall, welcher einem Urteil des Obersten Gerichtshofs aus dem Jahr 2006 zugrunde lag, in dem die Abtretung einer Forderung mit einem großen Betrag nicht mehr als Führung des normalen Geschäfts einer Gesellschaft angesehen wurde.[104]

c) Geschäftsführende Direktoren

Die Satzung der Gesellschaft kann die Einrichtung geschäftsführender Direktoren als ständiges Organ der Gesellschaft bestimmen.[105] Geschäftsführende Direktoren werden aus dem Kreis der Direktoren gewählt und sind daher immer zugleich Mitglieder des Vorstands. Nach § 208 Abs. 2 GesG müssen mindestens drei geschäftsführende Direktoren bestellt werden, soweit sie in der Satzung als Organ der Gesellschaft vorgeschrieben sind. Bei einer Publikums-AG, die unabhängige Direktoren eingerichtet hat, müssen mindestens 20% der geschäftsführenden Direktoren unabhängige Direktoren sein. Die geschäftsführenden Direktoren nehmen die Geschäftsführungsaufgaben für den Vorstand während des Zeitraums wahr, in dem keine Vorstandssitzungen stattfinden (§ 208 Abs. 4 GesG).

Die geschäftsführenden Direktoren dürfen den Gesamtvorstand jedoch nicht ersetzen. Nach einer Verwaltungsauslegung des Ministeriums für Wirtschaft dürfen die geschäftsführenden Direktoren, im Rahmen der dem Vorstand zugewiesenen und von ihnen wahrgenommenen Kompetenzen, keine Entscheidungen über Maßnahmen treffen, die einer Beschlussfassung des Vorstands benötigen, gleichgültig, ob hierfür eine einfache Mehrheit oder eine qualifizierte Mehrheit erforderlich ist.[106] Bis zum 31. Dezember 2013 haben unter den 1522 bei TSEC und GTSM notierten AGs lediglich 43 die Position des geschäftsführenden Direktors eingerichtet.

Gesellschaftsrecht (2008) S. 347 f.; *LIU, Len-Yu*, Modernes Gesellschaftsrecht (2012), S. 506.; *LIAO, Da-Ying*, Gesellschaftsrecht (2012), S. 220.

103 Oberster Gerichtshof, Urteil mit Bindungswirkung, v. 1. Januar 1932 – 21 (1932) Shang-Zi Nr. 1486, abrufbar im Internet unter der Website des Justiz-Yuans: http://jirs.judicial.gov.tw/FJUD; *KE, Fang-Chih*, Gesellschaftsrecht (Teil II) (2011), S. 325; *WANG, Wen-Yeu*, Gesellschafsrecht (2008) S. 347 f.; *LIU Len-Yu*, Modernes Gesellschaftsrecht (2012), S. 506.; *LIAO, Da-Ying*, Gesellschaftsrecht (2012) S. 220.

104 Oberster Gerichtshof, Urt. v. 26. Oktober 2006 – 95 (2006) Tai-Shang-Zi Nr. 2370, abrufbar im Internet unter der Website des Justiz-Yuans: http://jirs.judicial.gov.tw/FJUD.

105 Vgl. *KE, Fang-Chih*, Gesellschaftsrecht (Teil II) (2011), S. 330; *WANG, Wen-Yeu*, Gesellschaftsrecht (2008), S. 351; *LIAO Da-Ying*, Gesellschaftsrecht (2012), S. 221; *WANG, Tai-Chuan/WANG, Chih-Cheng*, Gesellschaftsrecht (2010), S. 513.

106 Vgl. Ministerium für Wirtschaft, Verwaltungsauslegung, v. 26. Dezember 1997, Jing-Shang-Zi Nr. 86224536; *KE, Fang-Chih*, Gesellschaftsrecht (Teil II) (2011), S. 331; *WANG, Wen-Yeu*, Gesellschaftsrecht (2008), S. 351; *LIU, Len-Yu*, Modernes Gesellschaftsrecht (2012), S. 508; *LIAO Da-Ying*, Gesellschaftsrecht (2012), S. 223.

d) Management Officer

Eine ausgesprochen wichtige Rolle spielt bei der Aktiengesellschaft in Taiwan der Management Officer, wenn er zugleich Mitglied des Vorstands oder sogar der Vorsitzende des Vorstands ist und damit gegenüber den meisten nebenamtlich tätigen Direktoren nicht nur das Geschäft der Gesellschaft führen, sondern auch über Maßnahmen der Geschäftsführung mitentscheiden kann. Nach § 29 Abs. 1 GesG kann eine Aktiengesellschaft in ihrer Satzung die Anstellung eines Management Officer[107] bestimmen. Die Aktiengesellschaft kann satzungsgemäß einen oder mehrere Management Officer vorsehen, die durch Beschluss, der in einer Vorstandssitzung in Anwesenheit von mehr als der Hälfte der Direktoren mit einfacher Mehrheit gefasst wird, bestellt werden (§ 29 Abs. 1 Nr. 3 GesG). Auch ein Direktor, also ein Mitglied des Vorstands, kann zum Management Officer bestellt werden. Der Management Officer muss einen Wohnsitz oder seinen ständigen Aufenthaltssitz in Taiwan haben (§ 29 Abs. 3 GesG).

Die Kompetenzen des Management Officer werden in der Satzung bestimmt, können aber auch im Vertrag zwischen der Gesellschaft und dem Management Officer vereinbart werden (§ 31 Abs. 1 GesG). Der Management Officer hat aufgrund der Bevollmächtigung nach der Satzung oder dem Anstellungsvertrag die Befugnis, für die Gesellschaft die Geschäfte zu verwalten und für diese zu zeichnen (§ 31 Abs. 2 GesG). Eine Beschränkung der Befugnisse eines Management Officer im Innenverhältnis entfaltet keine Wirkung gegenüber gutgläubigen Dritten (§ 36 GesG). Für den Management Officer gilt ein Wettbewerbsverbot, sofern dieser nicht durch einen Beschluss des Vorstands mit einer doppelt qualifizierten Mehrheit hiervon befreit wird (§ 32 GesG). Die Haftung des Management Officer gegenüber der Gesellschaft im Falle einer Verletzung der Legalitätspflicht ist ausdrücklich in den §§ 33 und 34 GesG vorgeschrieben. Der Management Officer ist ferner hinsichtlich der ihm zugewiesenen Kompetenz eine verantwortliche Person der Gesellschaft im Sinne des § 8 Abs. 2 GesG und muss daher nach § 23 Abs. 1 GesG Sorgfalts- und Treuepflichten erfüllen. Die Bestellung und Abberufung eines Management Officer müssen nach § 9 der Rechtsverordnung über Eintragung und Anerkennung der Gesellschaft im Handelsregister eingetragen werden und einer Kenntnisnahme durch die Öffentlichkeit offenstehen.

---

107 Die deutsche Übersetzung des Begriffs „officer“ ist „leitende Angestellte“ im Sinne des § 5 Abs. 3 BetrVG, vgl. *Merkt*, US-amerikanisches Gesellschaftsrecht (2013), Rn. 661. In der vorliegenden Arbeit wird der Begriff „Management Officer“ verwendet, weil bei vielen börsennotierten AGs in Taiwan ein Management Officer zugleich Mitglied des Vorstands oder umgekehrt ein Direktor zugleich ein Management Officer der Gesellschaft ist. Im bestimmten Schrifttum wird der Management Officer im Sinne des § 29 GesG mit dem Prokuristen im Sinne des § 553 ZGB gleichgestellt; vgl. dazu, *LIU, Yu-Sen*, Allgemeine Bestimmungen des Gesellschaftsgesetzes (2009), S. 206 ff.

Nur geschäftsfähige natürliche Personen können zum Management Officer bestellt werden (§ 30 Nr. 6 GesG). Die Ausschlusstatbestände sind in § 30 Nr. 1 bis Nr. 5 GesG aufgelistet. Zum Management Officer kann nicht bestellt werden, wer sich noch im Zeitraum von fünf Jahren nach Vollzug einer Gefängnisstrafe wegen einer Straftat im Sinne der Ordnung gegen organisierte Kriminalität, von zwei Jahren nach Vollzug einer Gefängnisstrafe von mindestens einem Jahr wegen einer Straftat des Betrugs, der Untreue oder Unterschlagung, oder von zwei Jahren nach Vollzug einer Gefängnisstrafe wegen Unterschlagung im Amt befindet (§ 30 Nr. 1, 2 und 3 GesG). Ferner ist die Eignung einer Person zum Management Officer ausgeschlossen, wenn diese Schuldner eines Insolvenzverfahrens ist und nach dem Insolvenzantrag noch nicht vom Gericht die Befreiung vom Insolvenzverfahren erhalten hat (§ 30 Nr. 4 GesG). Wer wegen mangelnder Kreditwürdigkeit bei einer Bank kein Scheckkonto eröffnen oder führen darf, kann ebenfalls nicht zum Management Officer bestellt werden (§ 30 Nr. 5 GesG).

3. *Vorstand im Verhältnis zu Supervisoren, unabhängigen Direktoren und Auditausschuss*

a) Zuständigkeiten des Supervisors

Eine Nicht-Publikums-AG muss nach § 216 Abs. 1 GesG mindestens einen Supervisor als Überwachungsorgan haben, der von der Hauptversammlung bestellt wird und einen Wohnsitz in der Republik China hat. Eine nicht börsennotierte Publikums-AG, die keine unabhängige Direktoren einrichtet, sondern sich für den Supervisor als Überwachungsorgan entschieden hat, muss nach § 216 Abs. 2 GewG mindestens zwei Supervisoren haben.

Der Supervisor einer Nicht-Publikums-AG braucht kein Aktionär zu sein. Bei einer Publikums-AG müssen dagegen sämtliche Supervisoren nach § 26 Abs. 1 twWpHG und der aufgrund der gesetzlichen Ermächtigung in § 26 Abs. 2 twWpHG erlassenen Rechtsverordnung zusammen entsprechend der Höhe des Grundkapitals jeweils mindestens 0,1% bis 1,5% des Grundkapitals der Gesellschaft halten. Die Amtszeit eines Supervisors darf nicht länger als drei Jahre sein, wobei eine Wiederbestellung ohne Beschränkungen zulässig ist (§ 217 Abs. 1 GesG). Wenn mehrere Supervisoren bestellt werden, kann jeder Supervisor allein die Überwachungsbefugnisse ausüben (§ 221 GesG). Auf das Verhältnis zwischen der Gesellschaft und dem Supervisor finden die Regelungen über den Geschäftsbesorgungsvertrag im Sinne des § 528 ZGB Anwendung (§ 216 Abs. 3 GesG). Der Supervisor überwacht die Geschäftsführung und darf zu jeder Zeit die Geschäfts- und Finanzlage der Gesellschaft untersuchen, Bücher und Dokumente prüfen und Berichterstattung vom Vorstand oder den Management Officers verlangen (§ 218 Abs. 1 GesG). Zu diesem Zweck kann der Supervisor im Namen der Gesellschaft Rechtsanwälte oder Wirtschaftsprüfer einschalten (§ 218 Abs. 2 GesG). Der Supervisor kann ferner an Vorstandssitzungen teilnehmen und Stellungnahmen abgeben (§ 218–2 Abs. 1 GesG). Begeht der Vorstand oder ein Direktor bei der Geschäftsführung einen Verstoß gegen das

Gesetz, die Satzung oder einen Beschluss der Hauptversammlung, muss der Supervisor umgehend vom Vorstand bzw. dem betroffenen Direktor verlangen, dass die den Verstoß auslösende Handlung unterlassen wird (§ 218–2 Abs. 2 GesG). Der Supervisor muss sämtliche vom Vorstand aufgestellten und der Hauptversammlung vorgelegten Jahresabschlüsse und Dokumente prüfen und der Hauptversammlung einen Bericht erstatten (§ 219 Abs. 1 GesG). Zu diesem Zweck kann der Supervisor Wirtschaftsprüfer einschalten (§ 219 Abs. 2 GesG). Jeder Direktor hat den Supervisor umgehend von Risiken zu informieren, die nach seiner Auffassung zu einem erheblichen Schaden für die Gesellschaft führen können (§ 218–1 GesG).

Ferner kann der Supervisor zu jeder Zeit eine Hauptversammlung einberufen, wenn dies zum Wohle der Gesellschaft notwendig ist, und der Vorstand dies gleichwohl nicht tut oder hierzu nicht in der Lage ist (§ 220 GesG).

Der Supervisor muss unabhängig sein und darf daher nicht zugleich als Direktor, Management Officer oder Angestellter der Gesellschaft tätig werden (§ 222 GesG). Er vertritt die Gesellschaft im Rechtsverkehr zwischen dem Direktor und der Gesellschaft, wie etwa bei einem Kauf, einer Darlehensaufnahme und bei weiteren Rechtsgeschäften (§ 223 GesG).

Der Supervisor, der bei der Ausübung seines Amts gegen das Gesetz oder die Satzung verstößt oder in anderer Weise seine Pflichten verletzt, ist der Gesellschaft zum Ersatz des daraus entstehenden Schadens verpflichtet (§ 224 GesG). Die Gesellschaft soll innerhalb von dreißig Tagen Klage gegen den Supervisor erheben, nachdem dies in der Hauptversammlung beschlossen wurde (§ 225 Abs. 1 GesG). Ein Aktionär, der alleine oder zusammen mit anderen Aktionären 3% der ausgegebenen Aktien für mindestens ein Jahr hält, kann einen Antrag zur Erhebung einer Klage gegen den Supervisor stellen (§ 217 i.V.m. § 214 GesG). Er kann die Klage selbst erheben, wenn die Gesellschaft nicht innerhalb von dreißig Tagen nach dem entsprechenden Beschluss der Hauptversammlung Klage erhebt (§ 217 i.V.m. § 214 Abs. 2 GesG). Die Hauptversammlung kann zur Erhebung der Klage einen Vertreter bestellen (§ 225 Abs. 2 GesG). Sofern ein Supervisor und ein Direktor zusammen zum Schadensersatz gegenüber der Gesellschaft oder einem Dritten verpflichten sind, haften sie als Gesamtschuldner (§ 226 GesG).

b) Die Rolle von unabhängigen Direktoren

Nach § 14–2 Abs. 1 Satz 1 twWpHG kann die nicht börsennotierte Publikums-AG die Position der unabhängigen Direktoren einrichten. Die börsennotierte AG muss hingegen unabhängige Direktoren einrichten.[108] Für die Nicht-Publikums-AG besteht keine Rechtsgrundlage zur Einrichtung unabhängiger Direktoren. Sie darf

108 Vgl. FSC, Verwaltungsauslegung, v. 31. Dezember 2013, Jin-Guan-Zheng-Fa-Zi Nr. 1020053112, abrufbar unter der Website für Wertpapierrecht: http://www.selaw.com.tw/scripts/Query1B.asp?no=3G01000%AA%F7%BA%DE%C3%D2%B5o+++++++++++++++1020053112++.

daher auch nicht freiwillig in der Satzung die Einrichtung unabhängiger Direktoren vorsehen.[109]

Die unabhängigen Direktoren sind keine Direktoren im Sinne des § 192 Abs. 1 GesG. Sie sind jedoch nach § 14–2 Satz 1 twWpHG Mitglieder des Vorstands und führen das Geschäft der Gesellschaft gemeinsam mit den Direktoren im Vorstand.

Bei einer börsennotierten AG muss ein Auditausschuss, der nach § 14–4 Satz 2 twWpHG aus sämtlichen unabhängigen Direktoren bestehen, an Stelle der Supervisoren eingerichtet werden. Sämtliche Mitglieder des Auditausschusses bleiben gleichwohl Mitglieder des Vorstands und können sich unverändert an Beschlussfassungen zur Geschäftsführung in Vorstandssitzungen beteiligen.

c) *Zuständigkeiten des Auditausschusses*

Seit seiner Einführung im Jahr 2006 hat der Auditausschuss, den alle börsennotierte AG mit einem Grundkapital von mindestens 2 Milliarden TWD an Stelle von Supervisoren einrichten müssen, im Aktienrecht und Wertpapierhandelsrecht eine wichtige Rolle gespielt. Er ist ein dem Vorstand dienendes, internes Kollegialorgan des Vorstands.[110] Nach § 14–4 Abs. 2 twWpHG besteht der Auditausschuss aus sämtlichen unabhängigen Direktoren, von denen es mindestens drei gibt. Mindestens ein Direktor muss über professionelle Kenntnisse auf dem Gebiet der Rechnungslegung oder der Finanzierung verfügen (§ 14–4 Abs. 2 twWpHG). Die im twWpHG, GesG und weiteren Gesetzen enthaltenen Regelungen, die den Supervisor betreffen, finden *mutatis mutandis* Anwendung auf den Auditausschuss (§ 14–4 Abs. 3 twWpHG). Dies betrifft die nachfolgenden Vorschriften zum Supervisor: §§ 200, 213 bis 215, 216 Abs. 1, 3, und 4, 218 Abs. 1 und 2, 218–1, 218–2 Abs. 2, 220, 223 bis 226, 227 Satz 2 und 245 Abs. 2 (§ 14–4 Abs. 4 twWpHG). Mitglieder des Auditausschusses werden somit dem Supervisor rechtlich gleichgestellt.

Der Auditausschuss überwacht die Geschäftsführung und darf zu jeder Zeit die Geschäfts- und Finanzlage der Gesellschaft untersuchen, Bücher und Dokumente prüfen und Berichterstattung vom Vorstand oder den Management Officers verlangen (§ 14–4 Abs. 4 i.V.m. § 218 Abs. 1 GesG). Der Auditausschuss kann im Namen der Gesellschaft zum Zwecke der Amtsausübung auch Rechtsanwälte oder Wirtschaftsprüfer einschalten (§ 14–4 Abs. 4 i.V.m. § 218 Abs. 2 GesG). Begehen der Vorstand oder ein Direktor bei der Geschäftsführung einen Verstoß gegen das Gesetz, die Satzung oder einen Beschluss der Hauptversammlung, muss der Auditausschuss umgehend vom Vorstand bzw. dem betroffenen Direktor verlangen, dass die fragliche Handlung unterlassen wird (§ 14–4 Abs. 4 i.V.m. § 218–2 Abs. 2 GesG). Jeder Direktor muss den Auditausschuss umgehend über Risiken informieren, die

---

109 Vgl. Ministerium für Wirtschaft, Verwaltungsauslegung, v. 8. September 2008, Jing-Shang-Zi Nr. 09702347670, abrufbar unter der Website für Wertpapierrecht: http://www.selaw.com.tw/scripts/Query1B.asp?no=3J00800%B8g%B0%D3++++++++++++++++09702112950+.

110 Vgl. *KE, Fang-Chih*, Gesellschaftsrecht (Teil II) (2011), S. 303.

nach seiner Auffassung zu einem wesentlichen Schaden für die Gesellschaft führen könnten (§ 14–4 Abs. 4 i.V.m. § 218–1 GesG). Der Auditausschuss kann jederzeit die Hauptversammlung einberufen, wenn dies zum Wohle der Gesellschaft notwendig ist und der Vorstand die Hauptversammlung gleichwohl nicht einberuft oder nicht einberufen kann (§ 14–4 Abs. 4 i.V.m. § 220 GesG). Die unabhängigen Direktoren des Auditausschusses vertreten die Gesellschaft im Rechtsverkehr zwischen dem Direktor und der Gesellschaft, wie etwa bei Kaufverträgen, Darlehensverträgen und bei sonstigen Rechtsgeschäften (§ 14–14 Abs. 4 i.V.m. § 223 GesG).[111]

Die Kompetenzen des Auditausschusses umfassen neben den im GesG geregelten Aufgaben eines Supervisors zusätzlich die in § 14–5 Abs. 1 twWpHG geregelten Angelegenheiten: (1) Einrichtung oder Abänderung eines internen Kontrollsystem gemäß § 14–1 twWpHG; (2) Prüfung der Effektivität des internen Kontrollsystems; (3) Festlegung oder Änderung der Regelungen gemäß § 36–1 twWpHG zu wichtigen finanziellen oder geschäftlichen Maßnahmen, wie etwa dem Erwerb oder der Veräußerung über Vermögen, Transaktionen im Zusammenhang mit Derivaten sowie die Einräumung von Darlehen aus dem Kapital, mittels Indossament oder Bürgschaft; (4) Angelegenheiten im Zusammenhang mit eigenen Interessen des Direktors; (5) wichtige Transaktionen hinsichtlich des Vermögens oder von Derivaten; (6) Einräumung von wichtigen Darlehen aus dem Kapital, mittels Indossament oder Bürgschaft; (7) Abgabe öffentlicher Angebote, Ausgabe oder Privatplatzierung von Wertpapieren mit Eigenschaften von Aktieneigentum; (8) Bestellung und Abberufung des Abschlussprüfers sowie Festsetzung seiner Vergütung; (9) Bestellung und Abberufung des Leiters für Finanzen, Rechnungslegung, oder interne Kontrolle der Gesellschaft; (10) Jahresabschlüsse und Halbjahresabschlüsse; sowie (11) weitere von der Kommission für Finanzüberwachung bestimmte Angelegenheiten.

Für die Beschlussfassung des Auditausschusses sind die Stimmen von mindestens der Hälfte sämtlicher Mitglieder notwendig (§ 14–4 Abs. 6 twWpHG). Die in § 14–5 Abs. 1 twWpHG geregelten Angelegenheiten müssen nach der zustimmenden Beschlussfassung durch den Auditausschuss dem Vorstand zur abschließenden Beschlussfassung übergeben werden. Wenn der Auditausschuss einer der genannten Angelegenheiten nicht zustimmt, kann der Vorstand eine Zustimmung durch Beschluss mit Stimmen von zwei Dritteln sämtlicher Direktoren erteilen (§ 14–5 Abs. 2 twWpHG). Die einzige Ausnahme hierzu bilden Jahresabschlüsse und Halbjahresabschlüsse, die auf jeden Fall einer Zustimmung des Auditausschusses bedürfen (§ 14–5 Abs. 2 twWpHG). Eine Sitzung des Auditausschusses muss mindestens alle drei Monate einberufen werden. Der Vorsitzende wird aus den Mitgliedern gewählt. Die detailliert geregelten Sitzungsprotokolle und die beigefügten Dokumente müssen auf unbestimmte Zeit aufbewahrt werden. Der Auditausschuss kann zur Wahrnehmung seiner Aufgaben aufgrund eines entsprechenden Beschlusses von den Leitern bestimmter Abteilungen der Gesellschaft, internen

111 Vgl. zu den Kompetenzen des Auditausschusses, *KE, Fang-Chih*, Gesellschaftsrecht (Teil II) (2011), S. 305 ff.; *LAI, In-Jaw*, Wertpapierhandelsrecht (2014), S. 190 ff.

Prüfern, Wirtschaftsprüfern, Rechtsberatern oder anderen Personen notwendige Informationen verlangen.[112]

4. *Vorstand im Verhältnis zur Hauptversammlung*

Gemäß § 202 GesG, nach Änderung vom 12. November 2001, soll das Geschäft der Gesellschaft durch Beschlussfassung vom Vorstand geführt werden, soweit dies nicht durch das Gesellschaftsgesetz oder die Satzung der Hauptversammlung vorbehalten ist.[113] Die Geschäftsführung einer Aktiengesellschaft in Taiwan ist somit grundsätzlich dem Vorstand zugewiesen.[114] Die Abgrenzung der Kompetenzen des Vorstands zu denen der Hauptversammlung ist jedoch umstritten, weil in Taiwan eine Regelung zur Satzungsstrenge fehlt.[115]

a) *Zuständigkeiten der Hauptversammlung*

aa) Gesetzliche Zuständigkeiten

Die gesetzlich der Hauptversammlung vorbehaltenen Zuständigkeiten umfassen die Bestellung des Direktors (§§ 198 Abs. 1, 201 GesG) und Supervisors (§ 216 Abs. 1 GesG), ihre jeweilige Abberufung (§§ 199 Abs. 1 Satz 1 Halbsatz 1 GesG bzw. § 227 i.V.m. § 199 GesG), die Festsetzung der Vergütung des Direktors (§ 196 Abs. 1 GesG) und des Supervisors (§ 227 i.V.m. § 196 GesG) sowie weitere Personalentscheidungen. Ferner sind wichtige Entscheidungen über das Verhältnis der Gesellschaft zu ihren Organmitgliedern, z. B. die Zustimmung zur Befreiung vom Wettbewerbsverbot des Direktors (§ 209 Abs. 1 GesG), Entscheidungen über Jahresabschlüsse (§§ 184 Abs. 1, 230 Abs. 1, 237 Abs. 2, § 240 Abs. 1, § 241 Abs. 1 GesG) und die Entlastung der Organmitglieder (§ 321 GesG) gesetzlich der Hauptversammlung vorbehalten.

---

112 Vgl. zu den Einzelheiten der Regelungen zur Amtsausübung des Auditausschusses, FSC, Rechtsverordnung, v. 28. März 2006, Jin-Guan-Zheng-Yi-Zi Nr. 0950001615, „Regelungen zur Amtsausübung des Auditausschusses von Publikumsgesellschaften", abrufbar auf der Website der FSC: http://law.fsc.gov.tw/law/LawContent.aspx?id=FL038790&SKW=&SKW2=金管證一字第0950001615.

113 Vor der Gesetzesänderung am 12. November 2001 war die Kompetenz des Vorstands in § 202 GesG unklar bestimmt: Das Geschäft der Gesellschaft „kann" durch Beschlussfassung vom Vorstand geführt werden, soweit es nicht durch dieses Gesetz oder die Satzung der Hauptversammlung vorbehalten ist.

114 Vgl. *KE, Fang-Chih*, Gesellschaftsrecht (Teil II) (2011), S. 298; *WANG, Wen-Yeu*, Gesellschaftsrecht (2008), S. 335 f.; *LIU, Len-Yu*, Modernes Gesellschaftsrecht (2012), S. 479; *LIAO, Da-Ying*, Gesellschaftsrecht (2012), S. 222; *WANG, Tai-Chuan/WANG, Chih-Cheng*, Gesellschatsrecht (2010), S. 496.

115 Vgl. *WANG, Wen-Yeu*, Gesellschaftsrecht (2008) S. 274 ff.; *TSENG, Wang-Ruu*, Neustrukturierung der Grundlagentheorien der Gesellschaftsrechtsordnung (2012), S. 15 ff.; *WANG, Tai-Chuan/WANG, Chih-Cheng*, Gesellschaftsrecht (2010), S. 437 ff.

Die Änderung der Satzung (§ 277 Abs. 1 GesG) und wichtige Entscheidungen über den Bestand oder den Betrieb der Gesellschaft, z. B. die Übertragung des gesamten bzw. des wesentlichen Teils des Geschäfts oder Vermögens (§ 185 Abs. 1 Nr. 2 GesG) oder der Erwerb eines gesamten Geschäfts oder Vermögens, die diesen stark beeinflussen werden (§ 185 Abs. 1 Nr. 3 GesG) sowie eine Fusion mit einer anderen Gesellschaft (§ 316 Abs. 1, § 315 Abs. 1 Nr. 5, § 317 Abs. 1 GesG) bedürfen der Zustimmung der Hauptversammlung. Eine Ausnahme ergibt sich bei Unternehmensübernahmen, wenn der Bieter eines öffentlichen Übernahmeverfahrens bei einer Verschmelzung im Zuge des Angebotsverfahrens mehr als 90% der Aktien der Zielgesellschaft erworben hat.

bb) Zuständigkeit kraft Satzung

Neben den gesetzlichen Zuständigkeiten können nach der h. M. im Schrifttum über die Satzung Zuständigkeiten an die Hauptversammlung übertragen werden, soweit dies nicht gegen zwingendes Recht, die guten Sitten oder das Wesen der Aktiengesellschaft verstößt.[116] Die gesetzlich dem Vorstand vorbehaltenen Kompetenzen, wie z. B. die Bestellung und Abberufung von Prokuristen (§ 29 Abs. 1 GesG), der Antrag bei der zuständigen Regierungsbehörde auf öffentliche Ausgabe von Aktien (§ 156 Abs. 3 GesG), Optionsvereinbarungen mit Angestellten (§ 167–2 Abs. 1 GesG), Ausgabe von Schuldverschreibungen (§ 246 GesG) und Ausgabe neuer Aktien (§ 266 Abs. 2 GesG), dürfen dagegen nicht durch die Satzung auf die Hauptversammlung übertragen werden. Dies wird in einer Verwaltungsauslegung des Ministeriums für Wirtschaft ausdrücklich bestätigt, nach der die Hauptversammlung die gesetzlichen Kompetenzen des Vorstands nicht beeinträchtigen darf.[117]

b) Abgrenzungsprobleme

Der mit der Novellierung aus dem Jahr 2001 neu gefasste § 202 GesG grenzt die Zuständigkeiten des Vorstands von denen der Hauptversammlung nicht klar ab, so dass zwei zentrale Fragen umstritten sind. Im Rahmen der wissenschaftlichen Auseinandersetzung mit dieser Vorschrift wurde zunächst die Frage aufgeworfen, ob durch die Satzung oder einen Beschluss der Hauptversammlung Maßnahmen der Geschäftsführung jeder Art der Hauptversammlung vorbehalten werden dürfen. Nach einer Ansicht können alle Angelegenheiten, die gesetzlich nicht ausdrücklich dem Vorstand zugewiesen sind, nach dem Prinzip der Gesellschaftsautonomie durch

---

116 Vgl. *KE, Fang-Chih*, Gesellschaftsrecht (Teil II) (2011), S. 224; *WANG, Wen-Yeu*, Gesellschaftsrecht (2008), S. 336; *LIU Len-Yu*, Modernes Gesellschaftsrecht (2012), S. 335; *LIAO, Da-Ying*, Gesellschaftsrecht (2012), S. 222; *WANG, Tai-Chuan/WANG, Chih-Cheng*, Gesellschaftsrecht (2010), S. 496.

117 Vgl. Ministerium für Wirtschaft, Verwaltungsauslegung, v. 23. Februar 2011, Jing-Shang-Zi Nr. 10002403260, abrufbar auf der Website vom „Suchsystem für Kommerzielle und Industrielle Rechtsverordnungen und Verwaltungsvorschriften“: https://gcis.nat.gov.tw/elaw/explain/companyLawExp/100.jsp.

die Satzung der Hauptversammlung übertragen werden[118], während die Gegenauffassung für die Beschränkung der Kompetenzen der Hauptversammlung und die Stärkung der Vorstandsfunktion aufgrund des Grundsatzes der Trennung von Eigentum und Verwaltung eintritt[119].

Die zweite Frage bezieht sich auf § 172–1 GesG über das Recht des Aktionärs zur Stellung eines Antrags auf Beschlussfassung. Diese Regelung wurde bei der Novellierung des GesG im Jahr 2005 im Anschluss an die amerikanische SEC Rule 14a-8 (Shareholder Proposals) eingeführt und sollte die Aktionäre zur aktiveren Teilnahme im Rahmen der Corporate Governance der Gesellschaft ermutigen. Nach § 193 Abs. 1 GesG muss der Vorstand bei der Geschäftsführung Beschlüsse der Hauptsammlung befolgen und Aktionäre, die mehr als 1% der ausgegebenen Aktien der Gesellschaft halten, haben das Recht, in der ordentlichen Hauptversammlung einen schriftlichen Antrag zu stellen, über den dann zu beschließen ist (§ 172–1 Abs. 1 GesG)[120]. Die Gesellschaft muss einen solchen Antrag annehmen, sofern die Hauptversammlung zur Beschlussfassung über den Antragsgegenstand befugt ist (§ 172–1 Abs. 4 Nr. 1 GesG). Fraglich ist jedoch, ob die Aktionäre, die mehr als 1% der ausgegebenen Aktien halten, Anträge zu Beschlüssen jeder Art, z. B. auch zur Übertragung des Geschäfts oder Vermögens der Gesellschaft, stellen dürften, und die Hauptversammlung aufgrund dieses Antrags einen Beschluss fassen darf, der den Vorstand bindet.[121] Nach der herrschenden Meinung dürfen solche Anträge nur Gegenstände betreffen, die von der gesetzlichen oder satzungsmäßigen Kompetenzen der Hauptversammlung umfasst sind. Das ergibt sich aus einer Zusammenschau der Gesamtheit der Regelungen zu den Rechten der Aktionäre im Zusammenhang mit Beschlussfassungen der Hauptversammlung.[122] Soweit es um einen Vorschlag zu

---

118 Vgl. *LIU, Len-Yu,* Modernes Gesellschaftsrecht (2012), S. 335; *WANG, Chih-Cheng,* Taiwan Jurist, 2005, Nr. 27, S. 74 f.; *TSENG Wang-Ruu,* National Taiwan University Law Journal, 2006, Band 35, Nr. 1, S. 293 ff.

119 *FANG, Chia-Lin,* in FS LAI, In-Jaw, 2005, S. 399, 418 f.; *WANG, Wen-Yeu,* The Taiwan Law Review, 2002, Nr. 83, S. 70, 77.

120 Die Vorschrift des § 172–1 über das Recht des Aktionärs zum Antrag auf Beschlussfassung war bei der Gesetzesänderung am 22. Juni 2005 zur Verstärkung der Aktionärsdemokratie eingeführt, vgl. dazu *KE, Fang-Chih,* Gesellschaftsrecht (Teil II) (2011), S. 218 ff; *WANG, Wen-Yeu,* Gesellschaftsrecht (2008) S. 281 ff.; *LIU, Len-Yu,* Modernes Gesellschaftsrecht (2012), S. 336 ff.; *LIAO, Da-Ying,* Gesellschaftsrecht (2012), S. 193 ff. *WANG, Tai-Chuan/WANG, Chih-Cheng,* Gesellschaftsrecht (2010), S. 388 ff.; ausführlich, *TSENG, Wang-Ruu,* Neustrukturierung der Grundlagentheorien der Gesellschaftsrechtsordnung (2012), S. 139 ff.

121 Vgl. dazu *WANG, Wen-Yeu,* Gesellschaftsrecht (2008), S. 282; *TSENG Wang-Ruu,* Neustrukturierung der Grundlagentheorien der Gesellschaftsrechtsordnung (2012), S. 16.

122 Vgl. *KE, Fang-Chih,* Gesellschaftsrecht (Teil II) (2011), S. 218; *WANG, Wen-Yeu,* Gesellschaftsrecht (2008) S. 281 ff.; *LIU Len-Yu,* Modernes Gesellschaftsrecht (2012), S. 336 ff.; *WANG, Tai-Chuan/WANG, Chih-Cheng,* Gesellschaftsrecht (2010), S. 388 ff; ausführlich, *TSENG, Wang-Ruu,* Neustrukturierung der Grundlagentheorien der

einer bestimmten Idee, z. B. dem Umweltschutz, oder einer bestimmten Maßnahme der Geschäftsführung geht, der nicht in einem bindenden Beschluss münden soll, sollten entsprechende (unverbindliche) Anträge vom Vorstand möglichst entgegengenommen werden, um die Kommunikation zwischen den Verwaltungsorganen und den Aktionären sowie die Aktionärsdemokratie im Rahmen der Corporate Governance zu fördern.[123]

c) *Zusammenwirken von Vorstand und Hauptversammlung*

Weil die Zuständigkeiten des Vorstands zu denen der Hauptversammlung nicht scharf abgegrenzt sind, wird im Schrifttum bei bestimmten Angelegenheiten von einem Zusammenwirken des Vorstands und der Hauptversammlung gesprochen.[124] Als Beispiele solcher Angelegenheiten werden Verschmelzungen und Ausgliederungen als bedeutende Transaktionen im Sinne des § 185 GesG genannt. Sie sollten vom Vorstand initiiert, professionell geplant und der Hauptversammlung zur Beschlussfassung vorgelegt werden. Die Hauptversammlung darf solche Transaktionen jedoch nicht selbst vorschlagen und einen den Vorstand bindenden Beschluss hierüber fassen.[125]

V. Das Rechtsverhältnis zwischen Vorstandsmitgliedern und der Gesellschaft

1. *Die Bestellung*

a) *Organ der Bestellung*

Eine Nicht-Publikums-AG muss mindestens drei Direktoren (§ 192 Abs. 1 GesG) und eine Publikums-AG mindestens fünf Direktoren haben (§ 26–3 Abs. 1 twWpHG). Direktoren werden bei Gründung der Gesellschaft von den Gründern (§ 131 Abs. 1 GesG) oder, sofern die Aktien bei der Gründung einer unbestimmten Zahl von Personen zur Zeichnung angeboten werden, durch Beschlussfassung in der Gründungsversammlung bestellt (§ 146 Abs. 1 Satz 1 GesG). Bei einer Einmann-AG wird der Direktor von dem einzigen Aktionär, der Regierung oder einer juristischen Person, bestellt (§ 128–1 Abs. 2 GesG). Nach der Gründung der Gesellschaft werden die Direktoren durch Beschlussfassung in der Hauptversammlung bestellt (§ 192 Abs. 1

Gesellschaftsrechtsordnung (2012), S. 139 ff.; Die herrschende Meinung entspricht der den Antrag beschränkenden formellen Voraussetzung für einen Beschlussfassungsantrag, also 300 chinesische Worte als Obergrenze eines schriftlichen Antrags einschließlich der Begründung (§ 172–1 Abs. 3 GesG).

123 Vgl. *WANG, Wen-Yeu*, Gesellschaftsrecht (2008), S. 282 ff.; *LIU, Len-Yu*, Modernes Gesellschaftsrecht (2012), S. 338; *TSENG, Wang-Ruu*, Neustrukturierung der Grundlagentheorien der Gesellschaftsrechtsordnung (2012), S. 152.

124 *WANG, Wen-Yeu*, Gesellschaftsrecht (2008) S. 275 f.

125 *WANG, Wen-Yeu*, Gesellschaftsrecht (2008) S. 275 f.

GesG). Die Kompetenz zur Bestellung von Direktoren darf nicht durch die Satzung einem anderen Organ zugewiesen werden. Die Wirksamkeit der Bestellung darf nicht von der Zustimmung eines anderen Organs oder einer bestimmten Person abhängig gemacht werden.[126]

b) Die Rechtsnatur der Bestellung

Die Bestellung der Hauptversammlung erlangt nicht automatisch nach der Beschlussfassung Wirksamkeit im Außenverhältnis gegenüber Dritten bzw. dem Bestellten.[127] Der Bestellte wird regemäßig von der Gesellschaft nach der Beschlussfassung umgehend gebeten, eine standarisierte schriftliche Annahmeerklärung zu unterzeichnen. Er ist aber nicht an den Bestellungsbeschluss gebunden. Ohne Annahmeerklärung wird der Bestellte nicht als Direktor ins Handelsregister eingetragen.

Die ursprünglich vom Ministeriums für Wirtschaft vertretene Ansicht, dass das Stillschweigen des Bestellten ohne eine umgehende Ablehnung nach dem Bestellungsbeschluss als Annahme der Bestellung anzusehen sei[128], wurde inzwischen aufgegeben. Nach einer Ansicht des Obersten Gerichtshofs[129] im Jahr 1973 muss über den Bestellungsbeschluss hinaus ein Geschäftsbesorgungsvertrag zwischen dem Bestellten und der Gesellschaft, der durch Angebot der Gesellschaft zur Bestellung und Annahme der Bestellten zustande kommt, abgeschlossen werden. Dieser Rechtsauffassung wird in der Praxis weder Rechnung getragen noch übt man an ihr Kritik. Dies zeigt, dass die Bestellung und die Anstellung des Direktors als Mitglied des Vorstands im taiwanesischen Aktienrecht nicht klar getrennt werden.

c) Eignungsvoraussetzungen

aa) Allgemeine Eignungsvoraussetzungen

Nach dem am 12. November 2001 geänderten § 192 Abs. 1 GesG müssen Direktoren, gleichgültig, ob sie Aktionäre sind oder nicht, geschäftsfähige Personen sein.[130] Bei

---

126 *KE, Fang-Chih*, Gesellschaftsrecht (Teil II) (2011), S. 256; *WANG, Tai-Chuan/WANG, Chih-Cheng*, Gesellschaftsrecht (2010), S. 470.

127 *KE, Fang-Chih*, Gesellschaftsrecht (Teil II) (2011), S. 261; *WANG, Wen-Yeu*, Gesellschaftsrecht (2008), S. 316; *LIU Len-Yu*, Modernes Gesellschaftsrecht (2012), S. 407.

128 Vgl. Ministerium der Wirtschaft, Verwaltungsauslegung, v. 14. August 1979, Jing-Shang-Zi Nr. 25472; *KE, Fang-Chih*, Gesellschaftsrecht (Teil II) (2011), S. 261; *WANG, Wen-Yeu*, Gesellschaftsrecht (2008), S. 316.

129 Oberster Gerichtshof, Urt. v. 31. Januar 1973 – 62 (1973) Tai-Shang-Zi Nr. 262, Justiz-Yuan Gazette, 1974, Band 16, Nr. 3, S. 11, 12; vgl. *KE, Fang-Chih*, Gesellschaftsrecht (Teil II) (2011), S. 261; *WANG, Wen-Yeu*, Gesellschaftsrecht (2008), S. 316; *LIU Len-Yu*, Modernes Gesellschaftsrecht (2012), S. 407.

130 Vor der Änderung des GesG am 12. November 2001 mussten Direktoren aus den Aktionären bestellt werden. In der Praxis werden heute die meisten Direktoren aus den Aktionären gewählt. Bei einer Publikums-AG muss die Zahl der Aktien

einer Publikums-AG müssen die bestellten Direktoren dagegen zusammen entsprechend der Höhe des Grundkapitals einen Anteil von 1% bis 15% der ausgegebenen Aktien an der Publikums-AG halten (§ 192 Abs. 2 GesG i.V.m § 26 WpHG und der zugehörigen Rechtsverordnung).[131] Neben natürlichen, uneingeschränkt geschäftsfähigen Person können auch juristische Person oder die Regierung zum Direktor bestellt werden, wenn sie ein Aktionär der Gesellschaft sind (§ 27 Abs. 1 Satz 1 GesG). Die als Direktor bestellte juristische Person oder Regierung muss dann eine oder mehrere natürliche Personen designieren, die als Vertreter der juristischen Person oder Regierung das Amt des Direktors wahrnehmen (§ 27 Abs. 1 Satz 2 GesG). Alternative können ein oder mehrere designierte Vertreter der juristischen Person oder Regierung direkt zum Direktor oder zu Direktoren bestellt werden (§ 27 Abs. 2 GesG). Während der Amtszeit des Direktors kann die juristische Person zu jeder Zeit ihren zur Amtsausführung bestellten Vertreter auswechseln (§ 27 Abs. 3 GesG).

Nach § 192 Abs. 5 GesG findet § 30 GesG zu den negativen Eignungsvoraussetzungen für Management Officer *mutatis mutandis* Anwendung auf die Bestellung von Direktoren. Innerhalb eines Zeitraums von fünf Jahren nach Vollzug einer Gefängnisstrafe wegen einer Straftat im Sinne der Ordnung gegen organisierte Kriminalität, von zwei Jahren nach Vollzug einer Gefängnisstrafe von mindestens einem Jahr wegen Betrugs, Untreue oder Unterschlagung, oder von zwei Jahren nach Vollzug einer Gefängnisstrafe wegen Unterschlagung im Amt darf der Betroffene nicht zum Direktor bestellt werden (§ 192 Abs. 5 i.V.m. § 30 Nr. 1, 2 und 3 GesG). Ferner ist die Eignung als Direktor ausgeschlossen, wenn die Person Schuldner eines Insolvenzverfahrens ist, die nach Stellung des Insolvenzantrags noch nicht vom Gericht vom Insolvenzverfahren befreit wurde (§ 192 Abs. 5 i.V.m. § 30 Nr. 4 GesG). Wer bei einer Bank kein Scheckkonto führen darf, kann ebenfalls nicht zum Direktor bestellt werden (§ 192 Abs. 5 i.V.m. § 30 Nr. 5 GesG).

Supervisoren dürfen nicht zum Direktor bestellt werden (§ 222 Satz 1 GesG). Beamte und Soldaten dürfen nicht zum Direktor einer privaten Aktiengesellschaft bestellt werden (§ 13 Abs. 1 Satz 1 Beamtendienstgesetz). Sie können jedoch als Vertreter der Regierung, die Aktionär einer Aktiengesellschaft ist, zum Direktor bestellt werden, soweit dies gesetzlich zulässig ist (§ 13 Abs. 2 Beamtendienstgesetz). Parlamentsmitglieder können zum Direktor einer privaten Aktiengesellschaft, nicht aber zum Direktor eines öffentlichen Unternehmens, an dem die Regierung als Aktionär

---

in der Hand der einzelnen Direktoren nach § 25 Abs. 1 twWpHG angemeldet und auf der von der FSC bestimmten Webwite bekannt gemacht werden.

131 Nach der Rechtsverordnung der FSC vom 28. August 1974, zuletzt geändert am 20. Mai 2008, müssen die Direktoren einer Publikums-AG, die nicht unabhängige Direktoren sind, je nach der Höhe des Grundkapitals der Publikums-AG zusammen 1% bis 15% der ausgegebenen Aktien halten. Die Quote wird um 20% reduziert, wenn die Publikums-AG zwei unabhängige Direktoren hat. Vgl. die Rechtsverordnung und ihrer englischen Übersetzung auf der Website der Kommission für Finanzüberwachung: http://www.selaw.com.tw/Scripts/Query4A.asp?FullDoc=all&Fcode=G0100206.

beteiligt ist, bestellt werden.[132] Dagegen dürfen Mitglieder des Kontroll-Yuans, dem obersten Verfassungsorgan für die Aufsicht der Amtsführung der Beamten im weiteren Sinne, nicht Direktor einer Aktiengesellschaft sein.[133]

bb) Spezielle Eignungsvoraussetzungen für Direktoren der Publikums-AG

Bei der Publikums-AG wird die Unabhängigkeit der Direktoren verstärkt. Nach § 26–3 Abs. 3 twWpHG dürfen nicht mehr als die Hälfte der Direktoren miteinander verheiratet oder im zweiten Grad verwandt sein. Die Bestellung eines danach ungeeigneten Direktors ist unwirksam (§ 26–3 Abs. 5 twWpHG). Die Bestellung eines Direktors, der gegen das genannte Verbot verstößt und das Amt bereits ausgeführt hat, wird automatisch widerrufen (§ 26–3 Abs. 6 twWpHG).[134]

cc) Spezielle Eignungsvoraussetzungen für unabhängige Direktoren

Unabhängige Direktoren sind nicht Direktoren im Sinne des Aktienrechts. Sie sind gleichwohl nach § 14–2 Abs. 1 twWpHG Mitglieder des Vorstands.

Nur natürliche Personen können zum unabhängigen Direktor bestellt werden.[135] Für ihre Bestellung stellen spezifische Fachkenntnisse die wichtigste Eignungsvoraussetzung dar. Nach § 2 Abs. 1 der Verordnung für die Einrichtung von unabhängigen Direktoren[136] vom 28. März 2006, zuletzt geändert am 4. August 2011, muss ein unabhängiger Direktor Arbeitserfahrung von mehr als fünf Jahren vorweisen können, die er entweder (1) als Dozent an einer Hochschule auf dem Fachgebiet des Handels, Rechts, der Rechnungslegung, Finanzen oder anderen für das Geschäft der Gesellschaft notwendigen Fachgebieten, oder (2) als Fachmann bzw. Techniker nach dem erfolgreichen Ablegen der Staatsexamina für Richter, Staatsanwälte, Rechtsanwälte, Wirtschaftsprüfer bzw. Techniker oder in anderen Fachgebieten, oder (3) als Mitarbeiter auf dem Gebiet des Handels, Rechts, der Finanzen oder

---

132 Verfassungsgericht, Auslegung v. 3. September 1953 – Shi-Zi Nr. 24, abrufbar auf der Website des Justiz-Yuans: http://www.judicial.gov.tw/constitutionalcourt/p03_01.asp?expno=24.

133 Verfassungsgericht, Auslegung v. 17. Dezember 1958 – Shi-Zi Nr. 81, abrufbar auf der Website des Justiz-Yuans: http://www.judicial.gov.tw/constitutionalcourt/p03_01.asp?expno=81.

134 Vgl. *KE, Fang-Chih*, Gesellschaftsrecht (Teil II) (2011), S. 253.

135 Dies ist nicht gesetzlich vorgeschrieben, ist jedoch selbstverständlich in den einzelnen Regelungen über die fachliche und persönliche Eignungsvoraussetzungen des unabhängigen Direktors impliziert.

136 Kommission für Finanzüberwachung, Rechtsverordnung v. 28. März 2006, Jin-Guan-Zheng-Yi-Zi Nr. 0950001615, zuletzt geändert am 4. August 2011, Verordnung für die Einrichtung von unabhängigen Direktoren mit englischen Übersetzung, abrufbar auf der Website der Wertpapierrecht: http://www.selaw.com.tw/Scripts/Query4A.asp?FullDoc=all&Fcode=G0101973.

Rechnungslegung oder auf anderen für das Geschäft der Gesellschaft notwendigen Fachgebieten gesammelt hat.

Um die Unabhängigkeit der unabhängigen Direktoren zu sichern, werden die einzelnen Einschränkungen hinsichtlich Verwandtschafts- und Geschäftsbeziehungen in § 3 Abs. 1 der genannten Verordnung geregelt. Danach dürfen bei einem unabhängigen Direktor einer Publikums-AG in einem Zeitraum von zwei Jahren vor der Bestellung und während der Amtszeit die folgenden Umständen nicht vorliegen: (1) der unabhängige Direktor war oder ist ein Angestellter der Gesellschaft oder eines mit der Gesellschaft verbundenen Unternehmens; (2) der unabhängige Direktor war oder ist Direktor oder Supervisor der Gesellschaft oder eines mit der Gesellschaft verbundenen Unternehmens; (3) der unabhängige Direktor, sein Ehegatte, sein mündiges Kind oder ein Dritter in seinem Namen hielten oder halten mehr als 1% der ausgegebenen Stammaktien der Gesellschaft oder er ist einer der zehn größten privaten Aktionäre der Gesellschaft; (4) der unabhängige Direktor ist die Ehegattin oder der Ehegatte, bis zum zweiten Grad verwandt oder in gerader Linie bis zum dritten Grad blutsverwandt mit einer der in (1), (2) oder (3) genannten Personen; (5) der unabhängige Direktor war oder ist Direktor, Supervisor oder Angestellter einer juristischen Person, die direkt mehr als 5% der ausgegebenen Aktien der Gesellschaft hält, oder ist Direktor, Supervisor oder Angestellter eines Aktionärs der Gesellschaft, der einer der fünf größten Aktionäre ist; (6) der unabhängige Direktor war oder ist Direktor, Supervisor oder Management Officer einer Gesellschaft oder Institution, die mit der Publikums-AG bestimmte finanzielle oder geschäftliche Rechtsbeziehungen unterhält, die in der Verordnung näher geregelt sind[137]; (7) der unabhängige Direktor hat als Fachmann der Gesellschaft oder eines mit ihr verbundenen Unternehmens Dienstleistungen oder Beratungsleistungen auf dem Gebiet des Handels, Rechts, der Finanzen oder Rechnungslegung erbracht.

d) Das Bestellungsverfahren

Der Beschluss zur Bestellung von Direktoren, also Mitgliedern des Vorstands, wird nach deren Wahl durch sog. kumulative Stimmabgabe in der Hauptversammlung gefasst. Bei der kumulativen Stimmabgabe wird die Anzahl der Stimmrechte jedes Aktionärs mit der Zahl der zu wählenden Direktoren multipliziert. Jeder Aktionär kann seine Stimmen auf einen Kandidaten kumulieren oder auf mehrere Kandidaten

137 Die Gesellschaft oder Institution wird als „bestimmte“ Gesellschaft oder Institution angesehen, wenn sie mehr als 20% jedoch weniger als 50% der ausgegebenen Aktien der Publikums-AG besitzt, wenn mehr als 30% der Einkommen der Publikums-AG aus der Gesellschaft oder Institution oder den mit ihr verbundenen Unternehmen kommen, wenn Quantität oder der Betrag der Anschaffung der Rohstoffe der Hauptprodukte oder der Hauptprodukte aus der Gesellschaft oder Institution oder deren verbundenen Unternehmen mehr als 50% der Anschaffung der Publikums-AG erreicht, vgl. § 2 Abs. 3 der Verordnung für die Einrichtung von unabhängigen Direktoren.

verteilen. Die kumulative Stimmabgabe ermöglicht es, dass ein von den Minderheitsaktionären unterstützter Kandidat gewählt und zum Direktor bestellt wird.

Die Ernennung der Kandidaten für die Bestellung zum Direktor, die eigentlich den Aktionären zusteht, erlebte 2005 eine gesetzliche Änderung, die für die Einführung der elektronischen Stimmabgabe bei der Publikums-AG notwendig wurde. Die Publikums-AG kann in der Satzung nach § 192–1 Abs. 1 GesG für die Ernennung von Kandidaten bestimmen, dass Direktoren nur aus einer festgelegten Liste von Kandidaten gewählt und bestellt werden können. In einem solchen Fall können die Kandidaten für die Liste nur vom Vorstand oder von einem Aktionär, der alleine oder zusammen mit anderen Aktionären mehr als 1% der ausgegebenen Aktien der Gesellschaft hält, ernannt werden. Der danach hierzu befugte Aktionär muss innerhalb der von der Gesellschaft nach § 192–1 Abs. 2 GesG bestimmten Frist von nicht weniger als zehn Tagen gemäß § 192–1 Abs. 3 GesG eine Vorschlagsliste von Kandidaten zusammenstellen, deren Anzahl die Zahl der zu wählenden Direktoren nicht überschreiten darf. Der Vorschlagsliste müssen ferner gemäß § 192–1 Abs. 4 GesG ein Lebenslauf eines jeden vorgeschlagenen Kandidaten, die Zustimmungserklärung des einzelnen Kandidaten zur Annahme der Bestellung sowie Dokumente zum Nachweis der Eignungsvoraussetzungen des einzelnen Kandidaten beigefügt werden. Die Vorschlagsliste wird nach Einreichung bei der Gesellschaft vom Vorstand oder von der Person, die die Hauptversammlung einberuft, geprüft. Nach § 192–1 Abs. 5 GesG müssen die zur Ernennung vorgeschlagenen Kandidaten nach der Prüfung in die Liste der Direktorenkandidaten aufgenommen werden, es sei denn, die Vorschlagsliste wurde nicht innerhalb der vorgeschriebenen Frist eingereicht, der Aktionär hält keine genügende Anzahl von Aktien, die Anzahl der vorgeschlagenen Kandidaten überschreitet die Zahl der zu wählenden Direktoren oder es fehlt an den gesetzlich vorgesehenen Anlagen.[138]

e) Dauer der Bestellung

Die Hauptversammlung kann nach § 195 Abs. 1 Satz 1 GesG die Direktoren für höchstens drei Jahre bestellen. Eine Wiederbestellung ist indes uneingeschränkt zulässig (§ 195 Abs. 1 Satz 2 GesG). Bei der ersten Bestellung wird die Amtsdauer mit Gründung der Gesellschaft beginnen. Danach wird die Amtsdauer nach Vereinbarung zwischen der Gesellschaft und dem bestellten Direktor, mit dem im Bestellungsbeschluss bestimmten Datum oder, wenn kein Datum für den Amtsbeginn bestimmt wurde, mit dem Bestellungsbeschluss beginnen.[139]

---

138 Vgl. dazu ausführlich *KE, Fang-Chih*, Gesellschaftsrecht (Teil II) (2011), S. 256 ff.; *LIU, Len-Yu*, Modernes Gesellschaftsrecht (2012), S. 401 ff.

139 Ministerium für Wirtschaft, Verwaltungsauslegung, v. 14. August 1979, Jing-Shang-Zi Nr. 25472; *KE, Fang-Chih*, Gesellschaftsrecht (Teil II) (2011), S. 252; *WANG, Wen-Yeu*, Gesellschaftsrecht (2008), S. 313.

2. *Rechte und Pflichten aus Auftragsvertrag*

Nach § 192 Abs. 4 GesG unterliegt das Verhältnis zwischen der Gesellschaft und dem Direktor den Regelungen über den Auftragsvertrag im Sinne des Zivilgesetzbuchs, soweit gesetzlich nichts anderes vorgesehen ist. Im Schrifttum werden als Rechte des Direktors aus dem Auftragsvertrag der Anspruch auf Leistung eines Vorschusses nach § 545 ZGB, der Anspruch auf Ersatz von Aufwendungen nach § 546 Abs. 1 ZGB, der Anspruch auf Bewirken der geschuldeten Leistung nach § 546 Abs. 2 ZGB und der Anspruch auf Ersatz des dem Direktor entstandenen Schadens nach § 546 Abs. 3 ZGB genannt.[140]

Direktoren haben Anspruch auf eine Vergütung. Der Auftragsvertrag zwischen der Gesellschaft und dem Direktor ist somit immer ein entgeltlicher Auftrag. Die Vergütung des Direktors wird in § 196 GesG geregelt. Nach § 196 Abs. 1 GesG wird die Vergütung durch die Hauptversammlung bestimmt, sofern sie nicht in der Satzung geregelt wird. Die Vergütung darf nicht durch nachträgliche Zustimmung der Hauptversammlung festgelegt werden. Durch Beschluss kann die Hauptversammlung den Vorstand ermächtigen, die Vergütung dem Niveau bei den Wettbewerbern der gleichen Branche anzupassen.[141] Bei der Gründung einer Gesellschaft kann die Vergütung des Direktors durch Beschlussfassung in der Gründungsversammlung bestimmt werden.[142] Die Vergütung des Direktors als Gegenleistung seiner Dienste schließt nach der Verwaltungsauslegung des Wirtschaftsministeriums die Summe, die an die Direktoren als Aktionäre aus dem Jahresgewinn der Gesellschaft ausgeschüttet werden kann, nicht ein.[143]

Als Pflichten des Vorstands aus dem Auftragsverhältnis werden im Schrifttum die Herausgabepflicht im Sinne des § 541 ZGB und die Auskunfts- und Rechenschaftspflicht im Sinne des § 542 ZGB kurz erwähnt.[144] Die Auskunfts- und Rechenschaftspflicht des Direktors wird nach einer Ansicht in der Literatur von den gesetzlichen Pflichten des Vorstands, nach Verlangen des Supervisors Berichte über die Geschäfts- und Finanzlage der Gesellschaft zu erstatten und der Hauptversammlung Jahresabschlüsse vorzulegen, ersetzt.[145]

---

140 Vgl. *KE, Fang-Chih*, Gesellschaftsrecht (Teil II) (2011), S. 261.

141 Ministerium für Wirtschaft, Verwaltungsauslegung, v. 8. März 2004, Jing-Shang-Zi Nr. 09302030870.

142 Ministerium für Wirtschaft, Verwaltungsauslegung, v. 15. Dezember 2005, Jing-Shang-Zi Nr. 09402428680.

143 Ministerium für Wirtschaft, Verwaltungsauslegung, v. 17. Juli 1992, Shang-Zi Nr. 217298; Ministerium für Wirtschaft, Verwaltungsauslegung, v. 26. Dezember 2005, Jing-Shang-Zi Nr. 09402199670.

144 Vgl. *KE, Fang-Chih*, Gesellschaftsrecht (Teil II) (2011), S. 277.

145 Vgl. *KE, Fang-Chih*, Gesellschaftsrecht (Teil II) (2011), S. 277; *WANG, Wen-Yeu*, Gesellschaftsrecht (2008), S. 324; *LIAO, Da-Ying*, Gesellschaftsrecht (2012), S. 246.

3. Beendigung der Bestellung

Die Bestellung endet normalerweise mit dem Ablauf der Amtszeit. Wenn neue Direktoren vor Ablauf der Amtszeit bestellt werden und die neuen Direktoren ihr Amt antreten, ist die Amtszeit des bisherigen Direktors nach § 199 Abs. 2 GesG vorzeitig beendet. Wenn die Wahl der neuen Direktoren nicht rechtzeitig stattfindet, wird die laufende Amtszeit bis zum Amtsantritt der neuen Direktoren verlängert (§ 195 Abs. 2 GesG). Nach Ablauf der Amtszeit kann die zuständige Behörde jedoch gemäß der Ermächtigung des § 195 Abs. 2 Satz 2 GesG anordnen, dass innerhalb einer festgesetzten Frist die Wahl der neuen Direktoren stattfinden muss. Die bestehende Bestellung ist dann mit Ablauf der bestimmten Frist beendet, selbst wenn bis dahin keine Wahl neuer Direktoren stattgefunden hat. Die Bestellung wird ferner beendet, wenn das Vertragsverhältnis zwischen der Gesellschaft und einem Direktor wegen Todes, Bankrotts, oder Verlustes der Geschäftsfähigkeit des Direktors beendet wird (§ 550 Abs. 1 ZGB) oder wenn der Direktor sein Amt niederlegt und das Vertragsverhältnis kündigt (§ 549 Abs. 1 ZGB).[146]

Außerdem kann die Bestellung eines Direktors durch Widerruf der Hauptversammlung beendet werden. Die Hauptversammlung kann nach § 199 Abs. 1 Halbsatz 1 GesG jederzeit einen Beschluss mit Zweidrittelmehrheit fassen und die Bestellung eines Direktors widerrufen. Der Direktor kann von der Gesellschaft Schadensersatz verlangen, wenn der Widerruf ohne sachlichen Grund erfolgt (§ 199 Abs. 1 Halbsatz 2 GesG). Wenn ein Direktor oder mehrere Direktoren bei der Geschäftsführung eine Maßnahme oder Handlung vorgenommen haben, die die Gesellschaft erheblich geschädigt hat oder erheblich gegen das Gesetz oder die Satzung verstößt, und die Hauptversammlung gleichwohl keinen Beschluss zum Widerruf der Bestellung gefasst hat, kann ein Aktionär, der allein oder gemeinsam mit anderen Aktionäre mehr als 3% der ausgegebenen Aktien hält, gemäß § 200 GesG innerhalb von dreißig Tagen nach der entsprechenden Hauptversammlung Klage auf Widerruf der Bestellung des Direktors erheben. Die Bestellung des Direktors kann dann aufgrund der Klage durch das Gericht widerrufen werden. Schließlich wird die Bestellung des Direktors einer Publikums-AG gemäß § 197 Abs. 1 Halbsatz 2 GesG automatisch widerrufen, wenn der Direktor während seiner Amtszeit mehr als die Hälfte der Aktien, die er bei der Bestellung hielt, veräußert hat, wenn eine der negativen Eignungsvoraussetzungen im Sinne des § 30 GesG vorliegt, oder wenn bei einem unabhängiger Direktor entgegen § 26–3 Abs. 3 twWpHG die Kriterien für die Unabhängigkeit nicht mehr gegeben sind (§ 26–3 Abs. 6 twWpHG).

---

146 Oberster Gerichtshof, Urteil v. 31. Januar 1973 – 62 (1973) Tai-Shang-Zi Nr. 262, Justiz-Yuan Gazette, 1974, Band 16, Nr. 3, S. 11, 12; Ministerium für Wirtschaft, Verwaltungsauslegung, v. 31. August 1966, Shang-Zi Nr. 19825; Ministerium für Wirtschaft, Verwaltungsauslegung, v. 25. Januar 2006, Jing-Shang-Zi Nr. 09502001800; vgl. *KE, Fang-Chih*, Gesellschaftsrecht (Teil I) (2011), S. 266; *WANG, Wen-Yeu*, Gesellschaftsrecht (2008), S. 317; *LIU Len-Yu*, Modernes Gesellschaftsrecht (2012), S. 408.

VI. Organpflichten der Vorstandsmitglieder

Zu den Aufgaben des Vorstands einer Aktiengesellschaft in Taiwan gehört nach § 202 GesG die Führung der Geschäfte. Vorstandsmitglieder, gleichgültig, ob sie zugleich die Aufgaben eines Direktors, unabhängigen Direktors oder Management Officers im Sinne des § 29 GesG wahrnehmen, sind verantwortliche Personen der Aktiengesellschaft im Sinne des § 8 Abs. 1 GesG. Supervisoren und Management Officer sind nach § 8 Abs. 1 GesG im Rahmen der Amtsausübung ebenfalls verantwortliche Personen der Gesellschaft. Nach § 23 Abs. 1 GesG trifft verantwortliche Personen eine Treuepflicht gegenüber der Gesellschaft. Sie haben ferner die Sorgfaltspflichten eines ordentlichen und gewissenhaften Verwalters zu erfüllen. Vorstandsmitglieder müssen sich nach § 193 Abs. 1 GesG gesetzestreu verhalten und dürfen weder die Satzung noch Beschlüsse der Hauptversammlung verletzen. Durch die wirksame Bestellung erlangen Direktoren und unabhängige Direktoren als Vorstandsmitglieder die Rechtsstellung als Organ der Aktiengesellschaft und als verantwortliche Person der Gesellschaft. Sie treffen hinsichtlich ihrer Amtsführung die allgemeinen Verhaltenspflichten, also die Treuepflicht und die Sorgfaltspflicht nach § 23 Abs. 1 GesG sowie die Legalitätspflicht nach § 193 Abs. 1 GesG.

Die in der Einleitung erwähnten Fragestellung, ob gesetzliche Pflichten auch dann verletzt sein können, wenn die Pflichtverletzung für die Gesellschaft von Nutzen ist, ist bislang weder in der Rechtsprechung noch im Schrifttum in Taiwan aufgegriffen worden.

Ob und wie die Business Judgment Rule[147] im Sinne des US-amerikanischen Rechts in Taiwan anerkannt werden sollte, ist seit 2003 in der Rechtsprechung und im Schrifttum Gegenstand lebhafter Diskussionen. Nicht umstritten sind dagegen die Notwendigkeit und die Existenz eines Ermessensspielraums von Mitgliedern des Vorstands bei unternehmerischen Entscheidungen. Nach der Ansicht des Landgerichts Taipeh in einer Entscheidung[148] ist die Business Judgment Rule im Sinne des US-amerikanischen Rechts überhaupt nicht auf das taiwanesische Recht übertragbar, weil es an einer gesetzlichen Vorschrift fehle, welche Regelungen vergleichbar der Business Judgment Rule in den USA enthalte. Demgegenüber wurde in einem anderen Urteil des Landgerichts Taipeh[149] die Ansicht geäußert, dass die Business Judgment Rule auch im taiwanesischen Recht anzuerkennen sei. Im Urteil wurden die einzelnen Voraussetzungen für die Anwendung der Business Judgment Rule im US-amerikanischen Recht dargestellt: (1) unternehmerische Entscheidung, (2) Handeln zum Wohle der Gesellschaft, (3) Handeln ohne Sonderinteressen und

147 Eine einheitliche chinesische Übersetzung der Business Judgment Rule findet sich in Taiwan nicht. „經營判斷法則“, „商業判斷法則“ „經營判斷原則“ und „商業判斷原則“ sind alle richtig.

148 Landgericht Taipeh, Urt. v. 31. Januar 2005 – 92 (2003) Su-Zi Nr. 4844, abrufbar auf der Website vom Justiz-Yuan: http://jirs.judicial.gov.tw/FJUD/.

149 Landgericht Taipeh, Urt. v. 20. April 2005 – 93 (2004) Zhong-Su-Zi Nr. 144, abrufbar auf der Website vom Justiz-Yuan: http://jirs.judicial.gov.tw/FJUD/.

sachfremde Einflüsse, (4) Handeln auf der Grundlage angemessener Information und (5) Gutgläubigkeit. Das Gericht hat damit die allgemeine Anerkennung der Business Judgment Rule im taiwanesischen Recht befürwortet. Ihre Anwendung im konkreten Fall wurde nach Prüfung und Bestimmung des Sachverhalts jedoch verneint, da der Beklagte als General Manager der Klägerin und zugleich als Direktor einer anderen Gesellschaft im Namen der Klägerin Verträge mit dieser und einer dritten Gesellschaft, mit welcher der Beklagte wirtschaftlich eng verbunden war, abgeschlossen und dadurch die Interessen der Klägerin erheblich beeinträchtigt hatte. In einem weiteren Urteil des Landgericht Taipeh[150] wurden die genannten Voraussetzungen für die Anwendung der Business Judgment Rule ebenfalls geprüft und ihr Vorliegen im konkreten Fall jedoch verneint.

Die Voraussetzungen für die Anwendung der Business Judgment Rule wurden in einem Urteil des Oberlandesgericht Taiwan[151] zwar nicht vergleichbar ausführlich geprüft, dafür sah das Gericht die Voraussetzungen im konkreten Fall jedoch als gegeben an. Dort ging es um eine Verschmelzung von zwei Banken, an denen jeweils die Regierung beteiligt war. Eine Gesellschaft als privater Aktionär hat die übertragende Bank auf Schadensersatz mit der Begründung verklagt, dass das Aktienumtauschverhältnis unangemessen sei. Der Vorsitzende des Vorstands der übertragenden Bank, der zugleich der Vertreter der Regierung als Aktionär der Bank war, hatte nach Erhalt des Gutachtens eines Sachverständigen zur Bewertung der Gesellschaft und zum Aktienumtauschverhältnis am 7. November 2005 sofort in einer Vorstandssitzung vom Folgetag einen einstimmigen Beschluss zur Vornahme der Verschmelzung herbeigeführt. Das gesetzlich geregelte Verfahren hinsichtlich der Einberufung der Vorstandssitzung usw. wurde nicht befolgt. Den Aktionären der Bank wurden keine ausreichenden Informationen über die Verschmelzung zugänglich gemacht. Das Gericht war nach Prüfung und Bestimmung des Sachverhalts der Meinung, dass die Vorstandsmitglieder durch die mündlichen Erläuterungen des Sachverständigen bei der Beschlussfassung hinreichend informiert waren, auch wenn sie zu diesem Zeitpunkt das Gutachten des Sachverständigen keinesfalls sorgfältig geprüft haben konnten.

Im taiwanesischen Schrifttum wurde neben der Business Judgment Rule nach US-amerikanischem Recht[152] auch ihre gesetzliche Anerkennung im deutschen Aktienrecht[153] diskutiert. Ob und wie die Business Judgment Rule in Taiwan gesetzlich

---

150 Landgericht Taipeh, Urt. v. 31. Juli 2009 – 96 (2007) Zhong-Su-Zi Nr. 115, abrufbar auf der Website vom Justiz-Yuan: http://jirs.judicial.gov.tw/FJUD/.

151 Oberlandesgericht Taiwan, Urt. v. 5. August 2009 – 96 (2007) Zhong-Shang-Zi Nr. 145, abrufbar auf der Webweite vom Justiz-Yuan: http://jirs.judicial.gov.tw/FJUD/.

152 *Vgl. SU I-Tzu* in SHI Mao-Lin, Business Judgment Rule und Verantwortung der Unternehmensverwaltung (2011), S. 127, 136 ff.; *LIAO Da-Ying/CHEN Chi-Chui* in SHI Mao-Lin (Hrsg.), a.a.O. (2011), S. 189, 192 ff.*; SHAO Ching-Ping* in SHI Mao-Lin, a.a.O (2011), S. 273, 281 ff.

153 Vgl. *HUNG, Shiu-Feng* in SHI Mao-Lin (Hrsg.), Business Judgment Rule und Verantwortung der Unternehmensverwaltung (2011), S. 159 ff.

anerkannt werden sollte, bleibt im Schrifttum jedoch umstritten.[154] Ob die Business Judgment Rule bei einer Pflichtverletzung, von der die Gesellschaft profitieren kann, Anwendung findet, wurde im Schrifttum in Taiwan nicht erörtert.

VII. Haftung der Vorstandsmitglieder

Verletzen Direktoren oder unabhängige Direktoren ihre Pflichten, kann dies zur zivilrechtlichen Haftung gegenüber der Gesellschaft führen. Die zentrale Rechtsgrundlage hierfür ist § 23 Abs. 1 GesG, wonach eine verantwortliche Person, die ihre Treuepflichten oder Sorgfaltspflichten verletzt, zum Ersatz des der Gesellschaft hieraus entstandenen Schadens verpflichtet ist. Wenn die verantwortliche Person im eigenen Interesse oder im Interesse eines Dritten gehandelt hat, kann die Hauptversammlung ferner beschließen, von einem Eintrittsrecht gegenüber der verantwortlichen Person Gebrauch zu machen (§ 23 Abs. 3 GesG). Bei einer gesetzwidrigen Entscheidung des Vorstands gilt nach § 193 Abs. 2 Satz 1 GesG das Prinzip der Gesamtverantwortung. Danach sind sämtliche an der Beschlussfassung beteiligten Mitglieder des Vorstands gegenüber der Gesellschaft zum Schadensersatz verpflichtet. Von der Schadensersatzpflicht befreit sind nach § 193 Abs. 2 Satz 2 GesG nur diejenigen Vorstandsmitglieder, die gegen die (rechtswidrige) Beschlussfassung gestimmt haben und dies durch das Protokoll oder eine schriftliche Erklärung beweisen können.

Ein Verstoß gegen gesetzliche Vorschriften bei der Amtsausübung durch Mitglieder des Vorstands oder sonstiger verantwortlicher Personen im Sinne des § 8 Abs. 1 GesG kann auch eine Haftung gegenüber Dritten auslösen. In einem solchen Fall sind die pflichtwidrig handelnden Personen und die Gesellschaft als Gesamtschuldner zum Schadensersatz verpflichtet (§ 23 Abs. 2 GesG).

B. Vorstand der Aktiengesellschaft im deutschen Recht

Die für den deutschen Leser für das Verständnis des taiwanesischen Rechts wichtigen allgemeinen Erläuterungen dürfen für das deutsche Recht als bekannt angenommen werden und sollen daher nicht näher erläutert werden. Die Darstellung beginnt daher gleich mit den Kompetenzen des Vorstands einer deutschen Aktiengesellschaft.

I. Kompetenzen des Vorstands im Organisationsgefüge der Aktiengesellschaft

Der Vierte Teil des ersten Buches des Aktiengesetzes aus dem Jahr 1965 mit der Überschrift „Verfassung der Aktiengesellschaft“ enthält Regelungen zum Vorstand, zum Aufsichtsrat, zur Benutzung des Einflusses auf die Gesellschaft und zur

154 Vgl. zurückhaltend, *SU I-Tzu* in SHI Mao-Lin, Business Judgment Rule und Verantwortung der Unternehmensverwaltung (2011), S. 127, 149 ff.; *LIAO Da-Ying/ CHEN Chi-Chui* in SHI Mao-Lin (Hrsg.), a.a.O. (2011), S. 189, 232 ff.; bejahend, *SHAO Ching-Ping* in SHI Mao-Lin, a.a.O (2011), S. 273, 281 ff.

Hauptversammlung. Der Begriff „Verfassung“ ist in diesem Kontext Inbegriff der Normen über Handeln der Gesellschaft durch Vorstand und Aufsichtsrat (§§ 76 ff., 95 ff.) und Willensbildung durch Hauptversammlung (§ 118 ff.).[155] Jede Aktiengesellschaft muss drei Organe haben: den Vorstand, den Aufsichtsrat und die Hauptversammlung. Zwischen den drei Organen ist das Verhältnis durch die Zuweisung der Kompetenzen zwingend geregelt und es besteht kein hierarchisches Verhältnis.[156]

1. *Vorstand und Aufsichtsrat als Verwaltungsorgane der Aktiengesellschaft*

Der Vorstand und der Aufsichtsrat bilden im deutschen Aktienrecht die Verwaltungsorgane der Aktiengesellschaft.[157] Im Unterschied zu dem monistischen System in England und den USA, dem Board-System, und dem der Schweiz, dem Verwaltungsrat, beruht das dualistische Führungssystem der Aktiengesellschaft als Spitzenverfassung im deutschen Aktienrecht auf der personellen (§ 105 AktG) und sachlichen (§ 114 Abs. 4 AktG) Trennung des Vorstands als Leitungsorgan und des Aufsichtsrats als Überwachungsorgan.[158] Der Vorstand kann aus einer oder mehreren Personen bestehen. Er hat unter eigener Verantwortung die Gesellschaft zu leiten (§ 76 Abs. 1 AktG). Der Aufsichtsrat ist Sitz der Überwachung und Mitbestimmung.[159] Er hat Vorstandsmitglieder zu bestellen und abzuberufen (§ 84 AktG) und die Geschäftsführung zu überwachen (§ 111 Abs. 1 AktG), setzt die Gesamtbezüge des einzelnen Vorstandsmitglieds fest (§ 87 AktG) und vertritt die Gesellschaft

---

155 Vgl. *Koch* in Hüffer, AktG (2014), § 76 Rn. 4; vgl. zum Begriff Finanzverfassung und Organisationsverfassung der AG, *K. Schmidt*, Gesellschaftsrecht (2002), § 26 IV, S. 775 ff., 876 ff., 781 f., 797 ff.

156 Im deutschen Aktienrecht besteht keine hierarchische, sondern horizontale Verfassungsstruktur, vgl. *Lutter*, Unternehmensplanung und Aufsichtsrat, AG 1991, 249, 250; *K. Schmidt*, Gesellschaftsrecht (2002), § 26 IV, S. 781, 837; *Bürgers/Israel* in Bürgers/Körber, AktG (2014), § 76 Rn. 2; vgl. zur Bezeichnung der Hauptversammlung als obersten Organ, *Semler* in MünchHdb. AG (2007), § 34 Rn. 4 f.

157 Vgl. *Wiesner* in MünchHdb. AG (2007), § 19 Rn. 1.

158 Vgl. *K. Schmidt*, Gesellschaftsrecht (2002), § 26 III 1 b), S. 770; *Marsch-Barner* in *Marsch-Barner/Schäfer*, Hdb. börsennotierte AG (2014), § 2 Rn. 11 ff.; *v. Werder*, in Ringleb/Kremer/Lutter/v. Werder, Deutscher Corporate Governance Kodex (2014), Präambel Rn. 92 ff.; *Fleischer* in Spindler/Stilz, AktG (2010), § 76 Rn. 3; *Mertens/Cahn* in KK-AktG (2013), Vorb. § 95 Rn. 4 ff.; *Bürgers/Israel* in *Bürgers/Körber*, AktG (2014), § 76 Rn. 2; *Wiesner* in MünchHdb. AG (2007), § 19 Rn. 2; ausführlich *Böckli*, Konvergenz: Annäherung des monastischen und des dualistischen Führungs- und Aufsichtssystems, in: Hommelhoff/Hopt/v. Werder, Hdb. Corporate Governance (2003), S. 255 ff.; *Hopt*, The German Two-Tier Board: Experience, Theories, Reforms, in: Hopt/Kanda/Roe/Wymeersch/Prigge, Comparative Corporate Governance (1998), S. 227 ff.

159 *K. Schmidt*, Gesellschaftsrecht (2002), § 28 III 1, S. 819; *Mertens/Cahn* in KK-AktG (2013), Vorb. § 95 Rn. 18.

gerichtlich und außergerichtlich gegenüber Vorstandsmitgliedern (§ 112 AktG). Der Vorstand ist nach § 90 AktG verpflichtet, dem Aufsichtsrat Bericht zu erstatten. Als Überwachungsorgan hat der Aufsichtsrat keine eigene Geschäftsführungskompetenz.[160] Maßnahmen der Geschäftsführung können dem Aufsichtsrat nicht übertragen werden (§ 111 Abs. 4 Satz 1 AktG). Ausnahmen bilden die ausdrücklich im Gesetz bestimmten Fällen: Abschluss der Anstellungsverträge mit den Vorstandsmitgliedern (§ 84 Abs. 1 Satz 5 AktG), Festlegung von Zustimmungsvorbehalten (§ 111 Abs. 4, Satz 2 AktG), Änderung der Satzungsfassung (§ 179 Abs. 1 Satz 2 AktG), Entsprechenserklärung hinsichtlich des DCGK (§ 161 AktG) und Beschluss für die Ausübung von Beteiligungsrechten (§ 32 MitbestG). Der Zustimmungsvorbehalt kann, unter Umständen, z. B. bei einer gesetzeswidrigen Geschäftsführungsmaßnahme, muss er sogar, vom Aufsichtsrat *ad hoc* beschlossen werden.[161] Eine zusammenfassende Darstellung der wesentlichen gesetzlichen Vorschriften zum Zusammenwirken von Vorstand und Aufsichtsrat mit international und national anerkannten Standards guter und verantwortungsvoller Unternehmensführung ist im DCGK enthalten.[162] Im dualistischen Führungssystem der deutschen Aktiengesellschaft arbeiten Vorstand und Aufsichtsrat zum Wohle des Unternehmens eng zusammen. Dazu empfiehlt der DCGK die nähere Festlegung der Informations- und Berichtspflichten des Vorstands[163], die Einberufung der Tagung bei Bedarf ohne den Vorstand[164], die Vereinbarung des Selbstbehalts in der D&O-Versicherung für den Aufsichtsrat[165] sowie die Erstellung eines Corporate Governance Berichts und dessen Veröffentlichung.[166] Die persönliche und sachliche Trennung von Vorstand als Leitungsorgan und Aufsichtsrat als Überwachungsorgan hat sich als eine für die

---

160 *Frohdermann/Schäfer* in Henn/Frohdermann/Jannott, Hdb. AktR (2009), 7. Kap. Rn. 4; *Bürgers/Israel* in Bürgers/Körber, AktG (2014), § 111 Rn. 20 (Geschäftsführungsverbot).

161 Der Aufsichtsrat kann einen Zustimmungsvorbehalt ad hoc und ist verpflichtet zu beschließen, wenn nach seinem pflichtgemäßen Ermessen eine gesetzwidrige Geschäftsmaßnahme des Vorstands nur noch durch Anordnung eines Zustimmungsvorbehalts verhindert werden kann. vgl. BGH, Urt. v. 15. November 1993, II ZR 235/92, BGHZ 124, 111, 126 f. Rn. 42; *Lutter/Krieger/Verse*, Rechte und Pflichten des Aufsichtsrats (2014), Rn. 117; *K. Schmidt*, Gesellschaftsrecht (2002), § 28 V 1, S. 867; *Bürgers/Israel* in Bürgers/Körber, AktG (2014), § 111 Rn. 22.

162 Vgl. Ziff. 3, DCGK.

163 Ziff. 3.4, DCGK; vgl. zum Kommentar dazu, *Lutter* in Ringleb/Kremer/Lutter/v. Werder, DCGK (2014), Rn. 346 ff.

164 Ziff. 3.6, DCGK; vgl. zum Kommentar dazu, *v. Werder* in Ringleb/Kremer/Lutter/v. Werder, DCGK (2014), Rn. 376 ff.

165 Ziff. 3.8, DCGK; vgl. zum Kommentar dazu, *Lutter* in Ringleb/Kremer/Lutter/v. Werder, DCGK (2014), Rn. 430 ff.

166 Ziff. 3.10, DCGK; vgl. zum Kommentar dazu, *v. Werder* in Ringleb/Kremer/Lutter/v. Werder, DCGK (2014), Rn. 536 ff.

Verwaltung von börsennotierten Aktiengesellschaften[167] mit zahlreichen Aktionären positive Führungsstruktur bewährt.

2. *Vorstand im Verhältnis zur Hauptversammlung*

Die Hauptversammlung, als Organ der Aktiengesellschaft neben dem Vorstand und dem Aufsichtsrat, ist die Versammlung der Aktionäre, in der diese ihre Rechte ausüben und durch Beschlussfassung die Willensbildung der Gesellschaft vornehmen (§§ 118 ff. AktG). Die Hauptversammlung wird in den durch Gesetz oder Satzung bestimmten Fällen sowie dann einberufen, wenn das Wohl der Gesellschaft es erfordert (§ 121 Abs. 1 AktG). Sie wird regelmäßig durch den Vorstand einberufen (§ 121 Abs. 2 Satz 1 AktG), kann gemäß Gesetz oder Satzung aber auch von anderen Personen, einberufen werden (§ 121 Abs. 2 Satz 3 AktG). Der Vorstand hat für die Einhaltung sämtlicher Einzelheiten bei der Einberufung und Durchführung der Hauptversammlung nach § 121 Abs. 3 bis 7 und weiteren gesetzlichen Regelungen zu sorgen. Hierzu gehören z. B. die Erstellung der Tagesordnung, die Feststellung der Voraussetzungen für die Teilnahme an der Versammlung und die Ausübung des Stimmrechts, das Verfahren der Stimmabgabe, die Angabe der Rechte der Aktionäre nach § 122 Abs. 2, § 126 Abs. 1, den §§ 127, 131 Abs. 1 AktG, die Einhaltung der Fristbestimmungen, sowie die ordnungsmäßige Durchführung der Hauptversammlung. Das Verhältnis des Vorstands zur Hauptversammlung wird weiter durch das Auskunftsrecht des einzelnen Aktionärs nach § 131 AktG geprägt. Jedem Aktionär ist vom Vorstand auf Verlangen in der Hauptversammlung Auskunft über Angelegenheiten der Gesellschaft zu geben, soweit sie zur sachgemäßen Beurteilung des Gegenstands der Tagesordnung erforderlich ist (§ 131 Abs. 1 Satz 1 AktG).[168] Nach § 53a AktG sind Aktionäre unter gleichen Voraussetzungen gleich zu behandeln. Nach der Empfehlung des DCGK soll die Gesellschaft ihren Aktionären unverzüglich sämtliche neuen Tatsachen, die Finanzanalysten und vergleichbaren Adressaten mitgeteilt worden sind, zur Verfügung stellen.[169] Ferner kann die Bestellung zum Vorstandsmitglied und die Ernennung zum Vorsitzenden des Vorstands von dem Aufsichtsrat aus wichtigem Grund, etwa aufgrund des Vertrauensentzugs durch die Hauptversammlung, widerrufen werden (§ 84

---

167 Vgl. *Arnold* in Marsch-Barner/Schäfer, Hdb. börsennotierte AG (2014), § 19 Rn. 4; *Schiessl*, ZHR 167 (2003), 235, 237 ff.; *Potthoff*, DB 1976, 1777, 1778.

168 Vgl. zum Auskunftsrecht des Aktionärs, *K. Schmidt*, Gesellschaftsrecht (2002), § 28 IV 3, S. 842 ff.; *Göhmann*, in Henn/Frohdermann/Jannott, Hdb. AktR (2009), 9. Kap. Rn. 187 ff.; *Semler*, in MünchHdb. AG (2007), § 37 Rn. 1 ff.; *Marsch-Barner* in Marsch-Barner/Schäfer, Hdb. börsennotierte AG (2014), § 34, Rn. 25 ff., zur Entstehung und Entwicklung des Auskunftsrecht des Aktionärs, vgl. *Siems* in *Spindler/Stilz*, AktG (2010), § 131 Rn. 1; *Spindler* in K. Schmidt/Lutter, AktG (2010), § 131 Rn. 2.

169 Ziff. 6.1, DCGK; vgl. zum Kommentar dazu, *v. Werder*, in Ringleb/Kremer/Lutter/v. Werder, Deutscher Corporate Governance Kodex (2014), Rn. 1142 ff.

Abs. 3 Satz 2 AktG). Die Hauptversammlung kann die Entlastung des Vorstands verweigern (§ 120 Abs. 1 bis 3 AktG).[170] Die Hauptversammlung der börsennotierten Gesellschaft kann die Billigung des Systems zur Vergütung der Vorstandsmitglieder beschließen (§ 120 Abs. 4 Satz 1 AktG), obgleich der Beschluss keine Bindungswirkung entfaltet (§ 120 Abs. 4 Satz 2 AktG), sondern den Aufsichtsrat nur faktisch beeinflusst. Dies bewirkt z. B. einen erhöhten Begründungszwang bei der Festlegung der Vergütung des Vorstandsmitglieds.[171]

Die Geschäftsführung der Gesellschaft ist grundsätzlich ausschließlich dem Vorstand zugewiesen (§ 77 AktG). Die Hauptversammlung kann nach § 119 Abs. 1 AktG nur in den im Gesetz und in der Satzung ausdrücklich bestimmten Fällen beschließen, namentlich über die Bestellung der Mitglieder des Aufsichtsrats außerhalb der nach Mitbestimmungsrecht zu wählenden Aufsichtsmitglieder, die Verwendung des Bilanzgewinns, die Entlastung der Mitglieder des Vorstands und des Aufsichtsrats, die Bestellung des Abschlussprüfers, Satzungsänderungen, Maßnahmen der Kapitalbeschaffung und Kapitalherabsetzung, die Bestellung von Prüfern zur Prüfung von Vorgängen bei der Gründung oder der Geschäftsführung sowie die Auflösung der Gesellschaft (§ 119 Abs. 1 AktG).[172] Über Fragen der Geschäftsführung kann die Hauptversammlung nur entscheiden, wenn der Vorstand dies verlangt (§ 119 Abs. 2 AktG). Der Vorstand kann nach freiem Ermessen durch einstimmigen Beschluss entscheiden, eine Maßnahme der Geschäftsführung der Hauptversammlung vorzulegen.[173] Dabei muss der Vorstand der Hauptversammlung die für eine sachgerechte Willensbildung benötigten Informationen zur Verfügung stellen.[174] Der

170 Die Verweigerung der Entlastung kann unter Umständen einen wichtigen Grund für den Widerruf der Bestellung des Vorstandsmitglieds bilden, vgl. dazu *Koch* in Hüffer, AktG (2014), § 120 Rn. 16; darin liegt jedoch weder ein Vertrauensentzug noch ein Votum nach § 103 Abs. 1 AktG, *Mayrhofer* in *Wachter*, AktG (2014), § 120 Rn. 10.

171 Vgl. *Spindler* in K. Schmidt/Lutter, AktG (2010), § 120 Rn. 59; *Reger* in Bürgers/Körber, AktG (2014), § 120 Rn. 20; *Herrler* in Grigoleit, AktG (2013), § 120 Rn. 27; *Koch* in Hüffer, AktG (2014), § 120 Rn. 20, 24.

172 Vgl. zu den gesetzlichen Zuständigkeiten der Hauptversammlung, dem Enumerationsprinzip sowie ihrer Systematisierung, *Semler* in MünchHdb. AG (2007), § 34, Rn. 9 ff.; *Göhmann* in Henn/Frohdermann/Jannott, Hdb. AktR (2009), 9. Kap. 6 ff.; *Marsch-Barner* in Marsch-Barner/Schäfer, Hdb. börsennotierte AG (2014), § 31 Rn. 14 ff.; *Spindler* in K. Schmidt/Lutter, AktG (2010), § 119 Rn. 7 ff.; *Hoffmann* in Spindler/Stilz, AktG (2010), § 119 Rn. 4 ff.; *Reger* in Bürgers/Körber, AktG (2014), § 119 Rn. 3 ff.

173 Vgl. *Spindler* in K. Schmidt/Lutter, AktG (2010), § 119 Rn. 17; *Hoffmann* in Spindler/Stilz, AktG (2010), § 119, Rn. 13; *Reger* in Bürgers/Körber, AktG (2014), § 119 Rn. 8; *Koch* in Hüffer, AktG (2014), § 119 Rn. 13; ausnahmsweise kann die Satzung oder Geschäftsordnung etwas anderes vorsehen.

174 BGH, Urt. v. 15. Januar 2001 – II ZR 124/99, BGHZ 146, 288–294 = AG 2001, 261–263, Tz. 8; *Spindler* in K. Schmidt/Lutter, AktG (2010), § 119 Rn. 22; *Reger* in Bürgers/Körber, AktG (2014), § 119 Rn. 9; *Koch* in Hüffer, AktG (2014), § 119 Rn. 13.

Beschluss der Hauptversammlung über die vorgelegte Maßnahme der Geschäftsführung bindet den Vorstand, soweit es sich nicht lediglich um eine Empfehlung handelt.[175] Über die im Gesetz geregelten Zuständigkeiten der Hauptversammlung hinaus hat der BGH in seiner Rechtsprechung zur Entscheidung über die Ausgliederung und Verlagerung eines Betriebs auf eine neu gegründete Tochtergesellschaft ungeschriebene Zuständigkeiten der Hauptversammlung anerkannt.[176] Nach dem „Holzmüller"-Urteil des BGH ist der Vorstand verpflichtet, aufgrund § 119 Abs. 2 AktG grundlegende Entscheidungen der Hauptversammlung zu überlassen, wenn sie so tief in die Mitgliedsrechte der Aktionäre und deren im Anteilseigentum verkörperten Vermögensinteressen eingreifen, dass der Vorstand vernünftigerweise nicht annehmen kann, dass er sie in ausschließlich eigener Verantwortung treffen darf, ohne die Hauptversammlung zu beteiligen.[177] Maßnahmen der Geschäftsführung, die ohne die intern notwendige Zustimmung der Hauptversammlung getroffen worden sind, sind gleichwohl nach außen wirksam, da nach § 82 Abs. 1 AktG die Vertretungsbefugnis des Vorstands nur durch das Gesetz beschränkbar ist.[178]

Die Satzung spielt bei der Schaffung von Zuständigkeiten für die Hauptversammlung nur eine untergeordnete Rolle, weil nach § 23 Abs. 5 in die gesetzlich unabdingbar geregelten Kompetenzen des Vorstands, des Aufsichtsrats und des Abschlussprüfers nicht eingegriffen werden darf.[179]

---

175 *Spindler* in K. Schmidt/Lutter, AktG (2010), § 119 Rn. 25; *Hoffmann* in Spindler/Stilz, AktG (2010), § 119 Rn. 18 ff.; *Reger* in Bürgers/Körber, AktG (2014), § 119 Rn. 10; *Koch* in Hüffer, AktG (2014), § 119 Rn. 15.

176 Vgl. BGH, Urt. v. 25. Februar 1982, II ZR 174/80, „Holzmüller", BGH 83, 122–144 = WM 1983, 388–394.

177 BGH, Urt. v. 25. Februar 1982 – II ZR 174/80 – „Holzmüller", BGHZ 83, 122–144 = WM 1983, 388–394, Tz. 27; vgl. zur Tragweite des „Holzmüller"-Urteils, *Spindler* in K. Schmidt/Lutter, AktG (2010), § 119 Rn. 30 ff.; *Hoffmann* in Spindler/Stilz, AktG (2010), § 119 Rn. 24 ff.; *Reger* in Bürgers/Körber, AktG (2014), § 119 Rn. 15 ff.; BGH, Urt. v. 26. April 2004, II ZR 155/02, „Gelatine I", BGHZ 159, 30–48 = AG 2004, 384–389.

178 BGH, Urt. v. 25. Februar 1982 – II ZR 174/80 – „Holzmüller", BGHZ 83, 122–144 = WM 1983, 388–394, Tz. 29; *Hoffmann* in Spindler/Stilz, AktG (2010), § 119 Rn. 52; *Reger* in Bürgers/Körber, AktG (2014), § 119 Rn. 12; *Göhmann* in Henn/Frohdermann/Jannott, Hdb. AktR (2009), 9. Kap. Rn. 17.

179 Die Satzung spielt wenige Rolle in Schaffung der Zuständigkeiten an Hauptversammlung, vgl. dazu *Hoffmann* in Spindler/Stilz, AktG (2010), § 119 Rn. 48; *Semler* in MünchHdb. AG (2007), § 34 Rn. 33; *Göhmann* in Henn/Frohdermann/Jannott, Hdb. AktR (2009), 9. Kap. Rn. 13; *Marsch-Barner* in Marsch-Barner/Schäfer, Hdb. börsennotierte AG (2014), § 31 Rn. 30.

3. *Kompetenzen des Vorstands*

a) *Leitung der Gesellschaft*

aa) Der Vorstand als notwendiges Leitungsorgan

Der Vorstand ist notwendiges Organ der Aktiengesellschaft. Fehlt der Vorstand, kann die Aktiengesellschaft nicht gegründet werden. Ohne Vorstand wäre die Gesellschaft im Rahmen der Geschäftsführung willens- und handlungsunfähig. „Vorstand" ist die zwingende Bezeichnung für das Leitungsorgan auf den Geschäftsbriefen und für die Eintragung in das Handelsregister. Eine vom „Vorstand" abweichende Bezeichnung z. B. „Direktorium", „Verwaltungsrat", oder „Board of Directors" in der Satzung ist unzulässig.[180] Die Benutzung der beispielsweise genannten Bezeichnungen im Geschäftsverkehr oder „unternehmensintern" ist rechtlich unschädlich, wenn sie zum Schutz vor einer Irreführung auf eine angemessene Weise als mit dem Vorstand im Sinne des deutschen Aktienrechts gleichgestellt verwendet werden.[181] Die Mitglieder des Vorstands können im Geschäftsverkehr Titel wie „Chief Executive Officer" (CEO), „Chief Financial Officer" (CFO) oder „Direktor" benutzen, weil diese international anerkannt sind.[182] In der Praxis wird der Vorstand bei der englischen Übersetzung als „Management Board", „Board of Management", „Managing Board" oder „Executive Board" bezeichnet.[183]

bb) Das Prinzip der Gesamtleitung

Nach § 76 Abs. 1 AktG hat der Vorstand unter eigener Verantwortung die Gesellschaft zu leiten. Die Leitung der Gesellschaft ist nicht nur das Recht, sondern auch die Pflicht des Vorstands.[184] Nach § 77 Abs. 1 wird die Geschäftsführung der Gesellschaft dem Vorstand zugewiesen. Die Leitung der Gesellschaft wird nach der h. M. als ein herausgehobener Teilbereich der Geschäftsführung[185] verstanden, wobei es

180 *Bürgers/Israel* in Bürgers/Körber, AktG (2014), § 76 Rn. 3.

181 *Seibt* in K. Schmidt/Lutter, AktG (2010), § 76 Rn. 4.

182 Vgl. *Wiesner* in MünchHdb. AG (2007), § 19 Rn. 27; *Bürgers/Israel* in Bürgers/Körber, AktG (2014), § 76 Rn. 3, § 77 Rn. 20.

183 Vgl. https://www.db.com/en/content/company/Management-Board.htm (Deutsche Bank AG), http://www.daimler.com/dccom/0-5-78470-1-56953-1-0-0-0-0-0-104-7145-0-0-0-0-0-0-0.html (Daimler AG); http://www.siemens.com/about/en/management_structure.htm (Siemens AG); http://www.thyssenkrupp.com/en/konzern/vorstand.html (ThyssenKrupp AG).

184 *Seibt* in K. Schmidt/Lutter, AktG (2010), § 76 Rn. 8; *Fleischer* in Spindler/Stilz, AktG (2010), § 76 Rn. 10; *Arnold*, in Marsch-Barner/Schäfer, Hdb. börsennotierte AG (2014), § 19 Rn. 8; *Bürgers/Israel* in Bürgers/Körber, AktG (2014), § 76 Rn. 6; *Vedder* in Grigoleit, AktG (2013), § 76 Rn. 2; *Fleischer*, ZIP 2003, 1, 2.

185 Vgl. *Kort* in GK-AktG (2002), § 76 Rn. 29; *Spindler* in MK-AktG (2014), § 76 Rn. 17; *Seibt* in K. Schmidt/Lutter, AktG (2010), § 76 Rn. 9; *Fleischer* in Spindler/Stilz, AktG (2010), § 76 Rn. 14; *Bürgers/Israel* in Bürgers/Körber, AktG (2014), § 76 Rn. 7; *Koch*

um die Führungsfunktion des Vorstands geht.[186] Anders als die Geschäftsführung, die durch § 77 Abs. 1 AktG an einzelne oder mehrere Mitglieder des Vorstands übertragen werden kann, ist die Leitungskompetenz nach § 76 Abs. 1 AktG dem Vorstand als Kollegialorgan zugewiesen. „Leitung ist stets Gesamtleitung."[187] Die Macht der Leitung als Kernbereich der Vorstandszuständigkeit ist unveräußerlich.[188] Die Leitungsentscheidungen müssen vom Gesamtvorstand als Entscheidungs- und Handlungszentrum[189] der Gesellschaft getroffen werden und dürfen nicht auf einzelne Mitglieder des Vorstands, nachgeordnete Führungsebenen innerhalb der Gesellschaft oder Dritte delegiert werden.[190] Bei Vorbereitung und Ausführung der Leitungsentscheidung darf sich der Gesamtvorstand der einzelnen Mitgliedern, den nachgeordneten Unternehmensebenen oder Dritten bedienen.[191]

cc) Leitungsaufgaben

Leitung der Gesellschaft ist im Wesentlichen Leitung des Unternehmens, dessen Rechtsträger die Aktiengesellschaft ist.[192] Zu den Aufgaben der Unternehmensleitung gehören nach den Erfahrungen und Erkenntnissen aus der Betriebswirtschaftslehre typologisch die Unternehmensplanung im Sinne der Zielsetzung und mittel- und langfristigen Festlegung der Unternehmenspolitik, die Unternehmensorganisation und -koordinierung im Sinne der Organisation und der Koordinierung der mit Führungsaufgaben ausgestatteten Teilbereiche des Unternehmens, die Unternehmenskontrolle im Sinne der laufenden und nachträglichen Kontrolle von Durchführung und Erfolg delegierter Geschäftsführungsaufgaben sowie die Besetzung von Führungsstellen.[193] Rechtlich kann nach § 93 Abs. 1 AktG den Gesamtvorstand auch die Pflicht zur Berücksichtigung gesicherter betriebswirtschaftlicher

---

in Hüffer, AktG (2014), § 76, Rn. 8; *Fleischer*, ZIP 2003, 1, 2 f.; *Wiesner* in MünchHdb. AG (2007), § 19 Rn. 13.

186 Vgl. *Seibt* in K. Schmidt/Lutter, AktG (2010), § 76 Rn. 9; *Fleischer* in Spindler/Stilz, AktG (2010), § 76 Rn. 10; *Arnold* in Marsch-Barner/Schäfer, Hdb. börsennotierte AG (2014), § 19 Rn. 8; *Fleischer*, ZIP 2003, 1.

187 *Fleischer* in Spindler/Stilz, AktG (2010), § 76 Rn. 8.

188 *K. Schmidt*, Gesellschaftsrecht (2002), § 28 II 1, S. 805; *Fleischer*, ZIP 2003, 1, 2.

189 *Koch* in Hüffer, AktG (2014), § 76 Rn. 2; *Fleischer*, ZIP 2003, 1, 2.

190 Vgl. *Fleischer* in Spindler/Stilz, AktG (2010), § 76 Rn. 8; *Arnold* in Marsch-Barner/Schäfer, Hdb. börsennotierte AG (2014), § 19 Rn. 9; *Wiesner* in MünchHdb. AG (2007), § 19 Rn. 13; *Bürgers/Israel* in Bürgers/Körber, AktG (2014), § 76 Rn. 7; *Koch* in Hüffer, AktG (2014), § 76 Rn. 8; *Vedder* in Grigoleit, AktG (2013), § 76 Rn. 4.

191 *Bürgers/Israel* in Bürgers/Körber, AktG (2014), § 76 Rn. 7, 19 ff.; *Fleischer* in Spindler/Stilz, AktG (2010), § 76 Rn. 20; *Fleischer*, ZIP 2003, 1, 6; *Wiesner* in MünchHdb. AG (2007), § 19 Rn. 16.

192 *Fleischer*, ZIP 2003, 1; *Koch* in Hüffer, AktG (2014), § 76 Rn. 10.

193 *Fleischer* in Spindler/Stilz, AktG (2010), § 76 Rn. 18; *Fleischer*, ZIP 2003, 1, 4 ff.; *Vedder* in Grigoleit, AktG (2013), § 76 Rn. 4; *Frodermann/Schäfer* in Henn/Frodermann/Jannott, Hdb. AktR (2009), 7. Kap. Rn. 155.

Erkenntnisse treffen.[194] Die Verantwortung des Vorstands als Leitungsorgan hinsichtlich Planung, Steuerung, Organisation, Finanzen und Informationsmanagement des Unternehmens usw. sind im Schrifttum anerkannte Aufgabengebiete.[195]

Die Einrichtung eines Corporate Compliance-Systems, d.h. eines Systems zur Sicherstellung, dass sich das Unternehmen, dessen Organmitglieder und Mitarbeiter rechtmäßig verhalten, und das Ergreifen entsprechender Maßnahmen zur Prävention, Aufklärung, und Abwendung von rechtlich oder ethisch unzulässigem Verhalten gehört ebenfalls zum Kernbereich der undelegierbaren Leitungsaufgaben des Gesamtvorstands.[196] Nach Ziff. 4.1.3 des DCGK hat der Vorstand für die Einhaltung der gesetzlichen Bestimmungen und der unternehmensinternen Richtlinien zu sorgen und auf deren Beachtung auch durch die übrigen Konzernunternehmen hinzuwirken.[197]

Die zwingend dem Gesamtvorstand zugewiesenen Leitungsaufgaben erfassen auch die gesetzlich dem Vorstand als Kollegialorgan ausdrücklich zugewiesenen Aufgaben. Aktienrechtlich finden sie sich vor allem in §§ 83, 90, 91, 92, 110 Abs. 1, 119 Abs. 2, 121 Abs. 2, 170, 245 Nr. 4 AktG.[198]

In der Rechtsprechung wird die Verpflichtung, nach § 124 Abs. 3 Satz 1 AktG der Hauptversammlung zu den einzelnen Tagesordnungspunkten Vorschläge zur Beschlussfassung zu unterbreiten, wegen des Informationscharakters der Vorschläge und deren Bedeutung für die Aktionäre als Leitungsaufgabe des Gesamtvorstands betont.[199] Die Entscheidung über die Einrichtung eines Aktienregisters nach § 67 AktG zählt ebenfalls wegen ihrer wichtigen Bedeutung für die Gesellschaft zu den Leitungsaufgaben des Gesamtvorstands.[200]

---

194 Vgl. zur Pflicht des Vorstands zur Unternehmensplanung, *Lutter*, Unternehmensplanung und Aufsichtsrat, AG 1991, 249, 250; *Arnold* in Marsch-Barner/Schäfer, Hdb. börsennotierte AG (2014), § 19 Rn. 16; im Allgemein, *Fleischer* in Spindler/Stilz, AktG (2010), § 76 Rn. 50; *Bürgers/Israel* in Bürgers/Körber, AktG (2014), § 76 Rn. 10.

195 Vgl. *Bürgers/Israel* in Bürgers/Körber, AktG (2014), § 76 Rn. 10; *Fleischer* in Spindler/Stilz, AktG (2010), § 76 Rn. 18.

196 Vgl. *Koch* in Hüffer, AktG (2014), § 76 Rn. 11 ff.; *Arnold* in Marsch-Barner/Schäfer, Hdb. borsennotierte AG (2014), § 19 Rn. 21 ff.; *Fleischer* in Spindler/Stilz, AktG (2010), § 91 Rn. 58; zur Definition, Herkunft und Bedeutung sowie wesentliche Bestandteile eines Compliance Programms, *Bürgers/Israel* in Bürgers/Körber, AktG (2014), § 161 Rn. 95 ff.

197 Vgl. *Ringleb* in Ringleb/Kremer/Lutter/v. Werder, DCGK (2014), Rn. 575 ff.

198 Vgl. *Seibt* in K. Schmidt/Lutter, AktG (2010), § 76 Rn. 9; *Fleischer* in Spindler/Stilz, AktG (2010), § 76 Rn. 19; *Spindler* in MK-AktG (2014), § 76 Rn. 15; *Bürgers/Israel* in Bürgers/Körber, AktG (2014), § 76 Rn. 9; *Oltmanns* in Heidel, Aktienrecht (2014), § 76 Rn. 5; *Weber* in Hölters, AktG (2014), § 76 Rn. 9.

199 BGH, Urt. v. 12. November 2001 – II ZR 225/99, BGHZ 149, 158–165 = AG 2002, 241–243, Tz. 4.

200 OLG München, Urt. v. 4. Mai 2005 – 23 U 5121/04, AG 2005, 584–586 = NZG 2005, 756–758 Tz. 15.

dd) Die Eigenverantwortung im Unternehmensinteresse

Die Leitung der Gesellschaft unter eigener Verantwortung im Sinne des § 76 Abs. 1 AktG bedeutet, dass der Vorstand bei der Leitung der Gesellschaft die Freiheit zum selbständigen Handeln nach eigenem Ermessen hat und gegenüber dem Aufsichtsrat, der Hauptversammlung und den einzelnen Aktionären nicht an Weisungen gebunden ist.[201] Eine Ausnahme hiervon bildet die Möglichkeit der Weisungserteilung an den Vorstand des beherrschten Unternehmens aufgrund eines Beherrschungsvertrags gemäß § 308 AktG oder den Vorstand einer eingegliederten Gesellschaft gemäß § 323 AktG.[202]

Bei der Leitung der Gesellschaft unter eigener Verantwortung muss der Vorstand nach eigenem pflichtgemäßen Ermessen handeln, wobei die Grundfrage im Aktienrecht, an welchen Zielen der Vorstand seine Leitungsentscheidungen auszurichten hat, eine maßgebliche Rolle spielt.[203] Gegenüber dem Shareholder-Value-Ansatz steht in den Auseinandersetzungen der Stakeholder-Value-Ansatz oder interessenpluraler Ansatz[204]. Nach der h. M.[205] im deutschen Aktienrecht müssen bei der Unternehmensleitung nicht nur die Interessen der Aktionäre, sondern auch die der Arbeitnehmer, der Kunden, der Gläubiger und der Öffentlichkeit berücksichtigt werden. Im Anschluss an die h. M. hat sich der DCGK ausdrücklich für die Wahrung des gesamten Unternehmensinteresses und nicht lediglich der Aktionärsinteressen ausgesprochen. Nach Ziff. 4.1.1 des DCGK muss er das Unternehmen in eigener

---

201 Vgl. *Arnold* in Marsch-Barner/Schäfer, Hdb. börsennotierte AG (2014), § 19 Rn. 12; *Wiesner* in MünchHdb. AG (2007), § 19 Rn. 20; *Spindler* in MK-AktG (2014), § 76 Rn. 22; *Seibt* in K. Schmidt/Lutter, AktG (2010), § 76 Rn. 10 f.; *Fleischer* in Spindler/Stilz, AktG (2010), § 76 Rn. 56 f.; *Bürgers/Israel* in Bürgers/Körber, AktG (2014), § 76 Rn. 18; *Koch* in Hüffer, AktG (2014), § 76 Rn. 25.

202 Vgl. *Arnold* in Marsch-Barner/Schäfer, Hdb. börsennotierte AG (2014), § 19 Rn. 12; *Wiesner* in MünchHdb. AG (2007), § 19 Rn. 20 f.; *Spindler* in MK-AktG (2014), § 76 Rn. 23, 45; *Bürgers/Israel* in Bürgers/Körber, AktG (2014), § 76 Rn. 27; *Koch* in Hüffer, AktG (2014), § 76 Rn. 27.

203 Vgl. *Arnold* in Marsch-Barner/Schäfer, Hdb. börsennotierte AG (2014), § 19 Rn. 13; *Fleischer* in Spindler/Stilz, AktG (2010), § 76 Rn. 21.

204 Vgl. zur Bindung an den Gesellschaftszweck und Kritik an interessenpluralen Ansatz und Interpretation der Weisunsautonomie des Vorstands als Institution zum Ausgleich zwischen Aktionärsinteressen und Gemeinwohl, *Vedder* in Grigoleit, AktG (2013), § 76 Rn. 15, 28; zur aktienrechtlichen Kompatibilität des Shareholder Value-Ansatzes, *Mülbert*, ZGR 1997, 129–172.

205 *K. Schmidt*, Gesellschaftsrecht (2002), § 28 II 1 a), S. 804 f.; *Arnold* in Marsch-Barner/Schäfer, Hdb. börsennotierte AG (2014), § 19 Rn. 13; *Wiesner* in MünchHdb. AG (2007), § 19 Rn. 20 f.; *Kort* in GK-AktG (2002), § 76 Rn. 45, 52 ff.; *Mertens/Cahn* in KK-AktG (2010), § 76 Rn. 15 ff.; *Spindler* in MK-AktG (2014), § 76 Rn. 60 ff.; *Koch* in Hüffer, AktG (2014), § 76 Rn. 28 ff.; *Seibt* in K. Schmidt/Lutter, AktG (2010), § 76 Rn. 12 ff.; *Fleischer* in Spindler/Stilz, AktG (2010), § 76 Rn. 21 ff., 43 f.; *Bürgers/Israel* in Bürgers/Körber, AktG (2014), § 76 Rn. 11 ff.; *Eckert* in Wachter, AktG (2014), § 76 Rn. 14; a. A. *Vedder* in Grigoleit, AktG (2013), § 76 Rn. 15 f.

Verantwortung im Unternehmensinteresse leiten, also unter Berücksichtigung der Belange der Aktionäre, der Arbeitnehmer und der sonstigen dem Unternehmen verbundenen Gruppen mit dem Ziel nachhaltiger Wertschöpfung.[206] In der BGH-Rechtsprechung werden hierfür die Begriffe „Unternehmensinteresse", „Interesse der Gesellschaft aus unternehmerischer Sicht" und „Gesellschaftsinteresse" verwendet.[207]

b) *Die Geschäftsführung*

aa) Die Geschäftsführungsbefugnis

Die Geschäftsführung ist nach § 77 AktG dem Vorstand zugewiesen. Geschäftsführung ist jede tatsächliche oder rechtsgeschäftliche Tätigkeit des Vorstands für die Gesellschaft und umfasst sowohl die Leitung der Gesellschaft im Sinne des § 76 Abs. 1 AktG als auch jede intern oder gegenüber Dritten vorgenommene Einzelmaßnahme, einschließlich der Vertretung der Gesellschaft.[208] Der Aufsichtsrat ist nach § 111 Abs. 4 AktG von der Geschäftsführung ausgeschlossen. Über Fragen der Geschäftsführung kann die Hauptversammlung nur entscheiden, wenn der Vorstand dies verlangt (§ 119 Abs. 2 AktG). Beschränkungen für die Geschäftsführungsbefugnis des Vorstands können im Rahmen der Vorschriften über die Aktiengesellschaft von der Satzung, dem Aufsichtsrat, der Hauptversammlung und der Geschäftsordnung des Vorstands und des Aufsichtsrats getroffen werden (§ 82 Abs. 2 AktG). Die Geschäftsführungskompetenz ist umfassend und wird durch gesetzliche Regelungen um einzelne Aufgaben und Vorstandspflichten, wie z. B. die Pflicht der Berichterstattung an den Aufsichtsrat, die Informationspflicht gegenüber der Hauptversammlung nach §§ 121 Abs. 3, 124 Abs. 1, 125 Abs. 1, die Informationspflicht gegenüber einzelnen Aktionären nach §§ 176 Abs. 1 i.V.m. 175 Abs. 2 AktG sowie die Pflicht zur Entsprechenserklärung zum DCGK nach § 161 AktG, ergänzt. Der

---

206 Vgl. *Ringleb* in Ringleb/Kremer/Lutter/v. Werder, DCGK (2014), Rn. 561 ff.; Der Begriff „Unternehmensinteresse" ist in der Literatur nicht einheitlich verstanden, vgl. *Spindler* in MK-AktG (2014), § 76 Rn. 66.

207 Vgl. z.B. BGH, Urt. v. 5. Juni 1975 – II ZR 156/73, BGHZ 64, 325–333, 331 = AG 1975, 219–221 Tz. 16 und BGH, Beschluss v. 5. November 2013 – II ZB 28/12 – WM 2013, 2361–2367 = ZIP 2013, 2454–2460 Tz. 47 (Interesse des Unternehmens); BGH, Urt. v. 21. April 1997 – II ZR 175/95, BGHZ 135, 244–257 = AG 1997, 377–379, Tz. 25 (Interesse der Gesellschaft); BGH, Urt. v. 23. Juni 1997 – II ZR 132/93, BGHZ 136, 133–142, 139 = AG 1997, 465–467, Tz. 21 f. (Gesellschaftsinteresse und Interesse der Gesellschaft aus unternehmerischer Sicht).

208 *Koch* in Hüffer, AktG (2014), § 77 Rn. 3; *Kort* in GK-AktG (2002), § 77 Rn. 3; *Mertens/Cahn* in KK-AktG (2010), § 77 Rn. 2; *Spindler* in MK-AktG (2014), § 77 Rn. 6; *Seibt* in K. Schmidt/Lutter, AktG (2010), § 77 Rn. 4; *Bürgers/Israel* in Bürgers/Körber, AktG (2014), § 77 Rn. 2; *Wiesner* in MünchHdb. AG (2007), § 22 Rn. 1; *Kort* in Fleischer, Hdb. VorstandsR (2006), § 2 Rn. 82.

Vorstand hat nicht nur die Befugnis, sondern auch die Pflicht zur allgemeinen und umfassenden Geschäftsführung.[209]

bb) Das Prinzip der Gesamtgeschäftsführung

Die Geschäftsführungstätigkeit des Vorstands entfaltet sich durch Beschlussfassungen und deren Ausführung und Umsetzung.[210] Besteht der Vorstand aus mehreren Personen, sind sämtliche Vorstandsmitglieder nur gemeinschaftlich zur Geschäftsführung befugt (§ 77 Abs. 1 AktG). Nach diesem Prinzip der Gesamtgeschäftsführung müssen alle Vorstandsmitglieder gemeinsam jede Geschäftsführungsmaßnahme durch einstimmigen Beschluss treffen oder den Maßnahmen eines Mitglieds ausdrücklich oder stillschweigend zustimmen.[211] Die Zustimmung kann für bestimmte Maßnahme oder gleichartige Geschäfte erteilt werden. Eine Zustimmung, die einem oder mehreren Mitgliedern für einen unbeschränkten Kreis von allen künftig vorzunehmenden Geschäftsführungsmaßnahmen erteilt wird, ist unzulässig und unwirksam.[212]

cc) Abweichende Regelungen über Willensbildung und Geschäftsverteilung

Der gesetzlich als Regelfall bestimmte Grundsatz der Gesamtgeschäftsführung ist wichtig aber nicht praktikabel.[213] Darum lässt § 77 Abs. 1 Satz 2 AktG ausdrücklich alternativ eine abweichende Regelung in der Satzung und der Geschäftsordnung des Vorstands zu. Die Abweichungen vom Prinzip der Gesamtgeschäftsführung müssen sich ausdrücklich auf die Geschäftsführung beziehen.[214] Sie können die

---

209 *Frodermann/Schäfer* in Henn/Frodermann/Jannott, Hdb. AktR (2009), 1 Kap. Rn. 156; *Wiesner* in MünchHdb. AG (2007), § 20 Rn. 13; *Thüsing* in Fleischer, Hdb. VorstandsR (2006), § 4 Rn. 39.

210 *Bürgers/Israel* in Bürgers/Körber, AktG (2014), § 77 Rn. 2.

211 *Arnold* in Marsch-Barner/Schäfer, Hdb. börsennotierte AG (2014), § 19 Rn. 85; *Wiesner* in MünchHdb. AG (2007), § 22 Rn. 1; *Koch* in Hüffer, AktG (2014), § 77 Rn. 6; *Kort* in GK-AktG (2002), § 77 Rn. 10; *Mertens/Cahn* in KK-AktG (2010), § 77 Rn. 8; *Spindler* in MK-AktG (2014), § 77 Rn. 7 u. 10; *Siebt* in K. Schmidt/Lutter, AktG (2010), § 77 Rn. 5; *Fleischer* in Spindler/Stilz, AktG (2010), § 77 Rn. 8 mit Begründung aus Gesetzesmaterialien; *Bürgers/Israel* in Bürgers/Körber, AktG (2014), § 77 Rn. 5.

212 *Arnold* in Marsch-Barner/Schäfer, Hdb. börsennotierte AG (2014), § 19 Rn. 85; *Wiesner* in MünchHdb. AG (2007), § 22 Rn. 3; *Koch* in Hüffer, AktG (2014), § 77 Rn. 7; *Mertens/Cahn* in KK-AktG (2010), § 77 Rn. 8; *Spindler* in MK-AktG (2014), § 77 Rn. 10; *Seibt* in K. Schmidt/Lutter, AktG (2010), § 77 Rn. 5; *Bürgers/Israel* in Bürgers/Körber (2014), AktG, § 77 Rn. 5.

213 *Arnold* in Marsch-Barner/Schäfer, Hdb. börsennotierte AG (2014), § 19 Rn. 86; *Wiesner* in MünchHdb. AG (2007), § 22 Rn. 3; *Fleischer* in Spindler/Stilz, AktG (2010), § 77 Rn. 10; *Bürgers/Israel* in Bürgers/Körber, AktG (2014), § 77 Rn. 5.

214 Regelungen in der Satzung über die Ausübung der Vertretung können nicht als Anordnungen über die Geschäftsführung verstanden werden, weil Vertretung und Geschäftsführung unterschiedlich ausgestaltet werden können, vgl. *Koch* in

Willensbildung im Vorstand und die Geschäftsverteilung innerhalb des Vorstands betreffen, so dass für sie insoweit ein weiter Gestaltungsspielraum besteht. Sie dürfen aber alle gesetzlich dem Gesamtvorstand zugewiesenen Aufgaben, z. B. die Berichterstattung gegenüber dem Aufsichtsrat nach § 90 AktG[215] sowie die gemäß § 76 Abs. 1 AktG dem Gesamtvorstand zugewiesene Kompetenzen der Gesellschaftsleitung, nicht berühren.[216] Abweichende Regelungen dürfen ferner nicht bestimmen, dass ein oder mehrere Vorstandsmitglieder Meinungsverschiedenheiten im Vorstand gegen die Mehrheit seiner Mitglieder entscheiden können (§ 77 Abs. 1 Satz 2 Halbsatz 2 AktG).

Der Vorstand trifft Geschäftsführungsentscheidungen durch Beschluss, der gesetzlich keinem Formerfordernis unterliegt.[217] Die Willensbildung im Vorstand erfolgt im Regelfall einstimmig, so dass grundsätzlich die Teilnahme und die Zustimmung sämtlicher Vorstandsmitglieder notwendig ist. Ausnahmen können bei dringenden, eilbedürftigen Maßnahmen wegen „Gefahr im Verzug" im Falle der Unerreichbarkeit einzelner Vorstandsmitglieder gemacht werden.[218] Die unerreichbaren Mitglieder müssen nachträglich unverzüglich unterrichtet werden und haben vor Ausführung der Maßnahme ein Widerspruchsrecht.[219]

Im Gegensatz zum Prinzip der Einstimmigkeit kann in der Satzung oder der Geschäftsordnung des Vorstands das Mehrheitsprinzip für Beschlussfassungen festgelegt werden. Beim Mehrheitsprinzip können verschiedene Arten von einfachen oder qualifizierten Quoren und Referenzen für verschiedene Beschlussgegenstände oder Arten von Gegenständen geregelt werden.[220] Die Stimmengleichheit lässt sich durch den Stichentscheid des Vorsitzenden oder eines anderen Mitglieds des Vorstands lösen.[221] Ein Vetorecht des Vorsitzenden oder eines Mitglieds des Vorstands

---

Hüffer, AktG (2014), § 77 Rn. 9; *Mertens/Cahn* in KK-AktG (2010), § 77 Rn. 10; *Seibt* in K. Schmidt/Lutter, AktG (2010), § 77 Rn. 7; *Fleischer* in Spindler/Stilz, AktG (2010), § 77 Rn. 10; *Bürgers/Israel* in Bürgers/Körber, AktG (2014), § 77 Rn. 7; *Arnold* in Marsch-Barner/Schäfer, Hdb. börsennotierte AG (2014), § 19 Rn. 86.

215 *Koch* in Hüffer, AktG (2014), § 77 Rn. 17; *Hoffmann-Becking*, ZGR 1998, 497, 508.

216 *Koch* in Hüffer, AktG (2014), § 77 Rn. 18; *Hoffmann-Becking*, ZGR 1998, 497, 508 f.

217 Vgl. *Arnold* in Marsch-Barner/Schäfer, Hdb. börsennotierte AG (2014), § 19 Rn. 87; *Wiesner* in MünchHdb AG (2007), § 22 Rn. 6; *Spindler* in MK-AktG (2014), § 77 Rn. 23; *Fleischer* in Spindler/Stilz, AktG (2010), § 77 Rn. 22.

218 *Wiesner* in MünchHdb. AG (2007), § 22 Rn. 6; *Arnold* in Marsch-Barner/Schäfer, Hdb. börsennotierte AG (2014), § 19 Rn. 88; *Koch* in Hüffer, AktG (2014), § 77 Rn. 6; *Bürgers/Isreal* in Bürgers/Körber, AktG (2014), § 77 Rn. 5.

219 *Arnold* in Marsch-Barner/Schäfer, Hdb. börsennotierte AG (2014), § 19 Rn. 89; *Fleischer* in Spindler/Stilt, AktG (2010), § 77 Rn. 9; *Bürgers/Israel* in Bürgers/Körber, AktG (2014), § 77 Rn. 5.

220 Vgl. ausführlich *Spindler* in MK-AktG (2014), § 77 Rn. 11 ff.; *Kort* in GK-AktG (2002), § 77 Rn. 21.

221 *Arnold* in Marsch-Barner/Schäfer, Hdb. börsennotierte AG (2014), § 19 Rn. 89; *Wiesner* in MünchHdb. AG (2007), § 22 Rn. 9; *Bürgers/Israel* in Bürgers/Körber AktG, § 77 Rn. 9; BGHZ 89, 48, 59.

zur Blockierung einer Mehrheitsentscheidung ist nach h. M. zulässig.[222] Es entspricht dem Prinzip der Gesamtgeschäftsführung nach § 77 Abs. 1 Satz 1 AktG[223] einerseits und verstößt nicht gegen das Verbot des Alleinentscheidungsrechts nach § 77 Abs. 1 Satz 2 Halbsatz 2 AktG andererseits, weil das Verbot des Alleinentscheidungsrechts nur die positiven nicht aber die negativen Entscheidungen betrifft.[224] Ein solches Vetorecht ist für mitbestimmte Gesellschaften indes unzulässig.[225] Für die Willensbildung in Vorstandssitzungen sind alle Mitglieder des Vorstands zu laden und über die Tagesordnung und den Beschlussgegenstand zu informieren. Das gilt sowohl bei der Gesamtgeschäftsführung als auch bei Beschlüssen nach Mehrheitsprinzip.

Die Geschäftsverteilung kann nach verschiedenen Kriterien oder Bedürfnissen, z. B. Einzelgeschäftsführung mit funktions-[226] und spartenbezogener[227] Beschränkung der Geschäftsführungsbefugnis, ausgestaltet werden.[228] Eine Matrixorganisation[229] kann eingesetzt werden, wenn die Verknüpfung des Verrichtungs- und Spartenprinzips und/oder dazu der regionalen Zuständigkeitszuweisungen für das Unternehmen hinsichtlich der Geschäftsverteilung des Vorstands unternehmerisch

---

222 OLG Karlsruhe, Urt. v. 20 Mai 2000 – 8 U 233/99, AG 2001, 93, 94 Tz. 54; *Koch* in Hüffer, AktG (2014), § 77 Rn. 12; *Kort* in GK-AktG (2002), § 77 Rn. 27; *Mertens/Cahn* in KK-AktG (2010), § 77 Rn. 13; *Spindler* in MK-AktG (2014), § 77 Rn. 16; *Fleischer* in Spindler/Stilz, AktG (2010), § 77 Rn. 16; *Seibt* in K. Schmidt/Lutter, AktG (2010), § 77 Rn. 14; *Bürgers/Israel* in Bürgers/Körber, AktG (2014), § 77 Rn. 11; a. A. *Bezzenberger*, ZGR 1996, 661, 667; offen BGH, Urt. v. 14. November 1983 – II ZR 33/83, BGHZ 89, 48 58 = GmbHR 1984, 151–153, 152, Tz. 19.

223 *Raiser/Veil*, Recht der Kapitalgesellschaften (2010), § 14 Rn. 17.

224 Vgl. BGH, Urt. v. 14. November 1983 – II RZ 33/83, BGHZ 89, 48–60, 58 = GmbHR 1984, 151–153, 152, Tz. 19; *Seibt* in K. Schmidt/Lutter, AktG (2010), § 77 Rn. 14; *Fleischer* in Spindler/Stilz, AktG (2010), § 77 Rn. 17; *Bürgers/Israel* in Bürgers/Körber, AktG (2014), § 77 Rn. 11.

225 BGH, Urt. v. 14. November 1983 – II RZ 33/83, BGHZ 89, 48–60, 59 = GmbHR 1984, 151–153, 153, Tz. 20 f.; *Arnold* in Marsch-Barner/Schäfer, Hdb. börsennotierte AG (2014), § 19 Rn. 89; *Wiesner* in MünchHdb. AG (2007), § 22 Rn. 9 f.; *Koch* in Hüffer, AktG (2014), § 77 Rn. 13; *Seibt* in K. Schmidt/Lutter, AktG (2010), § 77 Rn. 15; *Fleischer* in Spindler/Stilz, AktG (2010), § 77 Rn. 18.

226 Die funktionale Organisation ist Vorbild für das AktG 1965. Durch Bildung einzelner Ressorts für Produktion, Vertrieb, Forschung, Technik usw. kann je nach der Art des Unternehmens eine sinnvolle Arbeitsteilung innerhalb des Vorstands erfolgen. Zum Verrichtungsprinzip bei der Organisation, vgl. *Spindler* in MK-AktG (2014), § 77 Rn. 63; *Fleischer* in Spindler/Stilz, AktG (2010), § 77 Rn. 37; *Richter* in Semler/Peltzer, ArbHdb. Vorstandsmitglieder (2005), § 4 Rn. 67.

227 Die Spartenorganisation wird besonders von Unternehmen mit klar unterschiedener Geschäftsdivisionen gewählt, vgl. *Spindler* in MK-AktG (2014), § 77 Rn. 64; *Fleischer* in Spindler/Stilz, AktG (2010), § 77 Rn. 38; *Richter* in Semler/Peltzer, ArbHdb. Vorstandsmitglieder (2005), § 4 Rn. 68.

228 Vgl. ausführlich *Fleischer* in Spindler/Stilz, AktG (2010), § 77 Rn. 36 ff.

229 Vgl. *Fleischer* in Spindler/Stilz, AktG 2010), § 77 Rn. 39; *Richter* in Semler/Peltzer, ArbHdb. Vorstandsmitglieder (2005), § 4 Rn. 70 ff.

Sinn ergibt. Für Großunternehmen ist oft die Trennung zwischen strategischer und operativer Leitung eine sinnvolle Wahl für die Binnenorganisation des Vorstands. Dafür kann eine rechtlich selbständige Holdinggesellschaft gegründet werden, die die strategischen Leitungsaufgaben wahrnimmt, während die Tochtergesellschaften jeweils die operativen Leitungsaufgaben ihrer Geschäftssparte erfüllen.[230] Eine Alternative zur Management-Holding bildet die virtuelle Holding, in der die rechtlich einheitliche Gesellschaft die einzelnen Geschäftsfelder jeweils durch ein Vorstandsmitglied und weitere untergeordnete Führungskräfte führen lässt, während sich die Funktion des Gesamtvorstands auf die strategische Leitung der Gesellschaft beschränkt.[231] Die Bildung von Vorstandsausschüssen ist bei der Geschäftsverteilung grundsätzlich zulässig.[232] Ihnen dürfen aber nach dem Grundsatz der Gesamtverantwortung des Vorstands keine Leitungsaufgaben im Kernbereich der Vorstandstätigkeiten übertragen werden.[233] Die Majorisierung der Vorstandsmehrheit durch eine Minderheit von Vorstandsmitgliedern sowie ein Zwei-Klassen-System innerhalb des Vorstands sind nicht zulässig.[234]

Im Zusammenhang mit der Geschäftsverteilung ist die Stellung des Vorsitzenden des Vorstands im deutschen Aktienrecht im Rahmen des dualistischen Führungssystems mit der Stellung des Chief Executive Officer (CEO) im Sinne des US-amerikanischen Rechts nur eingeschränkt zu vergleichen.[235] Dem Vorsitzenden des Vorstands sind im Regelfall die folgende Aufgaben zugewiesen[236]:

---

230 Vgl. *Arnold* in Marsch-Barner/Schäfer, Hdb. börsennotierte AG (2014), § 19 Rn. 93; *Richter* in Semler/Peltzer, ArbHdb. Vorstandsmitglieder (2005), § 4 Rn. 75; ausführlich zur Entscheidung für die Holding und deren Entstehung, *Lutter* in Lutter, Holding-Handbuch (2004), § 1 Rn. 1 ff., zur Leitungsverantwortung des Vorstands in der Managementholding, *Hüffer* in FS Happ, 2006, S. 93 ff.

231 *Arnold* in Marsch-Barner/Schäfer, Hdb. börsennotierte AG (2014), § 19 Rn. 94; *Fleischer* in Spindler/Stilz, AktG (2010), § 77 Rn. 40; *Spindler* in MK-AktG (2014), § 77 Rn. 66.

232 *Arnold* in Marsch-Barner/Schäfer, Hdb. börsennotierte AG (2014), § 19 Rn. 95; *Kort* in GK-AktG (2002), § 77 Rn. 43 ff.; *Spindler* in MK-AktG (2014), § 77 Rn. 69; *Fleischer* in Spindler/Stilz, AktG (2010), § 77 Rn. 41; *Hoffmann-Becking*, ZGR 1998, 497, 515 f.

233 *Arnold* in Marsch-Barner/Schäfer, Hdb. börsennotierte AG (2014), § 19 Rn. 95; *Kort* in GK-AktG (2002), § 77 Rn. 43; *Spindler* in MK-AktG (2014), § 77 Rn. 69; *Fleischer* in Spindler/Stilz, AktG (2010), § 77 Rn. 41; *Hoffmann-Becking*, ZGR 1998, 497, 516.

234 *Fleischer* in Spindler/Stilz, AktG (2010), § 77 Rn. 41.

235 Vgl. *Hoffmann-Becking*, NZG 2003, 745 ff. *Richter* in Semler/Peltzer, ArbHdb. Vorstandsmitglieder (2005), § 4 Rn. 76 ff.; *Spindler* in MK-AktG (2014), § 77 Rn. 67; *Fleischer* in Spindler/Stilz, AktG (2010), § 77 Rn. 42; *Seibt* in K. Schmidt/Lutter, AktG (2010), § 77 Rn. 21; *Bürgers/Israel* in Bürgers/Körber, AktG (2014), § 77 Rn. 20; *Koch* in Hüffer, AktG (2014), § 84 Rn. 29.

236 *Arnold* in Marsch-Barner/Schäfer, Hdb. börsennotierte AG (2014), § 19 Rn. 104; *Hoffmann-Becking*, NZG 2003, 745, 748, *Kort* in GK-AktG (2002), § 77 Rn. 49 ff.

(1) die Zuständigkeiten der Verwaltungsfunktion innerhalb des Vorstands, namentlich die Vorbereitung, Leitung und Protokollierung der Vorstandssitzungen;
(2) Repräsentation des Vorstands und der Gesellschaft gegenüber der Öffentlichkeit;
(3) Federführung im Verkehr mit dem Aufsichtsrat;
(4) Sachliche Koordination und Überwachung der Tätigkeiten der einzelnen Ressorts.

Ferner wird in der Geschäftsordnung des Vorstands häufig festgelegt, dass der Vorstandsvorsitzende den Vorsitzenden des Aufsichtsrats regelmäßig über den Gang der Geschäfte und die Lage der Gesellschaft informieren und ihm aus wichtigem Anlass gesondert berichten soll. Bei der Willensbildung im Vorstand kann der Vorsitzende bei Stimmengleichheit zum Stichentscheid berechtigt sein. Ihm kann auch ein Vetorecht eingeräumt werden. Wenn der Aufsichtsrat keinen Vorstandsvorsitzenden bestellt, können ein oder mehrere Vorstandssprecher vom Aufsichtsrat oder vom Vorstand ernannt werden, dessen bzw. deren Befugnisse in der Geschäftsordnung des Aufsichtsrats oder des Vorstands festgelegt werden.[237] Dem Vorstandssprecher können keine Befugnisse zur sachlichen Koordination und Kontrolle der Tätigkeiten der einzelnen Ressorts zugewiesen werden.[238] Der Sprecher des Vorstands darf nicht zum tatsächlichen Vorsitzenden des Vorstands werden.[239]

dd) Die gegenseitige Überwachung

Die Geschäftsverteilung auf einzelne Vorstandsmitglieder bedeutet eine Abweichung vom Prinzip der Gesamtgeschäftsführung. Sie berührt jedoch nicht den Grundsatz der Gesamtleitung[240] und den Grundsatz der Gesamtverantwortung[241] aller Mitglieder des Vorstands für die Kollegialentscheidungen bei der Leitung der Gesellschaft. Aus den Grundsätzen der Gesamtleitung und der Gesamtverantwortung folgt die Überwachungs- und Kontrollpflicht einzelner Vorstandsmitglieder gegenüber den anderen Mitgliedern des Vorstands hinsichtlich deren zugewiesenen

---

237 *Lutter/Krieger/Verse*, Rechte und Pflichten des Aufsichtsrats (2014), § 7 Rn. 468; *Koch* in Hüffer, AktG (2014), § 84 Rn. 30; *Arnold* in Marsch-Barner/Schäfer, Hdb. börsennotierte AG (2014), § 19 Rn. 105a; *Wiesner* in MünchHdb. AG (2007), § 24 Rn. 4.

238 *Lutter/Krieger/Verse*, Rechte und Pflichten des Aufsichtsrats (2014), § 7 Rn. 468; *Arnold* in Marsch-Barner/Schäfer, Hdb. börsennotierte AG (2014), § 19 Rn. 105a; *Koch* in Hüffer, AktG (2014), § 84 Rn. 30; *Simons/Hanloser*, AG 2010, 641, 644 f.

239 *Lutter/Krieger/Verse*, Rechte und Pflichten des Aufsichtsrats (2014), § 7 Rn. 468; *Koch* in Hüffer, AktG (2014), § 84 Rn. 30; vgl. ausführlich zu den Entscheidungskriterien für die Wahl eines Vorsitzenden oder eines Sprechers und der Ausstattung ihrer Stellung in Satzung oder Geschäftsordnung, *Simons/Hanloser*, AG 2010, 641 ff.

240 *Mertens/Cahn* in KK-AktG (2010), § 77 Rn. 22.

241 *Kort* in GK-AktG (2002), § 77 Rn. 35 f.

Ressorts oder Geschäftssparten[242], vor allem im Rahmen der Vorstandssitzungen, die durch keine Organisationsstruktur zur Geschäftsverteilung delegiert oder ausgeschlossen werden können.[243] Zu diesem Zweck ist jedes Vorstandsmitglied gegenüber dem Gesamtvorstand verpflichtet, über wichtige Maßnahmen und Vorgänge hinsichtlich des ihm zugewiesenen Ressorts zu berichten.[244] Umgekehrt hat jedes Vorstandsmitglied einen nur durch das Missbrauchsverbot begrenzten Anspruch gegenüber anderen Vorstandsmitgliedern, Informationen über deren Ressorts einzuholen.[245]

c) Die Vertretungsbefugnis

aa) Der Vorstand als Vertretungsorgan

Nach § 78 Abs. 1 AktG ist der Vorstand befugt, die Gesellschaft gerichtlich und außergerichtlich zu vertreten. Mit der Zuweisung der Vertretungsbefugnis wird der Vorstand als organschaftlicher Vertreter der Gesellschaft tätig.[246] Das Handeln des Vorstands als Vertretungsorgan wird der Gesellschaft als eigenes zugerechnet[247], was für die Wissens- und Verschuldenszurechnung[248] maßgeblich ist. Außer der Vertretung durch den Vorstand kann die Gesellschaft auch durch Prokuristen (§§ 48 ff. HGB) oder Handlungsbevollmächtigte (§ 54 HGB) vertreten werden. Diese Vollmachten werden aber durch vertretungsberechtigte Vorstandsmitglieder erteilt.[249] Hat eine Gesellschaft keinen Vorstand (Führungslosigkeit), wird die Gesellschaft für den Fall, dass ihr gegenüber Willenserklärungen abgegeben oder Schriftstücke zugestellt werden, durch den Aufsichtsrat vertreten (§ 78 Abs. 1 Satz 2 AktG).

bb) Das Prinzip der Gesamtvertretung und abweichende Regelungen

Wenn die Satzung nichts anderes bestimmt, gilt der Grundsatz der Gesamtvertretung, wonach sämtliche Vorstandsmitglieder nur gemeinschaftlich zur Vertretung der Gesellschaft befugt sind (§ 78 Abs. 2 Satz 1 AktG). Bei der Aktivvertretung

242 *Kort* in GK-AktG (2002), § 77 Rn. 37; *Koch* in Hüffer, AktG (2014), § 77 Rn. 15; *Hoffmann-Becking*, ZGR 1998, 497, 507.

243 *Koch* in Hüffer, AktG (2014), § 77 Rn. 15; *Bürgers/Israel* in Bürgers/Körber, AktG (2014), § 77 Rn. 12; *Hoffmann-Becking*, ZGR 1998, 497, 512.

244 *Koch* in Hüffer AktG (2014), § 77 Rn. 15; *Bürgers/Israel* in Bürgers/Körber, AktG (2014), § 77 Rn. 13; *Hoffmann-Becking*, ZGR 1998, 497, 512.

245 *Kort* in GK-AktG (2002), § 77, Rn. 40; *Bürgers/Israel* in Bürgers/Körber, AktG (2014), § 77 Rn. 12; *Hoffmann-Becking*, ZGR, 1998, 497, 512.

246 *Koch* in Hüffer, AktG (2014), § 78 Rn. 3; *Habersack* in GK-AktG (2002), § 78 Rn. 13; *Bürgers/Israel* in Bürgers/Körber, AktG (2014), § 78 Rn. 2.

247 *Koch* in Hüffer, AktG (2014), § 78 Rn. 3.

248 Vgl. *Koch* in Hüffer, AktG (2014), § 78 Rn. 3; *Bürgers/Israel* in Bürgers/Körber, AktG (2014), § 78 Rn. 5 f.; ausführlich *Habersack* in GK-AktG (2002), § 78 Rn. 22 ff.

249 *Koch* in Hüffer, AktG (2014), § 78 Rn. 10; *Bürgers/Israel* in Bürgers/Körber, AktG (2014), § 78 Rn. 8.

brauchen die Gesamtvertreter nicht gemeinschaftlich zu handeln. Sie können ihre inhaltlich übereinstimmenden Willenserklärungen auch gesondert gegenüber dem Empfänger abgeben, wobei die Einzelerklärungen eine zusammenhängende Einheit darstellen müssen.[250] Nach § 78 Abs. 4 AktG können die zur Gesamtvertretung befugten Vorstandsmitglieder einzelne von ihnen zur Vornahme bestimmter Geschäfte oder bestimmter Arten von Geschäften ermächtigen. Das ermächtigte Vorstandsmitglied handelt als organschaftlicher Vertreter.[251] Dies gilt sinngemäß, wenn ein einzelnes Vorstandsmitglied in Gemeinschaft mit einem Prokuristen zur Vertretung der Gesellschaft befugt ist. Bei der Passivvertretung genügt dagegen die Abgabe gegenüber einem Vorstandsmitglied (§ 78 Abs. 2 Satz 2 AktG).

Nach § 78 Abs. 2 Satz 1 und Abs. 3 Satz 2 AktG kann die Aktivvertretung der Gesellschaft durch die Satzung oder den hierzu in der Satzung ermächtigten Aufsichtsrat abweichend vom Grundsatz der Gesamtvertretung geregelt werden. Es darf allerdings nicht bestimmt werden, dass einzelne Vorstandsmitglieder von der Vertretungskompetenz ausgeschlossen sind.[252] Nach § 78 Abs. 3 Satz 1 AktG kann festgelegt werden, dass einzelne Vorstandsmitglieder allein zur Vertretung der Gesellschaft befugt sind. Die Einzelvertretung kommt in der Praxis indes selten vor.[253] Häufig bestimmt die Satzung die gemeinschaftliche Gesamtvertretung durch zwei oder mehrere Vorstandsmitglieder, also die sog. „modifizierte Gesamtvertretung".[254] Nach § 78 Abs. 3 Satz 1 Alt. 2 AktG kann ferner bestimmt werden, dass einzelne Vorstandsmitglieder in Gemeinschaft mit einem Prokuristen zur organschaftlichen Vertretung der Gesellschaft berechtigt sein sollen.[255]

cc) Der Grundsatz der unbeschränkten und unbeschränkbaren Vertretungsmacht

Die Vertretungsmacht des Vorstands als Vertretungsorgan ist nach § 78 Abs. 1 AktG grundsätzlich unbeschränkt. Nach § 82 Abs. 1 AktG kann sie auch nicht beschränkt werden. Anders als die Befugnis zur Geschäftsführung wird die Vertretungsmacht nicht durch den Unternehmensgegenstand oder den Gesellschaftszweck

---

250 BGH, Urt. v. 10. March 1959 – VIII ZR 44/58, WM 1959, 672–674, 673 r. Sp.; *Wiesner* in MünchHdb. AG (2007), § 23 Rn. 10; *Arnold* in Marsch-Barner/Schäfer, Hdb. börsennotierte AG (2014), § 19 Rn. 68.

251 BGH, Urt. v. 13. Juni 1984 – VIII ZR 125/83 – BGHZ 91, 334–337, 336 = WM 1984, 998–999, 998 f. Tz. 8.; *Wiesner* in MünchHdb. AG (2007), § 23 Rn. 11; *Arnold* in Marsch-Barner/Schäfer, Hdb. börsennotierte AG (2014), § 19 Rn. 68.

252 *Koch* in Hüffer, AktG (2014), § 78 Rn. 14; *Wiesner* in MünchHdb. AG (2007), § 23 Rn. 13.

253 *Wiesner* in MünchHdb. AG (2007), § 23 Rn. 15.

254 *Wiesner* in MünchHdb. AG (2007), § 23 Rn. 14; *Arnold* in Marsch-Barner/Schäfer, Hdb. börsennotierte AG (2014), § 19 Rn. 73.

255 Vgl. *Wiesner* in MünchHdb. AG (2007), § 23 Rn. 16 f.; *Arnold* in Marsch-Barner/Schäfer, Hdb. börsennotierte AG (2014), § 19 Rn. 75; *Richter* in Semler/Peltzer, ArbHdb. Vorstandsmitglieder (2005), § 4 Rn. 145.

beschränkt.[256] Als Ausnahme hierzu finden sich Beschränkungen bei gesetzlich bestimmten Fällen, in denen es nicht um die Kompetenz des Vorstands, sondern um die dem Aufsichtsrat oder der Hauptversammlung zugewiesenen Kompetenzen geht, oder es der notwendigen Mitwirkung des Aufsichtsrats oder der Hauptversammlung bedarf[257]. Beispielsweise zu nennen sind die Vertretung der Gesellschaft gegenüber den Vorstandsmitgliedern durch den Aufsichtsrat (§ 112 AktG), die Vertretung der Gesellschaft durch einen besonderen Vertreter im Sinne des § 147 Abs. 2 Satz 1 AktG bei der Geltendmachung von Ersatzansprüchen nach § 147 Abs. 1 AktG, die Vertretung der Gesellschaft durch den Vorstand und den Aufsichtsrat bei einer Anfechtungsklage gegen Beschlüsse der Hauptversammlung (§ 246 Abs. 2 Satz 2 AktG). Eine weitere Ausnahme vom Grundsatz der unbeschränkten Vertretungsmacht findet sich in den Fällen, in denen die von der Rechtsprechung entwickelten Grundsätze über den Missbrauch der Vertretungsmacht eingreifen.[258] Ferner ist die Mehrvertretung im Sinne des § 181 BGB ausgeschlossen. Der Vorstand kann nicht zugleich die Gesellschaft und einen Dritten beim Abschluss eines Geschäfts vertreten. Eine Befreiung vom Verbot der Mehrvertretung kann durch die Satzung oder den hierzu in der Satzung ermächtigten Aufsichtsrat erteilt werden.[259] Das Selbstkontrahieren im Sinne des § 181 BGB wird durch § 112 AktG ausdrücklich ausgeschlossen. Der Grundsatz der Unbeschränkbarkeit der Vertretungsmacht beruht auf dem Gedanken des Verkehrsschutzes. Bei Geschäften mit Dritten, die mit der Gesellschaft in besonderer Weise verbundenen sind, kann die Vertretungsmacht daher ausnahmsweise beschränkt werden.[260]

---

256 *Koch* in Hüffer, AktG (2014), § 78 Rn. 5; *Arnold* in Marsch-Barner/Schäfer, Hdb. börsennotierte AG (2014), § 19 Rn. 62; *Wiesner* in MünchHdb. AG (2007), § 23 Rn. 2.

257 Vgl. ausführlich *Fleischer* in Spindler/Stilz, AktG (2010), § 82 Rn. 8 ff.; *Spindler* in MK-AktG (2014), § 82 Rn. 18 f, 20 ff.; *Mertens/Cahn* in KK-AktG (2010), § 82 Rn. 8 f.

258 *Koch* in Hüffer, AktG (2014), § 82 Rn. 6; *Seibt* in K. Schmidt/Lutter, AktG (2010), § 82 Rn. 5 ff.; *Fleischer* in Spindler/Stilz, AktG (2010), § 82 Rn. 12 ff.; *Bürgers/Israel* in Bürgers/Körber, AktG (2014), § 82 Rn. 4 ff.; *Arnold* in Marsch-Barner/Schäfer, Hdb. börsennotierte AG (2014), § 19 Rn. 79; *Wiesner* in MünchHdb. AG (2007), § 23 Rn. 19; *Fleischer*, NZG 2005, 529, 530.

259 *Wiesner* in MünchHdb. AG (2007), § 23 Rn. 22; *Arnold* in Marsch-Barner/Schäfer, Hdb. börsennotierte AG (2014), § 19 Rn. 80; *Koch* in Hüffer, AktG (2014), § 78 Rn. 7; *Habersack* in GK-AktG (2002), § 78 Rn. 17.

260 BGH, Urt. v. 23. Juni 1997 – II ZR 353/95, AG 1997, 467, 467 = GmbHR 1997, 836, 837 Tz. 6 (zu GmbH); vgl. ausführlich zu Beschränkung der Vertretungsmacht bei Geschäften mit nahe stehenden Dritten, *Fleischer* in Spindler/Stilz, AktG (2010), § 82 Rn. 18 ff.; *Fleischer*, NZG 2005, 529, 530 f.; *Mertens/Cahn* in KK-AktG (2010), § 82 Rn. 13 ff.; *Kleindiek* in Lutter/Hommelhoff, GmbHG (2012), § 35 Rn. 25.

dd) Die Wissenszurechnung

Wissen und fahrlässige Unkenntnis eines Vorstandsmitglieds werden aufgrund seiner Organstellung entsprechend § 31 BGB der Aktiengesellschaft zugerechnet.[261] Ob Wissen oder Wissenmüssen von Vorstandsmitgliedern der Gesellschaft zugerechnet werden, ist in wertender Beurteilung zu entscheiden.[262] Die Wissenszurechnung beruht maßgeblich auf dem Gedanken des Schutzes des Rechtsverkehrs und der daran anknüpfenden Pflicht zur ordnungsmäßigen Organisation der gesellschaftsinternen Kommunikation.[263] Danach muss die Aktiengesellschaft als Teilnehmer am Rechtsverkehr so organisiert sein, dass Informationen, deren Relevanz für andere Personen innerhalb der Gesellschaft für den konkret Wissenden erkennbar ist, tatsächlich an jene Personen weitergegeben werden. Ferner muss sichergestellt sein, dass gegebenenfalls erkennbar an anderer Stelle in der Organisation vorhandene Informationen, die für den eigenen Bereich wesentlichen sind, nachgefragt werden.[264]

II. Das Rechtsverhältnis zwischen Vorstandsmitgliedern und der Gesellschaft

Nach § 84 Abs. 1 S. 1 und 5 AktG ist die Bestellung des Vorstandsmitglieds einer Aktiengesellschaft als ein einseitiger und mitwirkungsbedürftiger Akt des Aufsichtsrats zur Begründung dessen organschaftlicher Stellung von dem Anstellungsvertrag zwischen der Gesellschaft und dem Vorstandsmitglied zur Regelung der schuldrechtlichen Verhältnisse zu trennen.[265] Die durch Bestellung und Anstellung begründeten zwei Ebenen unterschiedlicher Rechtsverhältnisse können uneinheitliche Schicksale

261 *Wiesner* in MünchHdb. AG (2007), § 23 Rn. 24; *Arnold* in Marsch-Barner/Schäfer, Hdb. börsennotierte AG (2014), § 19 Rn. 83.

262 BGH, Urt. v. 15. April 1997 – XI ZR 105/96, BGHZ 135, 202, 205 = WM 1997, 1092, 1093, Tz. 17; *Wiesner* in MünchHdb. AG (2007), § 23 Rn. 24; *Habersack* in GK-AktG (2002), § 78 Rn. 24.

263 BGH, Urt. v. 15. April 1997 – XI ZR 105/96, BGHZ 135, 202, 205 = WM 1997, 1092, 1093, Tz. 17 (Bank in Rechtsform oHG); BGH, Urt. v. 2. Februar 1996 – V ZR 239/94, BGHZ 132, 30, 37 = AG 1996, 220, 221, Tz. 22 (GmbH & Co, KG); *Wiesner* in MünchHdb. AG (2007), § 23 Rn. 24; *Habersack* in GK-AktG (2002), § 78 Rn. 24.

264 BGH, Urt. v. 2. Februar 1996 – V ZR 239/94, BGHZ 132, 30, 37 = AG 1996, 220, 221, Tz. 21 f.; *Wiesner* in MünchHdb. AG (2007), § 23 Rn. 24.

265 BGH, Urt. v. 24. November 1980 – II ZR 182/79, BGHZ 79, 38, 41 = AG 1981, 73, 74 Tz 21; *Lutter/Krieger/Verse*, Rechte und Pflichten des Aufsichtsrats (2014), Rn. 331; *Wiesner* in MünchHdb. AG (2007), § 20 Rn. 12; *Frodermann/Schäfer* in Henn/Frodermann/Jannott, Hdb. AktR (2009), § 7 Rn. 8 ff.; *Arnold* in Marsch-Barner/Schäfer, Hdb. börsennotierte AG (2014), § 20 Rn. 1; *Kort* in GK-AktG (2006), § 84 Rn. 16 f.; *Mertens/Cahn* in KK-AktG (2010), § 84 Rn. 4; *Seibt* in K. Schmidt/Lutter, AktG (2010), § 84 Rn. 5; *Fleischer* in Spindler/Stilz, AktG (2010), § 84 Rn. 7 f.; *Koch* in Hüffer, AktG (2014), § 84 Rn. 2.

haben. Sie können jedoch rechtlich und tatsächlich erhebliche Auswirkungen aufeinander haben. Wer zum Vorstandsmitglied bestellt wird, wird das Amt nicht ohne Einigung über die Anstellungsbedingungen übernehmen und die mit der Organstellung verbundene Pflichten und die Verantwortung nicht weiter tragen, wenn die anstellungsvertragliche Grundlage endgültig erlischt. Die Anstellung bildet zumeist die wesentliche Grundlage für das Zustandekommen und die Fortdauer der Bestellung.[266]

1. *Das Organverhältnis aufgrund der Bestellung*

a) *Die Bestellung*

aa) Alleinkompetenz des Gesamtaufsichtsrats

Bestellung bedeutet die Einsetzung des Vorstandsmitglieds in sein Organamt.[267] Nach § 84 Abs. 1 S. 1 AktG ist die Bestellung der Vorstandsmitglieder dem Aufsichtsrat zugewiesen. Fehlt ein erforderliches Vorstandsmitglied, hat in dringenden Fällen das Gericht auf Antrag des Beteiligten das Vorstandsmitglied zu bestellen (§ 85 Abs. 1 Satz 1 AktG).[268] Die Kompetenz zur Bestellung der Vorstandsmitglieder ist dem Gesamtaufsichtsrat zugewiesen. Sie lässt sich durch eine abweichende Regelung in der Satzung nicht ändern (§ 23 Abs. 5 AktG), keinem Ausschuss im Aufsichtsrat zuweisen (§ 107 Abs. 2 Satz 3 AktG)[269], keinem anderen Organen oder einem Dritten übertragen (§ 111 Abs. 5 AktG)[270]. Der Alleinaktionär der Gesellschaft

266 BGH, Urt. v. 14. November 1983 – II ZR 33/83, BGHZ 89, 48, 52 = GmbHR 1984, 151, 152 Tz. 9; vgl. zu Zusammenhängen von Bestellung und Anstellung, *Kort* in GK-AktG (2006), § 84 Rn. 25 f.; *Mertens/Cahn* in KK-AktG (2010), § 84 Rn. 4 ff.; *Fleischer* in Spindler/Stilz, AktG (2010), § 84 Rn. 8.

267 *Frodermann/Schäfer* in Henn/Frodermann/Jannott, Hdb. AktR (2009), 7. Kap. Rn. 12; vgl. zur Rechtsnatur der Bestellung, *Fleischer* in Spindler/Stilz, AktG (2010), § 84 Rn. 5; *Koch* in Hüffer, AktG (2014), § 84 Rn. 3.

268 Das Amt des durch Gericht bestellten Notvorstands erlischt nach § 85 Abs. 2 AktG, sobald der Mangel behoben ist. Zwischen dem gerichtlich bestellten Vorstand und der Gesellschaft wird kein Anstellungsvertrag abgeschlossen. Vgl. zur Bestellung des Notvorstandes durch das Gericht, *Wiesner* in MünchHdb. AG (2007), § 20 Rn. 25 ff.; *Frodermann/Schäfer* in Henn/Frodermann/Jannott, Hdb. AktR (2009), 7. Kapi. Rn. 16 ff.; 43 f.; *Arnold/Günther* in Marsch-Barner/Schäfer, Hdb. börsennotierte AG (2014), § 20 Rn. 9; *Seibt* in K. Schmidt/Lutter, AktG (2010), § 85 Rn. 2 ff.; BayObLG, Beschluss v. 10. März 1988 – BReg 3 Z 125/87 – AG 1988, 301, 302 ff. = ZIP 1988, 1119, 1120 ff. Tz 38 ff.

269 *Lutter/Krieger/Verse*, Rechte und Pflichten des Aufsichtsrats (2014), § 7 Rn. 337; *Wiesner* in MünchHdb. AG (2007), § 20 Rn. 18; *Koch* in Hüffer, AktG (2014), § 84 Rn. 5; *Fleischer* in Spindler/Stilz, AktG (2010), § 84 Rr. 9; *Bürgers/Israel* in Bürgers/Körber, AktG (2014), § 84 Rn. 3; *Seibt* in K. Schmidt/Lutter, AktG (2010), § 84 Rn. 8.

270 *Lutter/Krieger/Verse*, Rechte und Pflichten des Aufsichtsrats (2014), § 7 Rn. 332; *Mertens/Cahn* in KK-AktG (2010), § 84 Rn. 7.

darf Vorstandsmitglieder nicht bestellen, auch wenn der Aufsichtsrat funktionsunfähig ist.[271]

Aufgrund der Alleinkompetenz hat der Aufsichtsrat das Recht zur selbständigen Auswahl der Vorstandsmitglieder. Der Gesamtaufsichtsrat kann nicht an Weisungen, verbindliche Vorschlagsrechte oder Zustimmungsvorbehalte gebunden werden. Er darf seine Entscheidung auch nicht freiwillig von der Zustimmung der Hauptversammlung oder von Dritten abhängig machen. Vorschlagsrechte, auch wenn sie ausdrücklich als unverbindlich bezeichnet werden, sind im Hinblick auf den Schutz der Entscheidungsfreiheit und die Verschwiegenheitspflichten des Aufsichtsrats unzulässig[272]. Die Aufsichtsratsmitglieder sind bei der Bestellung verpflichtet, selbständig und unabhängig ihren Willen zu bilden und ihre Entscheidung zu treffen (§ 111 Abs. 5 AktG).[273]

bb) Eignungsvoraussetzungen und Entscheidungsermessen des Aufsichtsrats

Nach § 76 Abs. 3 Satz 1 AktG kann nur eine natürliche, unbeschränkt geschäftsfähige Person Mitglied des Vorstands sein. Juristische Personen können nicht als Mitglied des Vorstands bestellt werden.[274] Nach § 76 Abs. 3 Satz 2 Nr. 1 AktG scheidet ein Betreuter, der bei der Besorgung seiner Vermögensangelegenheiten ganz oder teilweise einem Einwilligungsvorbehalt unterliegt, auch als Vorstandsmitglied aus. Ferner ist eine Person, die aufgrund eines gerichtlichen Urteils oder einer vollziehbaren Entscheidung einer Verwaltungsbehörde einen Beruf, einen Berufszweig, ein Gewerbe oder einen Gewerbezweig nicht ausüben darf, nach § 76 Abs. 3 Satz 2 Nr. 2 AktG ebenfalls nicht für die Vorstandsmitgliedschaft qualifiziert, sofern der Unternehmensgegenstand ganz oder teilweise mit dem Gegenstand des Verbots übereinstimmt. Schließlich können bestimmte Straftaten nach § 76 Abs. 3 Satz 2 Nr. 3 AktG zum Ausschluss der Eignung des Vorstandsmitglieds führen. Wer wegen einer vorsätzlich begangenen Insolvenzverschleppung, wegen Insolvenzstraftaten nach

---

271 *Thüsing* in Fleischer, Hdb. VorstandsR (2006), § 4 Rn. 28; *Mertens/Cahn* in KK-AktG (2010), § 84 Rn. 7.

272 *Lutter/Krieger/Verse*, Rechte und Pflichten des Aufsichtsrats (2008), § 7 Rn. 335; *Krieger*, Personalentscheidungen des Aufsichtsrats (1981), S. 12, 51 ff.; *Kort* in GK-AktG (2006), § 84 Rn. 36; *Mertens/Cahn* in KK-AktG (2010), § 84 Rn. 9; *Fleischer* in Spindler/Stilz, AktG (2010), § 84 Rn. 10; *Thüsing* in Fleischer, Hdb. VorstandsR (2006), § 4 Rn. 14; *P. M. Schäfer*, Die Organstellung, Anstellungsverhältnisse und Haftung der Mitglieder des Vorstands und der Geschäftsführung der abhängigen Gesellschaft (2003), S. 21 f.; a. A. *Wiesner* in MünchHdb. AG (2007), § 20, Rn. 5; *Seibt* in K. Schmidt/Lutter, AktG (2010), § 84 Rn. 11; *Spindler* in MK-AktG (2014), § 84 Rn. 15.

273 *Lutter/Krieger/Verse*, Rechte und Pflichten des Aufsichtsrats (2014), § 7 Rn. 333; *Krieger*, Personalentscheidungen des Aufsichtsrats (1981), S. 41 ff.

274 Vgl. zur Erörterung über die Vorstandsfähigkeit der juristischen Person, *Fleischer* in Spindler/Stilz, AktG (2010), § 76 Rn. 120; ausführlich zu den rechtsgeschichtliche Entwicklungslinien aus rechtsvergleichender Sicht, *Fleischer*, RIW 2004, 16–21.

§§ 283 bis 283d StGB, wegen falschen Angaben nach § 399 AktG oder § 82 GmbHG, oder wegen einer unrichtigen Darstellung nach § 400 AktG, § 331 HGB, § 313 UmwG oder § 17 PublizitätsG verurteilt wurde, oder wegen Betrugs nach §§ 263 bis 264a StGB, wegen Kreditbetrugs nach § 265b StGB, wegen Untreue nach § 266 StGB oder wegen Vorenthalten und Veruntreuen von Arbeitsentgelt nach § 266a StGB zu einer Freiheitsstrafe von mindestens einem Jahr verurteilt wurde, darf innerhalb von fünf Jahren seit der Rechtskraft des Urteils nicht zum Vorstandsmitglied bestellt werden (§ 76 Abs. 3 Satz 2 Nr. 3 AktG). Dieser Ausschluss gilt entsprechend bei einer Verurteilung im Ausland wegen einer mit den genannten Straftaten vergleichbaren Straftat (§ 76 Abs. 3 Satz 3 AktG). Das Mitglied des Vorstands kann, muss aber nicht ein Aktionär sein.[275]

Ausländer können zu Vorstandsmitgliedern bestellt werden. Beschränkungen hinsichtlich der Staatsangehörigkeit, dem Wohnsitz oder dem gewöhnlichen Aufenthaltsort bestehen nicht.[276] Aufenthalts-, Arbeits- oder Gewerbeerlaubnis sind nicht notwendig.[277] Die in bestimmten Entscheidungen anerkannte Einschränkung, dass ein Ausländer zur Bestellung und zur Eintragung in das Handelsregister jederzeit in die Bundesrepublik einreisen dürfen müsse, um seinen Organpflichten nachzukommen[278], ist seit der Neufassung der §§ 5, 37 Abs. 3 Satz 2 Halbsatz 2 AktG aufgehoben[279], weil die Verlegung des effektiven Verwaltungssitzes der AG ins Ausland nunmehr zulässig ist und Vorstandsmitglieder folglich auch von einem ausländischen Geschäftssitz aus ihre Aufgaben wahrnehmen können müssen.[280]

Der Bestellungsbeschluss des Aufsichtsrats ist nach § 134 BGB nichtig, wenn die bestellte Person von Anfang an eine gesetzliche Eignungsvoraussetzung nach § 76

275 *Eckert* in Walter, AktG (2014), § 76 Rn. 33.

276 *Lutter/Krieger/Verse*, Rechte und Pflichten des Aufsichtsrats (2014), Rn. 339; *Fleischer* in Spindler/Stilz, AktG (2010), § 76 Rn. 122; *Koch* in Hüffer, AktG (2014), § 76 Rn. 59; *Oltmanns* in Heidel, AktR (2014), § 76 Rn. 23.

277 OLG Düsseldorf, Beschluss v. 20. Juli 1977 – 3 W 147/77 – GmbHR 1978, 110, 110 f. = DB 1977, 1840, 1840 Tz. 4; *Lutter/Krieger/Verse*, Rechte und Pflichten des Aufsichtsrats (2014), Rn. 339; *Fleischer* in Spindler/Stilz, AktG (2010), § 76 Rn. 122; *Oltmanns* in Heidel, AktR (2014), § 76 Rn. 24.

278 Vgl. OLG Frankfurt, Beschluss v. 22. Februar 2001 – 20 W 376/2000, GmbHR 2001, 433, 434 = BB 2001, 852, 853 Tz. 7 (GmbH-Geschäftsführer); *Frodermann/Schäfer* in Henn/Frodermann/Jannott, Hdb. AktR (2009), 7. Kap. Rn. 25.

279 Vgl. OLG München, Beschluss v. 17. Dezember 2009 – 31 Wx 142/09, GmbHR 2010, 210, 210 f. = BB 2010, 268, 268 Tz. 7 (GmbH-Geschäftsführer); *Koch* in Hüffer, AktG (2014), § 76 Rn. 59; *Fleischer* in Spindler/Stilz, AktG (2010), § 76 Rn. 122; *Vedder* in Grigoleit, AktG (2013), § 76 Rn. 46; a.A. *Bürgers/Israel* in Bürgers/Körber, AktG (2014), § 76 Rn. 33.

280 *Koch* in Hüffer, AktG (2014), § 5 Rn. 3, § 76 Rn. 59; *Drescher* in Spindler/Stilz, AktG (2010), § 5 Rn. 10; *Fleischer* in Spindler/Stilz, AktG (2010), § 76 Rn. 122; *Wicke* in Grigoleit, AktG (2013), § 5 Rn. 12; *Vedder* in Grigoleit, AktG (2013), § 76 Rn. 46.

Abs. 3 Satz 1 AktG nicht erfüllt.[281] Wenn eine gesetzliche Eignungsvoraussetzung nach der Bestellung wegfällt, wird die Bestellung mit dem Wegfall der gesetzlichen Eignungsvoraussetzung unwirksam.[282] Einer Abberufung bedarf es nicht. Nach § 105 Abs. 1 AktG ist die Bestellung eines Aufsichtsratsmitglieds zum Mitglied des Vorstands nichtig.

Außer den gesetzlichen Eignungsvoraussetzungen kann die Satzung persönliche und sachliche Eignungsvoraussetzungen für Vorstandsmitglieder bestimmen.[283] Dabei muss das Prinzip der Satzungsstrenge des § 23 Abs. 5 AktG eingehalten werden und das Auswahlermessen des Aufsichtsrats darf nicht unverhältnismäßig beschränkt werden.[284] Die satzungsmäßigen Eignungsvoraussetzungen müssen sachbezogen und vor allem im Hinblick auf den Gesellschaftszweck, den Gegenstand und die Größe des Unternehmens und die Ressortaufgaben der Vorstandsmitglieder sinnvoll sein.[285] Sie dürfen keine diskriminierenden Faktoren enthalten.[286] Wenn die satzungsmäßigen Eignungsvoraussetzungen, soweit sie zulässig sind, bei der Bestellung des Vorstandsmitglieds nicht beachtet werden, kann oder gegebenenfalls muss die Bestellung wegen eines wichtigen Grunds nach § 84 Abs. 3 Satz 1 AktG widerrufen werden.[287]

---

281 Vgl. BayObLG, Beschluss v. 18. Juli 1991 – BReg 3 Z 133/90, GmbHR 1992, 304, 305 = BB 1991, 1729, 1730 Tz. 16 (GmbH-Geschäftsführer); *Fleischer* in Spindler/Stilz, AktG (2010), § 76 Rn. 121; *Oltmanns* in Heidel, AktR (2014), § 76 Rn. § 76, Rn. 23; *Eckert* in Wachter, AktG (2014), § 76 Rn. 35.

282 Vgl. BayObLG, Beschluss v. 16. Juli 1982 – BReg 3 Z 74/82, BB 1982, 1508, 1508 = DB 1982, 2129, 2129 (GmbH-Geschäftsführer); *Wiesner* in MünchHdb. AG (2007), § 20 Rn. 8.

283 Vgl. *Lutter/Krieger/Verse*, Rechte und Pflichten des Aufsichtsrats (2014), Rn. 341; *Kort* in GK-AktG (2002), § 76 Rn. 222 und 225; *Mertens/Cahn* in KK-AktG (2010), § 76 Rn. 116; *Spindler* in MK-AktG (2014), § 76 Rn. 110, § 84 Rn. 27 f.; *Seibt* in K. Schmidt/Lutter, AktG (2010), § 76 Rn. 25; *Fleischer* in Spindler/Stilz, AktG (2010), Rn. 127; *Koch* in Hüffer, AktG (2014), § 76 Rn. 60; *Bürgers/Israel* in Bürgers/Körber, AktG (2014), § 76 Rn. 37; *Fleischer* in Fleischer, Hdb. VorstandsR (2006), § 1 Rn. 82 f.; *Wiesner* in MünchHdb. AG (2007), § 20 Rn. 5; *Krieger*, Personalentscheidungen des Aufsichtsrats (1981), S. 13 f.

284 *Lutter/Krieger/Verse*, Rechte und Pflichten des Aufsichtsrats (2014), Rn. 341; *Wiesner* in MünchHdb. AG (2007), § 20 Rn. 5; *Fleischer* in Spindler/Stilz, AktG (2010), § 76 Rn. 126; *Koch* in Hüffer, AktG (2014), § 76 Rn. 60; *Bürgers/Israel* in Bürgers/Körber, AktG (2014), § 76 Rn. 37.

285 *Wiesner* in MünchHdb. AG (2007), § 20 Rn. 5 und 7; ausführlich *Fleischer* in Spindler/Stilz, AktG (2010), § 76 Rn. 128.

286 *Fleischer* in Spindler/Stilz, AktG (2010), § 76 Rn. 128; *Thüsing* in Fleischer, Hdb. VorstandsR (2006), § 4 Rn. 15; *Bürgers/Israel* in Bürgers/Körber, AktG (2014), § 76 Rn. 37.

287 Vgl. *Wiesner* in MünchHdb. AG (2007), § 76 Rn. 9; *Kort* in GK-AktG (2002), § 76 Rn. 226; *Fleischer* in Spindler/Stilz, AktG (2010), § 76 Rn. 130; *Spindler* in MK-AktG (2014), § 84 Rn. 36.

Bei der Auswahl der Vorstandsmitglieder als Führungskräfte der Gesellschaft muss der Aufsichtsrat sein Ermessen sachgerecht ausüben und sich dabei an den Interessen des Unternehmens ausrichten. Zu berücksichtigen ist nicht nur die allgemeine Qualifikation eines Kandidaten, sondern auch dessen Fähigkeit zur Erfüllung der konkret anstehenden Aufgaben. Ferner muss der Aufsichtsrat den Markt möglicher Führungskräfte für das eigne Unternehmen laufend beobachten und die in Aussicht genommenen Kandidaten über eine längere Zeit mit Wettbewerbern vergleichen. Notwendig ist nicht nur die Berücksichtigung der gegenwärtigen oder kurzfristigen Bedürfnisse der Gesellschaft. Erforderlich bei der Auswahl des Vorstands ist vielmehr eine sorgfältige Analyse der Bedürfnisse des Unternehmens und eine darauf basierende langfristige Planung.[288] Nach Ziff. 5.1.2 Satz 2 DCGK soll der Aufsichtsrat gemeinsam mit dem Vorstand für eine langfristige Nachfolgeplanung sorgen.[289]

cc) Das Bestellungsverfahren

Der Gesamtaufsichtsrat entscheidet nach § 108 Abs. 1 AktG über die Bestellung des Vorstands durch Beschluss.[290] Vorbereitungsmaßnahmen können einem Ausschuss übertragen werden (§ 107 Abs. 3 Satz 1 AktG), wobei der Ausschuss dabei seiner allgemeinen Berichtspflicht gemäß § 107 Abs. 3 Satz 3 AktG nachkommen und die Aufsichtsratsmitglieder über seine Arbeit hinreichend informieren muss.[291] Die Beschlussfassung erfolgt mit einfacher Mehrheit, sofern die Voraussetzungen des § 31 MitbestG nicht vorliegen. Die Satzung kann keine qualifizierte Mehrheit oder zusätzliche Anforderungen vorschreiben.[292] Das Gesetz sieht keine besondere Form für den Bestellungsbeschluss vor. Diesbezüglich kann in der Satzung eine Sonderregelung wie z. B. die notarielle Beurkundung des Beschlusses oder der Annahmeerklärung vorgeschrieben werden.[293] Jedes Vorstandsmitglied muss gesondert gewählt werden. Listenwahlen sind unzulässig.[294] Bei der Beschlussfassung muss

288 *Lutter/Krieger/Verse*, Rechte und Pflichten des Aufsichtsrats (2014), Rn. 342; ausführlich zur Unternehmensplanung und Aufsichtsrat, Lutter, AG 1991, 249 ff.; *Krieger*, Personalentscheidungen des Aufsichtsrats (1981), S. 22 ff.

289 Vgl. *Kremer* in Ringleb/Kremer/Lutter/v. Werder, DCGK (2014), Rn. 895.

290 BGH, Urt. v. 23. Oktober 1975 – II ZR 90/73, BGHZ 65, 190, 192 f. = WM 1975, 1237–1238 Tz. 12; *Lutter/Krieger/Verse*, Rechte und Pflichten des Aufsichtsrats (2014), Rn. 346 f.; *Mertens/Cahn* in KK-AktG (2010), § 84 Rn. 7; *Spindler* in MK-AktG (2014), § 84 Rn. 19.

291 *Lutter/Krieger/Verse*, Rechte und Pflichten des Aufsichtsrats (2014), Rn. 337; *Bürgers/Israel* in Bürgers/Körber, AktG (2014), § 84 Rn. 4.

292 *Lutter/Krieger/Verse*, Rechte und Pflichten des Aufsichtsrats (2014), Rn. 347; *Fleischer* in Spindler/Stilz, AktG (2010), § 84 Rn. 11; *Bürgers/Israel* in Bürgers/Körber, AktG (2014), § 84 Rn. 5; *Wiesner* in MünchHdb. AG (2007), § 20 Rn. 19.

293 *Fleischer* in Spindler/Stilz, AktG (2010), § 84 Rn. 11; *Bürgers/Israel* in Bürgers/Körber, AktG (2014), § 84 Rn. 5; *Wiesner* in MünchHdb. AG (2007), § 20 Rn. 23.

294 *Lutter/Krieger/Verse*, Rechte und Pflichten des Aufsichtsrats (2014), Rn. 347; *Spindler* in MK-AktG (2008), § 84 Rn. 19; *Bürgers/Israel* in Bürgers/Körber, AktG (2014), § 84 Rn. 5; *Wiesner* in MünchHdb. AG (2007), § 20 Rn. 19.

der Aufsichtsrat die gesetzlichen und satzungsmäßigen Eignungsvoraussetzungen für das Vorstandsamt und die Diskriminierungsverbote nach § 6 Abs. 3 AGG einhalten.[295] Die Bestellung wird wirksam, wenn der Bestellte seine Zustimmung oder die Annahme des Vorstandsamts erklärt hat.[296]

dd) Dauer der Bestellung

Nach § 84 Abs. 1 Satz 1 und 2 AktG kann der Aufsichtsrat die Vorstandsmitglieder für höchstens fünf Jahre bestellen. Die Frist beginnt mit dem Amtsantritt, nicht mit dem Bestellungsbeschluss.[297] Nach Ziffer 5.1.2 Abs. 2 Satz 1 DCGK sollte bei Erstbestellungen die maximal mögliche Amtszeit von fünf Jahren regelmäßig nicht ausgenutzt werden.[298] In der Praxis ist bei der Erstbestellung eine Amtszeit von zwei oder drei Jahren üblich. Bei der Wiederbestellung ist dagegen eine Dauer von fünf Jahren die Regel.[299] Eine Mindestdauer der Bestellung ist gesetzlich nicht geregelt. Der Aufsichtsrat darf aber nicht eine zu kurze Frist bestimmen, da eine unangemessen kurze Amtszeit mit einer vernünftigen Leitung der Gesellschaft unvereinbar ist.[300] Die Bemessung der Bestellungsdauer gehört zur Kompetenz des Aufsichtsrats Personalentscheidungen zu treffen und liegt in seinem Ermessen. Die Satzung kann die Amtszeit des Vorstandsmitglieds nicht verbindlich regeln.[301]

b) Der Widerruf der Bestellung

Die Bestellung wird im Regelfall mit dem Ablauf der Amtszeit beendet. Ausnahmsweise endet sie wegen des Todes des Vorstandsmitglieds oder dem nachträglichen Wegfall der Eignungsvoraussetzungen im Sinne des § 76 Abs. 3 AktG.[302]

Ferner kann der Aufsichtsrat nach § 84 Abs. 3 Satz 1 AktG die Bestellung zum Vorstandsmitglied und die Ernennung zum Vorsitzenden des Vorstands widerrufen,

---

295 *Fleischer* in Spindler/Stilz, AktG (2010), § 84 Rn. 11.

296 BayObLG, Beschl. v. 10. März 1988 – BReg 3 Z 125/87, AG 1988, 301, 302 Tz. 41; *Spindler* in MK-AktG (2014), § 84 Rn. 22; *Mertens/Cahn* in KK-AktG (2010), § 84 Rn. 2; *Koch* in Hüffer, AktG (2014), § 84 Rn. 3; *Wiesner* in MünchHdb. AG (2007), § 20 Rn. 13; *Thüsing* in Fleischer Hdb. VorstandsR (2006), § 4 Rn. 7, 39; *Krieger*, Personalentscheidungen des Aufsichtsrats (1981), S. 4 f., 8 f.

297 *Lutter/Krieger/Verse*, Rechte und Pflichten des Aufsichtsrats (2014), Rn. 354; *Wiesner* in MünchHdb. AG (2007), § 20 Rn. 30.

298 Vgl. *Kremer* in Ringleb/Kremer/Lutter/v. Werder, DCGK (2014), Rn. 901 bis 903.

299 Vgl. dazu *Lutter/Krieger/Verse*, Rechte und Pflichten des Aufsichtsrats (2014), Rn. 356, 354; *Wiesner* in MünchHdb. AG (2007), § 20 Rn. 30.

300 Vgl. OLG Karlsruhe, Beschl. v. 10. Juli 1973 – 8 U 74 f/73, AG 1973, 310, 311 = BB 1973, 1088, 1088; *Wiesner* in MünchHdb. AG (2007), § 20 Rn. 31.

301 *Lutter/Krieger/Verse*, Rechte und Pflichten des Aufsichtsrats (2014), Rn. 355 f.; *Wiesner* in MünchHdb. AG (2007), § 20 Rn. 31.

302 Vgl. *Arnold/Günther* in Marsch-Barner/Schäfer, Hdb. börsennotierte AG (2014), § 21 Rn. 1.

wenn ein wichtiger Grund vorliegt. Einen wichtigen Grund[303] bilden insbesondere grobe Pflichtverletzungen, die Unfähigkeit zur ordnungsmäßigen Geschäftsführung oder der Vertrauensentzug durch die Hauptversammlung, es sei denn, dass das Vertrauen aus offenbar unsachlichen Gründen entzogen worden ist (§ 84 Abs. 3 Satz 2 AktG). Bei der Feststellung der Unzumutbarkeit der Fortsetzung des Organverhältnisses bis zum Ende der Amtszeit sind nach Ansicht der Rechtsprechung die Interessen der Gesellschaft und des betroffenen Vorstandsmitglieds gegeneinander abzuwägen.[304] Nach der h. M. im Schrifttum sollen beim Widerruf der Bestellung dagegen nur die Interessen der Gesellschaft Berücksichtigung finden.[305]

c) Sonstige Beendigungsgründe

Das Vorstandsmitglied kann aus wichtigem Grund seine Organstellung durch Amtsniederlegung in Form einer einseitigen Erklärung des Ausscheidens aus dem Vorstand beenden.[306] Sie ist zulässig und wird unabhängig vom Vorliegen eines wichtigen Grundes[307] mit Zugang der Erklärung bei einem Mitglied des Aufsichtsrats[308] wirksam. Eine Beendigung des Organverhältnisses durch entsprechende Vereinbarung zwischen dem Vorstandsmitglied und dem Aufsichtsrat ist stets zulässig. Dafür bedarf es eines Beschlusses des Gesamtaufsichtsrats nach § 108 AktG, nicht jedoch eines wichtigen Grundes im Sinnes des § 84 Abs. 3 AktG.

d) Die Suspendierung

Die Suspendierung als einseitig vom Aufsichtsrat vorzunehmende, außergesetzliche Maßnahme, die dem Vorstandsmitglied die Amtsausführung mit interner Wirkung vorläufig untersagt, ist in Fällen schwerwiegender, jedoch nicht sofort

303 Vgl. ausführlich *Fleischer* in Spindler/Stilz, AktG (2010), § 84 Rn. 99 ff.; *Seibt* in K. Schmidt/Lutter, AktG 82010), § 84 Rn. 48 ff.; *Wiesner* in MünchHdb. AG (2007), § 20 Rn. 43 ff.; *Arnold/Günther* in Marsch-Barner/Schäfer, Hdb. börsennotierte AG (2014), § 21 Rn. 18 ff.; *Bürgers/Israel* in Bürgers/Körber, AktG (2014), § 84 Rn. 27 ff.

304 BGH, Urt. v. 7. Juni 1962 – II ZR 131/61, WM 1962, 811, 812 Tz 21 f.

305 *Lutter/Krieger/Verse*, Rechte und Pflichten des Aufsichtsrats (2014), Rn. 364; *Wiesner* in MünchHdb. AG (2007), § 20 Rn. 44; *Thüsing* in Fleischer, Hdb. VorstandsR (2006), § 5 Rn. 9; *Fleischer* in Spindler/Stilz, AktG (2010), § 84 Rn. 102; *Hoffmann-Becking*, ZIP 2007, 2101, 2102.

306 *Wiesner* in MünchHdb. AG (2007), § 20 Rn. 56; *Koch* in Hüffer, AktG (2014), § 84 Rn. 44; *Seibt* in K. Schmidt/Lutter, AktG (2010), § 84 Rn. 56; *Fleischer* in Spindler/Stilz, AktG (2010), § 84 Rn. 141.

307 BGH, Urt. v. 8. Februar 1993 – II ZR 58/92, BGHZ 121, 257, 261 f. = AG 1993, 280, 281 Tz. 19; *Wiesner* in MünchHdb. AG (2007), § 20 Rn. 56; *Koch* in Hüffer, AktG (2014), § 84 Rn. 45; *Vedder* in Grigoleit, AktG (2013), § 84 Rn. 44; *Seibt* in K. Schmidt/Lutter, AktG (2010), § 84 Rn. 56; *Fleischer* in Spindler/Stilz, AktG (2010), § 84 Rn. 142.

308 BGH, Urt. v. 17. September 2001 – II ZR 378/99, BGHZ 149, 28, Tz 10, 17 = GmbHR 2002, 26, Tz. 10, 17 (zur Amtsniederlegungserklärung eines GmbH-Geschäftsführers); *Koch* in Hüffer, AktG (2014), § 84 Rn. 44.

aufzuklärender Vorwürfe gegen ein Vorstandsmitglied die einzig vernünftige Reaktion[309] und nach der h. M. zulässig.[310] Das Vorliegen eines wichtigen Grunds in diesem Sinne ist für die Suspendierung jedoch notwendig.[311] Die Suspendierung bedarf eines Beschlusses des Gesamtaufsichtsrats nach § 84 Abs. 3 AktG.[312]

2. *Das Dienstverhältnis aus dem Anstellungsvertrag*

a) *Die Rechtsnatur des Anstellungsvertrags*

Neben dem Organverhältnis besteht aufgrund eines Anstellungsvertrags zwischen dem Vorstandsmitglied und der Gesellschaft ein Dienstverhältnis. Vorstandsmitglieder sind weder Arbeitnehmer noch Handlungsgehilfen, sondern üben aufgrund ihrer Organstellung die Arbeitgeber- und die Unternehmerfunktion aus.[313] Der Anstellungsvertrag ist kein Arbeitsvertrag, sondern ein Dienstvertrag im Sinne des § 611 BGB mit Geschäftsbesorgungscharakter nach § 675 BGB, der durch aktienrechtliche Sonderregelungen präzisiert wird.[314] Trotzdem ist die Anwendung

---

309 *Mertens/Cahn* in KK-AktG (2010), § 84 Rn. 189.

310 OLG München, Beschl. v. 17. September 1985 – 7 W 1933/85, AG 234, 235; *Lutter/Krieger/Verse*, Rechte und Pflichten des Aufsichtsrats (2014), Rn. 378; *Mertens/Cahn* in KK-AktG (2010), § 84 Rn. 189 f.; *Kort* in GK-AktG (2006), § 84 Rn. 238 f.; *Fleischer* in Spindler/Stilz, AktG (2010), § 84 Rn. 136; *Wiesner* in MünchHdb. AG (2007), § 20 Rn. 61; *Seibt* in K. Schmidt/Lutter, AktG (2010), § 84 Rn. 59; *Thüsing* in Fleischer, Hdb. VorstandsR (2006), § 5 Rn. 42 f.; a. A. LG München I, Beschl. v. 27. Juni 1985 – 5 HKO 9397/85, AG 1986, 142, 142; *Koch* in Hüffer, AktG (2014), § 84 Rn. 43; *Spindler* in MK-AktG (2014), § 84 Rn. 154 ff.

311 OLG München, Beschl. v. 17. September 1985 – 7 W 1933/85, AG 234, 235; *Lutter/Krieger/Verse*, Rechte und Pflichten des Aufsichtsrats (2014), Rn. 379; *Fleischer* in Spindler/Stilz, AktG (2010), § 84 Rn. 137; *Wiesner* in MünchHdb. AG (2007), § 20 Rn. 61.

312 OLG München, Beschl. v. 17. September 1985 – 7 W 1933/85, AG 234, 235; *Lutter/Krieger/Verse*, Rechte und Pflichten des Aufsichtsrats (2014), Rn. 381; *Mertens/Cahn* in KK-AktG (2010), § 84 Rn. 194; *Kort* in GK-AktG (2006), § 84 Rn. 240; *Fleischer* in Spindler/Stilz, AktG (2010), § 84 Rn. 138; *Seibt* in K. Schmidt/Lutter, AktG (2010), § 84 Rn. 59; *Thüsing* in Fleischer, Hdb. VorstandsR (2006), § 5 Rn. 44.; *Wiesner* in MünchHdb. AG (2007), § 20 Rn. 63.

313 *Koch* in Hüffer, AktG (2014), § 84 Rn. 14; *Fleischer* in Spindler/Stilz, AktG (2010), § 84 Rn. 25, 26, § 76 Rn. 11; *Frodermann/Schäfer* in Henn/Frodermann/Jannott, Hdb. AktR (2009), 7. Kap. Rn. 2; *Wiesner* in MünchHdb. AG (2007), § 19 Rn. 39.

314 Vgl. ausführlich zur Unterscheidung zwischen Dienstvertrag im Sinne des § 611 BGB und Arbeitsvertrag, BGH, Urt. v. 11. Juli 1953 – II ZR 126/52, BGHZ 10, 187, 191 Tz. 14 u. 15; BGH, Urt. v. 7. Dezember 1961 – II ZR 117/60, BGHZ 36, 142, 143 = WM 1962, 43, 46; *Lutter/Krieger/Verse*, Rechte und Pflichten des Aufsichtsrats (2014), Rn. 384; *Koch* in Hüffer, AktG (2014), § 84 Rn. 14; *Mertens/Cahn* in KK-AktG (2010), § 84 Rn. 34; *Seibt* in K. Schmidt/Lutter, AktG (2010), § 84 Rn. 23; *Fleischer* in Spindler/Stilz, AktG (2010), § 84 Rn. 24; *Frodermann/Schäfer* in Henn/

arbeitsrechtlicher Schutznormen auf das Anstellungsverhältnis u.U. nicht ausgeschlossen.[315]

b) Der Abschluss des Anstellungsvertrags

Nach § 84 Abs. 1 Satz 5 AktG gilt § 84 Abs. 1 Satz 1 bis 4 AktG sinngemäß. Für den Abschluss, den Inhalt und die Änderung des Anstellungsvertrags ist ausschließlich und zwingend der Aufsichtsrat, der gegenüber dem Vorstandsmitglied als Vertreter der Gesellschaft handelt, zuständig.[316] Er trifft die diesbezügliche Entscheidung durch Beschluss nach § 108 AktG.[317] Im Gegensatz zur nicht delegierbaren Bestellung kann der Aufsichtsrat nicht nur die Vorbereitung, sondern auch den Abschluss und den Inhalt des Anstellungsvertrags, unter Vorbehalt der Festsetzung der Gesamtbezüge des einzelnen Vorstandsmitglieds gemäß § 87 Abs. 1 u. 2 AktG,[318] einem aus mindestens drei Mitgliedern des Aufsichtsrats bestehenden Ausschuss übertragen.[319] Wegen des engen Zusammenhangs zwischen der getrennten Bestellung und Anstellung darf der Ausschuss bei der Regelung des Anstellungsvertrags nicht gegen die vorrangige Bestellungshoheit des Gesamtaufsichtsrats verstoßen.[320] Er darf etwa nicht nach eigenem Ermessen über die Ressortzuteilung des einzelnen Vorstandsmitglieds entscheiden, da diese dem Gesamtaufsichtsrat vorbehalten ist.[321]

Frodermann/Jannott, Hdb. AktR (2009), 7. Kap. Rn. 121 ff.; *Wiesner* in MünchHdb. AG (2007), § 21 Rn. 1.

315 BGH, Urt. v. 11. Juli 1953 – II ZR 126/52, BGHZ 10, 187, 191 Tz. 16; *Koch* in Hüffer, AktG (2014), § 84 Rn. 14, 24; *Fleischer* in Spindler/Stilz, AktG (2010), § 84 Rn. 27 ff.; *Wiesner* in MünchHdb. AG (2007), § 20 Rn. 40, § 21 Rn. 5 ff.

316 *Lutter/Krieger/Verse*, Rechte und Pflichten des Aufsichtsrats (2014), Rn. 386; *Seibt* in K. Schmidt/Lutter, AktG, 2010, § 84 Rn. 24; *Wiesner* in MünchHdb. AG (2007), § 21 Rn. 15; *Koch* in Hüffer, AktG (2014), § 84 Rn. 15; *Fleischer* in Spindler/Stilz, AktG (2010), § 84 Rn. 33.

317 *Fleischer* in Spindler/Stilz, AktG (2010), § 84 Rn. 33; *Koch* in Hüffer, AktG (2014), § 84 Rn. 15.

318 Nach der Änderung des §§ 87 Abs. 1 u. 2, 107 Abs. 3 Satz 3 AktG durch das Gesetz zur Angemessenheit der Vorstandsvergütung v. 31. 7. 2009, BGBl I 2009, S. 2509, 2509 ist die Festsetzung der Vorstandsvergütung dem Gesamtaufsichtsrat vorbehalten, vgl. *Fleischer* in Spindler/Stilz, AktG (2010), § 84 Rn. 34; *Arnold/Günther* in Marsch-Barner/Schäfer, Hdb. börsennotierte AG (2014), § 20 Rn. 20; *Koch* in Hüffer, AktG (2014), § 107 Rn. 28; *Siebt* in K. Schmidt/Lutter, AktG (2010), § 87 Rn. 16.

319 *Lutter/Krieger/Verse*, Rechte und Pflichten des Aufsichtsrats (2014), Rn. 388; *Koch* in Hüffer, AktG (2014), § 84 Rn. 15 f.; *Fleischer* in Spindler/Stilz, AktG (2010), § 84 Rn. 34; *Seibt* in K. Schmidt/Lutter, AktG (2010), § 84 Rn. 25; *Fleck*, WM 1994, 1957, 1957 f.

320 *Lutter/Krieger/Verse*, Rechte und Pflichten des Aufsichtsrats (2014), Rn. 390; *Koch* in Hüffer, AktG (2014), § 84 Rn. 15; *Bürgers/Israel* in Bürgers/Körber, AktG (2014), § 84 Rn. 15.

321 *Lutter/Krieger/Verse*, Rechte und Pflichten des Aufsichtsrats (2014), Rn. 390; *Koch* in Hüffer, AktG (2014), § 84 Rn. 15; *Bürgers/Israel* in Bürgers/Körber, AktG (2014), § 84 Rn. 15.

Höchstdauer des Anstellungsvertrags ist nach § 84 Abs. 1 Satz 5 i.V.m. Satz 1 AktG fünf Jahre. Eine Vertragsklausel zu einer an die Bestellung anknüpfenden automatischen Verlängerung ist zulässig.[322] Der Anstellungsvertrag ist nicht formbedürftig.[323] Eine schriftliche Dokumentation ist aus Gründen der Beweis- und Rechtssicherheit jedoch sinnvoll.[324]

c) Anstellungsvertragliche Rechte und Pflichten

Die Rechte und Pflichten aus dem Anstellungsvertrag sind gesetzlich nicht ausdrücklich geregelt. Sie ergeben sich aus den vertraglichen Vereinbarungen und werden durch aktienrechtliche Regelungen weiter ausgeformt. Der Anstellungsvertrag ist ferner nach der betrieblichen Übung auszulegen.[325] In der Praxis werden im Anstellungsvertrag die Aufgaben und Pflichten, Dienstzeiten und Nebentätigkeiten, das gesetzliche und nachvertragliche Wettbewerbsverbot, die Aufzeichnungen, Auskunfts- und Herausgabepflichten, die Überlassung von Erfindungen, die Tätigkeitsvergütung und Gewinnbeteiligungen, die etwaige Nutzung einer Dienstwohnung und eines Dienstwagens, der Auslagenersatz, die D&O-Versicherung, der Zuschuss zur Krankenversicherung, Versicherungen für Tod und Invalidität, das Ruhegeld, die Hinterbliebenenversorgung, Bezüge bei Krankheit, Tod oder Unfall, Urlaub sowie Kredite der Gesellschaft behandelt.[326] Ferner enthalten die Verträge häufig Change-of-Control-Klauseln.[327] Zum Zwecke der vorliegenden Arbeit sollen nur der

---

322 *Lutter/Krieger/Verse*, Rechte und Pflichten des Aufsichtsrats (2014), Rn. 392; *Koch* in Hüffer, AktG (2014), § 84 Rn. 20; *Bürgers/Israel* in Bürgers/Körber, AktG (2014), § 84 Rn. 16; *Mertens/Cahn* in KK-AktG (2010), § 84 Rn. 53; ausführlich *Wiesner* in MünchHdb. AG (2007), § 21 Rn. 22 f.

323 *Frodermann/Schäfer* in Henn/Frodermann/Jannott, Hdb. AktR (2009), 7. Kap. Rn. 129; *Fleischer* in Spindler/Stilz, AktG (2010), § 84 Rn. 38; *Mertens/Cahn* in KK-AktG (2010), § 84 Rn. 52.

324 *Frodermann/Schäfer* in Henn/Frodermann/Jannott, Hdb. AktR (2009), 7. Kap. Rn. 129; *Fleischer* in Spindler/Stilz, AktG (2010), § 84 Rn. 38; *Mertens/Cahn* in KK-AktG (2010), § 84 Rn. 52.

325 BGH, Urt. v. 19. Dezember 1994 – II ZR 244/93, AG 1995, 188, 189 = WM 1995, 627, 628 Tz. 8 (zur Bemessung der Versorgungsbezüge); *Bürgers/Israel* in Bürgers/Körber, AktG (2014), § 84 Rn. 17.

326 Vgl. *Happ* in Happ/Groß, Aktienrecht (2015), Muster 8.08 Anm. 1.1 ff.; *Fonk* in v. Schenck, ArbHdb. Aufsichtsratsmitglieder (2013), § 10 Rn. 81 ff. sowie Anlage § 10–1 Muster des Anstellungsvertrags, S. 968 ff.; *Hoffmann-Becking* in Lorz/Pfisterer/Gerber, Becksches Formularbuch (2005), Form X.13; *Arnold/Günther* in Marsch-Barner/Schäfer, Hdb. börsennotierte AG (2014), § 20 ff.; 55 ff.; *Fleischer* in Spindler/Stilz, AktG (2010), § 84 Rn. 43 ff.; 75 ff.; *Fleck*, WM 1994, 1957, 1959 f.

327 Vgl. *Frodermann/Schäfer* in Henn/Frodermann/Jannott, Hdb. AktR (2009), 7. Kap. Rn. 119; *Arnold/Günther* in Marsch-Barner/Schäfer, Hdb. börsennotierte AG (2014), § 20 Rn. 67 ff.; *Weber* in Hölters, AktG (2014), § 87 Rn. 44; *Fonk* in v. Schenck, ArbHdb. Aufsichtsratsmitglieder (2013), § 10 Rn. 178 ff.; *Dreher*, AG 2002, 214 ff.

Anspruch auf Vergütung als Kernrecht des Vorstandsmitglieds aus dem Anstellungsvertrag und das nachträgliche Wettbewerbsverbot etwas näher betrachtet werden.

Nach § 87 Abs. 1 Satz 1 AktG können im Anstellungsvertrag Vereinbarungen über die Gesamtbezüge der einzelnen Vorstandsmitglieder, die Gehalt, Gewinnbeteiligungen, Aufwandsentschädigungen, Versicherungsentgelte, Provisionen, sowie anreizorientierte Vergütungszusagen wie etwa Aktienbezugsrechte und Nebenleistungen jeder Art umfassen können, getroffen werden. Die Festsetzung der Gesamtvergütung der einzelnen Vorstandsmitglieder ist nach der Einführung des Gesetzes zur Angemessenheit der Vorstandsvergütung vom 31. Juli 2009 zwingend dem Gesamtaufsichtsrat zugewiesen (§ 107 Abs. 3 Satz 3 AktG). Nach Ziff. 4.2.2 Abs. 1 DCGK setzt das Aufsichtsratsplenum die jeweilige Gesamtvergütung der einzelnen Vorstandsmitglieder fest. Der Ausschuss kann die Vorstandsverträge vorbereiten und dem Aufsichtsratsplenum diese als Vorschläge unterbreiten. Das Aufsichtsratsplenum beschließt über das Vergütungssystem für den Vorstand und überprüft es regelmäßig.[328]

Die Angemessenheit ist gesetzlich ausdrücklich als Grundsatz der Gesamtvergütung des Vorstands genannt. Nach § 87 Abs. 1 Satz 1 AktG muss der Aufsichtsrat dafür sorgen, dass die festgesetzten Vorstandsbezüge in einem angemessenen Verhältnis zu den Aufgaben und Leistungen des Vorstandsmitglieds und zur Lage der Gesellschaft stehen und die übliche Vergütung nicht ohne besondere Gründe übersteigen. Dafür muss der Aufsichtsrat die den einzelnen Vorstandsmitgliedern durch Anstellungsvertrag, Satzung oder Geschäftsordnung zugewiesenen Tätigkeiten einschließlich der Wahrnehmung der Gesamtverantwortung[329], die individuellen Leistung des einzelnen Vorstandsmitglieds[330] sowie die Vermögenslage, die wirtschaftliche Lage und die künftige Entwicklung der Gesellschaft[331] berücksichtigen. Die Leistung des einzelnen Vorstandsmitglieds, deren Berücksichtigung Ziff. 4.2.2 Abs. 2 Satz 1 DCGK empfiehlt, ist ein wichtiges Kriterium für die Bemessung der Vergütung, vor allem bei einer Vertragserneuerung und im Hinblick auf variable Vergütungsbestandteile.[332] Bei der Feststellung der Üblichkeit der Vergütung bedarf es in erster Linie des horizontalen Vergleichs unter

328 Vgl. *Ringleb* in Ringleb/Kremer/Lutter/v. Werder, DCGK (2014), Rn. 679 ff.

329 Vgl. *Fleischer* in Spindler/Stilz, AktG (2010), § 87 Rn. 10; *Bürgers/Israel* in Bürgers/Körber, AktG (2014), § 87 Rn. 5 f.; *Arnold/Günther* in Marsch-Barner/Schäfer, Hdb. börsennotierte AG (2014), § 20 Rn. 24.

330 Vgl. *Fleischer* in Spindler/Stilz, AktG (2010), § 87 Rn. 11 f.; *Bürgers/Israel* in Bürgers/Körber, AktG (2014), § 87 Rn. 5; *Arnold/Günther* in Marsch-Barner/Schäfer, Hdb. börsennotierte AG (2014), § 20 Rn. 24.

331 Vgl. *Ringleb* in Ringleb/Kremer/Lutter/v. Werder, DCGK (2014), Rn. 680, 721; *Fleischer* in Spindler/Stilz, AktG (2010), § 87 Rn. 14; *Bürgers/Israel* in Bürgers/Körber, AktG (2014), § 87 Rn. 6; *Arnold/Günther* in Marsch-Barner/Schäfer, Hdb. börsennotierte AG (2014), § 20 Rn. 26.

332 Vgl. *Ringleb* in Ringleb/Kremer/Lutter/v. Werder, DCGK (2014), Rn. 706 ff.; *Arnold/Günther* in Marsch-Barner/Schäfer, Hdb. börsennotierte AG (2014), § 20 Rn. 24;

Berücksichtigung der Branchen-, Größen- und Landesüblichkeit.[333] Bei international tätigen Unternehmen sollen zudem die ausländischen Vergütungsniveaus berücksichtigt werden.[334]

Nach § 87 Abs. 1 Satz 2 ist die Vergütungsstruktur bei börsennotierten Gesellschaften auf eine nachhaltige Unternehmensentwicklung auszurichten und variable Vergütungsbestandteile sollen auf einer mehrjährige Bemessungsgrundlage beruhen; für außerordentliche Entwicklungen soll der Aufsichtsrat eine Begrenzungsmöglichkeit vereinbaren. Ziff. 4.2.3 Satz 2 u. 3 DCGK empfiehlt ein auf eine nachhaltige Unternehmensentwicklung auszurichtendes Vergütungssystem, das fixe und variable Bestandteile umfasst sowie insgesamt und hinsichtlich der variablen Vergütungsbestandteile betragsmäßige Höchstgrenzen aufweist.[335]

Die Anforderung der Nachhaltigkeit soll ein unternehmerisches „Strohfeuer", also die Eingehung unverantwortlicher Risiken durch den Vorstand, verhindern.[336] Bei der Gestaltung des Vergütungssystems ist vor allem eine langfristig ertragssteigernde Wirkung der Verhaltensanreize zu beachten, damit die Vorstandsmitglieder sich nicht von einer Politik der kurzfristigen Erfolge leiten lassen, sondern zur dauerhaften Rentabilität beitragen.[337]

Der Grundsatz der Angemessenheit der Gesamtvergütung gilt sinngemäß für Ruhegehalt, Hinterbliebenenbezüge und Leistungen ähnlicher Art (§ 87 Abs. 1 Satz 3 AktG).

Nach der Einführung des Gesetzes über die Offenlegung von Vorstandsvergütungen vom 3. August 2005[338] sind börsennotierte Aktiengesellschaften zur individualisierten Offenlegung der Vorstandsvergütung verpflichtet.[339]

Koch in Hüffer, AktG (2014), § 87 Rn. 2; *Bürgers/Israel* in Bürgers/Körber, AktG (2014), § 87 Rn. 5.

333 *Fleischer* in Spindler/Stilz, AktG (2010), § 87 Rn. 16; *Koch* in Hüffer, AktG (2014), § 87 Rn. 3; *Arnold/Günther* in Marsch-Barner/Schäfer, Hdb. börsennotierte AG (2014), § 20 Rn. 28; *Bürgers/Israel* in Bürgers/Körber, AktG (2014), § 87 Rn. 6a.; vgl. zum Maßstab der vertikalen Vergleichbarkeit, *Fleischer*, a.a.O, Rn. 18.

334 *Fleischer* in Spindler/Stilz, AktG (2010), § 87 Rn. 16; *Arnold/Günther* in Marsch-Barner/Schäfer, Hdb. börsennotierte AG (2014), § 20 Rn. 28; *Bürgers/Israel* in Bürgers/Körber, AktG (2014), § 87 Rn. 6a.

335 Vgl. *Ringleb* in Ringleb/Kremer/Lutter/v. Werder, DCGK (2014), Rn. 721 ff.

336 *Fleischer* in Spindler/Stilz, AktG (2010), § 27; *Arnold/Günther* in Marsch-Barner/Schäfer, Hdb. börsennotierte AG (2014), Rn. 32.

337 Vgl. *Arnold/Günther* in Marsch-Barner/Schäfer, Hdb. börsennotierte AG (2014), § 20 Rn. 32 ff.; *Bürgers/Israel* in Bürgers/Körber, AktG (2014), § 20 Rn. 9b; *Fleischer* in Spindler/Stilz, AktG (2010), § 87 Rn. 27 f.; *Fleischer*, NZG 2009, 801, 802.

338 BGBl I 2005, S. 2267, 2267.

339 Vgl. *Arnold/Günther* in Marsch-Barner/Schäfer, Hdb. börsennotierte AG (2014), § 20 Rn. 50 ff.; *Fleischer* in Spindler/Stilz, AktG (2010), § 87 Rn. 78 ff.; grundlegend *Thüsing*, ZIP 2005, 1389 ff.; *Marsch-Barner* in FS Röhricht, 2005, S. 401, 407 f.; *Fleischer*, DB 2005, 1611, 1613.

Wettbewerbsverbote des Vorstandsmitglieds für die Zeit nach seinem Ausscheiden aus dem Vorstand sind nicht in § 88 AktG geregelt. Jenseits einer satzungsmäßigen Regelung werden sie in der Regel im Anstellungsvertrag vereinbart. Die Grenzen ergeben sich aus § 138 BGB i.V.m. Art. 2 und 12 GG. Nachvertragliche Wettbewerbsverbote sind nur zulässig, wenn sie berechtigte Interessen der Aktiengesellschaft schützen und nach Ort, Zeit und Gegenstand die wirtschaftliche Betätigung bzw. die Berufsausübung des aus dem Vorstand ausgeschiedenen Vorstandsmitglieds nicht unbillig behindern.[340] Eine Frist von zwei Jahren für nachträgliche Wettbewerbsverbote wird dabei als angemessen angesehen.[341]

d) Die Beendigung des Dienstverhältnisses

Die Höchstdauer des Anstellungsverhältnisses kann nicht länger als die Dauer des durch Bestellung begründeten Organverhältnisses sein (§ 84 Abs. 1 S. 5 AktG). Vor dem Ablauf der Frist des Anstellungsvertrags wird das Anstellungsverhältnis durch Kündigung, durch vertragliche Aufhebung, durch Eintritt einer vertraglich vereinbarten Bedingung oder durch den Tod des Vorstandsmitglieds beendet. Die Kündigung kann durch Erklärung gegenüber dem Vorstandsmitglied aufgrund eines Beschlusses des Aufsichtsrats (§ 112 AktG) oder eines hierfür zuständigen Ausschusses des Aufsichtsrats[342] erfolgen. Sie kann umgekehrt auch vom Vorstandsmitglied erklärt werden.[343] Ob eine außerordentliche Kündigung wirksam ist, hängt davon ab, ob ein wichtiger Grund nach § 626 Abs. 1 BGB für die Kündigung besteht. Dies ist unter Abwägung der beiderseitigen Interessen zu bestimmen.[344]

---

340 Vgl. BGH, Urt. v. 26. März 1984 – II ZR 229/83, BGHZ 91, 1, 5 = GmbHR 1984, 234, 235 Tz. 12 (GmbH-Geschäftsführer); *Koch* in Hüffer, AktG (2014), § 88 Rn. 10; *Fleischer* in Spindler/Stilz, AktG (2010), § 43 ff.; *Bürgers/Israel* in Bürgers/Körber, AktG (2014), § 88 Rn. 15; *Hoffmann-Becking*, FS Quack, 1991, S. 273, 275 f.; *Happ* in Happ/Groß, Aktienrecht (2015), Muster 8.08 Anm. 25.1 ff.

341 BGH, Urt. v. 19. Oktober 1993 – KZR 3/92, AG 1994, 130, 131 = GmbHR 1994, 44, 47 Tz. 26; *Happ* in Happ/Groß, Aktienrecht (2015), Muster 8.08 Anm. 25.3; *Koch* in Hüffer, AktG (2014), § 88 Rn. 10.

342 Die Zuständigkeit der Kündigung kann vom Aufsichtsrats einem mindestens aus drei Mitgliedern bestehenden Ausschusses übertragen werden, weil § 84 Abs. 3 Satz 5 AktG in § 107 Abs. 3 Satz 2 AktG nicht genannt wird; vgl. BGH, Urt. v. 23. Oktober 1975 – II ZR 90/73, BGHZ 65, 190, 192 ff. = WM 1975, 1237, 1238 Tz. 10 f.; *Koch* in Hüffer, AktG (2014), § 84 Rn. 48; *Fleischer* in Spindler/Stilz, AktG (2010), § 84 Rn. 146.

343 *Frodermann/Schäfer* in Henn/Frodermann/Schäfer, Hdb. AktR (2009), 7. Kap. Rn. 134; *Fleischer* in Spindler/Stilz, AktG (2010), § 84 Rn. 170.

344 *Koch* in Hüffer, AktG (2014), § 84 Rn. 50; *Fleischer* in Spindler/Stilz, AktG (2010), § 84 Rn. 153.

III. Organpflichten der Vorstandsmitglieder

Durch die wirksame Bestellung erlangt der Bestellte die Rechtsstellung eines Vorstandsmitglieds im Sinne einer Organstellung sowohl im Verhältnis nach außen gegenüber Dritten als auch im Verhältnis nach innen gegenüber der Gesellschaft.[345] Mit der Organstellung werden die organschaftlichen Rechte und Pflichten, vor allem das Recht und die Pflicht zur Leitung der Gesellschaft unter eigener Verantwortung nach § 76 AktG, zur Geschäftsführung nach § 77 AktG und zur Vertretung der Gesellschaft nach § 78 AktG sowie die organschaftlichen allgemeinen Verhaltenspflichten, vor allem die Sorgfaltspflicht (§ 93 Abs. 1 Satz 1 AktG), die Verschwiegenheitspflicht (§ 93 Abs. 1 Satz 3 AktG) und das Wettbewerbsverbot (§ 88 AktG) begründet.[346] Die Business Judgment Rule, die streng genommen bereits in einem Urteil des Reichsgerichts[347] anerkannt wurde, ist nunmehr in § 93 Abs. 1 Satz 2 AktG ausdrücklich geregelt.[348] Mit der wirksamen Bestellung unterliegt das Vorstandsmitglied ferner der organschaftlichen Treuepflicht gegenüber der Gesellschaft.[349] Im Rahmen dieser Untersuchung sollen im 3. Kapitel die Organpflichten der Vorstandsmitglieder auf Grundlage einer Zweiteilung in Sorgfaltspflichten und Treuepflichten dargestellt werden.

Zur Sorgfaltspflicht gehört nach der h. M. die Legalitätspflicht.[350] Danach sind Vorstandsmitglieder verpflichtet, sich bei der Ausführung seiner Aufgaben gesetzestreu zu verhalten.[351] Der Vorrang der Legalitätspflicht gilt auch bei Pflichtverletzungen

---

345 *Frodermann/Schäfer* in Henn/Frodermann/Jannott, Hdb. AktR (2009), 7. Kap. Rn. 11; *Baums*, Geschäftsleitervertrag (1987), S. 3, 50; *Hefermehl* in Geßler/Hefermehl/Eckardt/Kropff, AktG (1973), § 84 Rn. 5.

346 Vgl. *Vedder* in Grigoleit, AktG (2013), § 84 Rn. 14; *Koch* in Hüffer, AktG (2014), § 84 Rn. 9 f.; *Frodermann/Schäfer* in Henn/Frodermann/Jannott, Hdb. AktR (2009), 7. Kap. Rn. 11, 49; *Wiesner* in MünchHdb. AG (2007), § 20 Rn. 13; *Hefermehl* in Geßler/Hefermehl/Eckardt/Kropff, AktG (1973), § 84 Rn. 5.

347 Vgl. RG, Urt. v. 28. Juni 1930 – IX 4/30, RGZ 129, 272, 275; *Lutter* in Krieger/Uwe H. Schneider, Hdb. Managerhaftung (2010), § 1 Rn. 15.

348 Vgl. *Koch* in Hüffer, AktG (2014), § 93 Rn. 8 ff.; *Fleischer* in Spindler/Stilz, AktG (2010), § 93 Rn. 59 ff.

349 *Vedder* in Grigoleit, AktG (2013), § 84 Rn. 14; *Koch* in Hüffer, AktG (2014), § 84 Rn. 10; *Mertens/Cahn* in KK-AktG (2010), § 93 Rn. 95–112; *Spindler* in MK-AktG (2014), § 76 Rn. 13; *Krieger/Sailer-Coceani* in K. Schmidt/Lutter, AktG (2010), § 93 Rn. 16; *Frodermann/Schäfer* in Henn/Frodermann/Jannott, Hdb. AktR (2009), 7. Kap. Rn. 49; *Lutter*, DZWIR 2011, 265, 266; *Fleischer*, WM 2003, 1045, 1046.

350 *Krieger/Sailer-Coceani* in K. Schmidt/Lutter, AktG (2010), § 93 Rn. 6; *Fleischer* in Spindler/Stilz, AktG (2010), § 93 Rn. 14; *Mertens/Cahn* in KK-AktG (2010), § 93 Rn. 67 ff.; 71 ff.; *Koch* in Hüffer, AktG (2014), § 93 Rn. 6; *U. Schmidt* in Heidel, Aktienrecht (2014), § 93 Rn. 7; *Hölters* in Hölters, AktG (2014), § 93, R. 54.

351 *Krieger/Sailer-Conceani* in K. Schmidt/Lutter, AktG (2010), § 93 Rn. 6; *Fleischer* in Spindler/Stilz, AktG (2010), § 93 Rn. 14; *Koch* in Hüffer, AktG (2014), § 93 Rn. 6.

oder Gesetzesverstößen, von denen die Gesellschaft profitieren kann.[352] Nützliche Pflichtverletzungen sind also unzulässig. Die Theorie des effizienten Gesetzesbruchs, also die „efficient breach of public law", die in der US-amerikanischen Rechtsordnung diskutiert ist, ist in Deutschland nicht zu begründen.[353] Bei der Erfüllung der Legalitätspflicht besteht kein unternehmerischer Handlungsspielraum für eine Pflichtverletzung oder Gesetzesverstöße, gleichgültig, ob sie profitabel ist oder im Interesse der Gesellschaft begangen wird.[354] Die Business Judgment greift infolge der Zukunftsbezogenheit von unternehmerischen Entscheidungen nur bei unternehmerischen Zweckmäßigkeits- bzw. Prognoseentscheidungen ein, nicht jedoch bei rechtlich gebundenen Entscheidungen.[355]

IV. Haftung der Vorstandsmitglieder

Bei der aufgrund einer Pflichtverletzung ausgelösten zivilrechtlichen Haftung von Mitgliedern des Vorstands ist zwischen der Binnenhaftung, d.h. der Haftung gegenüber der Gesellschaft, und der Außenhaftung, d.h. der Haftung gegenüber Dritten einschließlich Aktionären, zu unterscheiden. § 93 AktG ist die zentrale Rechtsgrundlage für die Regelung der Sorgfaltspflichten und der Binnenhaftung der Vorstandsmitglieder. Das AktG enthält keinen allgemeinen Haftungstatbestand für die Außenhaftung. Nach § 93 Abs. 1 Satz 1 AktG haben die Vorstandsmitglieder bei ihrer Geschäftsführung die Sorgfalt eines ordentlichen und gewissenhaften Geschäftsleiters anzuwenden. Vorstandsmitglieder, die ihre Pflichten verletzen, sind der Gesellschaft zum Ersatz des daraus entstehenden Schadens als Gesamtschuldner verpflichtet (§ 93 Abs. 2 Satz 1 AktG). Eine Pflichtverletzung liegt nicht vor, wenn das Vorstandsmitglied bei einer unternehmerischen Entscheidung vernünftigerweise annehmen durfte, auf der Grundlage angemessener Information zum Wohle der Gesellschaft zu handeln (§ 93 Abs. 1 Satz 2 AktG).

352 *Fleischer* in Spindler/Stilz, AktG (2010), § 93, Rn. 36.

353 Vgl. ausführlich dazu *Fleischer*, ZIP 2005, 141, 145 ff.; *Bayer* in FS K. Schmidt, 2009, S. 85, 91 f.; *Uwe H. Schneider* in FS Hüffer, 2010, S. 905, 909; *Fleischer* in Spindler/Stilz, AktG (2010), § 93, Rn. 36.

354 *Krieger/Sailer-Coceani* in K. Schmidt/Lutter, AktG (2010), § 93 Rn. 12; *Fleischer* in Spindler/Stilz, AktG (2010), § 93, Rn. 37; *Koch* in Hüllfer, AktG (2014), § 93 Rn. 16; *Spindler* in MK-AktG (2014), § 93 Rn. 45.

355 Begr. RegE, BT-Drucks. 15/5092, S. 11; *Bayer* in FS K. Schmidt, 2009, S. 85, 91 f.; *Krieger/Sailer-Conceani* in K. Schmidt/Lutter, AktG (2010), § 93 Rn. 12; *Fleischer* in Spindler/Stilz, AktG (2010), § 93 Rn. 36, 67; *Koch* in Hüffer, AktG (2014), § 93 Rn. 16; *Spindler* in MK-AktG (2014), § 93 Rn.

C. Rechtsvergleich

I. Zu Merkmalen und wirtschaftlicher Bedeutung der Aktiengesellschaft

1. Merkmale der Aktiengesellschaft

Hinsichtlich der Einordnung als Kapitalgesellschaft und juristische Person als wesentliche Merkmale der Aktiengesellschaft besteht kein Unterschied zwischen dem Aktienrecht in Deutschland und dem in Taiwan. Die Kategorien „Handelsgesellschaft" und „Formkaufmann" des deutschen Rechts kennt man in Taiwan nicht, weil es dort kein Handelsgesetz gibt und weil dem Handelsrecht als Inbegriff des Gesellschaftsrechts, Wertpapierrechts, Seehandelsrechts und Versicherungsrechts die Kaufmannseigenschaft nicht bekannt ist. § 3 AktG findet nur Anwendung auf in Deutschland eingetragene inländische Aktiengesellschaften.[356] Wenn die Kaufmannseigenschaft einer ausländischen Aktiengesellschaft nach dem deutschen internationalen Privatrecht bestimmt werden soll, ist nicht auf das Gesellschaftsstatut, sondern in Abhängigkeit der konkreten Sachverhaltsgestaltung auf das Vertragsstatut, das Wirkungsstatut, das Vollmachtsstatut oder das Deliktsstatut abzustellen[357]. Im Gegensatz zum deutschen Recht spielt die Kaufmannseigenschaft im taiwanesischen internationalen Privatrecht keine Rolle.

2. Wirtschaftliche Bedeutung der Aktiengesellschaft

Die sich bei einer geschichtlichen Gesamtbetrachtung über die Jahrhunderte hinweg erschließende wirtschaftliche Funktion der Aktiengesellschaft als bewährtes Sammelbecken für Risikokapital wird in der juristischen Literatur in Taiwan nicht thematisiert. Vielmehr werden im Schrifttum zum Aktienrecht nur die einzelnen Merkmale bzw. Funktionen der Aktien im Wirtschaftsleben dargestellt. Dies führt einerseits zu der Erkenntnis, dass viele AGs in Taiwan mit einer Ansammlung von Risikokapital nichts zu tun haben und wirtschaftlich als GmbH anzusehen sind[358]. Andererseits werden viele weltweit agierende deutsche Unternehmen, z. B. die Robert Bosch GmbH, in der Rechtsform der GmbH betreiben, was aus taiwanesischer Perspektive mehr als ungewöhnlich ist.

---

356 *Drescher* in Spindler/Stilz, AktG (2010), § 3 Rn. 2; *Koch* in Hüffer, AktG (2014), § 3 Rn. 2.

357 Vgl. *Drescher* in Spindler/Stilz (2010), AktG, § 3 Rn. 2; *Heider* in MK-AktG (2008), § 3 Rn. 9; BGH, Urt. v. 9. Dezember 1964 – VIII ZR 304/62 – BGHZ 43, 21, 26 = WM 1965, 82, 83 zum Vertragsstatut und Vollmachtstatut.

358 Die offizielle Statistik der Gesellschaftseintragung bis zum Ende Dezember 2013 in Taiwan zeigt, dass die Anzahl der AG,154635, 33.51% der Anzahl der GmbH, 461439, und der Gesamtkapital der AG, 18641447 Million TWD, 853% des Gesamtkapital der GmbH, 2184800 Million TWD, auskommen.

II. Zum Aktienrecht im Allgemeinen

1. *Wirtschafts- und gesellschaftspolitische Ziele*

Ein weiterer Unterschied zwischen dem deutschen und dem taiwanesischen Aktienrecht liegt in der sozialpolitischen Aufgabe des Aktienrechts. Bei der Reform des Aktienrechts im Jahr 1965 wurde die Gewährleistung der „Wahrung übergeordneter wirtschafts- und gesellschaftspolitischer Ziele“ in der sozialen Marktwirtschaft in der Begründung zum Regierungsentwurf ausdrücklich als einer der wichtigsten Grundsätze für die Ausgestaltung des Aktienrechts hervorgehoben.[359] Die sozialpolitische Aufgabe als Ziel der Gesetzgebung des Aktiengesetzes von 1965 wirkt aus Perspektive des taiwanesischen Gesetzgebers und Rechtswissenschaftlers wie ein Fremdkörper. Sie ist daher auch nicht vergleichbar in die grundlegende Novellierung des Gesellschaftsgesetzes von 1966 eingegangen und wirkt auch heute noch befremdlich. Für die Vorstandsmitglieder in Taiwan ist es daher schwierig und unüblich, bei ihrer Entscheidungsfindung das Gemeinwohlinteresse als Teil des Gesellschaftsinteresses zu verstehen und zu berücksichtigen.

2. *Rolle der Verwaltungsauslegungen*

Die Republik China hat seit ihrer Gründung 1912 in weiten Teilen das deutsche Rechtssystem übernommen. Es besteht kein prinzipieller Unterschied in den formellen Rechtsquellen im Allgemeinen. Die Bedeutung der kapitalmarktrechtlichen Regelungen als wichtige ergänzende Rechtsquelle des Aktienrechts für börsennotierte Gesellschaften ist allgemein in Deutschland und Taiwan anerkannt. Trotzdem bestehen materielle Unterschiede nicht nur bei den rechtspolitischen Überlegungen, die die Ausgestaltung der aktienrechtlichen Regelungen bei der Gesetzgebung bestimmt haben, sondern auch in der Rechtsprechung. Weitere Unterschiede bestehen in den umfangreichen Verordnungen sowie Verwaltungsauslegungen in Form von Verwaltungsvorschriften, die für die Praxis des Aktienrechts und Kapitalmarktrechts in Taiwan eine außerordentlich wichtige Rolle spielen. Die Rechtsfiguren des „unabhängigen Direktors“ und des „Auditausschuss“ in Taiwan sind im Wesentlichen nicht im Gesellschaftsgesetz oder Wertpapierhandelsgesetz, sondern in den relevanten Rechtsverordnungen und Verwaltungsauslegungen geregelt.

3. *Corporate Governance Kodex*

Ein wichtiger Unterschied zwischen dem deutschen und dem taiwanesischen Aktienrecht besteht im Corporate Governance Kodex, obgleich ein solcher Kodex in den beiden Rechtsordnungen als Soft-Law bezeichnet und verstanden wird. Im Gegensatz zum Corporate Governance Kodex für die börsennotierten Gesellschaften in Taiwan hat sich der Deutsche Corporate Governance Kodex durch die Begründung

---

359 Vgl. Begr. RegE, zu Aktiengesetz 1965, BT-Drucks. 3/1915, S. 93.

der Pflicht des Vorstands und Aufsichtsrats zur Entsprechenserklärung nach § 161 AktG und den bei fehlenden bzw. fehlerhaften Erklärungen ausgelösten Folgen (innere und äußere Haftung, Ordnungswidrigkeiten, strafrechtliche Sanktionen für Mitglieder der Verwaltungsorgane[360] sowie Anfechtbarkeit des von der Hauptversammlung in Unkenntnis der Gesetzesverletzung gefassten Entlastungsbeschlusses[361]) als voll funktionsfähig erwiesen. Die sich aus statistischen Erhebungen ergebenden Befolgungsquoten hinsichtlich der Empfehlungen und Anregungen bei deutschen börsennotierten Gesellschaften untermauern den Erfolg des Mechanismus der Entsprechenserklärung nach § 161 AktG. Die Funktion und Bedeutung des DCGK im Sinne international und national anerkannter Standards für eine gute und verantwortliche Leitung und Überwachung eines Unternehmens spiegeln sich auch in der deutschen Rechtsprechung. Der Mechanismus der Entsprechenserklärung gemäß § 161 AktG stellt daher eine positive Anregung für eine Reform des Corporate Governance Kodex in Taiwan dar, dessen Funktionalität und Bedeutung weit hinter dem DCGK zurückbleiben.

4. Die Rechtsprechung

Ein weiterer Unterschied zwischen dem deutschen und taiwanesischen Aktienrecht besteht in der Bedeutung der aktienrechtlichen Rechtsprechung. Die Ansichten in der Rechtsprechung in Taiwan werden dort oft kritisch eingeschätzt. Im Gegensatz dazu werden im deutschen Schrifttum die Ansichten in der aktienrechtlichen Rechtsprechung und ihre wissenschaftliche Überzeugungskraft überwiegend positiv gesehen. Die Rolle der deutschen Rechtsprechung als Rechtsquelle wird im Rahmen der Rechtsfortbildung hervorgehoben.

5. Das Verwaltungssystem

Eine Gemeinsamkeit im deutschen und taiwanesischen Aktienrecht bildet das dualistische Verwaltungssystem. Eine geschichtliche Betrachtung offenbart, dass sich eine dualistische Verwaltungsstruktur der Aktiengesellschaft auf Basis eines aus mindestens drei Direktoren bestehenden Vorstands und mit mindestens zwei Auditoren bereits im Jahr 1904 im Gesellschaftsgesetz der Qing-Dynastie herausbildete, also von Anfang an bei der Modernisierung des chinesischen Rechtssystems vor

---

360 Vgl. *Spindler* in K. Schmidt/Lutter, AktG (2010), § 161 Rn. 65 ff.; *Runte/Eckert* in Bürgers/Körber, AktG (2014), § 161, 43 ff.

361 Vgl. BGH, Urt. v. 16. Februar 2009 – II ZR 185/07 – „Kirsch/Deutsche Bank", BGHZ 180, 9–38, Rn. 19 = AG 2009, 285–293, 287 f., wonach das Fehlen oder eine Unrichtigkeit der gemäß § 161 AktG vom Vorstand und Aufsichtsrat abzugebenden „Entsprechenserklärungen" wegen der darin liegenden Verletzung von Organpflichten zur Anfechtbarkeit jedenfalls der gleichwohl gefassten Entlastungsbeschlüsse führt, soweit die Organmitglieder die Unrichtigkeit kannten oder kennen mussten; *Spindler* in K. Schmidt/Lutter, AktG (2010), § 161 Rn. 64.

mehr als einem Jahrhundert übernommen wurde, auch wenn der Begriff „Auditor“ nicht mit dem „Supervisor“ im geltenden Aktienrecht in Taiwan oder dem „Aufsichtsrat“ im deutschen Aktienrecht identisch ist.

„Der Entwurf eines Handelsgesetzbuchs für Japan“, der von *Hermann Roesler* mit seinen Kommentaren im Jahr 1884 dem japanischen Kaiser Meiji vorgelegt wurde[362], liefert die Erklärung dafür, warum die Qing-Dynastie in China bei der Einführung des ersten Gesellschaftsgesetzes im Jahr 1904 unter dem Einfluss aus Japan ein dualistisches Verwaltungssystem aus Direktoren und Auditoren übernommen hat. Der Titel von § 5 des Entwurfs heißt „Directoren und Aufsichtsrath“ und umfasst die Art. 219 bis 229 für Directoren und Art. 230 bis 235 für den Aufsichtsrath. Art. 219 des genannten Entwurfs wurde wie folgt formuliert: „Die Generalversammlung wählt aus der Zahl der Actionäre mindestens 1 Monat vor deren Amtsantritt mehrere, jedoch nicht weniger als 3 Directoren, welche aus ihrer Mitte einen oder mehrere geschäftsführende Directoren ernennen können. Die Ernennung anderer Vertreter und Funktionäre der Gesellschaft ist facultativ.“[363] Dazu hat *Roesler* unter anderem kommentiert: „Die Directoren bilden nun den Vorstand der Gesellschaft, der in allen Fällen nothwendig ist.“[364] Art. 230 des Entwurfs wurde wie folgt formuliert: „Die Gesellschaft wählt, wenn es im Statut bestimmt ist oder wenn sie es sonst gut findet, 3–5 Actionären auf die Dauer von je 2 Jahren, nach deren Ablauf Wiederwahl statthaft ist.“[365] Dazu hat *Roesler* kommentiert: „Die Vorschrift über die Wahl eines Aufsichtsrathes ist namentlich im deutschen H. Gesetzbuch ausgebildet. Aehnliche Bestimmungen, über Auditoren, finden sich aber auch in der englischen und französ. Gesetzgebung. Der Entwurf macht die Wahl eines Aufsichtsrathes fakultativ, da nicht alle Gesellschaften, namentlich die kleineren, dafür geeignet sein werden, schon wegen Mangels an geeigneten Persönlichkeiten. Bei wichtigeren Unternehmungen, insbesondere wenn die Concession der Staatsregierung erforderlich ist, kann übrigens die Wahl eines Aufsichtsrathes zur Pflicht gemacht werden und geben die Bestimmungen in § 13 Art. 276–279 ausserdem noch genügende Möglichkeit der Ueberwachung an die Hand.“[366]

6. *Rechtswissenschaft*

Schwierig zu vergleichen sind die wissenschaftlichen Entwicklungen zur Modernisierung des Rechtssystems vor hundert Jahren in China und von heute in

362 Vgl. *Roesler*, Hermann: Entwurf eines Handesl-Gesetzbuches für Japan mit Commentar, Erster Band. Tokio 1884. Das einzige Exemplar des Buchs in Taiwan befindet sich seit dem 6. Dezember 1929 in der Bibliothek der National Taiwan University. Nach dem Entleihrekord der genannten Universität wurde das Buch nicht entliehen seit 1929.

363 *Roesler*, a.a.O., S. 49.

364 *Roesler*, a.a.O., S. 320.

365 *Roesler*, a.a.O., S. 51.

366 *Roesler*, a.a.O., S. 326.

Taiwan mit den rechtswissenschaftlichen Bemühungen in Deutschland, die die Gesetzgebung, die Rechtsprechung, die Anwaltspraxis und die Entwicklung des Aktienrechts in Deutschland seit zwei Jahrhunderten durchgehend unterstützt haben. Die von *Hocker* in 1858 herausgegebene Sammlung der Statuten aller Actien-Banken Deutschlands[367] und die Werke von *Auerbach*[368] und *Koch*[369] zum Aktienrecht nach der Einführung des ADHGB 1861, das Werk von *Renaud*[370] zum Aktienrecht nach der Novellierung 1870, das Werk von *Lehmann*[371] zum Octroisystem vor Code de Commerce in 1807 sowie die Kommentare von *Lehmann* und *Ring*[372] zum HGB von 1897 haben vor mehr als 100 Jahren gezeigt, dass eine wissenschaftliche Durchdringung für die Herausbildung und Weiterentwicklung einer eigenständigen Aktienrechtsordnung unentbehrlich ist. Dies ist für die Modernisierung des chinesischen Rechtssystems insgesamt und für die Übernahme einzelner Rechtsfiguren in das taiwanesische Recht aufschlussreich. Für eine sinnvolle Rechtsübernahme ist es keineswegs mit einer, womöglich sogar ungenauen, Übersetzung und Rezeption einer ausländischen gesetzlichen Regelung getan. Sowohl Gesetzgebung als auch Rechtsprechung und Anwaltspraxis sind durchgängig auf eine umfassende Unterstützung durch eine sorgfältig und fundiert arbeitende Rechtswissenschaft angewiesen.

367 *Hocker, Nicolaus* (Hrsg.): Sammlung der Statuten aller Actien-Banken Deutschlands mit statistischen Nachweisen und Tabellen, Köln 1858, abrufbar auf der Website dlib-pr.mpier.mpg.de (Max-Planck-Institut für europäische Rechtsgeschichte).

368 *Auerbach, W.*: Das Gesellschaftswesen in juristischer und volkswirtschaftlicher Hinsicht unter besonderer Berücksichtigung des allgemeinen deutschen Handelsgesetzbuchs, Frankfurt am Main 1861; abrufbar auf der Website dlib-pr.mpier.mpg.de (Max-Planck-Institut für europäische Rechtsgeschichte).

369 *Koch, C. F.* (Hrsg.): Allgemeines deutsches Handelsgesetzbuch mit Kommentar in Anmerkungen, Berlin 1863, abrufbar auf der Website dlib-pr.mpier.mpg.de (Max-Planck-Institut für europäische Rechtsgeschichte).

370 *Renaud, Achilles*: Das Recht der Actiengesellschaften, 2. Auflage, Leipzig 1875; abrufbar auf der Website dlib-pr.mpier.mpg.de (Max-Planck-Institut für europäische Rechtsgeschichte).

371 *Lehmann, Karl*: Die geschichtliche Entwicklung des Aktienrechts bis zum Code de Commerce, Berlin 1895, abrufbar auf der Website https://archive.org/details/diegeschichtlic00lehmgoog (Internet Archive); *ders.*: Das Recht der Aktiengesellschaften, Band 1, Berlin 1898, Band 2, Berlin 1904, abrufbar auf der Website dlib-pr.mpier.mpg.de (Max-Planck-Institut für europäische Rechtsgeschichte).

372 *Lehmann, Karl/Ring, Viktor*: Das Handelsgesetzbuch für das Deutsche Reich, Band 1, Berlin 1902, Band 2, Berlin 1901, abrufbar auf der Website dlib-pr.mpier.mpg.de (Max-Planck-Institut für europäische Rechtsgeschichte).

III. Zur Funktion des Vorstands im Organisationsgefüge der Aktiengesellschaft

1. Das Organisationsgefüge der Aktiengesellschaft

Dem deutschen und dem taiwanesischen Aktienrecht gemeinsam ist eine dreigliedrige Organisation der Aktiengesellschaft: Vorstand, Aufsichtsrat und Hauptversammlung für die deutsche Aktiengesellschaft sowie Vorstand, Supervisor und Hauptversammlung für die nicht börsennotierte Aktiengesellschaft sowie jene börsennotierten Aktiengesellschaften, die das Organ des „Supervisors" nicht abgeschafft haben, unter dem taiwanesischen Aktienrecht. Eine weitere Gemeinsamkeit in beiden Aktienrechtsordnungen besteht in dem dualistischen Verwaltungssystem. In der deutschen Aktiengesellschaft stellt der Vorstand das Leitungs- und Geschäftsführungsorgan und der Aufsichtsrat das Überwachungsorgan dar, während in der taiwanesischen Aktiengesellschaft der Vorstand ebenso als Geschäftsführungsorgan und der Supervisor als Überwachungsorgan fungieren. Der Unterschied liegt darin, dass die Verfassung der AG im AktG weitgehend zwingend geregelt ist. Die Abgrenzung der Kompetenzen der einzelnen Organe untereinander ist grundsätzlich rechtlich verbindlich festgelegt. Die Satzung kann Maßnahmen der Geschäftsführung nicht der Hauptversammlung zuweisen, weil nach § 23 Abs. 5 in die gesetzlich unabdingbar geregelten Kompetenzen des Vorstands, des Aufsichtsrats und des Abschlussprüfers nicht eingriffen werden darf.[373] Demgegenüber ist die Abgrenzung der Kompetenzen zwischen Vorstand und Hauptversammlung in Taiwan noch immer umstritten.

2. Die Amtsausübung der Vorstandsmitglieder

Die Unterschiede zwischen beiden Rechtsordnungen bei der Wahrnehmung der Geschäftsführung durch den Vorstand einer Aktiengesellschaft sind sehr groß. Die allgemein anerkannte chinesische Übersetzung des Vorstands im Sinne des deutschen Aktiengesetzes ist 董事會 [Dong Sui Hui]. Umgekehrt ist „Vorstand" die in Taiwan allgemein anerkannte deutsche Übersetzung von 董事會 [Dong Sui Hui] im Sinne des GesG[374]. Das Aktienrecht in Taiwan kennt keinen Vorstand im Sinne eines „management board", „managing board" oder „board of management". Sowohl der Vorstand im Sinne des deutschen AktG als auch der Vorstand im Sinne des GesG

373 Die Satzung spielt wenige Rolle in Schaffung der Zuständigkeiten an Hauptversammlung, vgl. dazu *Hoffmann* in Spindler/Stilz, AktG (2010), § 119 Rn. 48; *Semler* in MünchHdb. AG (2007), § 34 Rn. 33; *Göhmann* in Henn/Frohdermann/Jannott, Hdb. AktR (2009), 9. Kap. Rn. 13; *Marsch-Barner* in Marsch-Barner/Schäfer, Hdb. börsennotierte AG (2014), § 31 Rn. 30.

374 Vgl. *KE, Fang-Chih*, Gesellschaftsrecht (Teil II) (2011), S. 251; KE hat den Begriff „Direktor" im Sinne des GesG anhand des Begriffs „Vorstandsmitglieder" und „Vorstand" erläutert.

sind nach § 77 AktG bzw. § 202 GesG das Geschäftsführungsorgan der Aktiengesellschaft. Der wesentliche Unterschied liegt darin, dass Vorstandsmitglieder einer deutschen Aktiengesellschaft ihre Geschäftsführungsaufgabe als Hauptamt erfüllen, während die Direktoren der taiwanesischen Aktiengesellschaft in den meisten Fällen nur nebenamtlich tätig sind. Während monatliche Vorstandssitzungen bei einer deutschen Aktiengesellschaft notwendig und üblich sind, finden die Vorstandssitzungen einer taiwanesischen Aktiengesellschaft normalerweise nur alle drei Monate und bisweilen sogar nur zweimal im Jahr statt. Die Regelungen zum Vorstand als Geschäftsführungsorgan im Aktienrecht der Republik China sind seit der Einführung des Gesellschaftsgesetzes von 1904 und der Gesetzesverordnung von 1914 im Wesentlichen unverändert geblieben. Geändert wurde allerdings die Bestimmung im Gesellschaftsgesetz von 1904, nach der Vorstandssitzungen einmal in der Woche stattfinden müssen, die seit 1914 nicht mehr besteht. Vorstandsmitglieder einer deutschen Aktiengesellschaften sind vom Aufsichtsrat bestellte, hauptamtlich tätige und professionelle Manager der Gesellschaft, während die meisten Direktoren einer taiwanesischen Aktiengesellschaft, vom Vorsitzenden des Vorstands abgesehen, normalerweise von Aktionären gewählte, nebenamtlich tätige „Outsider" sind, die professionelle Manager sein können, aber nicht müssen. Es ist nur bei der Nicht-Publikums-AG, die, wie oben bei der Darstellung der wirtschaftlichen Bedeutung der AG in Taiwan erläutert, eine vergleichbare Funktion wie eine deutsche GmbH hat, möglich, dass ihr Vorstand aus hauptamtlichen Mitgliedern und damit einem Vorstand im Sinne eines „management boards" besteht.

Die Geschäfte einer Publikums-AG in Taiwan werden in der Regel vom Vorsitzenden des Vorstands sowie Management Officers geführt. Sie treffen Entscheidungen über sämtliche Maßnahmen der Geschäftsführung, bilden unter dem Aktienrecht jedoch kein Kollegialorgan der Geschäftsführung. Das Geschäftsführungsorgan der AG ist seit dem Gesellschaftsgesetz von 1904 bis heute nach wie vor der Vorstand. Funktioniert der Vorstand einer AG in Taiwan, der aus nebenamtlichen Mitgliedern besteht, wie ein Überwachungsorgan? Vorstandsmitglieder von AGs in Taiwan werden diese Frage wohl mit „nein" beantworten.

3. *Die Leitung der Gesellschaft*

Ein weiterer Unterschied besteht darin, dass der Vorstand nach § 76 Abs. 1 AktG Leitungsorgan der Aktiengesellschaft ist, während das taiwanesische Aktienrecht nur die Geschäftsführung als Kompetenz des Vorstands kennt und die „Leitung der Gesellschaft", die für jedes Unternehmen von größter Bedeutung ist, nicht regelt. Das Konzept der Gesamtleitung der Vorstandsmitglieder unter eigener Verantwortung kennt das Aktienrecht in Taiwan nicht. Dies führt dazu, dass nur wenige Direktoren von Aktiengesellschaften in Taiwan ein Bewusstsein dafür haben, dass die Leitung der Gesellschaft ihre Befugnis und Aufgabe zugleich ist. In der chinesischen Sprache verbindet man mit dem Begriff der Gesellschaftsleitung etwas ganz anderes als in Deutschland mit der Geschäftsführung. Es ist schwierig oder gar unmöglich, die Gesellschaftsleitung aus dem Begriff der Geschäftsführung abzuleiten. Nach der Rechtsverordnung zur Geschäftsordnung des Vorstands der Publikums-AG, zuletzt geändert am 22. August 2012, unterliegen die Unternehmensplanung und Finanzierungsmaßnahmen der Beschlussfassung des Vorstands. Ist der Vorstand der Aktiengesellschaft in Taiwan jedoch auch für die Unternehmenskontrolle, die Organisation, und den Informationsfluss im Unternehmen verantwortlich? Die meisten Vorstandsmitglieder in Taiwan werden dies wahrscheinlich eher verneinen.

4. Gesamtleitung, Gesamtgeschäftsführung und Gesamtverantwortung

In Taiwan kennt man die Grundsätze der Gesamtleitung, Gesamtgeschäftsführung und Gesamtvertretung durch den Vorstand nicht. Das Prinzip der Gesamtverantwortung ist jedoch für den Fall einer rechtswidrigen Beschlussfassung nach § 193 Abs. 2 Halbsatz 1 GesG anerkannt, wonach sämtliche Direktoren, die an einer Beschlussfassung mitgewirkt und gegen Gesetze, die Satzung oder Beschlüsse der Hauptversammlung verstoßen haben zum Schadensersatz gegenüber der Gesellschaft verpflichtet sind. Der Direktor haftet nur dann nicht, wenn er sich gemäß § 193 Abs. 2 Halbsatz 2 GesG bei der Abstimmung über den Beschlusses ausdrücklich gegen diesen ausgesprochen hat und dieser Einwand protokolliert wurde oder durch eine schriftliche Erklärung nachgewiesen werden kann.

5. Juristische Person als Vorstandsmitglied

Ein wesentlicher Unterschied zum deutschen Aktienrecht ist, dass nach § 27 Abs. 1 Satz 1 GesG auch die Regierung oder eine juristische Person, wenn sie Aktionär ist, oder deren Vertreter zum Mitglied des Vorstands bestellt werden können. Wenn die Regierung oder eine juristische Person zum Mitglied des Vorstands bestellt wird, müssen diese nach § 27 Abs. 1 Satz 2 GesG eine oder mehrere natürliche Personen zur Amtsausübung designieren. In der Praxis treten stets Interessenkonflikte zwischen der Gesellschaft und der zum Vorstandsmitglied bestellten Regierung oder der juristischen Person bzw. deren Vertretern auf, da diese gegenüber der Regierung oder der juristischen Person Treuepflichten zu erfüllen haben, was die Amtsausübung problematisch macht[375].

6. Die Rolle des Vorstandsvorsitzenden

Ein weiterer großer Unterschied liegt in der Rolle des Vorstandsvorsitzenden. Nach § 84 Abs. 2 AktG wird der Vorstandsvorsitzende vom Aufsichtsrat ernannt und die Ernennung des Vorstandsvorsitzenden liegt in der ausschließlichen Zuständigkeit des Gesamtaufsichtsrats ist, während nach § 208 Abs. 1 und 2 GesG der Vorstandsvorsitzende von allen Direktoren bzw. den geschäftsführenden Direktoren gewählt wird. Der Vorstandsvorsitzende im deutschen Aktienrecht ist nach h.M.

375 Vgl. *WANG, Wen-Yeu*, Gesellschaftsrecht (2008), S. 193; *LIU, Len-Yu*, Modernes Gesellschaft (2012), S. 121.

mit den üblichen Organisationsrechten eines Gremienvorsitzenden ausgestattet[376]. Er repräsentiert den Vorstand als Kollegialorgan, leitet die Vorstandssitzungen und koordiniert die Arbeit der Vorstandsmitglieder[377]. Nach außen gegenüber Dritten hat er grundsätzlich keine privilegierte Vertretungsmacht[378]. Im Übrigen hat der Vorstandsvorsitzende die gleichen Rechte und Pflichten wie die anderen Vorstandsmitglieder. Das Kollegialprinzip wird durch den Vorstandsvorsitzenden nicht abgeschwächt[379]. Demgegenüber ist im taiwanesischen Aktienrecht die Rechtsstellung des Vorsitzenden des Vorstands deutlich stärker. Der Vorstandsvorsitzende leitet nach § 208 Abs. 3 Satz 1 GesG Hauptversammlungen, Vorstandssitzungen und Sitzungen der geschäftsführenden Direktoren und er ist der einzige gesetzliche Vertreter der Gesellschaft im Außenverhältnis. Nach der h. M. im Schrifttum verfügt der Vorstandsvorsitzende, der normalerweise einer der wenigen oder sogar das einzige hauptamtlich tätige Mitglied des Vorstands ist, über umfangreiche Befugnisse zur Führung der Geschäfte der Gesellschaft, während die nebenamtlichen Direktoren normalerweise nur an Vorstandssitzungen teilnehmen und an der Fassung von Beschlüssen mitwirken können.

7. Die Trennung von Bestellungs- und Anstellungsverhältnis

Ein weiterer Unterschied hinsichtlich der Rechtsverhältnisse zwischen der Gesellschaft und der zum Vorstandsmitglied bestellten Person besteht in der Trennung des Bestellungs- und Anstellungsverhältnisses im deutschen Aktienrecht und der Vermischung von Bestellung und Anstellung im taiwanesischen Aktienrecht. Die Vermischung von Bestellung und Anstellung im taiwanesischen Recht beruht eigentlich auf einem Missverständnis über die Organhaftung aus der Bestellung und die schuldrechtlichen Verhältnisse der Vorstandsmitglieder zur Gesellschaft. Dies führt u. a. dazu, dass die Verletzung der Legalitätspflicht im Sinne des § 23 Abs. 2 GesG eine Schadensersatzhaftung gegenüber Dritten auslöst, die kein Verschulden voraussetzt, und damit zu einer gesetzlich geregelten Sonderhaftung führt[380]. Es gibt allerdings eine Ansicht in der taiwanesischen Literatur, die zur besseren Ausdifferenzierung der Organpflichten und der Haftung der Vorstandsmitglieder nach § 23 GesG eine Trennung der sich aus der Bestellung gemäß § 192 Abs. 1 GesG und dem Anstellungsvertrag im Sinne des § 192 Abs. 4 und § 528 ZGB ergebenden Rechtsverhältnisse vorschlägt, wie sie dem Modell der Trennungstheorie sowie

376 *Fleischer* in Spindler/Stilz, AktG (2010), § 84 Rn. 89.
377 *Fleischer* in Spindler/Stilz, AktG (2010), § 84 Rn. 89; *Koch* in Hüffer, AktG (2014), § 84 Rn. 29.
378 *Fleischer* in Spindler/Stilz, AktG (2010), § 84 Rn. 89.
379 *Koch* in Hüffer, AktG (2014), § 84 Rn. 29.
380 Vgl. Oberster Gerichtshof, Urt. v. 2. November 1984 – 73 (1984) Tai-Shang-Zi Nr. 4345, Justiz-Yuan Gazette 1985, Bd. 27, Nr. 3, S. 42–43.

der Rechtsprechung des Reichsgerichts und des BGH, der deutschen Literatur und der Begründung des Regierungsentwurfs zu § 93 AktG zugrunde liegt[381].

8. *Sorgfaltspflicht und Treupflicht*

Hinsichtlich der Sorgfaltspflicht und Treupflicht als Verhaltenspflichten von Vorstandsmitgliedern besteht zwischen dem deutschen und dem taiwanesischen Recht formell kein Unterschied, wenn man lediglich diese Zweiteilung der Organpflichten betrachtet. Unterschiede ergeben sich jedoch aus den im Schrifttum und in der Rechtsprechung vertretenen Ansichten zum Wesen der Pflichten sowie bei deren Konkretisierung aus der Generalklausel des § 93 Abs. 1 AktG bzw. § 23 Abs. 1 GesG. Beispielhaft sei hier die Ansicht des Landgericht Taipeh zum Wesen der Sorgfaltspflicht und Treupflicht wiedergegeben, wonach die Teilung von Sorgfaltspflicht und Treupflicht schwierig und eigentlich nicht notwendig sei, weil beide Pflichten aus dem Principal-Agent-Verhältnis entstünden[382].

9. *Unternehmerisches Geschäftsleiterermessen*

Ein wichtiger Unterschied liegt ferner darin, dass das Geschäftsleiterermessen in Deutschland bereits in der Rechtsprechung des Reichsgerichts anerkannt wurde und dessen gesetzliche Anerkennung sich nun in § 93 Abs. 2 AktG findet, während die Anerkennung der Business Judgment Rule im taiwanesischen Aktienrecht noch umstritten ist. Für eine Übernahme wird man sich dort erst aussprechen, wenn die Pflichten und die Haftung der Geschäftsleiter, deren Risiken beim Treffen von Unternehmensentscheidungen sowie die wirtschaftlichen Auswirkungen der ungeklärten Rechtslage im internationalen Wettbewerbsumfeld erforscht sind. Hierzu dient auch die Rechtsvergleichung und das Modell der Anerkennung der Business Judgment Rule im deutschen Recht kann für die taiwanesische Rechtsentwicklung sehr instruktiv sein und Anknüpfungspunkte für die Ausarbeitung einer sachgerechten Lösung bieten.

Im deutschen Aktienrecht gilt der Vorrang der Legalitätspflicht auch bei Pflichtverletzungen oder Gesetzesverstößen, von denen die Gesellschaft profitieren kann. Die Business Judgment Rule findet keine Anwendung bei sog. nützlichen Pflichtverletzungen. Demgegenüber hat das taiwanesische Aktienrecht die unternehmerische Entscheidung im Rahmen der Business Jungment Rule nicht vollständig verstanden.

---

381 Vgl. *LIU, Yu-Sen*, Allgemeine Bestimmungen des Gesellschaftsgesetzes (2009), S. 136 ff.

382 Vgl. Landgericht Taipeh, Urt. v. 20. April 2005 – 93 (2004) Zong-Su-Zi Nr. 144, abrufbar auf der Website vom Justiz-Yuan: http://jirs.judicial.gov.tw/FJUD/.

10. Die Überwachung der Geschäftsführung

Hinsichtlich der Überwachung der Geschäftsführung besteht zwischen dem deutschen Recht und dem taiwanesischen Recht ein großer Unterschied. Die Kompetenzen von Supervisoren oder unabhängigen Direktoren im taiwanesischen Aktienrecht sind mit denjenigen des Aufsichtsrats im deutschen Aktienrecht, der als unabhängiges Kollegialorgan nicht nur über eine Überwachungsbefugnis, sondern auch über die Personalhoheit bei der Bestellung von Vorstandsmitgliedern sowie eine Beratungs- und Mitentscheidungspflicht verfügt und fachlich qualifizierte Ausschüsse, wie einen Prüfungsausschuss und einen Nominierungsausschuss, einrichten kann, nicht vergleichbar.

Die Einführung der Rechtsfiguren „unabhängigen Direktoren" und „Auditausschuss" in Taiwan in 2006 bezweckt die Schaffung eines monistischen Verwaltungssystems zur Verstärkung der Corporate Governance der Publikums-AG und der Funktion des Kapitalmarkts und des Wirtschaftsstandorts Taiwan. Aus der Sicht der FSC war die Einführung der „unabhängigen Direktoren" und „Auditausschuss" ein internationaler Trend zur Verstärkung der Coperate Governance.[383] Die zwingende Einrichtung der unabhängigen Direktoren und Auditausschuss bei jeder börsennotierten AG ab 2014 und dadurch das dualistische Verwaltungssystem der börsennotierten AGs im taiwanesischen Aktienrecht seit der Qing-Dynastie in 1904 durch ein monistisches Verwaltungssystem abgelöst werden kann, ist nach Angaben der FSC durchaus notwendig. Denn nach den internationalen Forschungen die börsennotierten AGs, die mehr unabhängige Direktoren haben, könnten eine bessere Corporate Governance schaffen als diejenige, die wenige unabhängige Direktoren einrichten.[384] Die Begründung zur zwingenden Einrichtung von abhängigen Direktoren und Auditausschüssen bei allen börsennotierten AGs ist nicht überzeugend, weil keine konkreten Untersuchungen in den von der FSC genannten internationalen Forschungen bekannt sind. Die Entscheidung zur zwingenden Einrichtung von unabhängigen Direktoren und Auditausschüssen bei sämtlichen börsennotierten AGs in Taiwan, eine grundlegende Änderung der Verfassung der börsennotierten AG, wurde nicht vom Gesetzgeber getroffen.

Während sich das dualistische Führungssystem im deutschen Aktienrecht insbesondere bei großen Unternehmen bewährt hat, funktioniert der Supervisor als Einrichtung des dualistischen Verwaltungssystems in Taiwan, wie bestimmte Unternehmensskandale nahelegen, womöglich nicht so gut wie man erwartet hat. Ob die unabhängigen Direktoren oder der Auditausschuss nach dem Vorbild des

---

383 Vgl. *LAI, In-Jaw*, Taipei University Law Review, 2012, Nr. 84, S. 1, 29 ff.

384 Vgl. *WU, Hui-Ling*, Securities & Futures Monthly, 2013, Nr. 5, S. 5, 11; Pressemitteilung der FSC vom 17. Dezember 2013 zur Erweiterung der zwingenden Einrichtung von unabhängigen Direktoren und Auditausschüssen, abrufbar auf der Website der FSC: http://www.fsc.gov.tw/ch/home.jsp?id=96&parentpath=0,2&mcustomize=news_view.jsp&dataserno=201312170003&toolsflag=Y&dtable=News.

US-amerikanischen Rechts ihrer Überwachungsaufgabe besser gerecht werden können, bleibt nach einer Untersuchung von TWSE im August 2009[385] zweifelhaft. Die Ursachen für die unzureichende Ausübung der Überwachungsaufgaben von Supervisoren sind die folgenden[386]:

a) Die getrennte Wahl und Bestellung von Direktoren und Supervisoren führt dazu, dass dieselben Aktionäre nicht nur die „eigenen Direktoren", sondern auch die „eigenen Supervisoren" wählen und bestellen lassen;
b) Die Direktoren und Supervisoren haben sehr oft Verwandtschaftsbeziehungen;
c) Mehrere Vertreter der Regierung oder derselben juristischen Person können zum Teil als Direktoren und zum Teil als Supervisoren gewählt und bestellt werden;
d) Fast alle Supervisoren sind nebenamtlich tätig.

Die Schwierigkeiten bei der Überwachung durch unabhängige Direktoren finden sich in erster Linie in dem unzureichenden Informationszugang, der ungenügenden Zeit aufgrund der bloß nebenamtlichen Tätigkeit und den persönlichen Beziehungen[387]. Die Entfaltung der Überwachungsfunktion bei einer Aktiengesellschaft in Taiwan entweder durch Supervisoren in einem dualistischen Verwaltungssystem bzw. durch unabhängige Direktoren oder einen Auditausschuss in einem monistischen System hängt letztendlich davon ab, ob die jeweiligen Kompetenzen umfassend geregelt werden können und die bestellten Supervisoren oder unabhängigen Direktoren tatsächlich unabhängig sind und genügende Informationen zur Ausübung der Überwachungsaufgaben erhalten.[388]

Die Rolle von Supervisoren, unabhängigen Direktoren und Auditausschüssen im Aktienrecht und Wertpapierhandelsrecht in Taiwan ist hinsichtlich der ihnen zugewiesenen Überwachungsfunktion der des Aufsichtsrats durchaus ähnlich. Jedoch ergibt sich aus dem Gesamtbild der Verfassung der Aktiengesellschaft, dass dieser erste Eindruck täuscht. Das dualistische Verwaltungssystem im taiwanesischen Aktienrecht, das seit mehr als 100 Jahren wesentlich unverändert geblieben ist,sollte daher rechtlich aufgewertet werden.

11. Auskunftsrecht des Aktionärs

Das Auskunftsrecht des einzelnen Aktionärs nach § 131 AktG ist ein weiterer wichtiger Unterschied zur Rechtsstellung der Aktionäre in der Hauptversammlung im taiwanischen Aktienrecht. Jedem Aktionär einer deutschen Aktiengesellschaft ist

---

385 Vgl. *LIU, Len-Yu*, Cross-Strait Law Review, 2009, S. 23, 36 ff.
386 Vgl. *LAI, In-Jaw*, Wertpapierhandelsrecht (2014), S. 201 f.
387 Vgl. *LIU, Len-Yu*, Cross-Strait Law Review, 2009, Nr. 23, S. 23, 37.
388 Vgl. ausführlich zur Realität der Überwachungsfunktion von Supervisoren und unabhängigen Direktoren und Verbesserungsvorschläge, *LAI In-Jaw*, Wertpapierhandelsrecht (2014), S. 201 ff.; *LIU, Len-Yu*, Cross-Strait Law Review, 2009, Nr. 23, S. 23 ff.

nach § 131 Abs. 1 Satz 1 AktG auf Verlangen in der Hauptversammlung vom Vorstand Auskunft über Angelegenheiten der Gesellschaft zu geben, soweit sie zur sachgemäßen Beurteilung des Gegenstands der Tagesordnung erforderlich ist. Aktionäre sind gemäß § 53a AktG unter gleichen Voraussetzungen gleich zu behandeln. Eine dem § 131 AktG vergleichbare Vorschrift, die das Auskunftsrecht ausdrücklich regelt, auf das Fragerecht sowie das Recht auf Vorlage von Dokumenten eingeht und die Voraussetzungen für die Verweigerung der Auskunft beinhaltet, kennt das taiwanesische Aktienrecht nicht. Aktionäre einer börsennotierten Aktiengesellschaften in Taiwan können nach den Regelungen zur Hauptversammlung jeweils innerhalb von fünf Minuten und höchstens zweimal eine Frage stellen oder zu Themen der Tagesordnung Stellung nehmen[389]. Eine gerichtliche Entscheidung über das Auskunftsrecht gemäß § 132 AktG kennt man taiwanesischen Aktienrecht ebenfalls nicht.

IV. Die Funktion des Vorstands bei Unternehmensübernahmen

Mergers und Acquisitions, einschließlich des Erwerbs von Wertpapieren einer Publikums-AG durch öffentliche Angebote, sind regelmäßig komplizierte Transaktionen. Eine Entscheidungsfindung setzt daher ausführliche Informationen, die aufgrund professioneller Vorbereitungsarbeiten gesammelt, ausgewertet und ausgearbeitet wurden, sowie deren vollständiges Verständnis seitens der Entscheidungsträger voraus. In der taiwanesischen Praxis ist häufig zweifelhaft, ob die nebenamtlich tätigen Direktoren vor der Beschlussfassung über öffentliche Angebote genügend Informationen erhalten und diese verstanden haben. Solange die Beschlussfassung des Vorstands, dessen Mitglieder in erster Linie „Outsider" sind, die kein oder nur ein geringes Pflichtbewusstsein hinsichtlich ihrer Gesellschaftsleitungsaufgabe haben, in der Folge nur einen rein formellen Akt darstellt, werden Entscheidungen des Vorstands bei öffentlichen Angeboten in der Realität praktisch allein vom Vorstandsvorsitzenden und seinem Managementteam getroffen, die jedoch kein Kollegialorgan im Sinne des Aktienrechts bilden.

Damit soll nicht gesagt sein, dass die Qualität der Entscheidungen die aufgrund des Willens, einer Anweisung oder sogar eines Alleingangs des Vorstandsvorsitzenden getroffen wurden, immer schlecht sein müssen. Dennoch ist ein Alleingang immer mit mehr Risiken verbunden. Die Überwachungsfunktion durch Supervisoren oder unabhängige Direktoren einer taiwanesischen Aktiengesellschaft kann sich bei einem Entscheidungsfindungsprozess zu öffentlichen Angeboten gar nicht entfalten. Die in der Einleitung der vorliegenden Arbeit dargestellten Beispiele sind typische Fälle für Entscheidungsfindungen des Vorstands hinsichtlich Übernahmen durch öffentliche Angebote oder M&A-Transaktionen, die auf Grundlage

389 Vgl. Nr. 11 der vom Taiwan Stock Exchange vorgeschlagenen Mustergeschäftsordnung der Hauptversammlungen für börsennotierte Gesellschaften, zuletzt geändert am 27. Februar 2013, abrufbar auf der Website für Wertpapierrecht: http://www.selaw.com.tw/Scripts/Query4A.asp?FullDoc=all&Fcode=G0100294.

von Vereinbarungen stattgefunden haben, bei denen der Wille des Vorstandsvorsitzenden dominiert hat und keine Überwachungsfunktion wahrgenommen wurde. Die Hauptversammlung einer AG in Taiwan fasst zu einer M&A-Transaktion nach entsprechendem Vorschlag des Vorstands insoweit nur einen formellen Zustimmungsbeschluss.

Insbesondere in den nachfolgenden Beispielsfällen hat sich ein Gefälle zwischen den gesetzlichen Regelungen zum Vorstand als Geschäftsführungsorgan der Aktiengesellschaft in Taiwan und ihrer Umsetzung in der Realität offenbart:

1. Pacific Wire & Cable Inc./Zehn-Xiang Kumminikation Corp.

Ein typisches Beispiel bildet der Übernahme der Zielgesellschaft Zhen-Xiang Kommunikation Corp. durch eine Tochtergesellschaft der Pacific Wire & Cable Inc. im Jahre 2000. Zhen-Xiang war ein Fernsehsender in Form einer Aktiengesellschaft, der über eine wertvolle Konzession verfügte. Pacific Wiare & Cable Inc. war bis zum Delisting im Jahr 2004 eine börsennotierte AG in Taiwan. Die Übernahme erfolgte durch einen Share-Deal. Die Entscheidung für die Übernahme der Zhen-Xiang durch den Erwerb ihrer Aktien wurde aufgrund der Anweisung des einzigen Geschäftsführers, also des General Managers der Gesellschaft getroffen, der zugleich der stellvertretende Vorstandsvorsitzender der Pacific Wire & Cable Inc. und faktische Entscheidungsträger bei den meisten Investitionsprojekten der Gesellschaft war.[390]

Das Problem in diesem Fall bestand darin, dass der genannte Entscheidungsträger und das Managementteam unter seiner Leitung bei der Durchführung des Unternehmenskaufs, wie auch sonst bei fast allen M&A-Transaktionen, die von der FSC erlassene „Verordnung über Erwerb und Verfügung von Vermögen durch Publikums-AG“[391] bewusst ignoriert hatten. Sie haben kein Gutachten eines Sachverständigen zur Bewertung des zu kaufenden Unternehmens eingeholt, obwohl dies ausdrücklich in der genannten Verordnung vorgesehen ist. In diesem Fall wurde der für die Transaktion zuständige Projektmanager, welcher die Anweisungen des General Managers und die bisherige Praxis der Gesellschaft befolgt hatte, wegen Untreue zu sechs Jahren Haft verurteilt.

Der Fall Zehn-Xiang/Pacific Wire & Cable sowie viele andere von der Pacific Wire & Cable vorgenommene, erfolgreiche oder fehlgeschlagene, M&A-Transaktionen, die zum Gegenstand von Entscheidungen des Taiwan High Court geworden sind, haben gezeigt, wie der Vorstand einer großen börsennotierten AG in Taiwan in der Praxis

---

390 Vgl. Oberlandesgericht Taiwan, Urt. v. 9. August 2011 – 99 (2010) Shang-Zong-Su-Zi Nr. 14, abrufbar auf der Website vom Justiz-Yuan: http://jirs.judicial.gov.tw/FJUD/.

391 Vgl. chinesischen Text der Verordnung über Erwerb und Verfügung von Vermögen durch Publikums-AG vom 10. Dezember 2002, zuletzt geändert am 30. Dezember 2013, und ihre englische Übersetzung, abrufbar auf der Website der SELAW: http://www.selaw.com.tw/Scripts/Query4B.asp?FullDoc=%A9%D2%A6%B3%B1%F8%A4%E5&Lcode=G0100345.

bei M&A-Transaktionen agieren kann und dabei in einem kaum vorstellbaren Ausmaß gegen die Gesellschaftsinteresse handelt, in dem er seine Sorgfaltspflichten, vor allem seine Legalitätspflicht, permanent ignoriert und verletzt. Die Supervisoren der Pacific Wire & Cable haben ihre Aufgaben und die von ihnen zu erfüllenden allgemeine Verhaltenspflichten durchweg nicht erfüllt.

2. BenQ/Siemens

Weltweite Bekanntheit hat der Fall der fehlgeschlagenen Übernahme der Handysparte von Siemens durch die in Taiwan börsennotierte BenQ AG unter Vermittlung der Citigroup erlangt. Am 1. Oktober 2005 übernahm BenQ die Siemens-Handysparte. Ein Jahr danach gab BenQ das übernommene Unternehmen wieder auf. Neben Klagen in Deutschland wurden der Vorsitzende des Vorstands in Taiwan, der für die Übernahme der Siemens-Handysparte zuständig war, und die untergeordneten Führungskräften wegen Insidergeschäften in Taiwan angeklagt, jedoch letztendlich freigesprochen.[392]

Nach Berichten und Analysen in den Medien sowie wissenschaftlichen Arbeiten in Taiwan und dem chinesischen Festland, habe BenQ innerhalb einer kurzen Zeit von nur sechs Monaten über den Kauf der Siemens-Handysparte entschieden. Das Management habe die Übernahme nicht sorgfältig und richtig geplant, die notwendigen Due-Diligence-Prüfungen nicht sorgfältig oder sogar gar nicht durchgeführt und die Bewertung des zu erwerbenden Unternehmens unvollständig oder fehlerhaft vorgenommen. Ferner seien die Gutachten der eingeschalteten Experten fehlerhaft gewesen, der Kaufvertrag sei nicht sorgfältig gestaltet und kontrolliert worden und die kulturellen Faktoren beim Unternehmenskauf seien von BenQ nicht angemessen berücksichtigt worden.[393] Wegen des hierdurch entstandenen erheblichen Verlusts in Höhe von ca. 800 Millionen EUR wollten einige Aktionäre von BenQ in Taiwan die für die Übernehme der Siemens-Handysparte zuständigen Vorstandsmitglieder und Führungskräfte auf Schadenersatz verklagen. Dagegen waren manche Großaktionäre und die nebenamtlich tätigen Vorstandsmitglieder von BenQ der Meinung, dass bei M&A-Transaktionen immer besonders weitreichende Entscheidungen mit außerordentlichem Risikopotential getroffen werden müssten und eine Haftung der betroffenen Vorstandsmitglieder und Führungskräfte von BenQ für den Misserfolg und die entstandenen großen Verluste aus der Akquisition der Siemens-Handysparte nach der Business Judgment Rule

392 Vgl. Oberlandesgericht Taiwan, Urt. v. 10. April 2013 – 101 (2012) Zhong-Jin-Shang-Gen(1)-Zi Nr. 5; Oberlandesgericht Taiwan, Urt. v. 28. Juli 2011 – 98 (2009) Zhu-Shang-Zhong-Shu-Zi Nr. 61.

393 Vgl. Berichte in „Business Today", Nr. 511 vom 6. Oktober 2006; Nr. 818 vom 23. August 2012; Berichte in „Businessweek", Nr. 995 vom 13. Dezember 2006; Bericht vom 25. Oktober 2006 in der Wirtschafts- und Finanztageszeitung in Taiwan „Economic Daily News"; Bericht vom 5. Dezember 2006 auf der Website von China Com: http://big5.china.com.cn/news/txt/2006-12/05/content_7460800.htm; Bericht vom 8. Februar 2007 auf der Website von Huaxiajingwei im Festland China: www.huaxia.com.

nicht in Betracht komme.[394] Die Stiftung zum Schutz der Investoren von Wertpapieren und Futures,[395] also Securities and Futures Investors Protection Center (SFIPC), machte im Interesse der Aktionäre von BenQ einen etwaigen Schadensersatzanspruch gegen die Vorstandsmitglieder oder die Führungskräfte letztlich nicht geltend. Das Risiko für die Vorstandsmitglieder von BenQ beim Kauf der Siemens-Handysparte, dass Minderheitsaktionäre, deren Aktien insgesamt 1% des Grundkapitals erreichen, die Vorstandsmitglieder auf Schadensersatz verklagen, konnte ebenfalls beseitigt werden.

Was nach dem Misserfolg der Übernahme der Siemens-Handysparte und trotz der sich daran anschließenden Klageverfahren in verschiedenen Instanzen bleibt, ist die Frage, ob der Vorstand, die untergeordneten Führungskräfte, die Supervisoren von BenQ ihre Aufgaben erfüllt und ihren allgemeinen Verhaltenspflichten bei der Übernahme gerecht geworden sind. Trotzdem haben die im verschiedenen Gerichtsverfahren festgestellten Sachverhalte deutlich gezeigt, dass die Entscheidung der BenQ zur Übernahme der Siemens-Handysparte nicht auf Grund angemessener Informationen getroffen wurde. Sowohl die Mitglieder des Vorstands als Geschäftsorgan als auch die Supervisoren als Überwachungsorgan haben ihre Sorgfaltspflichten nicht erfüllt.

394 Vgl. Bericht vom 5. Oktober 2006 in der Tageszeitung in der chinesischen Sprache in Taiwan „Liberty Times“; Bericht vom 21. März 2007 auf der Website von Sina Com: http://news.sina.com.cn/o/2007-03-21/112111462553s.shtml.

395 Die Stiftung zum Schutz der Investoren von Wertpapier und Futures, auf Englisch Securities and Futures Investors Protection Center (SFIPC), wurde nach dem Gesetz zum Schutz von Wertpapierinvestoren und Futureshändler vom 17. Juli 2002, zuletzt geändert am 20. Mai 2009, gegründet; vgl. chinesischen Text und die englische Übersetzung des Gesetzes auf der Website vom Ministerium der Justiz: http://law.moj.gov.tw/LawClass/LawAll.aspx?PCode=G0400038 sowie die Website von SFIPC:http://www.sfipc.org.tw/main.asp.

3. Kapitel: Die Pflichten des Vorstands bei öffentlichen Angeboten

A. Das taiwanesische Recht

I. Die Rechtsgrundlage

1. §§ 43–1 bis 43–5 twWpHG

Die gesetzlichen Grundlagen für öffentliche Angebote zum Erwerb von Wertpapieren einer Publikums-AG sind §§ 43–1 bis 43–5 twWpHG, die einige prinzipielle Rahmenbedingungen enthalten und am 6. Februar 2002 in Kraft getreten sind.[396] Zuvor gab es keine erfolgreichen öffentlichen Angebote,[397] obwohl § 43–1 twWpHG a. F. als die erste Regelung zum öffentlichen Erwerbsangebot in Taiwan bereits am 29. Januar 1988 eingeführt wurde.[398]

Im Unterschied zur Regelung von 1988, die für sämtliche öffentliche Erwerbsangebote eine vorherige Genehmigung der zuständigen Überwachungsbehörde vorgeschrieben hatte, können öffentliche Erwerbsangebote gemäß des geltenden § 43–1 Abs. 2 twWpHG nach der Anmeldung bei der FSC und der Veröffentlichung abgegeben werden, soweit sie nicht als einfache öffentliche Erwerbsangebote im Sinne des § 43 Abs. 2 Nr. 1 bis 3 twWpHG von der Pflicht der Anmeldung und Veröffentlichung befreit sind. Diese grundlegende Änderung wurde ursprünglich 2001 von 42 Mitgliedern des Parlaments vorgeschlagen und vom Ministerium für Finanzen bei der Vorbereitung der Novellierung des WpHG unter Berücksichtigung der entsprechenden Regeln in den USA und Japan[399] angenommen. Der Vorschlag

---

396 Vgl. chinesischen Text und englische Übersetzung des twWpHG, abrufbar auf der Website vom Ministerium für Justiz: http://law.moj.gov.tw/LawClass/LawAll.aspx?PCode=G0400001.

397 Vgl. zum Stand der öffentlichen Angebote seit der Einführung des § 43–1 WpHG am 29. Januar 1988, Protokoll der Sitzung der Finanzausschusses, 6. Sitzungsperiode, 4. Wahlperiode vom Legislative-Yuan am 3. Dezember 2001, Legislative-Yuan-Gazette, Band 90, Nr. 59, S. 18, abrufbar auf Website vom Legislative-Yuan: http://lis.ly.gov.tw/ttscgi/lgimg?@905900;0015;0033.

398 Vgl. zur Begründung für die Einführung der Regelung zum öffentlichen Angebot zum Erwerb der Wertpapiere von Publikums-AG in 1988, Protokoll der gemeinsamen Sitzung der Ausschüsse jeweils für Finanz, Wirtschaft und Justiz der 1. Wahlperiode vom Legislative-Yuan am 18. März 1987, Legislative-Yuan-Gazette, Band 76, Nr. 42, S. 21–22, abrufbar auf Website vom Legislative-Yuan: http://lis.ly.gov.tw/ttscgi/lgimg?@7608800;0201;0219.

399 Vgl. ausführlich zu Regeln über öffentliche Erwerbsangebote in den USA und Japan in chinesischer Sprache, *YI, Jian-Ming*, Rechtsordnung von öffentlichen Angeboten (1999), S. 25 ff.

wurde damit begründet, dass a) das Genehmigungsverfahren zeitlich ineffizient sei, b) diese Verzögerung des Verfahrens den Kurs der Aktien der Zielgesellschaft beeinflussen und zwangsläufig die Bestimmung der Gegenleistung erschwere und c) sich das Risiko von Insidergeschäften erhöhen könne.[400] Bei Investitionen von Finanzholdinggesellschaften mittels öffentlicher Angebote bedarf es neben der Anmeldung einer vorherigen Genehmigung der FSC, gegen die die Aktionäre der Zielgesellschaft keine Beschwerde erheben können.[401]

Die Einführung der Regelungen zu öffentlichen Angeboten bezweckt nach der Begründung zur Novellierung des twWpHG vom 24. Oktober 2001 die Erhöhung der Effizienz von Unternehmen, damit der Wirtschaftsstandort Taiwan dem raschen Wandeln der Weltwirtschaft gerecht werden kann. Öffentliche Angebote zum Erwerb von Wertpapieren einer Publikums-AG als ein Typ von M&A-Transaktionen sollen einerseits im Prinzip gefördert werden; anderseits sollen jedoch auch die Interessen der individuellen Anleger sowie die Funktion und Weiterentwicklung des Kapitalmarkts in Taiwan angemessen geschützt werden.[402]

Inhaltlich wurden mit den §§ 43–1 bis 43–5 twWpHG nur die prinzipiellen Rahmenbedingungen für öffentliche Erwerbsangebote festgelegt. § 43–1 Abs. 1 twWpHG regelt die Pflicht zur Anmeldung bei der FSC für Erwerber, die allein oder gemeinsam mit anderen Personen mehr als 10% der ausgegebenen Aktien einer Publikums-AG halten. § 43–1 Abs. 2 twWpHG regelt die Anmelde- und Veröffentlichungspflicht des Bieters bei öffentlichen Angeboten zum Erwerb von Aktien einer Publikums-AG, es sei denn, dass die Anzahl der zu erwerbenden Aktien nicht den Schwellenwert von 5% der Stimmrechtsaktien erreicht oder dass der Erwerber, der bereits mehr als 50% der Anteile an der Zielgesellschaft erlangt hat, lediglich seine Beteiligung aufstocken will. § 43–1 Abs. 3 twWpHG bestimmt die zwingenden Angebote, deren Schwellenwert von der FSC bestimmt werden soll. § 43–1 Abs. 4 twWpHG ist die gesetzliche Grundlage für die Ermächtigung zum Erlass der

---

400 Vgl. Vorschlag von Mitgliedern Nr. 3527, Betroffene Dokumente der 8. Sitzung, 5. Sitzungsperiode, 4. Wahlperiode vom Legislative-Yuan, abrufbar auf Website vom Legislative-Yuan: http://lis.ly.gov.tw/lgcgi/lgmeetimage?cfcbcfcacfcbcfcdc5cbc6c8d2cbc6c6; zur Wandelung vom Genehmigungssystem zum Anmeldungssystem bei öffentlichen Angeboten, *LIAO, Da-Ying,* Einführung in das Wertpapierhandelsrecht (2013), S. 340 f.

401 Vgl. Oberster Verwaltungsgerichtshof, Urt. v. 19. Juni 2011 – 100 (2011) Pan-Zi Nr. 788, abrufbar unter Website vom Justiz-Yuan: http://jirs.judicial.gov.tw/FJUD/.

402 Vgl. Allgemeine Erläuterungen zum Regierungsentwurf für Änderung bestimmten Vorschriften im twWpHG, Betroffene Dokumente der 5. Sitzung, 6. Sitzungsperiode, 4. Wahlperiode vom Legislative-Yuan, S. 144 f., abrufbar auf Website vom Legislative-Yuan: http://lis.ly.gov.tw/lgcgi/lgmeetimage?cfcbcfc9cfc9cfcfc5cacec8d2cacbcd; Protokoll der 6. Sitzung der Finanzausschusses, 6. Sitzungsperiode, 4. Wahlperiode vom Legislative-Yuan am 3. Dezember 2001, Legislative-Yuan-Gazette, Band 90, Nr. 59, S. 16 ff., abrufbar auf Website vom Legislative-Yuan: http://lis.ly.gov.tw/ttscgi/lgimg?@905900;0015;0033.

Rechtsverordnung zu detaillierten Regelungen hinsichtlich des Begriffs des Wertpapiers, der Angebotsbedingungen, der Fristen, der mit dem Bieter verbundenen oder gemeinsam handelnden Personen, der Angaben für die Anmeldung und die Veröffentlichung bei öffentlichen Angeboten sowie des Schwellenwerts für zwingende öffentliche Angebote.

§ 43–2 twWpHG enthält das Gebot der Gleichbehandlung der Aktionäre der Zielgesellschaft und verbietet dem Bieter, im Verlauf des Angebotsverfahrens Änderungen des Angebots zu Ungunsten der Aktionäre der Zielgesellschaft vorzunehmen. Den Aktionären der Zielgesellschaft steht bei Zuwiderhandlungen ein Anspruch auf Schadensersatz.

§ 43–3 twWpHG verbietet dem Bieter, während des Angebotsverfahrens an der Börse oder auf andere Weise die Aktien der Zielgesellschaft zu erwerben. Verstöße lösen ebenfalls ein Haftung des Bieters auf Schadensersatz gegenüber den Aktionären der Zielgesellschaft aus.

§ 43–4 twWpHG bestimmt die Pflicht des Bieters zur Erstellung der Angebotsunterlage, deren Inhalt von der FSC geregelt werden soll.

§ 43–5 Abs. 1 twWpHG verbietet die Aussetzung des Angebotsverfahrens und regelt die zulässigen Ausnahmefälle. § 43–5 Abs. 2 twWpHG ermächtigt die FSC, den Bieter zum Schutz des öffentlichen Interesses anzuweisen, die rechtswidrigen Angaben zum öffentlichen Erwerbsangebot in der Anmeldung und Veröffentlichung zu ändern und die geänderten Angaben sodann erneut anzumelden und zu veröffentlichen. § 43–5 Abs. 3 twWpHG bestimmt für ein nachfolgendes Angebot eine Sperrfrist von einem Jahr nach dem Fehlschlagen oder der Aussetzung eines Angebots. § 43–5 Abs. 4 twWpHG erleichtert dem Bieter die Pflichten bei der Einberufung der außerordentlichen Hauptversammlung nach dem Erwerb von mehr als 50% der Stimmrechte an der Zielgesellschaft.

2. *Die Verordnungen*

Die Einzelheiten der Regelungen zu öffentlichen Erwerbsangeboten in Taiwan sind in zwei Verordnungen zu finden. Auf Grund der Ermächtigung in § 43–1 Abs. 4 twWpHG wurde am 5. September 1995 die Verordnung zur Aufsicht über öffentliche Angebote zum Erwerb von Wertpapieren einer Publikums-AG (twWpHG-AngVO) erlassen und danach, vor allem nach der Einführung der §§ 43–1 bis 43–5 WpHG im Jahre 2002, mehrmals geändert.[403] Die twWpHG-AngVO ist die Hauptrechtsgrundlage für das Verfahren, die konkreten Verhaltenspflichten des Vorstands der Bietergesellschaft und der Zielgesellschaft sowie für die Aufsicht der FSC bei öffentlichen Erwerbsangeboten. Auf Grund der Ermächtigung in § 43–4 Abs. 2

403 Vgl. chinesischen Text und englische Übersetzung der Verordnung zur Aufsicht über Öffentlichen Erwerb der Wertpapiere von Publikums-AG vom 5. September 1995, zuletzt geändert am 5. Juli 2012, abrufbar auf spezieller Website der FSC: http://www.selaw.com.tw/Scripts/Query4B.asp?FullDoc= %A9%D2%A6%B3%B1%F8%A4%E5&Lcode=G0100270.

twWpHG wurde die Verordnung zu Angaben in der Unterlage über das Öffentliche Erwerbsangebot (twWpHG-AngUVO) am 12. August 2002 erlassen und danach mehrmals geändert.[404] Die twWpHG-AngUVO ist die wichtigste Rechtsgrundlage für die Pflichten des Vorstands der Bietergesellschaft bei der Erstellung und Anmeldung der Angebotsunterlage.

3. Sachlicher Anwendungsbereich

a) Arten von öffentlichen Angeboten

§§ 43–1 bis 43–5 twWpHG, die twWpHG-AngVO und die twWpHG-AngUVO finden Anwendung auf öffentliche Angebote zum Erwerb von Wertpapieren einer Publikums-AG, die in freiwillige Erwerbsangebote, einfache Erwerbsangebote und zwingende Angebote eingeteilt werden können. Den Begriff des „Übernahmeangebot" kennen die gesetzlichen Regelungen dagegen nicht, obwohl es sich bei fast allen bekannten öffentlichen Erwerbsangeboten in Taiwan, soweit sie bekannt sind, um Übernahmeangebote zur Erlangung der Kontrolle über die Zielgesellschaft handelt.

aa) Freiwillige Erwerbsangebote

Freiwillige Erwerbsangebote im Sinne des § 43–1 Abs. 2 twWpHG sind freiwillige öffentliche Erwerbsangebote, die auf den Erwerb von weniger als 20% der Aktien der Zielgesellschaft, innerhalb von 50 Tagen, gerichtet sind und nicht als einfache Erwerbsangebote im Sinne des § 43–1 Abs. 2 Nr. 1 bis Nr. 3 twWpHG qualifiziert werden. Der Bieter ist bei freiwilligen Erwerbsangeboten verpflichtet, vor dem Beginn des Angebotsverfahrens, die Entscheidung zur Abgabe eines öffentlichen Angebots bei der FSC anzumelden und die Angebotsentscheidung zu veröffentlichen.

Der Erwerb eigener Aktien durch öffentliche Angebote unterliegt nach § 10 twWpHG-AngVO den Normen zu öffentlichen Erwerbsangeboten und den in § 20 twWpHG-AngVO geregelten Beschränkungen.

bb) Einfache Erwerbsangebote

Einfache Erwerbsangebote sind nach § 43–1 Abs. 2 Nr. 1 bis 3 twWpHG bestimmte freiwillige öffentliche Angebote, die entweder auf den Erwerb von nicht mehr als 5% der ausgegebenen Stimmrechtsaktien der Zielgesellschaft gerichtet sind oder von einem Bieter abgegeben werden, der bereits mehr als 50% der Anteile an der Zielgesellschaft erlangt hat und seine Beteiligung aufstocken will. Nach der Auffassung des Gesetzgebers löse ein solcher Erwerb keine Änderung in der Kontrolle

404 Vgl. chinesischen Text und englische Übersetzung der Verordnung zu Angaben in der Angebotsunterlage vom 12. August 2002, zuletzt geändert am 5. Juli 2012, abrufbar auf spezieller Website der FSC: http://www.selaw.com.tw/Scripts/Query4A.asp?FullDoc=all&Fcode=G0100281.

aus.[405] Bieter von einfachen Erwerbsangeboten sind von der Pflicht zur Anmeldung bei der FSC und der Veröffentlichung des Angebots gemäß § 43–1 Abs. 2 twWpHG befreit, unterliegen jedoch weiteren Regelungen zu öffentlichen Angeboten.[406] In der Verwaltungspraxis der FSC gibt es allerdings gar keine einfachen Erwerbsangebote, so dass es für die Praxis keine Bedeutung hat. Das einfache Erwerbsangebot wird daher nur theoretisch im Schrifttum behandelt.

cc) Zwingende öffentliche Angebote

Zwingende öffentliche Angebote sind in § 43–1 Abs. 3 twWpHG i.V.m. § 11 Abs. 1 twWpHG-AngVO geregelte Erwerbsangebote, bei denen der Bieter und den mit ihm gemeinsam handelnden Personen durch innerhalb von 50 Tagen mindestens 20% der Aktien einer Publikums-AG erwerben will. Ein solcher Erwerb von Aktien einer Zielgesellschaft muss durch öffentliche Angebote erfolgen.[407] Bei einem zwingenden öffentlichen Angebot ist ein Teilangebot zulässig.

Der Erwerb von weniger als 20% der Aktien einer nicht börsennotierten Publikums-AG kann, muss aber nicht durch öffentliche Angebote erfolgen. Der Erwerb von weniger als 20% der Aktien einer börsennotierten AG kann durch den Handel auf Taiwan Stock Exchange Markt (TWSE) oder Over-The-Counter Markt (GTSM), der am 4. Februar 2015 in Taipei Exchange Markt (TPEx) umbenannt wurde, oder durch öffentliche Angebote erfolgen.

b) Begriffsbestimmungen

Bei der Anwendung der Regelungen zu öffentlichen Angeboten zum Erwerb von Wertpapieren einer Publikums-AG in Taiwan sind die Legaldefinitionen bestimmter Begriffe zu beachten. Diese sind „öffentliche Angebote", „Wertpapiere", mit dem Bieter „verbundene Personen" und mit dem Bieter „gemeinsam handelende Personen".

aa) Öffentliche Erwerbsangebote

Der Begriff „Öffentliche Erwerbsangebote" ist in § 1 Abs. 1 twWpHG-AngVO definiert. Dies sind Handlungen zum Kauf von Wertpapieren, die nicht durch die TWSE oder GTSM erfolgen, sondern durch Angebote, die sich durch Veröffentlichungen, Werbungen, Radiosendungen, Telekommunikation, Briefe, Telefonate,

---

405 Vgl. Begründung des Regierungsentwurfs für Änderung bestimmten Vorschriften im twWpHG, zu § 43–1 Abs. 2, Betroffene Dokumente der 5. Sitzung, 6. Sitzungsperiode, 4. Wahlperiode vom Legislative-Yuan, S. 148, abrufbar auf Website vom Legislative-Yuan: http://lis.ly.gov.tw/lgcgi/lgmeetimage?cfcbcfc9cfc9cfcfc5cacec8d2cacbcd.

406 Vgl. *LAI, In-Jaw*, Wertpapierhandelsrecht (2014), S. 282.

407 Vgl. *LAI, In-Jaw*, Wertpapierhandelsrecht (2014), S. 282 f.

Präsentationen, Erläuterungsveranstaltungen oder auf andere Weise an einen unbestimmten Personenkreis und damit die Öffentlichkeit richten.[408]

bb) Wertpapiere

Gegenstand eines öffentlichen Erwerbsangebots sind gemäß § 43–2 Abs. 2 twWpHG Wertpapiere. Nach § 2 Abs. 2 twWpHG-AngVO umfasst der Begriff „Wertpapiere" die von einer Publikums-AG ausgegebenen Aktien, Bezugsrechtszertifikate, Optionsscheine, Vorzugsaktien mit Bezugsrecht, Wandelschuldverschreibungen, Wandel- und Optionsschuldverschreibungen mit Bezugsrecht, Hinterlegungsscheine sowie weitere von der FSC genehmigte Wertpapiere. Dagegen sind die privat platzierten Wertpapiere, welche die Voraussetzungen für eine Publikumsemissionen nicht erfüllt haben, von § 2 Abs. 3 twWpHG-AngVO nicht erfasst.[409]

cc) Die verbundenen Personen

Nach § 3 Abs. 1 twWpHG-AngVO versteht man unter „verbundene Personen" im Sinne von §§ 43–1 Abs. 2 und Abs. 4, 43–3 Abs. 1, 43–5 Abs. 4, 174 Abs. 1 Nr. 4 und 178 Abs. 1 Nr. 2 twWpHG den Ehegatten oder die Ehegattin und die minderjährigen Kinder des Bieters, wenn dieser eine natürliche Person ist, oder die Mitgliedsgesellschaften eines Konzerns im Sinne des § 369–1 GesG. Die Wertpapiere in der Hand einer verbundenen Person erfassen nach § 3 Abs. 2 twWpHG-AngVO auch die Wertpapiere, welche die verbundene Person im Namen eines Dritten hält.

dd) Gemeinsamer Erwerb

Der Schwellenwert von 20% der ausgegebenen Aktien der Zielgesellschaft, die der Bieter allein oder gemeinsam mit anderen Personen innerhalb von 50 Tagen erwerben will, ist ein wichtiges Abgrenzungsmerkmal für das Vorliegen eines zwingenden Angebots. Zum Zweck der Zurechnung von Stimmrechten bestimmt die FSC in § 12 twWpHG-AngVO daher eine Definition für den „gemeinsamen Erwerb" des Bieters mit anderen Personen. Danach setzt der gemeinsame Erwerb eine Vereinbarung zu einem gemeinsamen Zweck, in irgendeiner Form, zwischen dem Bieter und den mit ihm gemeinsam handelnden Personen voraus.[410]

---

408 Vgl. zu Begriff, Merkmalen und Beurteilung des „tender offer" im US-amerikanischen Recht, *LAI, In-Jaw*, Wertpapierhandelsrecht (2014), S. 281 f.; *YI, Jian-Ming*, Rechtsordnung von öffentlichen Angeboten (1999), S. 84 ff.

409 Die Definition des Begriffs „Wertpapier" in § 2 Abs. 2 twWpHG-AngVO modifiziert die Definition des Begriffs „Wertpapier" in § 6 twWpHG, die auch die Staatsanleihen erfasst werden.

410 Vgl. Verfassungsgericht, Entscheidung v. 17. Dezember 2004, Nr. 586, abrufbar unter Website vom Justiz-Yuan: http://www.judicial.gov.tw/constitutionalcourt/p03_01.asp?expno=586; Oberlandesgericht Taiwan/Kaohsiung, Urt. v. 31. Oktober 2012 – 101 (2012) Jin-Shang-Yi-Zi Nr. 2, abrufbar unter Website vom Justiz-Yuan:

II. Pflichten des Vorstands der Bietergesellschaft

1. *Die Pflicht zur Verschwiegenheit im Vorfeld eines Angebots*

Bei den öffentlichen Angeboten ist die Pflicht zur Verschwiegenheit hinsichtlich der Entscheidung zur Abgabe eines öffentlichen Angebots bis zur Anmeldung bei der FSC und der Veröffentlichung der Angebotsunterlage ausdrücklich in § 13 twWpHG-AngVO vorgeschrieben. Adressaten der Verschwiegenheitspflicht sind sämtliche Personen, die aufgrund ihrer Aufgaben oder aus anderen Gründen von den Informationen über das durchzuführende öffentliche Angebot Kenntnis erlangt haben. Vorstandsmitglieder der Bietergesellschaft sind sich nicht nur nach § 13 twWpHG-AngVO, sondern auch nach § 23 Abs. 1 GesG zur Treue- und Sorgfaltspflicht verpflichtet, die Informationen über ein anzumeldendes und zu veröffentlichendes Angebot vertraulich zu halten.

2. *Das Insiderhandelsverbot im Vorfeld eines Angebots*

Bei Entscheidungsprozessen im Zuge von öffentlichen Angeboten zum Erwerb von Wertpapieren einer Publikums-AG, bei denen eine börsennotierte AG als Bieter oder Zielgesellschaft beteiligt ist, werden fast immer Fragestellung auftreten, welche die Existenz oder weitere Entwicklung der Zielgesellschaft und damit den Marktpreis der Aktien der Zielgesellschaft erheblich beeinflussen können. Die Vorstandsmitglieder der Bietergesellschaft müssen daher im Vorfeld eines öffentlichen Erwerbsangebots die Vorschrift zum Insiderhandelsverbot einhalten.

a) Gesetzliche Grundlage

Die gesetzliche Grundlage für das Verbot von Insidergeschäften in Taiwan ist § 157–1 twWpHG. Die Regelung wurde im Jahr 1988 eingeführt und erlebte Änderungen jeweils in den Jahren 2002, 2006 und 2010. Gemäß § 157–1 Abs. 1 S. 1 twWpHG ist es einem Insider verboten, bei tatsächlicher Kenntnis von einer konkreten Information, die den Preis bestimmter Aktien des Emittenten erheblich beeinflussen kann, vor deren Veröffentlichung oder innerhalb von 18 Stunden nach deren Veröffentlichung Insiderpapiere im eigenen Namen oder im Namen eines anderen zu erwerben oder zu veräußern.

b) Insider

Dem Insiderhandelsverbot unterworfene Personen sind im § 157–1 Abs. 1 unter Nr. 1 bis 5 aufgelistet. Es handelt sich um: a) Vorstandsmitglieder, Supervisor, Management Officers und die von der Regierung oder einer juristischen Person zur Erfüllung der Aufgaben des Vorstandsmitglieds oder Supervisoren beauftragten

http://jirs.judicial.gov.tw/FJUD/; dazu *DAI, Mean-Sun*, China Law Journal, 2006, Nr. 2, S. 133, 144 ff.

natürlichen Personen; b) Aktionäre, die mehr als 10% der vom Emittenten ausgegebenen Aktien halten; c) Personen, die aufgrund ihres Berufs oder Beherrschungsverhältnisses besondere Kenntnisse erlangen; d) die oben genannten Personen innerhalb von sechs Monaten nach der Verlust ihrer qualifizierenden Stellung; und e) dritte Personen, die aus den zuvor genannten Personenkreis entsprechende Kenntnisse erlangt haben. Bei dem hier in Frage stehenden Vorstandsmitglied der Bietergesellschaft im Rahmen eines öffentlichen Angebots ist die Feststellung der Insiderstellung unproblematisch. Ob das betroffene Vorstandsmitglied der Vorsitzende des Vorstands, der stellvertretende Vorstandsvorsitzende, ein unabhängiger Direktor oder ein tatsächlicher Direktor ist, spielt dabei keine Rolle.[411]

c) Insiderinformation

Der Bestand der konkreten Information als Teil der Tatbestände zum Insiderhandelsverbot, welcher früher in der Rechtsprechung und Rechtslehre sehr umstritten war, wurde nunmehr bei der Novellierung des twWpHG im Jahr 2010 ausdrücklich vorgeschrieben. Informationen, die ein öffentliches Angebot betreffen, sind nach § 157–1 Abs. 5 twWpHG stets wesentliche Informationen. Die Übernahme von Unternehmen durch einen Anderen ist ausdrücklich als wesentliche Insiderinformation in § 7 Nr. 8 der Verordnung zur Einführung des twWpHG[412] vorgesehen. Das Ergreifen von Maßnahmen für öffentliche Angebote, sowie die Aussetzung des Angebotsverfahrens sind auch ausdrücklich in § 2 Nr. 15 der Verordnung über wesentliche Information und Offenlegung[413] geregelt. Bei öffentlichen Angeboten kann das Verbot von Insidergeschäften bereits bei Plänen und Vorhaben zur Anmeldung eines Angebots bei der FSC ausgelöst werden, wenn sie hinreichend konkret und geeignet sind, nach ihrer Offenlegung den Marktpreis der Aktien der Zielgesellschaft erheblich zu beeinflussen.[414]

---

411 Vgl. *LAI, In-Jaw*, Wertpapierhandelsrecht (2014), S. 460.

412 Vgl. chinesischen Text und englische Übersetzung der Verordnung zur Einführung des twWpHG vom 6. August 1988, zuletzt geändert am 23. November 2012, abrufbar unter Website des Ministeriums für Justiz: http://law.moj.gov.tw/LawClass/LawAll.aspx?PCode=G0400002.

413 Vgl. chinesischen Text und englische Übersetzung der Verordnung zur Aufsicht über Umfang der Wesentlichen Information und Ihre Offenlegungsweisen aufgrund § 157–1 Abs. 5 und Abs. 6 twWpHG vom 30. Mai 2006, zuletzt geändert am 22. Dezember 2010, abrufbar unter Website der SFC: http://www.selaw.com.tw/Scripts/Query4A.asp?FullDoc=all&Fcode=G0100221.

414 Vgl. ausführlich zur Feststellung der konkreten Information mit Kurserheblichkeit gemäß§ 157–1 twWpHG in der Rechtsprechung mit Fokus auf konkrete M&A-Transaktionen einschließlich öffentlicher Übernahmeangebote, *LEE, Chih-Jen/ HUNG, Pei-Jui*, Securities & Futures Monthly, 2004, Nr. 7, S. 54, 62 ff.; *HUNG, Shiu-Feng*, Taiwan Law Journal, 2008, Nr. 110, S. 182, 186 ff.; *SHEN, Hsin-Pei*, Taiwan Prosecutor Review, 2012, Nr. 12, S. 87, 88 ff.; *HUANG, Ming-Jye*, National Taiwan University Law Journal, 2013, Sonderheft, S. 1109, 1137.

Insidergeschäfte setzen keine Absicht des Insiders voraus, die Kurserheblichkeit der Information auszunutzen.[415]

3. *Die Anmeldepflicht bei Vorerwerben in großer Menge*

Vor Abgabe eines öffentlichen Angebots kann der Bieter bereits ein bestimmtes Volumen an Aktien der Zielgesellschaft erworben haben. Gemäß § 43–1 Abs. 1 twWpHG müssen Erwerber und die mit ihnen gemeinsam handelnden Personen innerhalb von zehn Tagen nach dem Erwerb von Aktien einer Publikums-AG bei der FSC eine Anmeldung über den Zweck des Erwerbs und die Geldquellen für den gezahlten Kaufpreises vornehmen, wenn das Volumen der erworbenen Aktien 10% der ausgegebenen Aktien der Gesellschaft erreicht. Die FSC kann dabei zur Ergänzung und Aktualisierung der bei der Anmeldung gemachten Angaben auffordern. Die betroffene Publikums-AG verpflichtet sich ferner, eine der Anmeldung eines solchen Vorerwerbsvorgangs entsprechende Änderung des Aktionärskreises zu veröffentlichen. Der Zweck dieser Anmeldepflicht ist, dass die FSC und die Anleger des Kapitalmarkts bei erheblichen Änderungen des Anteilbesitzes von Mitgliedern der Verwaltungsorgane und von Großaktionären einer Publikums-AG durch die Offenlegung der notwendigen Informationen die Änderungen zur Kenntnis nehmen und auf die potentielle Änderung der Kontrolle der Gesellschaft in der Zukunft reagieren können. Das Interesse der Anleger kann damit geschützt werden.[416] Ob § 43–1 Abs. 1 twWpHG auf den Equity-Swap, der als Instrument zur Erlangung der Kontrolle über eine Publikums-AG ausgenutzt werden kann, anwendbar ist und wie ein solcher Equity-Swap ggf. offenzulegen wäre, ist zurzeit noch offen.[417]

4. *Die Pflicht zum öffentlichen Angebot*

Zwingende öffentliche Angebote als eine Art von öffentlichen Erwerbsangeboten im taiwanesischen Übernahmerecht spielen in der Praxis eine wichtige Rolle. Gemäß § 43–1 Abs. 3 twWpHG muss der Erwerb von Aktien einer Publikums-AG durch öffentliche Angebote erfolgen, wenn eine Person und mit ihr gemeinsam handelnde Personen innerhalb eines kurzen Zeitraums eine große Menge von Aktien der Publikums-AG zu erwerben beabsichtigen. Nach § 43–1 Abs. 4 twWpHG ist der FSC dazu ermächtigt, den maßgeblichen Zeitraum und das Erwerbsvolumen für das Pflichtangebot näher zu bestimmen. Auf Grundlage der gesetzlichen Ermächtigung

---

415 Vgl. *HOR, Yaw-Chen/DAI, Mean-Sun*, Taiwan Law Journal, 2011, Nr. 181, S. 21, 31 f.

416 Vgl. Oberster Verwaltungsgerichtshof, Urt. v. 15. Mai 2003 – 92 (2003) Pan-Zi Nr. 542; Oberster Verwaltungsgerichtshof, Urt. v. 26. Juni 2003 – 92 (2003) Pan-Zi Nr. 810; Oberster Verwaltungsgerichtshof, Urt. v. 26. September 2003 – 92 (2003) Pan-Zi Nr. 1306.

417 Vgl. *CHEN, Chao-Hung*, Journal of New Perspectives on Law, 2009, Nr. 7, S. 105, 122 ff.

nach § 11 Abs. 1 twWpHG-AngVO hat die FSC hiervon dahingehend Gebraucht gemacht, dass der Erwerb von Aktien einer Publikums-AG durch öffentliches Angebot erfolgen muss, soweit eine Person und die mit ihr gemeinsam handelnden Personen beabsichtigen, innerhalb von 50 Tagen mindestens 20% der Aktien der Zielgesellschaft zu erwerben. Die Regelungen zu zwingenden öffentlichen Angeboten sollen den Kapitalmarkt vor erheblichem Einfluss auf den Marktpreis aufgrund des Erwerbs einer großen Menge der Aktien der Zielgesellschaft zu schützen. Sie sind nach der Gesetzesbegründung – mit Modifikationen – den britischen Regeln zum „Mandatory Offer" aus dem „City Code on Takeovers and Mergers" von Oktober 2001 entnommen.[418]

Von der Pflicht zur Abgabe eines öffentlichen Angebots befreit sind nach § 11 Abs. 2 twWpHG-AngVO (1) die Übertragung von Aktien zwischen Mitgliedsgesellschaften eines Konzerns im Sinne von §§ 369–1 ff. GesG; (2) der Erwerb durch das Auktionsverfahren der TSEC; (3) der Erwerb durch das Vergabeverfahren der TWSE oder GTSM; (4) der Erwerb von Aktien eines Direktors, Supervisors oder Management Officers nach § 22–1 Abs. 1 Nr. 3 twWpHG; (5) der Erwerb durch den Austausch von Aktien gemäß § 156 Abs. 6 GesG oder nach den Regelungen der BMAA; sowie (6) weitere Ausnahmefälle entsprechend den Regelungen der FSC.[419]

Verboten nach § 43–1 Abs. 3 twWpHG und § 11 Abs. 1 twWpHG-AngVO und der Rechtsprechung sind während eines laufenden Angebotsverfahrens nicht nur der Kauf von mehr als 20% der Aktien einer Publikums-AG innerhalb von 50 Tagen über TWSE und GTSM[420], sondern auch der Abschluss eines Aktienkaufvertrags oder eine einfache Vereinbarung zum Kauf von mehr als 20% der Aktien einer Publikums-AG.[421] Ob der Aktienkaufvertrag innerhalb der Frist von 50 Tagen nach

418 Vgl. Begründung des Regierungsentwurfs für Änderung bestimmten Vorschriften im twWpHG, zu § 43–1 Abs. 3, Betroffene Dokumente der 5. Sitzung, 6. Sitzungsperiode, 4. Wahlperiode vom Legislative-Yuan, S. 148 f., abrufbar auf Website vom Legislative-Yuan: http://lis.ly.gov.tw/lgcgi/lgmeetimage?cfcbcfc9cfc9cfcfc5cacec8d2cacbcd; zur Modifikation bei der Übernahme und den daraus entstehenden Problemen, *LEE, Chih-Jen*, The Military Law Journal, 2005, Nr. 12, S. 22, 27 ff.

419 Vgl. Landgericht Taipeh, Urt. v. 31. März 2009 – 97 (2008) Jin-Yi-Zi Nr. 5, abrufbar unter Website vom Justiz-Yuan: http://jirs.judicial.gov.tw/FJUD/; *WANG, Chih-Cheng/SHAO, Ching-Ping/HUNG, Hsiu-Feng/CHEN, Chun-Jen*, Practical Securities Regulation (2013), S. 157.

420 Vgl. Landgericht Taipeh, Urt. v. 29. Dezember 2006 – 95 (2006) Jian-Zi Nr. 3072, abrufbar unter Website vom Justiz-Yuan: http://jirs.judicial.gov.tw/FJUD/; In diesem Fall hat der Erwerber innerhalb von 50 Tagen durch Handel an der Börse 20.2% der ausgegebenen Aktien der Zielgesellschaft, nicht aber durch öffentliches Angebot, erworben.

421 Landgericht Taipeh, Urt. v. 27. August 2010 – 98 (2009) Jin-Zhong-Su-Zi Nr. 12, bestätigt durch Oberlandesgericht Taiwan, Urt. v. 27. November 2013 – 99 (2010) Jin-Shang-Zhong-Zi Nr. 61, abrufbar unter Website vom Justiz-Yuan: http://jirs.judicial.gov.tw/FJUD/; in diesem Fall hat der Bieter eines feindlichen öffentlichen Angebots zur Durchsetzung seines Plans innerhalb von 50 Tagen durch Abschluss

dem Vertragsabschluss vollzogen wird, ist für die Beurteilung der Pflicht zum öffentlichen Angebot unbedeutend.[422] Von der Pflicht zu öffentlichen Angeboten befreit, sei nach der Begründung in einem Urteil des Landgerichts, der Erwerb von Aktien einer Publikums-AG, welche die Vorstandsmitglieder, Supervisoren und Großaktionäre der Gesellschaft gemäß § 22–2 Abs. 1 Nr. 3 twWpHG halten.[423]

Bereits 20% der Stimmrechte einer Publikums-AG in Taiwan können unter Umständen zur Erlangung der Kontrolle über eine Gesellschaft führen. Ob durch den Erwerb die Kontrolle erlangt wird, spielt für das Vorliegen eines zwingenden Angebots keine Rolle. Im Übrigen ist umstritten, ob 20% der Stimmrechte als Schwellenwert für zwingende Angebote angemessen ist. In Anlehnung an die Regelungen in England und unter Berücksichtigung der Möglichkeit der Erlangung der Kontrolle als Kernmaßstab für zwingende Angebote sowie angesichts der Strafandrohung für den Fall eines Verstoßes, wird im Schrifttum 30% oder ein Drittel der Stimmrechte als angemessener Schwellenwert vorgeschlagen.[424]

Bei Zuwiderhandlungen ist der Vertreter der Bietergesellschaft, also der Vorsitzende des Vorstands, nach §§ 179 und 175 strafbar. Es ist ebenfalls umstritten, ob die Strafbarkeit für Verstöße gegen die Verpflichtung zur Abgabe von zwingenden Angeboten abgeschafft werden sollte.[425]

5. Die Gleichbehandlung der Aktionäre der Zielgesellschaft

Der Grundsatz, dass die Aktionäre der Zielgesellschaft gleichbehandelt werden müssen, ist kurz und klar in § 43–2 Abs. 1 twWpHG festgelegt. Der Grundsatz der Gleichbehandlung findet dabei in drei Aspekten seine Ausprägung: a) gleiche Angebotsbedingungen; b) gleiche Chance zum Verkauf; und c) das Angebot als einziger

---

mehrerer Aktienkaufverträge mit verschiedenen Aktionären und Vereinbarungen schuldrechtliche Ansprüche auf Übertragung von 42.93% der Aktien einer anderen Publikums-AG erworben. vgl. Anmerkungen zum Urteil, *LIU, Pang-Hsiu,* The Military Law Review, 2014, Nr. 4, S. 60, 68 ff.

422 Oberlandesgericht Taiwan, Urt. v. 27. November 2013 – 99 (2010) Jin-Shang-Zhong-Zi Nr. 61, abrufbar unter Website vom Justiz-Yuan: http://jirs.judicial.gov.tw/FJUD/.

423 Vgl. Landgericht Taipeh, Urt. v. 31. März 2009 – 97 (2008) Jin-Yi-Zi Nr. 5, abrufbar unter Website vom Justiz-Yuan: http://jirs.judicial.gov.tw/FJUD/; in diesem Fall ist das Gericht der Meinung, dass die Übertragung von mehr als 36.23% Aktien in den Händen von Vorstandsmitgliedern, Supervisoren und Großaktionäre einer Publikums-AG nach Anmeldung gemäß § 22–1 Abs. 1 Nr. 3 twWpHG auf den Erwerber von den zwingenden Angeboten befreit ist.

424 Vgl. *LEE, Li-Chung,* The Taiwan Law Review, 2005, Nr. 128, S. 37, 43; *CHANG, Hsin-Ti,* Taiwan Jurist, 2007, Nr. 60, S. 86, 94.

425 Vgl. *CHANG, Hsin-Ti,* Taiwan Jurist, 2007, Nr. 60, S. 86, 95 f.; *LIU, Pang-Hsiu,* The Military Law Review, 2014, S. 60, 77 f.; ausführlich zu dem Normzweck und den einzelnen Tatbeständen, *KAN, Tien-Kui/JIN, Tzung-Li,* The Taiwan Law Review, 2011, Nr. 198, S. 57, 64 ff.

Handelskanal.[426] Nach § 43–2 Abs. 2 twWpHG ist dem Bieter verboten, die Wertpapiere der Zielgesellschaft von verschiedenen Aktionären zu unterschiedlichen Preisen zu erwerben. Zuwiderhandlungen führen zur Schadensersatzhaftung gegenüber den Aktionären der Zielgesellschaft, denen hierdurch ein Schaden entstanden ist.

§ 7–1 Abs. 2 twWpHG-AngVO bestimmt ausdrücklich, dass der Bieter mit einem Aktionär keine Verträge oder Vereinbarungen abschließen darf, wodurch diesem ein Sonderrecht nach seiner Annahme des Angebots gewähr werden würde. Bei der Gleichbehandlung sind materielle Unterschiede zu beseitigen. Der Grundsatz der Gleichbehandlung erlangt ferner für den Fall Relevanz, dass die Höchstanzahl der zu erwerbenden Wertpapiere überschritten wird. In einem solchen Fall muss der Bieter nach § 23 Abs. 1 twWpHG-AngVO die Wertpapiere verhältnismäßig von allen Aktionären der Zielgesellschaft, die das Angebot angenommen haben, erwerben.

6. Die Beauftragung der Organisation für Angebotsverfahren

Nach § 15 Abs. 1 twWpHG-AngVO muss der Bieter ein Unternehmen oder eine Institution beauftragen, die Annahme und Verwahrung der von den Aktionären der Zielgesellschaft veräußerten Aktien, die Übergabe der Angebotsunterlage an die Aktionäre der Zielgesellschaft und weitere mit dem Angebot verbundenen Aufgaben wahrzunehmen. Der Auftragsvertrag zwischen dem Bieter und dem Beauftragten muss nach § 9 Abs. 1 Nr. 2 twWpHG-AngVO zusammen mit der Angebotsunterlage und weiteren Dokumenten bei der Anmeldung bei der FSC eingereicht werden. Taugliche Beauftragte können gemäß § 15 Abs. 1 Nr. 1 bis 3 twWpHG-AngVO a) Wertpapierunternehmen, deren zugelassene Geschäftstätigkeiten Händlertätigkeiten, Eigenhandel und Emissionsgeschäfte umfassen, b) Banken und Treuhandgesellschaften sowie c) andere von der FSC genehmigte Institutionen sein. Der Bieter darf nach § 15–1 Abs. 1 twWpHG-AngVO grundsätzlich nur ein Wertpapierunternehmen, eine Bank oder eine Treuhandgesellschaft beauftragen. Ausnahmefälle bilden öffentliche Angebote, die auf den Erwerb von Wertpapieren einer Publikums-AG gerichtet sind, die nicht zum Handel bei der TWSE zugelassen sind oder bei der GTSM nicht bzw. lediglich als „aufkommende Aktien"[427] börsennotiert sind. In diesem Fall darf der Bieter maximal zwei Wertpapierunternehmen oder Institutionen beauftragen. Bei öffentlichen Angeboten, deren Bieter eine Finanzholdinggesellschaft oder deren Tochtergesellschaft ist, darf der Bieter gemäß § 15–1 Abs. 2 twWpHG-AngVO keine andere Tochtergesellschaft derselben Finanzholdinggesellschaft zur Unterstützung bei seinem Angebot beauftragen.

---

426 Vgl. *CHANG, Hsin-Ti,* Taiwan Jurist, 2007, Nr. 60, S. 86, 87 f.

427 Die „aufkommenden Aktien" (emerging stock) sind Stammaktien von Publikums-AG, die sich im Vorfeld der Notierung bei der Börse von TWSE oder GTSM befinden und aufgrund der Genehmigung der GTSM bei GTSM gehandelt werden können. Der Markt von „aufkommenden Aktien wurde nach der Beschlussfassung vom Exekutive-Yuan am 19. Juli 2001 im Januar 2002 bei GTSM gegründet.

7. *Die Erstellung der Angebotsunterlage*

Die Angebotsunterlage muss im Rahmen der Anmeldung bei der FSC eingereicht werden. Deswegen hat der Bieter, nach der Entscheidung zur Abgabe eines öffentlichen Angebots, jedoch vor dessen Anmeldung, die Angebotsunterlage nach den Bestimmungen in der twWpHG-AngUVO zu erstellen. Der Bieter muss den im Schrifttum anerkannten Grundsatz von Transparenz und Information, alle Regeln zu den notwendigen Angaben sowie dem Format[428] der Angebotsunterlage einhalten.[429] Die Angebotsunterlage muss nach § 14 twWpHG-AngUVO entsprechend dem von der FSC bestimmten Format in einer elektronischen Datei auf der vom Bieter in der Veröffentlichung bekanntgegebenen Webseite öffentlich zugänglich gemacht sowie im Falle relevanter Änderungen aktualisiert werden. Als Beispiel aus dem Jahr 2014 ist die Angebotsunterlage für das Angebot der VishayDutch Holding B.V., der Tochtergesellschaft der U.S.-amerikanischen Vishay Intertechnology Inc., an die Aktionäre der Capella Microsystems Inc. in Taiwan vom 14. Juli 2014[430] zu nennen.

a) *Der Grundsatz von Transparenz und Information*

Die Einzelheiten zu den Anforderungen an die Angebotsunterlage sind dem Grundsatz von Transparenz und Information zu entnehmen.[431] Nach § 2 Nr. 1 twWpHG-AngUVO muss der Inhalt der Angaben in der Angebotsunterlage ausführlich, richtig, verständlich und präzise sein. Ferner müssen die Angaben in der Angebotsunterlage nach § 2 Nr. 2 twWpHG-AngUVO den zeitlichen Rahmenbedingungen entsprechen. Die Transaktionen und weiteren Informationen, die vor der Übergabe der Angebotsunterlage zum Druck existieren und geeignet sind, die Entscheidung der Aktionäre der Zielgesellschaft und weiterer Interessengruppen zu beeinflussen, müssen in der Angebotsunterlage offengelegt werden.

Falsche Angaben und versteckte Informationen sind verboten. Zuwiderhandlungen führen gemäß § 32 twWpHG zur Schadensersatzhaftung des Vertreters der Gesellschaft, der Personen, welche die Angebotsunterlage unterzeichnet haben sowie der Wirtschaftsprüfer und Rechtsanwälte, die bei der Erstellung mitgewirkt haben.[432] Ob die vorsätzlichen falschen Angaben wesentlicher Informationen in

---

428 Vgl. zur Format der Angebotsunterlage, FSC, Verwaltungsauslegung v. 5. Juli 2012, Jin-Guan-Zheng-Jiao-Zi Nr. 10100269271.

429 Vgl. *LAI, In-Jaw*, Wertpapierhandelsrecht (2014), S. 288 ff.

430 Vgl. chinesischen Text der Angebotsunterlage im Barangebot VishayDutch Holding B.V./Capella Microsystems, Inc., abrufbar unter Website der vom Bieter beauftragten Yuanta Securities Co., Ltd.: http://www.yuanta.com.tw/file-repository/content/20140714_3582sg/notice103_0714_sg/103_0714.htm.

431 Vgl. dazu *CHANG, Hsin-Ti*, Taiwan Jurist, 2007, Nr. 60, S. 86, 88 ff.

432 Vgl. ausführlich zur Anwendung des § 32 twWpHG, der die zivilrechtliche Haftung für unrichtige Prospekte regelt, auf Angebotsunterlage, *WANG, Chih-Cheng*, Chengchi Law Review, 2004, Nr. 82, S. 91, 134; *LEE, Chih-Jen*, The Military Law Journal, 2005, Nr. 12, S. 22, 28 f.

der Angebotsunterlage strafrechtliche Sanktionen nach sich ziehen würden, ist hingegen fraglich.[433]

b) *Notwendige Angaben*

aa) Titelseite

Auf der Titelseite der Angebotsunterlage müssen nach § 2 twWpHG-AngUVO die folgenden Informationen angegeben und ausgedruckt werden: (1) Name der Bietergesellschaft, nebst Unterschrift und Stempel des Vertreters der Bietergesellschaft; (2) Name der Zielgesellschaft; (3) Gattung der zu erwerbenden Wertpapiere; (4) Anzahl der zu erwerbenden Wertpapiere; (5) Gegenleistung; (6) Annahmefrist; (7) Bestätigung der Haftung des Bieters und der Personen, die die Angebotsunterlage unterzeichnet haben, für etwaige inhaltlichen Fehler in der Angebotsunterlage sowie Hinweise auf die Notwendigkeit der Lektüre der Angebotsunterlage und auf die Risiken, die die Annahme des Angebots begleiten; (8) Internetadresse der Webseite, unter der die Angebotsunterlage zur Überprüfung bereitsteht und Anfragen über die Angebotsunterlage gestellt werden können; und (9) Datum des Drucks der Angebotsunterlage.

bb) Grundlegende Angaben

Als grundlegende Angaben in der Angebotsunterlage sind in § 5 Nr. 2 und 3 twWpHG-AngUVO folgende Informationen zur Identifikation der Bietergesellschaft und der beauftragten Organisation bestimmt: (1) Name, Internetadresse der Webseite, Unternehmensgegenstand, Vorstandsmitglieder, Supervisoren und Aktionäre, die mehr als 10% der ausgegebenen Aktien halten, die Anzahl der Stimmrechte solcher Aktionäre der Bietergesellschaft; und (2) Name, Anschrift, Telefonnummer sowie die von der beauftragten Organisation übernommenen Aufgaben.

cc) Bedingungen des Angebots

Hinsichtlich der Angebotsbedingunge sind nach § 6 twWpHG-AngUVO die folgenden Angaben notwendig: (1) die Frist des öffentlichen Erwerbsangebots; (2) die höchste und die niedrigste Anzahl der Wertpapiere, die der Bieter planmäßig durch das öffentliche Erwerbsangebot erwerben will; (3) die für die Wertpapiere der Zielgesellschaft angebotene Gegenleistung; (4) Angaben zur Frage, ob für die Gültigkeit des öffentlichen Erwerbsangebots noch weitere Genehmigungen oder Anmeldungen notwendig sind und ob der Bieter die notwendigen Genehmigungen erhalten und die notwendigen Anmeldungen vorgenommen hat; sowie (5) Hinweise darauf, dass die Aktionäre der Zielgesellschaft, die das Angebot angenommen haben, nach Eintritt und Veröffentlichung der Bedingungen ihre Annahme nicht mehr

433 Vgl. *LAI, In-Jaw*, Chung Yuan Financial & Economic Law Review, 2012, Nr. 28, S. 1, 14 ff.

widerrufen können, es sei denn, dass einer der in § 19 Abs. 4 twWpHG-AngVO bestimmten Ausnahmefälle vorliegt.

dd) Die Gegenleistung und die Finanzierungsmaßnahmen

Bei öffentlichen Erwerbsangeboten kann der Bieter nach § 8 twWpHG-AngVO die Gegenleistung, außer in Bargeld, auch in liquiden Wertpapieren oder anderen Vermögensgegenständen des Bieters anbieten. Bei der Gegenleistung in liquiden Wertpapieren können gemäß § 8 Nr. 1 twWpHG-AngVO nur die zum Handel an der Börse der TWSE oder der GTSM zugelassenen inländischen Wertpapiere angeboten werden. Der Umfang der als Gegenleistung geeigneten ausländischen Wertpapiere unterliegt weiteren Bestimmungen der SFC. Ist der Bieter eine Publikums-AG in Taiwan, so können nach § 8 Nr. 2 twWpHG-AngVO ihre Aktien, Schuldverschreibungen oder andere Vermögensbestandteile als Gegenleistung angeboten werden. Beim öffentlichen Erwerbsangebot, dessen Bieter eine ausländische Aktiengesellschaft ist, gelten für den Umfang der Aktien oder Schuldverschreibungen des ausländischen Bieters dagegen die speziellen Bestimmungen der FSC.[434] Auf der Grundlage der in § 8 twWpHG-AngVO vorgeschriebenen Arten der Gegenleistung sind in § 7 twWpHG-AngUVO die notwendigen Angaben über die Gegenleistung und die entsprechenden Finanzierungsmaßnahmen bei der Gegenleistung geregelt. Der Leverage-Buyout (LBO), deren Finanzierung eine große Belastung für die Zielgesellschaft bedeuten kann, ist bei öffentlichen Übernahmeangeboten zulässig.[435]

(1) Die Gegenleistung in Form von Bargeld

Bei Barangeboten müssen nach § 7 Nr. 1 twWpHG-AngUVO die folgenden Informationen in der Angebotsunterlage enthalten sein: (a) die Einzelheiten zum Eigenkapital; und (b) wenn die zur Erfüllung der Bargegenleistung notwendigen Mittel durch Finanzierungsmaßnahmen bereitgestellt werden, der Inhalt des ganzen Finanzierungsplans, einschließlich der Quellen des fremden Kapitals, die Parteien der Darlehensverträge, die Sicherheiten usw. Sollten die Vermögensbestandteile oder Aktien der Zielgesellschaft oder der nach der Fusion fortzuführenden Gesellschaft als Sicherheit für die Finanzierung verwendet werden, müssen

---

434 Vgl. FSC, Verwaltungsauslegung v. 22. Juni 2005, Jin-Guan-Zheng-San-Zi Nr. 0940002713, nach der die zum Handel auf den ausländischen Zentralmärkten zugelassenen Wertpapiere und die bei NASDAQ in den USA, bei AIM in Großbritannien, bei JASDAQ in Japan und bei KOSDAQ in Korea zum Handel zugelassenen Wertpapiere sowie die von bestimmten international anerkannten Rating-Agenturen zumindest als BBB bewerteten Anleihen als Gegenleistung angeboten werden können.

435 Vgl. die Angebotsunterlage des Übernahmeangebots Jabil Circuit/Taiwan Green Point Enterprises Co., Ltd. im November 2006, S. 12, dessen Gegenleistung 30 Milliarden TWD, ca. 750 Millionen Euro, betrug; kritisch dazu *CHANG, Hsin-Ti,* Taiwan Jurist, 2007, Nr. 60, S. 86, 89.

der Inhalt der entsprechenden Vereinbarungen und eine Einschätzung über die Auswirkungen hinsichtlich Finanzen und Geschäfte der Zielgesellschaft bzw. der nach der Fusion fortzuführenden Gesellschaft, angegeben werden. Liegt keine entsprechende Finanzierungsmaßnahme vor, muss der Bieter eine dies bestätigende Erklärung abgeben.

(2) Die Gegenleistung in Form von Wertpapieren einer inländischen börsennotierten AG

Wenn die Gegenleistung in Form von Wertpapieren einer inländischen börsennotierten AG angeboten wird, muss der Bieter gemäß § 7 Nr. 2 twWpHG-AngUVO in den Angebotsanlagen die folgenden Informationen angeben: (a) Name, Gattung, durchschnittlicher Preis und die durchschnittlichen Handelsvolumen in den letzten drei Monaten des als Gegenleistung angebotenen Wertpapiers, sowie dessen Schlusskurs am Vortag der Anmeldung; (b) Zeit, zu der der Bieter das als Gegenleistung angebotene Wertpapier erworben hat, sowie die Gegenleistung für den Erwerb; und (c) die Weise, in der das Umtauschverhältnis bestimmt wird und die Faktoren, die das Umtauschverhältnis bestimmt haben.

(3) Die Gegenleistung in Form von Wertpapieren der Bietergesellschaft

Die Informationen, die im Fall der Gegenleistung in Form von Aktien oder Anleihen der Bietergesellschaft in der Angebotsunterlage angegeben werden müssen, sind in § 7 Nr. 3 twWpHG-AngUVO geregelt: (a) das Protokoll der Sitzung des Vorstands oder der Hauptversammlung, in der der Beschluss zur Abgabe des Angebots und zur Ausgabe der Aktien oder Anleihen gefasst wurde; (b) die Ausgabebedingungen für die anzubietenden und die auszugebenden Aktien oder Anleihen; (c) wenn die vom Bieter angebotenen und ausgegebenen Aktien in derselben Gattung bereits bei der TWSE oder GTSM gehandelt worden sind, müssen der durchschnittliche Preis und die durchschnittliche Handelsvolumen in den letzten drei Monaten der Aktien, sowie deren Schlusskurs am Vortag der Anmeldung angegeben werden; (d) die Weise, in der das Umtauschverhältnis bestimmt wird und die Faktoren, die das Umtauschverhältnis bestimmt haben; (e) die Jahresabschlüsse und Berichte der letzten zwei Jahre oder, wenn der Bieter innerhalb der letzten zwei Jahren gegründet wurde, der letzten Geschäftsjahre; (f) die letzten veröffentlichten und von Wirtschaftsprüfern geprüften und zertifizierten oder überprüften Abschlüsse; (g) Erläuterungen zu wesentlichen Änderungen in den Finanzen und im Geschäft des Bieters im Zeitraum zwischen dem Datum der Bilanz und der Anmeldung. Wenn keine solche wesentlichen Änderungen bestehen, muss der Bieter eine entsprechende Erklärung abgeben, dass dies nicht der Fall ist; und (h) Erläuterungen zum Einfluss des Angebots auf die Finanzen und Geschäfte der Bietergesellschaft innerhalb von drei Jahren nach dem Erwerb der Wertpapiere der Zielgesellschaft.

ee) Risiken bei Annahme des Angebots

Nach § 8 Nr. 1 bis Nr. 8 twWpHG-AngUVO müssen in der Angebotsunterlage die verschiedenen Risiken für die Aktionäre der Zielgesellschaft bei der Annahme des Angebots deutlich dargestellt werden. Diese Risiken beziehen sich im Wesentlichen die folgenden Fallgestaltungen, die während der Annahmefrist auftreten können:

(1) Das Risiko, dass das Angebotsverfahren von der FSC nach § 43–5 Abs. 1 Nr. 1 bis 3 ausgesetzt wird. Dieses Risiko wird auftreten, wenn die Zielgesellschaft während der Annahmefrist in erhebliche finanzielle oder geschäftliche Schwierigkeiten gerät, wenn der Bieter in Konkurs gerät, das Verfahren für seine Umstrukturierung vom Gericht gestattet wird oder wenn weitere von der FSC bestimmte Situationen auftreten; (2) das Risiko, dass das Angebot in bestimmten Fällen nicht von der FSC oder von anderen Behörden gestattet, zurückgewiesen oder aufgehoben wird; (3) das Risiko, dass der Inhalt der angemeldeten und veröffentlichen Informationen aufgrund ihrer Rechtswidrigkeit nach der Anordnung der FSC gemäß § 43–5 Abs. 2 twWpHG geändert und die Anmeldung und Veröffentlichung entsprechend erneut vorgenommen werden müssen; (4) das Risiko bei einem Tauschangebot, dass die als Gegenleistung angebotenen Wertpapieren nicht zeitmäßig ausgegeben werden können; (5) das Risiko, dass die Annahme nach dem Eintritt der Angebotsbedingungen unwiderruflich wird, es sei denn, dass ein Konkurrenzangebot, eine Verlängerung der Annahmefrist oder ein rechtlich erlaubter Widerruf besteht; (6) Das Risiko, dass das niedrigste Volumen der durch das Angebot zu erwerbenden Aktien nicht erreicht werden kann; (7) das Risiko, dass nicht sämtliche Aktien, die die Aktionäre der Zielgesellschaft durch die Annahme des Angebots verkaufen wollen, vom Bieter erworben werden können; sowie (8) weitere Risiken, die das Angebotsverfahren erheblich beeinflussen können und die der Bieter in Kenntnis genommen hat.

ff) Maßnahmen nach Ablauf der Annahmefrist

Nach Ablauf der Annahmefrist stehen beim Barangebot die Zahlung der Gegenleistung oder beim Tauschangebot die Übergabe der inländischen oder ausländischen Wertpapiere, die Veräußerung der Wertpapiere der Aktionäre der Zielgesellschaft, die das Angebot angenommen haben, sowie die Rückgabe der Wertpapiere, wenn die niedrigste Anzahl der zu erwerbenden Aktien nicht erreicht, oder die höchste Anzahl der zu erwerbenden Aktien überschritten wird, im Mittelpunkt des Geschehnes. Wie, wann und wo die Pflichten des Bieters und der Aktionäre der Zielgesellschaft zum Vollzug der Transaktionen oder zur Abwicklung nicht abgeschlossener Transaktionen erfüllt werden, muss nach § 9 Nr. 1 bis Nr. 3 twWpHG-AngUVO in der Angebotsunterlage angegeben werden. Für die Konstellation beim Tauschangebot, dass die als Gegenleistung angebotenen Wertpapiere nicht planmäßig ausgegeben werden können, muss der Bieter nach § 9 Nr. 4 twWpHG-AngUVO bereits in der Angebotsunterlage angeben, ob anstelle der Wertpapiere Bargeld gezahlt wird oder ob sonstige Alternativen bestehen.

gg) Beteiligungen an der Zielgesellschaft vor der Anmeldung

In der Angebotsunterlage muss der Bieter nach § 10 Nr. 1 twWpHG-AngUVO die Gattung, Anzahl und Erwerbspreise der Aktien der Zielgesellschaft, die er und die mit ihm verbundenen Personen vor der Anmeldung des Angebots bereits halten, nennen. Ferner muss der Bieter die Erwerbstransaktionen hinsichtlich der Aktien der Zielgesellschaft innerhalb von sechs Monaten vor der Anmeldung mit dem Handelsrekord als Beilage angeben. Diese Pflicht trifft auch die Vorstandsmitglieder und Supervisoren persönlich. Sie müssen ihre Beteiligungsverhältnisse an der Zielgesellschaft in der Angebotsunterlage offenlegen. Soweit der Bieter oder sein Aktionär als Vorstandsmitglied oder Supervisor der Zielgesellschaft tätig ist oder seine Aktionäre mehr als 10% der ausgegebenen Aktien der Zielgesellschaft halten, müssen der Name und der Stand der Beteiligung solcher Aktionäre nach § 10 Nr. 2 twWpHG-AngUVO in der Angebotsunterlage angegeben werden.

hh) Transaktionen und Vereinbarungen mit Organmitgliedern der Zielgesellschaft

In der Angebotsunterlage offenzulegen sind nach § 11 twWpHG-AngUVO die Transaktionen und Vereinbarungen zwischen dem Bieter, den mit ihm verbundenen Personen und Organmitgliedern oder bestimmten Aktionären der Zielgesellschaft im Zeitraum von zwei Jahren vor der Angebotsanmeldung. Anzugeben sind nach § 11 Abs. 1 Nr. 1 twWpHG-AngUVO die Daten, Vertragsparteien, Preise und Volumen eines Kaufs oder Verkaufs von Aktien mit Direktoren, Supervisoren, Management Officers oder Aktionären, die mehr als 10% der ausgegebenen Aktien der Zielgesellschaft halten, sowie den mit der Zielgesellschaft verbundenen Personen.

Soweit solche offenlegungspflichtigen Transaktionen und Vereinbarungen bestehen, muss deren wesentlicher Inhalt in der Angebotsunterlage nach § 11 Abs. 1 Nr. 2 twWpHG-AngUVO dargelegt werden. Selbiges gilt für Verträge oder Vereinbarungen zwischen dem Bieter, oder den mit ihm verbundenen Personen und bestimmten Aktionären der Zielgesellschaft. Ob der Aktionär der Zielgesellschaft nach den Vereinbarungen an dem Bieter oder an dessen verbundenen Gesellschaften beteiligt ist, muss ebenfalls offengelegt werden. Der Bieter und die mit ihm verbundenen Personen müssen gemäß § 11 Abs. 2 twWpHG-AngUVO sämtliche solcher Verträge oder Vereinbarungen offenlegen und zusammen mit der Angebotsunterlage veröffentlichen.

Gemäß § 11 twWpHG-AngUVO werden bestimmte Informationen beim Management Buyout offengelegt, die zwar nicht ausreichend sind, jedoch eine wichtige Grundlage für die Einschätzung bilden, ob Interessenskonflikte bestehen und ob die Mitglieder des Vorstands und die Managing Officers ihre Treuepflicht und Sorgfaltspflicht gegenüber der Zielgesellschaft beim Angebot erfüllt haben.[436]

---

436 Vgl. zur Verbesserung der geltenden Bestimmungen durch ergänzenden Angaben in der Angebotsunterlage bei Management-Buyout in Anlehnung an

ii) Zweck des Angebots und Pläne nach dem Angebotsverfahren

Hinsichtlich der unternehmerischen Pläne zur Fortführung der Zielgesellschaft nach dem Angebotsverfahren, muss der Bieter nach § 12 Abs. 1 Nr. 1 twWpHG-AngUVO in der Angebotsunterlage zunächst den Zweck des Erwerbs der Wertpapiere der Zielgesellschaft und seine diesbezüglichen Pläne offenlegen. Er muss angeben, ob er die Zielgesellschaft weiterführen will und die entsprechenden Pläne dazu offenlegen. Wenn er den Plan hat, die erworbenen Wertpapiere innerhalb eines Jahres nach dem Erwerb an einen Anderen zu veräußern, muss er den Inhalt dieses Plans offenlegen.

Wenn der Bieter den Plan hat, die Zielgesellschaft nach dem Erwerb der Wertpapiere aufzulösen, ein Delisting durchzuführen, die Struktur, das Kapital, die Geschäftspläne, die Finanzen und die Produktion erheblich zu verändern, oder weitere Maßnahmen, die die Interessen der Aktionäre der Zielgesellschaft erheblich beeinflussen können, vorzunehmen, muss er gemäß § 12 Abs. 1 Nr. 2 twWpHG-AngUVO solche Pläne in der Angebotsunterlage offenlegen. Pläne zum Umbau des Vorstands, der Bestellung neuer Supervisoren und Management Officers sowie zur Umsetzung oder Entlassung von Angestellten oder Arbeitnehmern, muss der Bieter ebenfalls in der Angebotsunterlage offenlegen. Darüber hinaus muss der Bieter nach § 12 Abs. 1 Nr. 3 twWpHG-AngUVO in der Angebotsunterlage seine Pläne zur Verfügung über die Wertpapiere oder über wesentliche Vermögensbestandteile oder zu weiteren M&A-Transaktionen, die innerhalb von einem Jahr nach Ablauf der Annahmefrist durchgeführt werden sollen, darlegen.

Ist der Rückzug der Zielgesellschaft von der Börse Bestandteil der Planung des Bieters, so muss der Bieter nach § 12 Abs. 2 twWpHG-AngUVO in der Angebotsunterlage mindestens seine Absichten hinsichtlich der nachfolgenden Aspekte angeben: (1) die Zukunft der Zielgesellschaft in ihre Branche, der Wert der Gesellschaft und der Grund für das Angebot; (2) eine Stellungnahme zu den Angebotsbedingungen im Hinblick auf die Fairness gegenüber den Aktionären der Zielgesellschaft und Erläuterungen zu den relevanten Bezugsgrößen; (3) wenn der Bieter oder die mit ihm verbundenen Personen in den letzten Jahren von einem Dritten ein Gutachten über die Bewertung der Zielgesellschaft eingeholt haben, müssen der Inhalt des Gutachtens, die Identität des Dritten, seine Fachqualifikationen sowie das gezahlte Honorar offengelegt werden; (4) die Pläne zur Übernahme der Zielgesellschaft vor dem Delisting und der geplante Umgang mit den Aktionären, die das Angebot nicht angenommen haben sowie die Folgen im Hinblick auf anfallende Steuern; (5) die Pläne zum Börsengang der von der Durchführung des Angebotsverfahrens betroffenen Gesellschaft auf einem inländischen oder ausländischen Markt nach dem Delisting der Zielgesellschaft.

---

entsprechenden Regelungen in Japan und den Regeln in „The City Code on Takeovers and Mergers"der Großbritannien, *CHANG, Hsin-Ti,* Taiwan Jurist, 2007, Nr. 60, S. 86, 90.

jj) Beschlüsse der Organe der Bietergesellschaft und die Fairness Opinion

Schließlich muss der Bieter nach § 13 Abs. 1 Nr. 2 twWpHG-AngUVO in der Angebotsunterlage offenlegen: (1) das Protokoll der Hauptversammlung oder der Sitzung des Vorstands zur Beschlussfassung für die Entscheidung zur Abgabe eines Angebots zum Erwerb von Wertpapieren der Zielgesellschaft; und (2) die eingeholte sog. Fairness Opinion eines unabhängigen Sachverständigen zur Berechnung der Gegenleistung bei einem Barangebot bzw. zum Umtauschverhältnis bei einem Tauschangebot bzw. zur Bewertung anderer Vermögensbestandteile.

In der Fairness Opinion müssen die folgenden Informationen enthalten sein: (1) die beim Angebot verwendeten Methoden, Grundsätze und die Kalkulationsweisen für die Bestimmung der Höhe der Gegenleistung im Vergleich zu der international üblichen Marktwertmethode, Anschaffungskostenmethoden und der Discounted-Cash-Flow-Methode; (2) die Finanzlage, Rentabilität, das Kurs-Gewinn-Verhältnis der Zielgesellschaft im Vergleich zu anderen Unternehmen in derselben Branche, die bei TWSE oder GTSM notiert sind; (3) soweit die Gegenleistung auf Grund des eingeholten Bewertungsgutachtens bestimmt ist, müssen der Inhalt des Bewertungsgutachtens und die Bewertungsergebnisse angegeben werden; (4) sollen die Vermögensbestandteile oder Aktien der Zielgesellschaft bzw. der nach der Fusion fortzuführenden Gesellschaft als Sicherheit für die Finanzierungsmaßnahme des Bieters verwendet werden, muss eine Einschätzung des Einflusses solcher Maßnahmen auf die Finanzen und das Geschäft der Zielgesellschaft bzw. der nach der Fusion fortzuführenden Gesellschaft in der Fairness Opinion enthalten sein.

kk) Weitere Informationen von wesentlicher Bedeutung

Die in §§ 5 bis 13 twWpHG-AngUVO aufgestellten notwendigen Angaben sind nicht abschließend geregelt. Soweit weitere Informationen von wesentlicher Bedeutung bestehen, muss der Bieter nach § 4 Nr. 10 twWpHG-AngUVO solche Informationen in der Angebotsunterlage angeben. Ob die detaillierten Informationen über ein Teilangebot, dass unter dem Übernahmerecht in Taiwan nicht verboten ist, jedoch die Entscheidung der Aktionäre der Zielgesellschaft zur Annahme des Angebots unangemessen belasten kann, als eine solche weitere Informationen von wesentlicher Bedeutung im Sinne des § 4 Nr. 10 twWpHG-AngUVO in der Angebotsunterlage offengelegt werden muss und wie das Teilangebot zu behandeln wäre, sind offengebliebene Fragen.[437]

8. Anmeldung, Veröffentlichung und Übermittlung an die Zielgesellschaft

a) Die Anmeldung des Angebots bei der FSC

Der Grundsatz der Anmeldung und Veröffentlichung des öffentlichen Erwerbsangebots vor Beginn des Angebotsverfahrens gemäß § 43–1 Abs. 2 wird in § 7 Abs. 1

437 Vgl. *CHANG, Hsin-Ti,* Taiwan Jurist, 2007, Nr. 60, S. 86, 91.

twWpHG-AngVO wiederholt. Ein konkurrierendes Angebot muss nach § 7 Abs. 2 twWpHG-AngVO spätestens fünf Werktage vor dem Ablauf der Annahmefrist für das ursprüngliche Angebot bei der FSC angemeldet und veröffentlicht werden.

Bei der Anmeldung müssen nach § 9 Abs. 1 twWpHG-AngVO die Angebotsunterlage und der Auftragsvertrag zwischen dem Bieter und der zur Behandlung der Angebotsangelegenheiten beauftragten Organisation als Anhang bei der FSC eingereicht werden. Ist der Bieter eine ausländische Gesellschaft, so muss die Bevollmächtigung eines Vertreters für das Prozessverfahren und die freiwillige Gerichtsbarkeit in Taiwan bei der Anmeldung als Anlage beigefügt werden.

Soweit eine Genehmigung oder Anmeldung bei einer anderen Behörde für das Angebot erforderlich ist, wie z.B. die Genehmigung der Investitionskommission des Wirtschaftsministeriums im Falle des Erwerbs von Wertpapieren der Zielgesellschaft durch das Angebot einer ausländischen Gesellschaft, müssen nach § 9 Abs. 2 twWpHG-AngVO sämtliche Anmeldungsdokumente von einem Rechtsanwalt geprüft werden. Nach der Prüfung muss ein entsprechendes Rechtsgutachten zur Rechtmäßigkeit des Angebots als Anlage bei der Anmeldung als Anlage beigefügt werden.

b) Die Übermittelung an die Zielgesellschaft

Nach § 9 Abs. 3 twWpHG-AngVO muss der Bieter am Tag der Anmeldung der Zielgesellschaft eine Kopie des Anmeldeschreibens, der Angebotsunterlage und Anhänge zustellen.

c) Die Veröffentlichung des Angebots

Vor dem Beginn der Annahmefrist muss der Bieter nach § 9 Abs. 4 twWpHG-AngVO das Anmeldeschreiben, die Angebotsunterlage sowie, soweit es im konkreten Fall notwendig ist, das Rechtsgutachten veröffentlichen.

9. Das Verbot des Parallelerwerbs

Das Verbot des Parallelerwerbs ist eine Ausprägung des Grundsatzes der Gleichbehandlung der Aktionäre.[438] Nach § 43-3 Abs. 1 twWpHG ist es dem Bieter und den mit ihm verbundenen Personen verboten, während des Zeitraums ab der Anmeldung und Veröffentlichung des Angebots bis zum Ende der Annahmefrist, am Markt der TWSE, der GTSM oder auf andere Weise die Wertpapiere derselben Gattung der Zielgesellschaft zu kaufen. In der Regel erfolgt die Veröffentlichung am Tag der Anmeldung. Ausnahmsweise kann die Veröffentlichung vor oder nach der Anmeldung stattfinden. In einem solchen Fall beginnt der Verbotszeitraum entweder mit der Anmeldung oder der Veröffentlichung die früher vorgenommen wird. Zuwiderhandlungen führen nach § 43-3 Abs. 2 twWpHG

---

438 Vgl. *CHANG, Hsin-Ti*, Taiwan Just, 2007, Nr. 60, S. 86, 88.

zur Schadensersatzpflicht gegenüber den Aktionären der Zielgesellschaft, die das Angebot des Bieters angenommen haben.

10. *Einschränkungen auf Änderung der Angebotsbedingungen*

Der Bieter darf die Angebotsbedingungen gemäß § 43–2 twWpHG nach der Anmeldung und Veröffentlichung des Angebots nicht zu Ungunsten der Aktionäre der Zielgesellschaft ändern.[439] Ausdrücklich verboten sind nach § 43–2 twWpHG und § 7–1 twWpHG-AngVO die Reduzierung des angebotenen Preises, die Verringerung des Volumens der zu erwerbenden Wertpapiere und die Verkürzung der Annahmefrist. Weitere verbotene Änderungen können durch die FSC aufgrund der Ermächtigung in § 43–2 Nr. 4 twWpHG bestimmt werden.

11. *Übergabe der Angebotsunterlage an die Aktionäre der Zielgesellschaft*

Nach § 16 Abs. 1 twWpHG-AngVO muss der Bieter vor dem Beginn des Fristlaufs für die Annahmefrist die Angebotsunterlage der von ihm zur Behandlung der Angebotsangelegenheiten beauftragten Organisation, der TWSE, der GTSM sowie dem SFIPC zustellen. Die vom Bieter beauftragte Organisation muss sodann gemäß § 16 Abs. 1 und Abs. 2 twWpHG-AngVO die Angebotsunterlage den Aktionären der Zielgesellschaft, die das Angebot annehmen wollen und die Angebotsunterlage verlangen, übergeben. Die beauftragte Organisation muss die Angebotsunterlage den Aktionären der Zielgesellschaft spätestens zur Verfügung stellen, wenn diese ihre Aktien zur Annahme des Angebots und zum Vollzug der Transaktion der beauftragten Organisation übergeben.

Zuwiderhandlungen können nach § 178 Abs. 1 Nr. 2 twWpHG mit einem Bußgeld geahndet werden.

12. *Anmelde- und Veröffentlichungspflichten während der laufenden Annahmefrist*

a) Die Annahmefrist

Die Annahmefrist muss nicht sofort nach der Anmeldung und Veröffentlichung beginnen. Der Bieter kann in der Angebotsunterlage bestimmen, dass die Annahmefrist einige Tage nach der Anmeldung und Veröffentlichung beginnen soll.[440]

---

439 Vgl. Begründung des Regierungsentwurfs für Änderung bestimmten Vorschriften im twWpHG, zu § 43–2 Abs. 1, Betroffene Dokumente der 5. Sitzung, 6. Sitzungsperiode, 4. Wahlperiode vom Legislative-Yuan, S. 150, abrufbar auf Website vom Legislative-Yuan: http://lis.ly.gov.tw/lgcgi/lgmeetimage?cfcbcfc9cfc9cfcfc5cacec8d2cacbcd.

440 Vgl. Kommission für Aufsicht über Wertpapiere und Termingeschäfte der Finanzministeriums, Verwaltungsauslegung v. 29. August 2002, Tai-Cai-Zhen-San-Zi

Beim öffentlichen Angebot der VishayDutch B.V. an die Aktionäre der Capella Microsystems, Inc., etwa wurden die Anmeldung und Veröffentlichung des Angebots am 11. Juli 2014 vorgenommen. Die Annahmefrist begann jedoch erst am 14. Juli 2014.[441] Muss das Angebot wegen der Beseitigung einer Rechtswidrigkeit nach der Anordnung der FSC geändert und erneut angemeldet und veröffentlichet werden, beginnt die Annahmefrist nach § 9 Abs. 5 twWpHG-AngVO entsprechend erneut. Die Annahmefrist hat eine Dauer von mindestens zehn und höchstens fünfzig Tagen. Eine Verlängerung der Annahmefrist um maximal dreißig Tage ist nach § 18 twWpHG-AngVO zulässig, wenn ein konkurrierendes Angebot angemeldet und veröffentlicht wird, oder die Verlängerung aus sonstigen Gründen rechtlich gerechtfertigt ist.

b) Änderungen der Angebotsbedingungen zugunsten der Aktionäre der Zielgesellschaft

Die Änderungen des Angebotsbedingungen, die nicht unter das Verbot der Änderungen zu Ungunsten der Aktionäre der Zielgesellschaft gemäß § 43-2 twWpHG fallen, müssen nach § 17 twWpHG-AngVO bei der FSC angemeldet und veröffentlicht werden. Darüber hinaus muss der Bieter die Änderungen den Aktionären der Zielgesellschaft, die das Angebot angenommen haben, der vom Bieter beauftragten Organisation sowie der Zielgesellschaft mitteilen.

c) Verlängerung der Annahmefrist

Die Verlängerung der Annahmefrist wegen eines Konkurrenzangebots oder aus sonstigen rechtlich gerechtfertigten Gründen muss vom Bieter des ursprünglichen Angebots nach § 18 bei der FSC angemeldet und veröffentlicht werden.

d) Eintritt der Angebotsbedingungen

Wenn bereits vor dem Ablauf der Annahmefrist die Mindestanzahl der zu erwerbenden Wertpapiere erreicht wird, muss der Bieter innerhalb von zwei Tagen gemäß§ 19 Abs. 1 twWpHG-AngVO den Eintritt der Angebotsbedingung bei der FSC anmelden, veröffentlichen und der beauftragten Organisation mitteilen.

Nr. 0910004555, abrufbar unter Website der FSC: http://www.selaw.com.tw/scripts/Query1B.asp?no=3G01000%A5x%B0%5D%C3%D2%A4T+++++++++++++++0910004555++.

441 Vgl. chinesischen Text der Angebotsunterlage im Barangebot VishayDutch Holding B.V./Capella Microsystems, Inc., zur Annahmefrist, S. 2, abrufbar unter Website der vom Bieter beauftragten Yuanta Securities Co., Ltd.: http://www.yuanta.com.tw/file-repository/content/20140714_3582sg/notice103_0714_sg/103_0714.htm.

e) Die Aussetzung des Angebotsverfahrens

Wegen finanziellen oder geschäftlichen Schwierigkeiten der Zielgesellschaft, oder wegen des Konkurses oder eines Umstrukturierungsverfahrens des Bieters, kann die FSC gemäß § 43–5 twWpHG auf Antrag des Bieters die Aussetzung des Angebotsverfahrens gestatten. Der Bieter muss nach § 21 Abs. 1 twWpHG-AngVO innerhalb von zwei Tagen nach dem Erhalt der Genehmigung der FSC die Aussetzung des Angebotsverfahrens veröffentlichen und den Aktionären der Zielgesellschaft, die das Angebot angenommen haben, der beauftragten Organisation und der Zielgesellschaft mitteilen.

f) Die Änderung des Angebots wegen Rechtswidrigkeit

In dem Fall, in dem das Angebot zur Beseitigung einer Rechtswidrigkeit nach der Anordnung der FSC geändert wird, muss der Bieter nach § 21 Abs. 2 twWpHG-AngVO das geänderte Angebot erneut bei der FSC anmelden, veröffentlichen und der beauftragten Organisation und der Zielgesellschaft mitteilen.

13. Die Pflicht zur Anmeldung und Veröffentlichung des Angebotsergebnisses

Gemäß § 22 Abs. 1 twWpHG-AngVO muss der Bieter innerhalb von zwei Tagen nach Ablauf der Annahmefrist das Angebotsergebnis bei der FSC anmelden und veröffentlichen. Dabei sind die folgenden Informationen anzugeben: a) Identifizierungsinformationen wie Name und Sitz des Bieters; b) Name der Zielgesellschaft; c) Gattung der erworbenen Wertpapiere; d) Annahmefrist; e) Eintritt oder Nichteintritt der Angebotsbedingung hinsichtlich der planmäßigen Anzahl der zu erwerbenden Wertpapiere; f) Anzahl der Wertpapiere, die nach der Annahme des Angebots zur Veräußerung stehen sowie die Anzahl der Wertpapiere, bei denen es tatsächlich zu einer Transaktion gekommen ist; g) die Frist, die Art und Weise sowie der Ort der Zahlungen für den Erwerb der Wertpapiere; h) die Zeit, Art und Weise sowie Ort der Übergabe der Wertpapiere. Der Bieter muss nach § 22 Abs. 2 twWpHG-AngVO am Tag der Veröffentlichung des Angebotsergebnisses die Aktionäre der Zielgesellschaft, die das Angebot angenommen haben, über die Einzelheiten des Vollzugsverfahrens informieren.

14. Pflichten beim Erwerb eigener Aktien

a) Veröffentlichung und Anmeldung

Der Erwerb eigener Aktien gemäß § 28–2 twWpHG kann nach § 10 twWpHG-AngVO durch öffentliches Angebot erfolgen. Vor dem Beginn des öffentlichen Erwerbs muss der Bieter den Erwerb eigener Aktien veröffentlichen und bei der FSC anmelden. Bei der Anmeldung sind folgende Dokumente einzureichen: aa) der Auftragsvertrag zwischen dem Bieter und der zur Behandlung der Angebotsgelegenheiten beauftragten Organisation; bb) das Protokoll der Vorstandssitzung zur

Beschlussfassung über den Erwerb eigener Aktien; cc) die Erklärung des Vorstands, dass der Erwerb eigener Aktien unter Berücksichtigung der Finanzlage der Gesellschaft vorgenommen wird und die Erhaltung des Kapitals des Gesellschaft nicht negativ beeinflussen wird; dd) die letzten Jahresabschlüsse der Gesellschaft, die rechtmäßig vor der Vorstandssitzung zur Beschlussfassung über den Erwerb eigener Aktien erstellt und vom Wirtschaftsprüfer zertifiziert oder überprüft wurden; ee) die Fairness Opinion des Wirtschaftsprüfers zum Erwerbspreis; ff) der Plan zur Übertragung der erworbenen eigenen Aktien an die Arbeitnehmer der Gesellschaft im Sinne der Verordnung zum Erwerb eigener Aktien einer börsennotierten AG oder der Plan zum Austausch oder zur Zeichnung der neuen Aktien im Sinne des § 11 selbiger Verordnung; gg) der potenzielle Einfluss auf die noch nicht ausgeschütteten Dividenden der Gesellschaft; sowie hh) weitere eventuell von der FSC bestimmte Dokumente.

b) Einschränkungen der Annahme des Angebots

Beim Erwerb eigener Aktien durch öffentliche Angebote ist nach § 20 Abs. 1 twWpHG-AngVO das Recht bestimmter Aktionäre der Gesellschaft zur Annahme des Angebots ausgeschlossen. Der von dem Ausschluss betroffene Aktionärskreis erfasst die verbundenen Unternehmen im Sinne des § 369–1 GesG, Mitglieder des Vorstands, Supervisoren und Management Officers der Gesellschaft sowie ihre Ehegatten und Ehegattinnen sowie deren minderjährige Kinder.

c) Die Sonderregelung bei öffentlichen Unternehmen

Das Recht der Aktionäre zur Annahme des Angebots beim Erwerb eigener Aktien durch öffentliche Angebote wird nach § 20 Abs. 2 twWpHG-AngVO im Fall, in dem der Bieter ein öffentlichen Unternehmens ist, nicht ausgeschlossen. Voraussetzung ist jedoch, dass die Regierung in Taiwan mit mehr als 50% an dem Nennkapital des Bieters beteiligt ist und der Bieter aufgrund der Genehmigung des Kabinetts eigene Aktien durch öffentliche Angebote erwerben wird. In diesem Fall darf der Preis zum Erwerb eigener Aktien nach § 20 Abs. 3 twWpHG-AngVO nicht höher als der Schlusskurs am Tag der Veröffentlichung des Angebots sein. Wenn der Nettoinventarwert pro Aktie nach dem letzten Abschluss der Gesellschaft höher als der Schlusskurs am Tag der Veröffentlichung des Angebots ist, darf der Preis zum Erwerb eigener Aktien nicht höher sein als der Nettoinventarwert pro Aktie sein.

15. Die Gewährung einer angemessenen Abfindung beim Squeeze-out

Neben dem aktienrechtlichen Squeeze-out nach §§ 186 bis 188 ff. GesG im Falle der Veräußerung des Hauptbetriebs oder -vermögens einer Aktiengesellschaft, dem Squeeze-out im Falle einer Verschmelzung zwischen verbundenen Gesellschaften nach § 316–2 Abs. 1 bis 5 GesG und dem Squeeze-out bei M&A-Transaktionen nach §§ 12 und 19 BMAA kennt das Übernahmerecht in Taiwan kein Sonderverfahren zum Ausschluss der Minderheitsaktionäre. Die Minderheitsaktionäre der

Zielgesellschaft können nach der Abwicklung des Angebotsverfahrens im Falle der Veräußerung des Hauptbetriebs oder -vermögens durch die Zielgesellschaft oder Verschmelzung des Bieters mit der Zielgesellschaft zwischen den verschiedenen Möglichkeiten ihr Andienungsrecht geltend machen. Der Bieter, der nach der Abwicklung des Angebotsverfahrens mindestens 90% der Aktien der Zielgesellschaft erworben und die Kontrolle erlangt hat, muss beim Erwerb der übrigen Aktien den Minderheitsaktionären eine angemessene Abfindung für die Übertragung ihrer Aktien gewähren. Die Angemessenheit wird gemäß § 316–2 Abs. 2 GesG bzw. §§ 12 Abs. 1 und 19 Abs. 2 BMAA nach dem Wert der Aktien zum Zeitpunkt der Beschlussfassung für die Übertragung des Unternehmens bzw. für die Verschmelzung bemessen.

a) Der Squeeze-out bei Veräußerung oder Erwerb des Hauptbetriebs oder -vermögens

Bei der Veräußerung des Hauptbetriebs oder -vermögens einer Aktiengesellschaft oder beim Erwerb von Unternehmen oder Vermögen einer Gesellschaft durch eine Aktiengesellschaft ist nach § 185 GesG eine zustimmende Beschlussfassung der Hauptversammlung mit qualifizierter Mehrheit notwendig. Die Aktionäre, die gegen eine zustimmende Beschlussfassung sind, können nach § 186 GesG von der Gesellschaft verlangen, dass ihre Aktien gegen eine angemessene Abfindung abgekauft werden, wenn sie vor der Beschlussfassung der Gesellschaft schriftlich über ihrer Position mitgeteilt und in der Hauptversammlung gegen die zustimmende Beschlussfassung geäußert haben. Nach § 187 Abs. 1 GesG muss das Andienungsrecht innerhalb von 20 Tagen nach der Beschlussfassung schriftlich geltend gemacht. Wird ein Kaufpreis für die Aktien vereinbart, muss die Gesellschaft nach § 187 Abs. 2 GesG innerhalb von 90 Tagen nach der Beschlussfassung den Kaufpreis zahlen. Wenn innerhalb von 60 Tagen nach der Beschlussfassung keine Einigkeit hinsichtlich der Abfindung erreicht wird, muss der Aktionär innerhalb von weiteren 30 Tagen einen Antrag auf Bestimmung des Kaufpreises bei Gericht stellen. Über die Abfindung wird dann von diesem Gericht durch einen Beschluss entschieden.

b) Der Squeeze-out bei Verschmelzungen zwischen verbundenen Unternehmen

Gehören einer herrschenden Aktiengesellschaft mindestens 90% der Anteile an der abhängigen Gesellschaft, kann nach § 316–2 Abs. 1 GesG eine Verschmelzung zwischen beiden Gesellschaften durch die Beschlussfassung des Vorstands der herrschenden Gesellschaft und des Vorstands der abhängigen Gesellschaft erfolgen. Eine zustimmende Beschlussfassung der Hauptversammlung ist nicht notwendig. In diesem Fall können die Minderheitsaktionäre der abhängigen Gesellschaft gemäß § 316–2 Abs. 2 GesG nach Mitteilung des Vorstands über den Verschmelzungsbeschluss innerhalb einer Frist von mindestens 30 Tagen Beschwerde erheben und gegenüber der herrschenden Gesellschaft ihr Andienungsrecht geltend machen. Haben die Minderheitsaktionäre und die herrschende Gesellschaft eine angemessene Abfindung vereinbart, so muss die Gesellschaft nach § 316–2 Abs. 3 Satz 1

GesG innerhalb von 90 Tagen nach dem Verschmelzungsbeschluss des Vorstands den Kaufpreis zahlen. Wird keine Abfindung innerhalb von 60 Tagen nach dem Beschluss vereinbart, müssen die Minderheitsaktionäre nach § 316–2 Abs. 3 Satz 2 GesG innerhalb von weiteren 30 Tagen einen Antrag auf Festlegung der Abfindung durch Beschluss beim Gericht stellen. Das Andienungsrecht kann nach § 316–2 Abs. 4 GesG nicht mehr geltend gemacht werden, wenn der Verschmelzungsbeschluss aufgehoben wird oder die Frist für die Geltendmachung abgelaufen ist.

c) Der Squeeze-out nach §§ 12, 19 BMAA

Darüber hinaus können die Minderheitsaktionäre der Zielgesellschaft ihr Andienungsrecht im Falle der Verschmelzung von Bieter und der Zielgesellschaft nach Abwicklung des gesamten Angebotsverfahrens nach § 19 BMAA geltend machen. Dafür muss der Bieter als Muttergesellschaft nach § 19 Abs. 1 BMAA mindestens 90% der Aktien der Zielgesellschaft erworben haben. Der Verschmelzungsvertrag kann nach der zustimmenden Beschlussfassungen der Vorstände des Bieters und der Zielgesellschaft vollzogen werden. Eine Beschlussfassung in der Hauptversammlung ist nicht notwendig. Bei der Beschlussfassung müssen mindestens zwei Drittel der Vorstandsmitglieder anwesend sein und mehr als die Hälfte der anwesenden Mitglieder müssen für die Verschmelzung stimmen. Der Vorstand der Zielgesellschaft kann nach der Beschlussfassung gemäß § 19 Abs. 2 BMAA den Inhalt des Beschlusses und die notwendigen Angaben im Verschmelzungsvertrag veröffentlichen und den übrigen Minderheitsaktionären mitteilen, dass sie sich innerhalb einer Frist von mindestens 30 Tagen gegen die Verschmelzung äußern und den Bieter als Muttergesellschaft und aufnehmende Gesellschaft auffordern können, ihre Aktien gegen eine angemessene Abfindung zu kaufen. Die Beschwerde gegen die Verschmelzung ist nach § 12 Abs. 1 Nr. 3 BMAA eine Voraussetzung für die Geltendmachung des Andienungsrechts.

Haben die Minderheitsaktionäre und der Bieter eine angemessene Abfindung vereinbart, so muss die Gesellschaft *mutatis mutandis* nach § 187 Abs. 2 GesG innerhalb von 90 Tagen nach dem Verschmelzungsbeschluss des Vorstands den Kaufpreis zahlen. Sollte keine Abfindung vereinbart werden, müssen die Minderheitsaktionäre nach § 187 Abs. 3 GesG innerhalb von weiteren 30 Tagen einen Antrag bei Gericht zur Bestimmung der Abfindung durch Beschluss stellen. Die Angemessenheit der Abfindung im Einzelfall wird dann vom Gericht anhand des Gutachtens eines Sachverständigen konkret bestimmt. Weder das GesG noch das BMAA enthält eine Regelung zu Maßstäben für die Bestimmung einer angemessenen Abfindung.

III. Pflichten des Vorstands der Zielgesellschaft

Hinsichtlich der Pflichten des Vorstands der Zielgesellschaft bei öffentlichen Angeboten sind im Übernahmerecht in Taiwan nur § 14 twWpHG-AngVO zur Veröffentlichung und Anmeldung des Angebots bei der FSC nach Erhalt der Angebotsunterlage und § 14–1 twWpHG-AngVO zur Einrichtung eines Prüfungsausschusses geregelt.

Im Vorfeld des Angebots unterliegt der Vorstand der Zielgesellschaft ebenfalls der Verschwiegenheitspflicht und dem Insiderhandelsverbot. Zur Frage der Zulässigkeit und den Grenzen von Abwehrmaßnahmen bei feindlichen öffentlichen Erwerbsangeboten gibt es keine speziellen übernahmerechtlichen Regeln.

1. *Die Pflicht zur Verschwiegenheit im Vorfeld des öffentlichen Angebots*

Die in § 13 twWpHG-AngVO für die Parteien bei öffentlichen Angeboten vorgeschriebene Verschwiegenheitspflicht, die von der Entscheidung des Bieters zur Abgabe eines öffentlichen Angebots bis zur Anmeldung bei der FSC und der Veröffentlichung der Angebotsunterlage gilt, trifft nicht nur den Bieter, sondern auch die Zielgesellschaft, da der Bieter in der Regel versuchen wird, vor der Entscheidung Kontakt zum Leitungspersonal der Zielgesellschaft, vor allem zu Mitgliedern des Vorstands, aufzunehmen. Die Adressaten der Verschwiegenheitspflicht sind sämtliche Personen, die aufgrund ihrer Aufgaben oder aus anderen Gründen Kenntnis vom durchzuführenden öffentlichen Angebot erlangt haben.

2. *Das Insiderhandelsverbot*

Bei öffentlichen Angeboten ist die Zielgesellschaft nach § 43-1 Abs. 2 twWpHG immer eine Publikums-AG. Durch Gespräche mit dem Bieter im Vorfeld des Angebots erhalten der Vorsitzende und weitere Mitglieder des Vorstands und/oder Management Officers der Zielgesellschaft in der Regel Informationen, die den Marktpreis der Aktien der Zielgesellschaft erheblich beeinflussen können und geeignet sind, zum Handel am Markt im eigenen Interesse ausgenutzt zu werden. Die Praxis in Taiwan zeigt, dass das Verbot der Insidergeschäfte bei M&A-Transaktionen, einschließlich öffentlicher Erwerbsangebote, stets ein wichtiges Thema ist.[442] Vorstandsmitglieder der Zielgesellschaft müssen, wie die Vorstandsmitglieder des Bieters, im Vorfeld eines öffentlichen Erwerbsangebots die Vorschrift zum Insiderhandelsverbot beachten.[443]

---

442 Oberster Gerichtshof, Urt. v. 8. August 2013 – 102 (2013) Tai-Shang-Zi Nr. 3211, abrufbar unter Website vom Justiz-Yuan: http://jirs.judicial.gov.tw/FJUD/; in diesem Fall hat der stellvertretende Vorsitzende des Vorstands der Zielgesellschaft nach Kenntnisnahme der prinzipiellen Entscheidung beider Seiten, eine Fusion mit eigener Gesellschaft durchzuführen, vor der Beschlussfassung der Vorstandssitzungen beider Seiten gemeinsam mit seinem Freund durch Handel von Aktien eigener Gesellschaft an der Börse einen Gewinn von mehreren Millionen TWD gemacht und wurde letztendlich bestraft.

443 Im Schrifttum ist es streitig, ob die von den Vorstandsmitgliedern der Zielgesellschaft in Kenntnis genommenen Informationen über ein öffentliches Angebot im Vorfeld des Angebots als Insiderinformationen im Sinne des § 157-1 twWpHG qualifiziert sind; vgl. *LIAO, Da-Ying*, Wertpapierhandelsrecht (2013), S. 352 f.; *WU, Kuang-Ming*, Wertpapierhandelsrecht (2013), S. 93 f.

3. *Die Pflicht zur Veröffentlichung und Anmeldung bedeutender Informationen und Stellungnahme*

Gemäß § 14 Abs. 1 twWpHG-AngVO muss die Zielgesellschaft innerhalb von sieben Tagen nach Erhalt des vom Bieter übermittelten Anmeldeschreibens und der Angebotsunterlage eine Reihe von Informationen veröffentlichen und diese schriftlich bei der FSC anmelden. Anzugeben sind a) die Anzahl der Aktien, die jeweils von den Vorstandsmitgliedern, Supervisoren und Aktionären, die mehr als 10% der ausgegebenen Aktien der Zielgesellschaft besitzen, gehalten werden; b) die Empfehlung zum Angebot an die Aktionäre der Zielgesellschaft, in der der Name jedes Vorstandsmitglieds, der die Ablehnung des Angebots befürwortet sowie die Gründe dafür angegeben werden müssen; c) Angaben darüber, ob sich die Finanzlage der Gesellschaft nach der Erstellung des letzten Jahresabschlusses erheblich geändert hat und über den Inhalt einer solchen Änderung; d) die Gattung, Anzahl und der Gesamtwert der ausgegebenen Aktien des Bieters oder seiner verbundenen Unternehmen, die jeweils von den Vorstandsmitgliedern, Supervisoren und Aktionären, die mehr als 10% der Aktien der Zielgesellschaft besitzen, gehalten werden; und e) weitere Informationen von erheblicher Bedeutung.

Die Anzahl der Aktien der Zielgesellschaft oder des Bieters, die sich jeweils in der Hand der Ehegatten oder Ehegattinnen und minderjährigen Kinder, der Mitglieder des Vorstands, Supervisoren und Großaktionären der Zielgesellschaft befinden, sind nach § 14 Abs. 2 twWpHG-AngVO bei der Berechnung der Anzahl der Aktien in der Hand der Vorstandsmitglieder, Supervisoren und Großaktionäre hinzuzurechnen. Für den Fall, dass dem Bieter wegen der Rechtswidrigkeit des ursprünglichen Angebots nach der Anordnung der FSC auferlegt wird, ein neues Angebot anzumelden und zu veröffentlichen, hat die Zielgesellschaft nach § 14 Abs. 3 twWpHG-AngVO innerhalb von sieben Tagen nach Erhalt der neuen Angebotsunterlage erneut die Veröffentlichung und Anmeldung vornehmen, soweit die Empfehlung zum Angebot geändert wurde.

Die einzelnen Angaben, die in der Stellungnahme oder Empfehlung des Vorstands zum Angebot nach § 14 Abs. 1 Nr. 2 twWpHG-AngVO enthalten sein müssen, sind nicht geregelt. Ausdrücklich bestimmt sind nur die notwendige Angabe des Namens sowie die Begründung der Ablehnung des Angebots durch das ablehnende Vorstandsmitglied. Dies impliziert die Ermutigung zu Übernahmeangeboten, freundlicher oder feindlicher Art, und nach der Ansicht im Schrifttum widerspricht dem grundlegenden Gedanken des Gesetzgebers, dass die Rechtsordnung von öffentlichen Angeboten das Prinzip der Neutralität befolgen und Bieter und Zielgesellschaften gleich behandeln soll.[444]

444 Vgl. *LAI, In-Jaw*, Wertpapierhandelsrecht (2014), S. 306, 274 f.

4. *Die Einrichtung des Prüfungsausschusses*

Eine Fairness Opinion eines unabhängigen Sachverständigen muss nach § 6 Abs. 1 BMAA und § 22 der Verordnung zum Erwerb und zur Verfügung über das Vermögen einer Publikums-AG von der betroffenen Publikums-AG als Käufer oder Verkäufer in einer M&A-Transaktion vor der Beschlussfassung des Vorstands über die zu entscheidende M&A-Transaktion eingeholt werden. Auf den Erwerb von Aktien der Zielgesellschaft durch öffentliche Angebote, der als ein Typ der M&A-Transaktionen im BMAA und in der genannten Verordnung geregelt wird, finden auch § 6 Abs. 1 BMAA und § 22 der genannten Verordnung Anwendung.[445]

Zur Verstärkung der Funktion des unabhängigen Sachverständigen bei öffentlichen Angeboten, wurde die Einrichtung des Prüfungsausschusses im Jahre 2009 in Anlehnung an die entsprechenden Regelungen in Hong Kong vorgeschlagen.[446] Nach § 14–1 Abs. 1 twWpHG-AngVO, der am 5. Juli 2012 eingeführt wurde, muss die Zielgesellschaft umgehend nach Erhalt der vom Bieter übermittelten Angebotsunterlage einen Prüfungsausschuss einrichten und innerhalb von sieben Tagen das Prüfungsergebnis veröffentlichen. Der Prüfungsausschuss soll gemäß § 14–1 Abs. 2 twWpHG-AngVO die Fairness und die Angemessenheit der Angebotsbedingungen prüfen und eine Empfehlung an die Aktionäre der Zielgesellschaft aussprechen. Der Prüfungsausschuss muss nach § 14–1 Abs. 3 twWpHG-AngVO aus mindestens drei Mitgliedern bestehen. Hat die Zielgesellschaft unabhängige Direktoren eingerichtet, so soll der Prüfungsausschuss aus den unabhängigen Direktoren bestehen. Ansonsten soll der Prüfungsausschuss aus vom Vorstand ausgewählten Mitgliedern bestehen. Die Mitglieder des Prüfungsausschusses müssen gemäß § 14–1 Abs. 4 twWpHG-AngVO die Qualifikationen im Sinne des § 2 Abs. 1 und § 3 Abs. 1 der Verordnung zur Einrichtung unabhängiger Direktoren einer Publikums-AG erfüllen. Sie müssen die Fachqualifikationen und Erfahrungen besitzen, die die Gesellschaft für ihre Geschäfte, Rechtsangelegenheiten, Finanzen oder Rechnungslegung benötigt. Gemäß § 14–1 Abs. 5 twWpHG-AngVO muss dem Prüfungsergebnis bei der Beschlussfassung des Prüfungsausschusses von mindestens der Hälfte sämtlicher Mitglieder zugestimmt werden. Die zustimmenden und ablehnenden Meinungen aller Mitglieder nebst Begründung müssen im Prüfungsergebnis wiedergegeben werden.[447]

---

445 Vgl. ausführlich dazu, *WANG, Chih-Cheng*, Shih Hsin Law Review, 2011, Nr. 1, S. 34, 37 ff, 60; *WANG, Wen-Yeu*, The Taiwan Law Review, 2002, Nr. 83, S. 70, 79 f.

446 Die Einrichtung eines unabhängigen Prüfungsausschusses für die Prüfung der Angemessenheit der Gegenleistung war auf Grund der entsprechenden Regeln des „Code on Takeovers and Mergers" in Hong Kong kodifiziert, vgl. *FONG, Gen-Yu*, in FS YU, Syue-Ming, 2009, S. 589, 611 f., 623, der in 2009 den Vorschlag gemacht hat.

447 Vgl. chinesischen Text des Prüfungsergebnisses im Fall des Barangebots Vishay Dutch Holding B.V./Capella Microsystems, Inc., das der Prüfungsausschuss der Capella Microelectronics, Inc. einfach aufgrund der Fairness Opinion des

5. *Abwehrmaßnahmen bei feindlichen Übernahmeangeboten*

Feindliche Übernahmeangebote oder feindliche Mergers und Akquisitionen zur Erlangung der Kontrolle der Zielgesellschaft sind in der Praxis der M&A-Transaktionen in Taiwan nicht selten. Die vielfältigen Abwehrmaßnahmen tatsächlicher Art, z. B. die Bestellung eines Parlamentsmitglieds zum Direktor der Zielgesellschaft oder die Ausübung von Druck auf den Bieter durch die Mafia, können zwar auf ihre Rechtmäßigkeit und ihren wirtschaftlichen Nutzen untersucht werden.[448] Es handelt sich dabei jedoch nicht um Abwehrmaßnahmen im Sinne des Übernahmerechts, so dass sie von der Darstellung der Rechtslage hinsichtlich Abwehrmaßnahmen bei feindlichen Übernahmeangeboten ausgenommen sein sollen.

a) *Vorbeugende Maßnahmen*

Im Schrifttum in Taiwan sind vorbeugende Maßnahmen gegen feindliche Übernahmeangebote z. B. Kapitalmaßnahmen, Vorerwerberechte und -pflichten, oder Rückkauf eigener Aktien nicht thematisiert. Der Hauptgrund liegt darin, dass die Aktienstreuung bei Publikums-AGs in Taiwan nicht optimiert wird.[449] Vorstandsmitglieder einer Publikums-AG in Taiwan müssen nach § 192 Abs. 2 GesG i.V.m. § 26 WpHG und der zugehörigen Rechtsverordnung gemeinsam 1% bis 15% der ausgegebenen Aktien der Gesellschaft halten. Sie sind Hauptaktionäre oder kontrollierende Minderheitsaktionäre und dominieren in der Regel die Hauptversammlung. Der Börsenkurs einer börsennotierten AG wird regelmäßig beobachtet und analysiert. Wer allein oder gemeinsam mit anderen Personen 10% der ausgegebenen Aktien einer Publikums-AG erwirbt, muss nach § 43–1 Abs. 1 WpHG innerhalb von 10 Tagen nach dem Erwerb bei der FSC anmelden. Der Zweck des Erwerbs muss dabei angegeben werden. Nach einer empirischen Untersuchung von 2005 stehen 58,20% der Publikums-AGs in Taiwan unter der Kontrolle einer oder mehrerer Familien.[450] Beim Joint Venture werden im Aktionärsvertrag regelmäßig Vorerwerberechte und -pflichten vereinbart.

Wirtschaftsprüfers durch einstimmige Beschlussfassung bekannt gab, abrufbar unter Website der TWSE: http://mops.twse.com.tw/mops/web/t51sb10_q1.

448 Vgl. zur Bestellung eines Parlamentsmitglieds zum Mitglied des Vorstands als präventive oder gegen eine konkrete Versuch er Erlangung der Kontrolle der Zielgesellschaft vorgenommene Abwehrmaßnahme, *HSU, Hui-Feng/CHEN, Yu-Lung,* Hwa Kang Law Review, 2012, Nr. 53, S. 85, 88 ff.

449 Vgl. *WANG, Wen-Yeu,* The Taiwan Law Review, 2005, Nr. 125, S. 155, 171.

450 Vgl. zur volkswirtschaftlichen Untersuchung von H.Y. YEH, *WANG, Wen-Yeu,* The Taiwan Law Review, 2005, Nr. 125, S. 155, 171, Fußn. 58.

b) *Abwehrmaßnahmen im Angebotsverfahren*

aa) Keine spezifischen gesetzlichen Maßstäbe

Zu der Frage, ob und inwieweit der Vorstand einer Publikums-AG im Vorfeld eines öffentlichen Angebots präventiv gegen potentiell feindliche Übernahmeangebote vorgehen darf und ob und inwieweit der Vorstand einer Zielgesellschaft nach der Veröffentlichung eines konkreten öffentlichen Angebots, das dem Willen des Vorstands der Zielgesellschaft widerspricht, dagegen vorgehen darf, bestehen keine gesetzlichen Regelungen.[451]

bb) Fälle in der Rechtsprechung

In der Rechtsprechung gibt es einige Fälle, in denen konkrete Abwehrmaßnahmen gegen feindliche Angebote zwar erwähnt wurden, jedoch ohne dass ihre Zulässigkeit oder ihre rechtlichen Grenzen vom Gericht zu beurteilen waren.

(1) Kauf der Aktien der Zielgesellschaft zu einem höheren Preis

Im Fall Tsann-Kuen Co., Ltd./Sun Far Computer Co. Ltd. aus dem Jahre 2002 hat der Vorsitzende der Zielgesellschaft auf dem Kapitalmarkt Aktien der Zielgesellschaft kontinuierlich zu einem höheren Preis gekauft und dadurch, nach den fehlgeschlagenen Gesprächen zwischen dem Bieter und der Zielgesellschaft, das vom Bieter versuchte feindliche Übernahmeangebot vereitelt.[452]

(2) Abwehrfusion

Im Fall des in Taiwan bekanntesten feindlichen öffentlichen Angebots China Financial Holding Corporation/Taiwan International Securities Co., Ltd. aus dem Jahre 2005 haben die Mitglieder des Vorstands der Zielgesellschaft durch eine Abwehrfusion mit drei anderen Wertpapierdienstleistungsunternehmen ihre Stellen im Vorstand der Zielgesellschaft nach der Durchführung des Angebotsverfahrens erfolgreich bewahrt.[453]

---

451 Feindliche Übernahmeangebote von Finanzholdinggesellschaften wurden politisch durch Verwaltungsvorschriften ermutigt. So hat die FSC z.B. die Investitionsschwellen von 50% auf 5% der ausgegebenen Aktien der Zielgesellschaft durch die von der FSC am 2. Juni 2005 genehmigten „Grundsätze für die Prüfung des Antrags auf Investitionen von Finanzholdinggesellschaften nach dem Gesetz über Finanzholdinggesellschaften“reduziert und damit die feindliche Übernahmeangebote ermutigt; vgl. dazu *LEE, Li-Chung*, The Taiwan Law Review, 2005, Nr. 128, S. 37, 45.

452 Vgl. Oberlandesgericht Taiwan/Kaohsiung, Urt. v. 14. Dezember 2006 – 95 (2006) Shang-Geng (1) Nr. 165, abrufbar unter Website vom Justiz-Yuan: http://jirs.judicial.gov.tw/FJUD/.

453 Vgl. Landgericht Taipeh, Urt. v. 27. August 2010 – 98 (2009) Jin-Zhong-Su-Zi Nr. 12, abrufbar unter Website vom Justiz-Yuan: http://jirs.judicial.gov.tw/FJUD/.

(3) Ausgabe von „European Convertible Bond“

Beim erfolgreichen freundlichen Übernahmeangebot Chartered Bank/Hsinchu Bank aus dem Jahre 2006 hat der Vorstand der Zielgesellschaft die Ausgabe von „European Convertible Bond“ als präventive Abwehrmaßnahme gegen ein potenzielles feindliches Übernahmeangebot einer anderen einheimischen Bank ergriffen.[454]

cc) Der Meinungsstand im Schrifttum

Im Schrifttum sind die Zulässigkeit und die rechtlichen Grenzen von Abwehrmaßnahmen bei feindlichen Übernahmeangeboten ein Thema, das vor und nach der Einführung der Bestimmungen zu öffentlichen Erwerbsangeboten in §§ 43-1 bis 43-5 twWpHG und der twWpHG-AngVO und vor allem nach dem bekanntesten feindlichen Übernahmeangebot China Financial Holding Corporation/Taiwan International Securities Co., Ltd. aus dem Jahre 2005 einen Schwerpunkt des Übernahmerechts in wissenschaftlichen Erörterungen in Taiwan darstellt.

Die Regelungen des Übernahmerechts in Taiwan sind in erster Linie aus den Rechtsordnungen der USA unter Berücksichtigung des britischen City Code on Takeovers and Mergers hervorgegangen und die relevanten gesetzlichen Regelungen in Japan wurden übernommen. Im Zentrum der wissenschaftlichen Diskussionen stehen die Untersuchung und Bewertung der Abwehrmaßnahmen gegen feindliche Übernahmeangebote sowie ihre rechtliche Beurteilung in der Rechtspraxis der USA, vor allem in den Entscheidungen der Gerichte des Bundesstaates Delaware.[455] Darüber hinaus wurden vereinzelt in der Literatur auch die Regelungen der Europäischen Union,[456] das Japanische Recht[457] sowie das deutsche Recht[458] erörtert. Im Anschluss an diese Untersuchungen der Prinzipien und einzelner Maßnahmen für die Abwehr feindlicher Übernahmeangebote wurden verschiedene Meinungen geäußert und Vorschläge zu Abwehrmaßnahmen im taiwanesischen Recht gemacht,

---

454 Vgl. Oberlandesgericht Taiwan, Urt. v. 17. Juli 2012 – 100 (2011) Jin-Shang-Zi Nr. 35, abrufbar unter Website vom Justiz-Yuan: http://jirs.judicial.gov.tw/FJUD/.

455 Vgl. *WANG, Wen-Yeu*, The Taiwan Law Review,2005, Nr. 125, S. 155, 164 ff.; *LEE, Li-Chung*, The Taiwan Law Review, 2005, Nr. 128, S. 37, 44 f.; *HUANG Ming-Jye*, The Taiwan Law Review, 2006, Nr. 129, S. 134, 140 ff.; *CHU, Te-Fang*, Chung Yuan Financial & Economic Law Review, 2006, Nr. 17, S. 195, 230 ff.; *LIN, Kuo-Bin*, Taipei University Law Review, 2009, Nr. 71, S. 1 ff.; *KUO, Ta-Wei*, Fu Jen Law Review, 2010, Nr. 39, S. 49 ff.; *LIU, Len-Yu*, Chengchi Law Review, 2012, Nr. 125, S. 1, 13 ff.; *LAI, In-Jaw*, Wertpapierhandelsrecht (2014), S. 296 ff.

456 Vgl. *WANG, Wen-Yeu*, The Taiwan Law Review, 2005, Nr. 125, S. 155, 166 f.; *HUANG, Ming-Jye*, The Taiwan Law Review, 2006, Nr. 129, S. 134, 142 ff.

457 Vgl. *WANG, Wen-Yeu*, The Taiwan Law Review, 2005, Nr. 125, S. 155, 167 f.; *HUANG, Ming-Jye*, The Taiwan Law Review, 2006, Nr. 129, S. 134, 144 ff.

458 Vgl. *CHEN, Yen-Liang*, Taiwan Law Journal, 2006, Nr. 86, S. 7, 9 ff.; *ders.* Taiwan Law Journal, 2006, Nr. 87, S. 22, 32 f.; *ders.* Taipei University Law Review, 2014, Nr. 89, S. 231, 271 ff.

die im Wesentlichen auf eine „Director Primacy“, also die vorrangige Kompetenz des Vorstands, und seine Neutralitätspflicht hinauslaufen.[459]

(1) Zu Abwehrmaßnahmen im US-amerikanischen Recht und deren Bewertungen

Ausführlich dargestellt und unter Berücksichtigung des taiwanesischen Rechts im Schrifttum bewertet sind z.B. die von mehr als der Hälfte der „Fortune 500“ vorgenommenen Maßnahmen von „Poison Pill“, einschließlich der Kategorien der „Voting Pill“ und der „Economic Pill“, die wiederum in „Convertible Preferred Stock Pill“, „Stock Purchase Pill“, „Flip-Over Rights Pill“, „Flip-In Pill“ und „Back-End Pill“ eingeteilt werden können, sowie eine dritte Kategorie der Poison Pill bestehend aus „Dead Hand Pill“, „No Hand Pill“ und „Debenture with Warrants“, usw.[460] Das Untersuchungsergebnis zeigt jedoch, dass die Maßnahmen, die unter dem Begriff der „Poison Pill“ fallen, nicht durchsetzbar oder nach dem taiwanischen Gesellschaftsrecht unrealistisch sind.[461]

Maßnahmen in der US-amerikanischen Rechtspraxis wie die ablehnende Stellungnahme des Vorstands der Zielgesellschaft zum Übernahmeangebot, die Übersendung des Schreibens an die Aktionäre der Zielgesellschaft, um ihnen von der Annahme des Angebots abzuraten, der Antrag auf Erlass einer einstweiligen Verfügung aufgrund der Rechtswidrigkeit des Angebots, die Bestimmung des „Staggered Board of Directors“ in der Satzung, die Suche nach einem „White Knight“, der Erwerb eigener Aktien oder die Ausgabe neuer Aktien, die Gewährung von Bezugsrechten an Mitarbeiter, die das öffentliche Angebot ablehnen werden, „Greenmail“ und „Golden Parachutes“ usw. wurden ebenfalls schon vorgestellt und bewertet.[462]

Neben den von den Zielgesellschaften vorgenommenen Abwehrmaßnahmen wurden die gesetzlich geregelten Maßnahmen zur Einschränkung oder Kontrolle von Merger und Akquisitionen und somit auch von den feindlichen Übernahmeangeboten, die in den Regelungen einzelner Bundesstaaten der USA zu finden sind, betrachtet.[463]

Die wissenschaftlichen Untersuchungen zu den Entscheidungen der Gerichte Delawares[464] erfassen schließlich die Maßstäbe für die Beurteilung, ob der Vorstand der Zielgesellschaft bei der Vornahme der Abwehrmaßnahmen gegen feindliche Übernahmeangebote seine Treue- und Sorgfaltspflichten erfüllt hat.

---

459 Vgl. *LIU, Len-Yu*, Chengchi Law Review, 2012, Nr. 125, S. 1, 36 ff.
460 Vgl. *LIN, Kuo-Bin*, Taipei University Law Review, 2009, Nr. 71, S. 1, 8 ff.
461 Vgl. *LIN, Kuo-Bin*, Taipei University Law Review, 2009, Nr. 71, S. 1, 35 ff.
462 Vgl. *CHU, Te-Fang*, Chung Yuan Financial & Economic Law Review, 2006, Nr. 17, S. 195, 230 ff.; *LAI, In-Jaw*, Wertpapierhandelsrecht (2014), S. 296 f.
463 Vgl. *LAI, In-Jaw*, Wertpapierhandelsrecht (2014), S. 299 ff.
464 Vgl. *KUO, Ta-Wei*, Fu Jen Law Review, 2010, Nr. 39, S. 49, 53 ff.; *LIU, Len-Yu*, Chengchi Law Review, 2012, Nr. 125, S. 1, 13 ff.

In Anlehnung an die Entscheidungen in den USA, die auf Grundlage der „Director Primacy“ entwickelt wurden,[465] wurde vorgeschlagen, dass die in den Entscheidungen der US-amerikanischen Gerichte herausgebildeten Kriterien als Vorbild für Regeln zu Abwehrmaßnahmen bei feindlichen Übernahmeangeboten in Taiwan durch die Änderung der §§ 5 und 6 BMAA kodifiziert werden sollten.[466] Befürwortet wurde ferner, dass solche Kriterien von den Gerichten in Taiwan als Referenz bei der Beurteilung konkreter Fälle berücksichtigt werden könnten.[467] Andererseits wird eine blinde allgemeine Übernahme der Rechtsfiguren aus dem US-amerikanischen Recht, ohne Berücksichtigung der fundamentalen Unterschiede zwischen den beiden Rechtsordnungen, in der Literatur unter Hinweis auf ihre Fehler und den im taiwanesischen Kapitalmarkt besonders notwendigen Schutz der Minderheitsaktionäre von Publikums-AG kritisiert.[468]

(2) Zum Neutralitätsprinzip im EU-Recht und im deutschen Recht

Hinsichtlich des EU-Rechts wurde in der Literatur zunächst auf den Grundsatz der „Board Neutrality/Shareholders Choice“ und das Verbot des „taking actions frustrating a takeover bid“ im „Winter´s Report“ eingegangen.[469] Die Regelungen zu Abwehrmaßnahmen bei feindlichen Übernahmeangeboten in der EU-Übernahmerichtlinie 2004/25/EG vom 21. April 2004 wurden auch in Taiwan diskutiert.[470]

Die aktienrechtliche Neutralitätspflicht, das Verhinderungsverbot gemäß § 33 Abs. 1 Satz 1 WpÜG und seine Ausnahmefälle sowie die im deutschen Schrifttum erörterten einzelnen Abwehrmaßnahmen konnten im Rahmen der wissenschaftlichen Diskussionen eines derart wichtigen Themas in Taiwan nicht ignoriert werden.[471] Die Anerkennung der Neutralitätspflicht im taiwanesischen Gesellschaftsrecht wurde befürwortet.[472] Dies führte zu dem Vorschlag, die Neutralitätspflicht als Grundsatz für die Maßnahmen des Vorstands der Zielgesellschaft bei feindlichen Übernahmeangeboten zu kodifizieren.[473] Abzulehnen sei jedoch die Vorratsermächtigung nach § 33 Abs. 2 WpÜG.[474] Die Aufsicht über öffentliche Angebote und über den Kapitalmarkt durch die BaFin ist von Teilen des Schrifttums als Ausprägung einer Ideologie kritisiert worden, die mit der Vorstellung eines freien Markts unvereinbar sei, während eine geringe Regulierungsdichte im Allgemeinen und die

465 Vgl. *LIU, Len-Yu,* Chengchi Law Review, 2012, Nr. 125, S. 1, 13 ff.
466 Vgl. *KUO, Ta-Wei,* Fun Jen Law Review, 2010, Nr. 39, S. 49, 91 ff.
467 Vgl. *LIU, Len-Yu,* Chengchi Law Review, 2012, Nr. 125, S. 1, 47.
468 Vgl. *HUANG, Ming-Jye,* The Taiwan Law Review, 2006, Nr. 129, S. 134, 159 f.
469 Vgl. *WANG, Wen-Yeu,* The Taiwan Law Review,2005, Nr. 125, S. 155, 166.
470 Vgl. *HUANG, Ming-Jye,* The Taiwan Law Review, 2006, Nr. 129, S. 134, 142 ff.
471 Vgl. *CHEN, Yen-Liang,* Taiwan Law Journal, 2006, Nr. 86, S. 7, 12 ff.
472 Vgl. *CHEN, Yen-Liang,* Taiwan Law Journal, 2006, Nr. 87, S. 22, 32; *ders.* Taipei University Law Review, 2014, Nr. 89, S. 231, 283.
473 Vgl. *CHEN, Chieh-Shan,* Ling Tung Financial & Economic Law Review, 2009, Nr. 2, S. 85, 105.
474 Vgl. *CHEN, Chieh-Shan,* a.a.O.

prinzipielle Neutralitätspflicht des Vorstands bei feindlichen Übernahmeangeboten nach dem Vorbild Englands und der EU im Besonderen befürwortet worden ist.[475]

dd) Der Reformbedarf

Es besteht in Taiwan Einigkeit fast aller Stimme, die an der wissenschaftlichen Diskussionen zum Übernahmerecht beteiligt sind, dass Abwehrmaßnahmen bei feindlichen öffentlichen Angeboten so bald wie möglich gesetzlich geregelt werden sollen.[476] Trotzdem bleibt es rechtspolitisch weiterhin offene, ob solche Maßnahmen gesetzlich geregelt werden sollen und wenn ja, wie sie zu reglementieren sind. Der Reformbedarf wird jedenfalls nicht dadurch geringer, dass die Regierung in Taiwan zur Zeit keinen Plan zur gesetzlichen Regelung von Abwehrmaßnahmen bei feindlichen öffentlichen Angeboten verfolgt.

B. Das deutsche Recht

I. Rechtsgrundlagen

1. Das Wertpapiererwerbs- und Übernahmegesetz von 2001

Öffentliche Übernahmen börsennotierter Aktiengesellschaften in Deutschland sind seit dem 1. Januar 2002 im Gesetz zur Regelung von öffentlichen Angeboten zum Erwerb von Wertpapieren und von Unternehmensübernahmen vom 20. Dezember 2001 (WpÜG)[477] geregelt. Das WpÜG löst den Übernahmekodex der Börsensachverständigenkommission von 1995[478] ab und wurde nach seinem Inkrafttreten vor allem durch das Übernahmerichtlinie-Umsetzungsgesetz vom 19. Mai 2006[479] zur Umsetzung der EU-Übernahmerichtlinie[480] hinsichtlich dem Anwendungsbereich nach § 1 WpÜG, der Begriffsbestimmungen in § 2 WpÜG, der Neutralitätspflicht

475 Vgl. *WANG, Wen-Yeu,* The Taiwan Law Review, 2005, Nr. 125, S. 155, 174 f.

476 Vgl. *WANG, Wen-Yeu,* The Taiwan Law Review, 2005, Nr. 125, S. 155, 170 ff.; *HUANG, Ming-Jye,* The Taiwan Law Review, 2006, Nr. 129, S. 134, 159 f.; *CHEN, Yen-Liang,* Taiwan Law Journal, 2006, Nr. 87, S. 30 ff.; *KUO, Tai-Wei,* Fu Jen Law Review, 2010, Nr. 39, S. 49, 91; *LIU, Len-Yu,* Chengchi Law Review, 2012, Nr. 125, S. 1, 42 ff.; *LAI, In-Jaw,* Wertpapierhandelsrecht (2014), S. 306; zur Meinung gegen eine gesetzliche Anerkennung von „Poison Pill", *LIN, Kuo-Bin,* Taipei University Law Review, 2009, Nr. 71, S. 1, 41.

477 BGBl. I 2001, 3822 ff.; das WpÜG ist am 1.1.2002 in Kraft getreten und zuletzt durch Art. 4 Abs. 53 des Gesetzes vom 7.8.2013 (BGBl. I S. 3154) geändert worden.

478 Übernahmekodex der Börsensachverständigenkommission beim Bundesministerium der Finanzen vom 14.7.1995, geändert durch Bekanntmachung vom 28.11.1997.

479 BGBl. I 2006, 2426 ff.

480 ABl. EU Nr. L 142 v. 21.4.2004, S. 12.

in §§ 33 ff. WpÜG sowie dem Squeeze-out in §§ 39a ff. WpÜG ergänzt.[481] Darüber hinaus wurde § 30 WpÜG durch das Transparenzrichtlinie-Umsetzungsgesetz vom 5. Januar 2007, § 30 Abs. 2 WpÜG durch das Risikobegrenzungsgesetz vom 21. August 2008, § 16 Abs. 3 und 4 WpÜG durch das Gesetz zur Umsetzung der Aktionärsrechterichtlinie vom 30. Juli 2009 (ARUG) und § 7 Abs. 1 Satz 2 WpÜG durch das dreizehnte Gesetz zur Änderung des Außenwirtschaftsgesetzes und der Außenwirtschaftsverordnung vom 24. April 2009 angepasst.[482]

Aufgrund von Ermächtigungen im WpÜG sind verschiedene Rechtsverordnungen vom Bundesministerium der Finanzen erlassen worden.[483] Dabei ist die Verordnung über den Inhalt der Angebotsunterlage, die Gegenleistung bei Übernahmeangeboten und Pflichtangeboten und die Befreiung von der Verpflichtung zur Veröffentlichung und zur Abgabe eines Angebots (WpÜG-AngVO) für die Pflichten der Bietergesellschaft und ihres Verwaltungsorgans von großer Bedeutung.

Das Ziel des WpÜG ist es, Rahmenbedingungen bei öffentlichen Übernahmeangeboten zum Erwerb von Wertpapieren in Deutschland zu schaffen, um den Anforderungen der Globalisierung und der Finanzmärkte gerecht zu werden und dadurch den Wirtschaftsstandort und Finanzplatz Deutschland im internationalen Wettbewerb zu stärken.[484] Vor allem soll das WpÜG a) Leitlinien für ein faires und geordnetes Angebotsverfahren schaffen, ohne Unternehmensübernahmen zu

---

481 Zur Entwicklungsgeschichte des WpÜG, vgl. *Hirte/Heinrich* in KK-WpÜG (2010), Einl. Rn. 35 ff.; *Pötsch* in Assmann/Pötsch/Uwe H. Schneider, WpÜG (2013), Einl. Rn. 17 ff.; *Steinmeyer* in Steinmeyer, WpÜG (2013), Einl. Rn. 3 ff.; *Drinkuth* in Marsch-Barner/Schäfer, Hdb. börsennotierte AG (2014), § 60 Rn. 1.

482 Vgl. ausführlich zu Änderungen des WpÜG nach seinem Inkrafttretten in 2002, *Pötzsch* in Assmann/Pötsch/Uwe H. Schneider, WpÜG (2013), Einl. Rn. 55 ff.; *Hirte/Heinrich* in KK-WpÜG (2010), Einl. Rn. 49 ff.

483 Vgl. Verordnung über die Anwendbarkeit von Vorschriften betreffend Angebote im Sinne des § 1 Abs. 2 und 3 des Wertpapiererwerbs- und Übernahmegesetzes (WpÜG-Anwendbarkeitsverordnung) vom 17.7.2006 (BGBl. I S. 1698); Verordnung über den Inhalt der Angebotsunterlage, die Gegenleistung bei Übernahmeangeboten und Pflichtangeboten und die Befreiung von der Verpflichtung zur Veröffentlichung und zur Abgabe eines Angebots (WpÜG-AngVO) vom 27.12.2001 (BGBl. I S. 4263); Verordnung über die Zusammensetzung, die Bestellung der Mitglieder und das Verfahren des Beirats bei der Bundesanstalt für Finanzdienstleistungsaufsicht (WpÜG-Beiratsverordnung) vom 27.12.2001 (BGBl. I s. 4259); Verordnung über die Zusammensetzung und das Verfahren des Widerspruchsausschusses bei der Bundesanstalt für Finanzdienstleistungsaufsicht (WpÜG-Widerspruchsausschuss-Verordnung) vom 27.12.2001 (BGBl. I S. 4261); Verordnung über Gebühren nach dem Wertpapiererwerbs- und Übernahmegesetz (WpÜG-Gebührenverordnung) vom 27.12.2001 (BGBl. I S. 4267); Verordnung über den Zeitpunkt sowie den Inhalt und die Form der Mitteilung und der Veröffentlichung der Entscheidung einer Zielgesellschaft nach § 1 Abs. 5 Satz 1 und 2 des Wertpapiererwerbs- und Übernahmegesetzes (WpÜG-BMV) vom 13.10.2006 (BGBl. I S. 2266).

484 Begr. RegE, zum Ziel des Gesetzes, BT-Drucks. 14/7034, S. 1, 28.

fördern oder zu verhindern, b) die Informationslage und Transparenz für die betroffenen Wertpapierinhaber und Arbeitnehmer verbessern, c) die rechtliche Stellung von Minderheitsaktionären bei Unternehmensübernahmen stärken und d) sich an international üblichen Standards orientieren.[485] Damit hat das WpÜG einen doppelten Zweck: Schutz der Funktionsfähigkeit des Kapitalmarkts und Schutz der Interessen der individuellen Anleger.[486]

2. Regelungsgegenstand

Das WpÜG als ein wichtiger Baustein des deutschen Kapitalmarktrechts[487] enthält 68 Paragraphen in zehn Abschnitten. Es regelt zunächst die allgemeinen Vorschriften über den sachlichen Anwendungsbereich (§ 1 WpÜG), die Begriffsbestimmungen (§ 2 WpÜG) und die allgemeinen Grundsätze (§ 3 WpÜG). Zudem regelt das WpÜG in erster Linie die Zuständigkeit der Bundesanstalt für Finanzdienstleistungsaufsicht (BaFin) bei der Aufsicht über die Einhaltung der Regelungen für öffentliche Angebote (§§ 4 bis 9 WpÜG) sowie den Ablauf der drei Arten von öffentlichen Angeboten, also der einfachen Erwerbsangebote (§§ 10 bis 28 WpÜG), Übernahmeangebote (§§ 29 bis 34 WpÜG) und Pflichtangebote (§§ 35 bis 39 WpÜG), zum Erwerb von Wertpapieren, die von einer Zielgesellschaft ausgegeben wurden und zum Handel an einem organisierten Markt zugelassen sind. Darüber hinaus regelt das WpÜG den Ausschluss und das Andienungsrecht der übrigen Aktionäre, das Verfahren bei der BaFin, die Rechtsmittel, die Sanktionen und die Gerichtszuständigkeit.

Die Regelungen im WpÜG dürfen nicht isoliert betrachtet werden, sondern sind stets mit den relevanten kapitalmarktrechtlichen Vorschriften, vor allem den Bestimmungen über die Ad-hoc-Publizität, das Insiderhandelsverbot, die Marktmanipulation, die Prospektpflicht, die Prospekthaftung und die Mitteilungspflichten im Sinne des WpHG auszulegen und zu interpretieren.[488] Sie berühren in verschiedenen Aspekten die Regelungsbereiche des Aktienrechts, Konzernrechts, Umwandlungsrechts und des Kartellrechts. Daher ist eine Abstimmung mit solchen benachbarten Rechtsgebieten aufgrund der möglichen Normenkonflikte erforderlich.[489]

---

485 Begr. RegE, zum Ziel des Gesetzes, BT-Drucks. 14/7034, S. 28.

486 Vgl. *Hopt*, ZHR 166 (2002), 383, 386.

487 Vgl. zur systematischen Einordnung des WpÜG im deutschen Recht, *Pötzsch* in Assmann/Pötsch/Uwe H. Schneider, WpÜG (2013), Einl. Rn. 14 ff.; *Steinmeyer* in Steinmeyer, WpÜG (2013), Einl. Rn. 24 ff.

488 Vgl. ausführlich dazu, *Fleischer/Kalss*, Das neue WpÜG (2002), S. 14 ff.

489 Vgl. ausführlich dazu, *Fleischer/Kalss*, Das neue WpÜG (2002), S. 23 ff.; *Hirte/Heinrich* in KK-WpÜG (2010), Einl. Rn. 79 ff.; *Pötzsch* in Assmann/Pötzsch/Uwe H. Schneider, WpÜG (2013), Einl. Rn. 16.

3. *Sachlicher Anwendungsbereich*

Gemäß § 1 Abs. 1 i.V.m § 2 Abs. 3 Nr. 1 WpÜG findet das Gesetz Anwendung auf öffentliche Angebote zum Erwerb von Wertpapieren, bei denen die Zielgesellschaften ihren Sitz in Deutschland hat und deren Wertpapiere an einem organisierten Markt in Deutschland zum Börsenhandel zugelassen sind. Für die Anwendbarkeit einzelner Vorschriften des WpÜG sind der Sitz der Zielgesellschaft und der Ort der Börsenzulassung maßgeblich. Liegt der inländische Sitz der Zielgesellschaft oder der Ort der Börsenzulassung in einem anderen Staat des Europäischen Wirtschaftsraums, so gilt das Recht des Sitzstaates für die gesellschaftsrechtlichen Fragen und das Recht des Staates der Börsenzulassung für die übernahmerechtlichen Rechtsfragen.[490]

Das WpÜG ist anwendbar auf drei Arten von öffentlichen Angeboten zum Erwerb von Wertpapieren einer Zielgesellschaft: a) Einfache Erwerbsangebote, bei denen es sich um in den §§ 10 bis 28 WpÜG geregelte freiwillige öffentliche Angebote handelt, die entweder nicht auf Kontrollerwerb gerichtet sind oder von einem Bieter abgegeben werden, der bereits die Kontrolle an der Zielgesellschaft erlangt hat und seine Beteiligung aufstocken will; b) Übernahmeangebote sind in § 29 Abs. 1 WpÜG definierte freiwillige Angebote, die auf den Erwerb der Kontrolle gerichtet sind; c) Pflichtangebote sind in §§ 35 bis 39 WpÜG geregelte Übernahmeangebote, die von dem Bieter als Folge des Kontrollerwerbs nach § 35 Abs. 2 WpÜG abgegeben werden müssen.[491]

Unter „öffentlichen" Angeboten versteht man durch öffentliche Ankündigung an eine unbestimmte Vielzahl von Angebotsadressaten nach gleichen Bedingungen gerichtete Angebote.[492] Unter „Kontrolle" versteht § 29 Abs. 2 WpÜG das Halten von mindestens 30% der Stimmrechte an der Zielgesellschaft. Bei der Bestimmung der Stimmrechte des Bieters werden diesem gemäß § 30 Abs. 1 Nr. 1 und 2 WpÜG die Stimmrechte aus Aktien der Zielgesellschaft, die einem Tochterunternehmen des Bieters oder einem Dritten gehören und von diesem für Rechnung des Bieters gehalten werden zugerechnet. Dasselbe gilt nach § 30 Abs. 1 Nr. 3 bis 6 WpÜG im Prinzip auch für Aktien, die einem Dritten als Sicherheit übertragen wurden, an

---

490 §§ 1 und 2 WpÜG; vgl. *Pötzsch/Favoccia* in Assmann/Pötzsch/Uwe H. Schneider, WpÜG (2013), § 1 Rn. 1 f.; *Santelmann* in Steinmeyer, WpÜG (2013), § 1 Rn. 4; *Schüppen* in Haarmann/Schüppen, WpÜG (2008), § 2 Rn. 35; *Versteegen* in KK-WpÜG (2010), § 2 Rn. 112; *Drinkuth* in Marsch-Barner/Schäfer, Hdb. börsennotierte AG (2014), § 60 Rn. 18 ff.; zum Satzungssitz der Zielgesellschaft als Anknüpfungspunkt für die Anwendung des WpÜG, vgl. *Kiesewetter,* RIW 2006, 518 ff.; zum Übernahmekollisionsrecht, vgl. *Josenhans,* ZBB 2006, 269 ff.

491 Vgl. *Pötzsch/Favoccia* in Assmann/Pötzsch/Uwe. H. Schneider, WpÜG (2013), § 1 Rn. 23; *Holzapfel/Pöllath,* Unternehmenskauf in Recht und Praxis (2010), Rn. 374; *Drinkuth* in Marsch-Barner/Schäfer, Hdb. börsennotierte AG (2014), § 60 Rn. 24.

492 Vgl. zum Begriff des öffentlichen Angebots im WpÜG, *Fleischer,* ZIP 2001, 1653, 1658 f.; *Versteegen* in KK-WpÜG (2010), § 1 Rn. 25 ff.; *Pötzsch/Favoccia* in Assmann/Pötzsch/Uwe. H. Schneider, WpÜG (2013), § 1 Rn. 23 f.

denen zugunsten des Bieters ein Nießbrauch bestellt ist oder die der Bieter durch eine Willenserklärung erwerben kann, sowie die Aktien, die dem Bieter anvertraut sind oder deren Stimmrechte er als Bevollmächtigter ausüben kann. Für die Zurechnung nach § 30 Abs. 1 Satz 2 und 3 WpÜG stehen dem Bieter Tochterunternehmen des Bieters gleich, so dass die Stimmrechte des Tochterunternehmens dem Bieter in voller Höhe zugerechnet werden. Darüber hinaus werden die Stimmrechte eines Dritten gemäß § 30 Abs. 2 WpÜG im Falle eines abgestimmten Verhaltens dem Bieter zugerechnet.

Das WpÜG findet dagegen keine Anwendung auf den öffentlichen Erwerb eigener Aktien.[493]

II. Allgemeine Grundsätze des WpÜG

1. Die Bedeutung der allgemeinen Grundsätze

Das WpÜG stellt in § 3 die Gleichbehandlung, die Transparenz, das Handeln im Interesse der Zielgesellschaft, die rasche Durchführung des Übernahmeverfahrens und das Verbot von Marktverzerrungen als allgemeine Grundsätze auf, die für sämtliche Angebotsarten gelten[494] und bei jedem öffentlichen Übernahmeangebot vom Bieter, der Zielgesellschaft und deren zuständigen Verwaltungsorganen zu beachten sind.[495] Die allgemeinen Grundsätze begründen keine spezifischen oder konkreten Pflichten des Bieters, der Zielgesellschaft oder ihrer Organe. Ihnen liegen jedoch die grundlegenden Wertungen des Gesetzgebers, die bei der Auslegung einzelner Rechtsvorschriften heranzuziehen sind, zu Grunde.[496] Sie funktionieren somit als verbindlich Leitlinien bei der Auslegung der konkreten Gesetzesvorgaben[497] und sind für die Beteiligten jedes öffentlichen Angebots eine Abwägungshilfe, die der Vorstand der Bietergesellschaft und der Zielgesellschaft jeweils bei der Ausübung des unternehmerischen Leitungsermessens berücksichtigen zu berücksichtigen haben.[498] Für die BaFin haben die allgemeinen Grundsätze eine ermessensleitende Funktion bei der Ausübung der ihr vom Gesetz eingeräumten Befugnisse.[499] Die

---

493 Vgl. zum Rückerwerb eigener Aktien nach WpÜG und zur Praxisänderung der BaFin, *Pluskat*, NZG 2006, 731 ff.

494 Begr. RegE, zu § 3 WpÜG, BT-Drucks. 14/7034, S. 35.

495 Begr. RegE, zu § 3 WpÜG, BT-Drucks. 14/7034, S. 35; vgl. ausführlich zu der Bedeutung der allgemeinen Grundsätze des WpÜG, *Fleischer/Kalss*, Das neue WpÜG (2002), S. 70 f.

496 Begr. RegE, zu § 3 WpÜG, BT-Drucks. 14/7034 S. 35; *Assmann* in Assmann/Pötzsch/Uwe. H. Schneider, WpÜG (2013), § 3 Rn. 2; *Steinhardt* in Steinmeyer, WpÜG (2013), § 3 Rn. 1; ausführlich zum Sinn und Zweck des § 3 WpÜG, vgl. *Versteegen* in KK-WpÜG (2010), § 3 Rn. 1 ff.

497 *Fuchs* in Fleischer, Hdb. VorstandsR (2006), § 22 Rn. 16.

498 *Fuchs* in Fleischer, Hdb. VorstandsR (2006), § 22 Rn. 16.

499 *Baums/Hecker* in Baums/Thoma, WpÜG (Stand: Mai 2012), § 3 Rn. 3.

Verletzung der allgemeinen Grundsätze begründet jedoch keinen Schadensersatzanspruch der betroffenen Inhaber der Wertpapiere der Zielgesellschaft.[500]

2. *Die einzelnen Grundsätze*

a) Die Anlegergleichbehandlung

Gemäß § 3 Abs. 1 WpÜG sind die Wertpapierinhaber der Zielgesellschaft, die derselben Gattung angehören, gleich zu behandeln. Der Grundsatz der Gleichbehandlung ist ein wesentliches Element zur Wahrung der Fairness des Übernahmeverfahrens. Im Vergleich zur aktienrechtlichen Gleichbehandlung der Aktionäre nach § 53a AktG und zur informationellen Gleichbehandlung aller Inhaber der zugelassenen Wertpapiere nach § 30a Abs. 1 Nr. 1 WpHG, die das Verhältnis der Aktionäre zur Gesellschaft oder zu den eigenen Organen bzw. der Wertpapierinhaber zum Emittenten regelt, verpflichtet § 3 Abs. 1 WpÜG auch und in erster Linie den Bieter und somit das Leitungsorgan der Bietergesellschaft gegenüber den Wertpapierinhabern der Zielgesellschaft.[501] Neben dem Bieter ist auch die BaFin verpflichtet, bei der Ausübung ihrer Kompetenzen den Grundsatz der Gleichbehandlung zu beachten.[502]

Der Grundsatz der Gleichbehandlung wird an mehreren Stellen des WpÜG konkretisiert. Beispiele sind die Unzulässigkeit von Teilangeboten nach § 32 WpÜG und die Verpflichtung zur Zahlung einer erhöhten Gegenleistung nach § 31 Abs. 4 und 5 WpÜG. Das Gebot der Gleichbehandlung bedeutet anders gewendet das Verbot einer Diskriminierung, so dass bei einem öffentlichen Angebot zum Erwerb von Wertpapieren innerhalb des jeweiligen Angebots Differenzierungen der Angebotsbedingungen zwischen den Angebotsadressaten unzulässig sind. So verletzt ein Angebot, das die Höhe der Gegenleistung von dem Zeitpunkt der Annahmeerklärung abhängig macht, den Grundsatz der Gleichbehandlung im Sinne des § 3 Abs. 1 WpÜG.[503] Dagegen verletzt die ausschließliche Veranstaltung einer Roadshow für institutionelle Anleger den Grundsatz der Gleichbehandlung nicht, sofern dabei nicht zusätzliche Auskünfte erteilt werden und die anderen Anleger hierdurch nicht benachteiligt werden.[504]

---

500 *Versteegen* in KK-WpÜG (2010), § 3 Rn. 52.

501 *Steinhardt* in Steinmeyer, WpÜG (2013), § 3 Rn. 3; *Fuchs* in Fleischer, Hdb. VorstandsR (2006), § 22 Rn. 19; zu Parallelregelungen zum Gebot der Gleichbehandlung, vgl. *Fleischer* in K. Schmidt/Lutter, AktG (2010), § 53a Rn. 7 ff.

502 *Steinhardt* in Steinmeyer, WpÜG (2013), § 3 Rn. 3.

503 Begr. RegE, zu § 3 Abs. 1 WpÜG, BT-Drucks. 14/7034, S. 35; *Steinhardt* in Steinmeyer, WpÜG (2013), § 3 Rn. 4; zu den verschiedenen Maßnahmen zur Erhöhung des Verkaufsdrucks der Aktionären der Zielgesellschaft in der Praxis in den USA, vgl. *Liebscher*, ZIP 2001, 853, 856.

504 *Fuchs* in Fleischer, Hdb. VorstandsR (2006), § 22 Rn. 21.

b) *Die umfassende Information und Transparenz*

Neben dem Gleichbehandlungsgebot ist das Gebot der Transparenz auch ein wesentliches Element zur Wahrung des der Fairness des Übernahmeverfahrens. Nach § 3 Abs. 2 WpÜG müssen die Wertpapierinhaber der Zielgesellschaft über genügend Zeit und ausreichende Informationen verfügen, um in Kenntnis der Sachlage über das Angebot entscheiden zu können. Die Angebotsadressaten müssen also eine informierte Entscheidung über die Annahme des vom Bieter offerierten Angebots treffen können. Die Angebotsunterlage des Bieters und die Stellungnahme des Vorstands der Zielgesellschaft spielen dabei eine entscheidende Rolle. So finden sich Konkretisierungen des Grundsatzes der Transparenz in § 10 WpÜG über die Veröffentlichung der Entscheidung zur Abgabe eines Angebots, § 11 WpÜG über die Erstellung einer richtigen und vollständigen Angebotsunterlage und in § 14 WpÜG über die Übermittlung und Veröffentlichung der Angebotsunterlage. Nach Abgabe des Angebots ist der Bieter gemäß § 23 WpÜG verpflichtet, in gesetzlich geregelten Zeitabständen und unverzüglich nach Ablauf der Annahmefrist seine Beteiligungen an der Zielgesellschaft zu veröffentlichen und der BaFin mitzuteilen. Auf Seiten der Zielgesellschaft verpflichtet § 27 WpÜG den Vorstand und den Aufsichtsrat, eine begründete Stellungnahme zu dem Angebot sowie zu jeder diesbezüglichen Änderung abzugeben.

Das Informationsbedürfnis der Angebotsadressaten kann aufgrund der berechtigten Geheimhaltungsinteressen des Bieters oder der Zielgesellschaft in den in § 131 Abs. 3 AktG genannten Fällen, in denen der Vorstand die vom Aktionär verlangte Auskunft verweigern darf, eingeschränkt werden.[505]

c) *Das Handeln der Verwaltungsorgane im Interesse der Zielgesellschaft*

Der Vorstand und der Aufsichtsrat als Verwaltungsorgane der Zielgesellschaft müssen gemäß § 3 Abs. 3 WpÜG im Interesse der Zielgesellschaft handeln. Für den Vorstand der Zielgesellschaft stellt dabei das Verhinderungsverbot gemäß § 33 Abs. 1 WpÜG eine Sonderregelung dar.[506] § Abs. 3 WpÜG stellt klar, dass die aktienrechtlichen Sorgfaltspflichten nach §§ 76, 93 und 116 AktG auch während des öffentlichen Angebotsverfahrens erfüllt werden müssen.[507] Der Vorstand und der Aufsichtsrat sind nicht nur den Interessen der Aktionäre, sondern weiterhin dem gesamten Interesse der Zielgesellschaft, einschließlich den Interessen der Arbeitnehmer, Gläubiger und Kunden der Gesellschaft sowie den Interessen der Allgemeinheit, verpflichtet.[508]

---

505 Vgl. *Steinhardt* in Steinmeyer, WpÜG (2013), § 3 Rn. 11.

506 Vgl. *Steinhardt* in Steinmeyer, WpÜG (2013), § 3 Rn. 12.

507 Begr. RegE, zu § 3 Abs. 3 WpÜG, BT-Drucks. 14/7034 S. 35; *Versteegen* in KK-WpÜG (2010), § 3 Rn. 34; *Steinhardt* in Steinmeyer, WpÜG (2013), § 3 Rn. 12; *Drinkuth* in Marsch-Barner/Schäfer, Hdb. börsennotierte AG (2014), § 60 Rn. 31; *Winter/Harbarth*, ZIP 2002, 1, 15; *Altmeppen*, ZIP 2001, 1073, 1077.

508 Begr. RegE, zu § 3 Abs. 3 WpÜG, BT-Drucks. 14/7034, S. 35; *Steinhardt* in Steinmeyer, WpÜG (2013), § 3 Rn. 12; *Schüppen* in Haarmann/Riehmer/Schüppen, WpÜG (2002),

Die Gesellschaftsinteressen haben einen absoluten Vorrang vor den persönlichen Interessen des Vorstands, unabhängig davon, ob eine erfolgreiche Übernahme die persönliche Stellung der Vorstandsmitglieder negativ oder ausnahmsweise positiv beeinflussen würde.[509]

d) *Rasche Verfahrensdurchführung*

§ 3 Abs. 4 WpÜG bestimmt das Gebot der Beschleunigung, wonach der Bieter und die Zielgesellschaft das Verfahren rasch durchzuführen haben. Ein öffentliches Angebot schafft einen Schwebezustand. Die damit verbundene Unsicherheit beeinflusst unvermeidlich die beteiligten Gesellschaften und deren Anteilseigner sowie die Interessen des gesamten Kapitalmarkts.[510] Es besteht das Risiko, dass der Geschäftsbetrieb und die Vermögenslage der Zielgesellschaft durch ein unangemessen langes Angebotsverfahren oder gar einen Übernahmekampf erheblich beeinträchtigt werden.[511] Die Zielgesellschaft darf jedoch nicht übermäßig lange in ihrer Geschäftstätigkeit behindert werden. Das Gebot der Beschleunigung in § 3 Abs. 4 WpÜG bezweckt nun gerade, dass die Zielgesellschaft nicht unangemessen lange durch das Angebotsverfahren beeinträchtigt wird.[512] Konkretisierungen dieses Grundsatzes finden sich z.B. in § 16 Abs. 1 WpÜG über die Bestimmung der Annahmefristen sowie in der Verpflichtung nach § 14 Abs. 2 S. 1 WpÜG die Angebotsunterlage bei der BaFin innerhalb von vier Wochen nach Veröffentlichung der Angebotsentscheidung einzureichen.

e) *Verbot von Marktverzerrungen*

Der fünfte Grundsatz nach § 3 Abs. 5 WpÜG betrifft das Verbot von Marktverzerrungen durch das Übernahmeverfahren. Beim Handel mit Wertpapieren der Zielgesellschaft, der Bietergesellschaft oder anderer durch das Angebot betroffenen Gesellschaften dürfen keine Marktverzerrungen geschaffen werden. Es steht fest, dass die informierte Entscheidung der Angebotsadressaten über die Annahme oder Ablehnung des Angebots von sachfremden Faktoren freigehalten werden soll.[513] Unrichtige, unvollständige oder irreführende Informationen sowie Gerüchte und spekulationsbedingte Schwankungen des Aktienkurses beeinträchtigen nicht nur die Entscheidung der Angebotsadressaten, sondern auch die Funktionsfähigkeit des

---

§ 3 Rn. 15; *Schwennicke* in Geibel/Süßmann, WpÜG (2008), § 3 Rn. 21, 23; *Fuchs* in Fleischer, Hdb. VorstandsR (2006), § 22 Rn. 33; *Kort* in FS Lutter, 2000, S. 1421, 1426; *Wiese/Demisch* DB 2001, 849, 850; *Kirchner*, WM 2000, 1821, 1824 f.

509 *Fuchs* in Fleischer, Hdb. VorstandsR (2006), § 22 Rn. 34.

510 Begr. RegE, zu § 3 Abs. 4 WpÜG, BT-Drucks. 14/7034, S. 35.

511 *Fuchs* in Fleischer, Hdb. VorstandsR (2006), § 22 Rn. 27 und Fußn. 66 mit Beispiel des langen Übernahmekampfs zwischen den Softwareherstellern *Oracle* und *Peoplesoft* in den USA von 2003 bis 2005.

512 *Steinhardt* in Steinmeyer, WpÜG (2013), § 3 Rn. 14; *Drinkuth* in Marsch-Barner/Schäfer, Hdb. börsennotierte AG (2014), § 60 Rn. 32.

513 Begr. RegE, zu § 3 Abs. 5 WpÜG, BT-Drucks. 14/7034, S. 35.

Kapitalmarkts. Deshalb hat der Gesetzgeber den Grundsatz des Verbots von Marktverzerrungen nicht nur für die unmittelbaren Beteiligten des Übernahmeverfahrens, sondern auch im Interesse der sonstigen Teilnehmer am Kapitalmarkt aufgestellt.

Im Verhältnis zum Insiderhandelsverbot nach den §§ 12 ff. WpHG, zum Verbot der Kurs- und Marktpreismanipulationen nach den §§ 20a WpHG sowie zu den Mitteilungs- und Veröffentlichungspflichten gemäß den §§ 21 ff. WpHG ist § 3 Abs. 5 WpÜG als eigenständiges Verbot von Marktverzerrungen zu verstehen.[514] Für die Vorbereitungsphase einer Entscheidung zur Abgabe eines Übernahmeangebots erhält § 3 Abs. 5 WpÜG einen eigenständigen Anwendungsbereich. So bestimmt die Regelung in § 10 Abs. 1 S. 2 und 3, welche die einzige Konkretisierung des Verbots der Marktverzerrung im WpÜG darstellt, dass der Bieter im Vorfeld einer Entscheidung durch geeignete Vorkehrungen sicherstellen muss, dass Marktverzerrungen nicht zu befürchten sind.[515]

III. Die Pflichten des Vorstands der Bietergesellschaft

1. *Die Pflichten vor der Veröffentlichung der Angebotsentscheidung*

Das WpÜG bezweckt den Schutz der Funktionsfähigkeit des Kapitalmarkts und den Schutz der Interessen der Zielgesellschaft und ihrer Aktionäre. Hierzu schreibt das Gesetz eine Reihe der Verhaltenspflichten des Bieters hinsichtlich des Ablaufs des Angebotsverfahrens vor, für deren Erfüllung im Fall einer Aktiengesellschaft der Vorstand als Geschäftsführungsorgan zuständig ist. Die gesetzlichen Verhaltenspflichten umfassen dabei drei Kategorien von Pflichten: Informationspflichten, Gleichbehandlungspflichten und verfahrensrechtliche Pflichten, die einen ordnungsgemäßen und zügigen Verfahrensablauf unterstützen sollen.[516] Das Übernahmeverfahren beginnt mit der Entscheidung des Bieters zur Abgabe eines öffentlichen Übernahmeangebots, das nach § 29 Abs. 1 WpÜG auf den Erwerb der Kontrolle gerichtet ist. Nach § 10 Abs. 1 Satz 1 WpÜG ist die Entscheidung unverzüglich zu veröffentlichen. Innerhalb von vier Wochen nach der Veröffentlichung der Entscheidung hat der Bieter nach § 14 Abs. 1 Satz 1 WpÜG die Angebotsunterlage an die BaFin zu übermitteln. Im Vorfeld einer eventuellen Entscheidung zum öffentlichen Angebot treffen den Vorstand der Bietergesellschaft die allgemeinen Organpflichten sowie die kapitalmarktrechtlichen Pflichten, vor allem das Verbot des Insiderhandels und die Pflicht zur Ad-hoc-Publizität. Ferner wird sich der Vorstand der Bietergesellschaft bei einem freundlichen Übernahmeangebot vor der Entscheidung zur Abgabe des Angebots zum Zwecke der Transaktionsabsicherung mit Aktionären der Zielgesellschaft über einen vorherigen Erwerb abstimmen, Gespräche mit dem Vorstand der Zielgesellschaft führen und eine Due Diligence-Prüfung durchführen.

---

514 Vgl. *Steinhardt* in Steinmeyer, WpÜG (2013), § 3 Rn. 18; *Baums/Hecker* in Baums/Thoma, WpÜG (Stand: Mai 2012), § 3 Rn. 51.

515 *Steinhardt* in Steinmeyer, WpÜG (2013), § 3 Rn. 19.

516 *Fuchs* in Fleischer, Hdb. VorstandsR (2006), § 22 Rn. 36; vgl. ausführlich dazu, *Maier*, Die Pflichten des Bieters bei freiwilligen Übernahmeangeboten (2006), S. 49 ff., 110 ff.

Ferner bildet die Bereitstellung der Finanzierung des Angebots die wichtigste Maßnahme, die bereits in der Vorbereitungsphase anzugehen ist.

a) Das Insiderhandelsverbot und die Ad-hoc-Publizitätspflicht

Für den Vorstand der Bietergesellschaft ist besonders zu beachten, dass bereits Pläne und Vorhaben zur Abgabe eines Angebots das Insiderhandelsverbot nach §§ 14, 38 Abs. 1 WpHG auslösen können, wenn sie hinreichend konkret und geeignet sind, nach ihrem öffentlichen Bekanntwerden den Börsenkurs oder den Marktpreis der Aktien der Zielgesellschaft erheblich zu beeinflussen.[517]

§ 15 WpHG, der die Ad-hoc-Publizität regelt, hat nach der herrschenden Meinung[518] einen weitreichenden Anwendungsbereich und wird von § 10 Abs. 6 WpÜG als Sonderregelung nur im Hinblick auf die Veröffentlichung der Entscheidung zur Abgabe eines Angebots verdrängt. Pläne und Vorhaben als Vorstufen zur Entscheidung über die Abgabe eines Angbots können einen Ad-hoc-publizitätspflichtigen Umstand bilden und eine Pflicht zur Veröffentlichung einer Ad-hoc-Mitteilung auslösen.[519]

b) Vorerwerbe und Mitteilungspflichten gemäß §§ 21 ff. WpHG und § 20 AktG

Eine Abstimmung in der Vorbereitungsphase mit Aktionären der Zielgesellschaft, die maßgeblich an dieser beteiligt sind, steigert die Chancen für den Erfolg eines Angebots und findet in der Praxis häufig statt.[520] Vorerwerbe sind rechtlich zulässig und werden regelmäßig unter der aufschiebenden Bedingung abgestimmt, dass das öffentliche Übernahmeangebot vollzogen wird.[521] Bei Vorerwerben zum Zweck der Deal Protection[522] hat der Bieter darauf zu achten, ob seine Beteiligung an der Zielgesellschaft die Schwellen von 3%, 5%, 10%, 15%, 20%, 25%, 30%, 50% oder 75% der Stimmrechte überschreitet. Dies ist für die Mitteilungspflichten nach § 21 WpHG relevant, die sich unter Berücksichtigung der Zurechnung von Stimmrechten nach §§ 22 ff. WpHG gegenüber der Zielgesellschaft und der BaFin ergeben.[523]

---

517 *Geibel* in Geibel/Süßmann (2008), § 10 Rn. 129; *Hirte* in KK-WpÜG (2010), § 10 Rn. 108; *Assmann* in Assmann/Pötzsch/Uwe H. Schneider, WpÜG (2013), § 10 Rn. 4.

518 Vgl. *Assmann* in Assmann/Pötzsch/Uwe H. Schneider, WpÜG (2013), § 10 Rn. 79; *Assmann* in Assmann/Uwe H. Schneider, WpHG (2012), § 15 Rn. 35.

519 Vgl. *Assmann* in Assmann/Pötzsch/Uwe H. Schneider, WpÜG (2013), § 10 Rn. 79; *Santelmann/Steinhardt* in Steinmeyer, WpÜG (2013), § 10 Rn. 54.

520 Vgl. zur Statistik über Vorerwerbe nach den von BaFin bis zum 30.6.2013 veröffentlichen Angeboten, *Drinkuth* in Marsch-Barner/Schäfer, Hdb. börsennotierte AG (2014), § 60 Rn. 71, Fußn. 7.

521 *Drinkuth* in Marsch-Barner/Schäfer, Hdb. börsennotierte AG (2014), § 60 Rn. 71.

522 Vgl. *Drinkuth* in Marsch-Barner/Schäfer, Hdb. börsennotierte AG (2014), § 60 Rn. 10; zur Transaktionsabsicherung (Deal Protection), *Seibt*, CFL 2013, 145, 151 ff.; *Drygala*, WM 2004, 1413 ff, 1457 ff.

523 Vgl. ausführlich zu den Mitteilungspflichten nach §§ 21, 22 WpHG, *Uwe H. Schneider* in Assmann/Uwe H. Schneider, WpHG (2009), § 21 Rn. 27; *Krämer/Kiesewetter*, BB 2012, 1679, 1682; *Fuchs* in Fleischer, Hdb. VorstandsR (2006), § 22 Rn. 40.

Vor allem muss der Vorstand der Bietergesellschaft bei der Abstimmung mit den Aktionären der Zielgesellschaft beachten, dass durch das Gesetz zur Stärkung des Anlegerschutzes und Verbesserung der Funktionsfähigkeit des Kapitalmarkts (AnsFuG) vom 5. April 2011 die Mitteilungspflichten bei Vorerwerben erweitert wurden. Nach § 25a Abs. 1 Satz 1 WpHG ist die Inhaberschaft von Finanzinstrumenten oder sonstigen Instrumenten mitteilungspflichtig, die es ihrem Inhaber oder einem Dritten auf Grund ihrer Gestaltung ermöglichen, mit Stimmrechten verbundene und bereits ausgegebene Aktien eines Emittenten zu erwerben. Gemäß § 25a Abs. 1 Satz 1 ist ein solches Ermöglichen gegeben, wenn die Gegenseite des Inhabers ihre Risiken aus diesen Instrumenten durch das Halten von Aktien ausschließen oder vermindern könnte oder die Finanzinstrumente oder sonstigen Instrumente ein Recht zum Erwerb von Aktien einräumen oder eine Erwerbspflicht in Bezug auf solche Aktien begründen. Die §§ 25 und 25a WpHG führen in der Praxis dazu, dass alle Vereinbarungen, die im Rahmen von Vorerwerben oder zum Beteiligungsaufbau getroffen werden, mitteilungspflichtig sind.[524] Im Schrifttum werden nach der zu erwartenden Verwaltungspraxis die folgenden Gestaltungen als mitteilungspflichtig angesehen: Inrrevocable Offers[525], Call- und Put-Optionen[526], Aktienkaufverträge[527], Differenzgeschäfte[528], Vorerwerbsrechte, Mitveräußerungsrechte und -pflichten[529], Absichtserklärungen und Vertraulichkeitsvereinbarungen[530], Parallelerwerb[531] sowie Kettenerwerb.[532]

---

524 *Drinkuth* in Marsch-Barner/Schäfer, Hdb. börsennotierte AG (2014), § 60 Rn. 73.
525 Vgl. *Seibt*, CFL 2013, 145, 152.
526 Vgl. dazu *Krause*, AG 2011, 469, 477; *Uwe H. Schneider*, AG 2011, 645, 650.
527 Nach der Auffassung der BaFin sind Aktienkaufverträge als Instrumente angesehen und nach dem Vertragsschluss meldepflichtig, vgl. *Drinkuth* in Marsch-Barner/Schäfer, Hdb. börsennotierte AG, § 60 Rn. 74, Fußn. 5 am Beispiel des Erwerbs von Aktien an der CinemaxX AG durch die Vue Beteiligungs AG vom 19.7.2012, 8.8.2012 und 9.8.2012 jeweils wegen Überschreiten oder Unterschreiten aller Schwellen mit Finanzinstrumenten nach § 25a oder § 21 WpHG.
528 Vgl. *Uwe H. Schneider*, AG 2011, 645, 650.
529 Die BaFin bejaht grundsätzlich die Meldepflicht bei solchen Gestaltungen, vgl. *Drinkuth* in Marsch-Barner/Schäfer, Hdb. börsennotierte AG (2014), § 60 Rn. 74.
530 Diese Erklärungen oder Vereinbarungen sind nach der Ansicht der BaFin nicht grundsätzlich von der Meldepflicht nach § 25a WpHG befreit, vgl. *Cascanante/Bingel*, NZG 2011, 1086, 1095; *Merkner/Sustmann*, NZG 2012, 241, 243.
531 Der Parallelerwerb von Instrumenten oder sonstigen Instrumenten ist nach der Ansicht der BaFin nicht nach § 25a WpHG meldepflichtig, wenn die Erwerber sich nicht gemäß § 22 Abs. 2 WpHG die Kontrolausübung bei der Zielgesellschaft abstimmen, vgl. *Merkner/Sustmann*, NZG 2012, 241, 243, *Drinkuth* in Marsch-Barner/Schäfer, Hdb. börsennotierte AG (2014), § 60 Rn. 74.
532 Vgl. *Drinkuth* in Marsch-Barner/Schäfer, Hdb. börsennotierte AG (2014), § 60 Rn. 74; *Krämer/Kiesenwetter*, BB 2012, 1679, 1683.

c) *Gespräche mit dem Vorstand der Zielgesellschaft*

Gespräche oder Verhandlungen zwischen dem Bieter und dem Vorstand der Zielgesellschaft in der Vorbereitungsphase sind gesetzlich nicht geregelt. Bei einem freundlichen Übernahmeangebot finden sie regelmäßig statt.[533] Sinn und Zweck solcher Gespräche ist es, die Haltung des Vorstands der Zielgesellschaft zu einem eventuellen Angebot in Erfahrung zu bringen. Sie stellen noch keine Tatsache dar, die die Veröffentlichungspflicht nach § 10 WpÜG begründet. Nach den Gesprächen mit dem Vorstand der Zielgesellschaft liegt aber regelmäßig eine Insiderinformation im Sinne des § 13 WpHG vor. Der Vorstand der Bietergesellschaft muss daher auf die Einhaltung der insiderrechtlichen Regelungen achten.[534]

d) *Durchführung der Due Diligence-Prüfung*

Bei M&A-Transaktionen, an denen eine Aktiengesellschaft als Käufer beteiligt ist, erfüllt der Vorstand der Gesellschaft mit der Durchführung der Due Diligence-Prüfung seine Sorgfaltspflicht.[535] Soweit die Zielgesellschaft eine Aktiengesellschaft ist, trifft den Vorstand der Zielgesellschaft keine Pflicht, vertrauliche Informationen über die Zielgesellschaft im Rahmen der Due Diligence-Prüfung an den Erwerbsinteressenten einer Beteiligung weiterzugeben. Der Vorstand ist jedoch berechtigt, solche Informationen weiterzugegen, sofern die Weitergabe im Interesse der Gesellschaft ist und hinreichende Sicherungsmaßnahmen getroffen werden.[536] Öffentlich zugängliche Informationen über das Zielunternehmen[537] stellen regelmäßig bei allen öffentlichen Übernahmeangeboten den Gegenstand der vom Bieter durchzuführenden grundlegenden Due Duligence-Prüfung dar. Darüber hinaus haben Bieter regelmäßig ein erhebliches Interessen daran, vor der Veröffentlichung der Angebotsentscheidung oder spätestens vor der Gestattung der Veröffentlichung der Angebotsunterlage durch die BaFin durch weitere funktionale Due Diligence-Prüfungen auch nicht öffentliche Informationen über die Zielgesellschaft zu erlangen.[538] Dies dient der Sicherung der Entscheidung über die Angebotsabgabe und den

---

533 Vgl. *Walz* in Haarmann/Schüppen, WpÜG (2008), § 10 Rn. 20; *Geibel* in Geibel/Süßmann, WpÜG (2008), § 10 Rn. 9.

534 Vgl. *Walz* in Haarmann/Schüppen, WpÜG (2008), § 10 Rn. 21.

535 Vgl. LG Hannover, Urt. v. 23. Februar 1977 – 10.123/75 (nicht rechtskräftig), AG 1977, 198, 200; *Holzapfel/Pöllath*, Unternehmenskauf in Recht und Praxis (2010), Rn. 19; *Fleischer* in Spindler/Stilz, AktG (2010), § 93 Rn. 87; *U. Schmidt* in Heidel, Aktienrecht (2014), § 93 AktG Rn. 67.

536 Vgl. dazu *Lutter*, ZIP 1997, 613, 617; *Hopt* in GK-AktG (1999), § 93 Rn. 213; *Fleischer* in Spindler/Stilz, AktG (2010), § 93 Rn. 170 f.; *Spindler* in MK-AktG (2014), § 93 Rn. 137 ff.; *Seibt*, CFL 2013, 145, 153.

537 Vgl. zu den rechtlichen und praktischen Aspekten einer Due Diligence aus öffentlich zugänglichen Informationen der börsennotierte AG, *Krämer/Kriesenwetter*, BB 2012, 1679–1687.

538 *Seibt*, CFL 2013, 145, 153.

Angebotspreis sowie weitere Bedingungen im Sinne des § 18 Abs. 1 WpÜG. Dabei ist die durch den Erhalt zusätzlicher Informationen erhöhte Transaktionssicherheit mit dem durch die Due Diligence-Prüfung einhergehenden Zeitverlust und dem sich daraus ergebenden erhöhten Risiko, dass die Transaktionspläne im Kapitalmarkt bekannt werden und sich somit der Aktienkurs der Zielgesellschaft erhöht sowie Konkurrenzangebote abgegeben werden können, abzuwägen.[539]

Bei öffentlichen Angeboten ist eine Due Diligence-Prüfung nur in eingeschränktem Maß möglich und wird oft nur durch Gespräche mit dem Top-Management durchgeführt.[540]

e) Die Vorbereitung der Finanzierung des Angebots

aa) Die Fähigkeit des Bieters zur vollständigen Angebotserfüllung

Von entscheidender Bedeutung für ein erfolgreiches Angebot ist die Fähigkeit des Bieters, den Erwerb der Wertpapiere der Zielgesellschaft finanzieren zu können.[541] Die Verpflichtung des Bieters, die Finanzierung des Angebots sicherzustellen, ist eine der Leitlinien für ein faires und geordnetes Verfahren.[542] Gemäß § 13 Abs. 1 Satz 1 WpÜG muss der Bieter vor der Veröffentlichung der Angebotsunterlage die notwendigen Maßnahmen treffen, um sicherzustellen, dass ihm die zur vollständigen Erfüllung des Angebots, gleichgültig, ob es sich bei der Gegenleistung um eine Geldleistung oder um eine Sachleistung handelt[543], notwendigen Mittel zum Zeitpunkt der Fälligkeit des Anspruchs auf die Gegenleistung zur Verfügung stehen. Sinn und Zweck der Norm ist es, dass die Werthaltigkeit der angebotenen Gegenleistung schon vor der Abgabe eines Angebots sichergestellt ist und damit die Aktionäre der Zielgesellschaft vor unseriösen Angeboten und dadurch ausgelösten Marktverzerrungen geschützt werden.[544]

Bei Barangeboten muss der Vorstand der Bietergesellschaft die Geldleistung durch Eigen- oder Fremdkapitalfinanzierung sicherstellen. Stehen dem Bieter eigene Mittel zur Verfügung, so müssen Maßnahmen getroffen werden, damit diese Mittel bei Fälligkeit des Gegenanspruchs direkt zur Verfügung stehen. Wenn Fremdmittel erforderlich sind, müssen die notwendigen Darlehensverträge bindend abgeschlossen werden. Die Auszahlung des Darlehens darf nicht von anderen Bedingungen

---

539 *Seibt*, CFL 2013, 145, 153.

540 Vgl. *Krause/Favoccia* in Assmann/Pötzsch/Uwe H. Schneider, WpÜG (2013), § 18 Rn. 88.

541 Begr. RegE, zu § 13 Abs. 1 WpÜG, BT-Drucks. 14/7034, S. 44.

542 Begr. RegE, zu Leitlinien für ein faires und geordnetes Verfahren, WpÜG, BT-Drucks. 14/7034, S. 1.

543 Begr. RegE, zu § 13 Abs. 1 WpÜG, BT-Drucks. 14/7034, S. 44.

544 Vgl. *Süßmann* in Geibel/Süßmann, WpÜG (2008), § 13 Rn. 1; *Möllers* in KK-WpÜG (2010), § 13 Rn. 1; *Krause* in Assmann/Pötzsch/Uwe H. Schneider, WpÜG (2013), § 13 Rn. 3 ff.

abhängig gemacht werden, als von denjenigen, von denen das Angebot selbst abhängt.[545]

Bei Tauschangeboten muss der Vorstand der Bietersgesellschaft Maßnahmen ergreifen, die die Ausgabe der eigenen oder Beschaffung der fremden Aktien sicherstellen. Wenn ein ungenutztes genehmigtes Kapital nicht in hinreichendem Maße zur Verfügung steht, muss der Vorstand die Hauptversammlung einberufen und einen Kapitalerhöhungs- oder Ermächtigungsbeschluss herbeiführen.[546] Das WpÜG geht davon aus, dass der Bieter einen danach notwendigen Kapitalerhöhungsbeschluss bereits vor der Veröffentlichung der von der BaFin gestatteten Angebotsunterlage erwirkt hat.[547]

bb) Die Finanzierungsbestätigung

Sieht das Angebot als Gegenleistung die Zahlung einer Geldleistung vor, ist nach § 13 Abs. 1 Satz 2 WpÜG durch ein vom Bieter unabhängiges Wertpapierdienstleistungsunternehmen schriftlich zu bestätigen, dass der Bieter die notwendigen Maßnahmen getroffen hat, um sicherzustellen, dass die zur vollständigen Erfüllung des Angebots notwendigen Mittel zum Zeitpunkt der Fälligkeit des Anspruchs auf die Geldleistung zur Verfügung stehen. Diese Finanzierungsbestätigung muss nach § 11 Abs. 2 Satz 3 Nr. 4 WpÜG unter Benennung der Firma, des Sitzes und der Rechtsform des Wertpapierdienstleistungsunternehmens in der Angebotsunterlage angegeben werden. Aufgrund der Finanzierungsbestätigung haftet das Wertpapierdienstleistungsunternehmen den Aktionären der Zielgesellschaft, die das aus einer Geldleistung bestehende Angebot angenommen haben, nach Maßgabe des § 13 Abs. 2 WpÜG für etwaige Schäden aus der nicht vollständigen Erfüllung des Angebots, wenn wegen des Nichtergreifens der notwendigen Maßnahmen des Bieters zum Zeitpunkt der Fälligkeit des Anspruchs auf die Gegenleistung die erforderlichen Mittel nicht zur Verfügung stehen.[548] Ein Barangebot ohne Finanzierungsbestätigung wird von der BaFin untersagt. Ein Beispiel bildet der Untersagungsbescheid der BaFin vom 24. Januar 2014, wonach das Pflichtangebot der Goushi Assets Investment Management Limited mit Sitz in den Britisch Virgin Islands an die Aktionäre der Panamax Aktiengesellschaft mit Sitz in Heidelberg von der BaFin nach § 15 Abs. 1 Satz 1 WpÜG untersagt wurde.[549]

---

545 Vgl. *Möllers* in KK-WpÜG (2010), § 13 Rn. 56; *Krause* in Assmann/Pötzsch/Uwe H. Schneider, WpÜG (2013), § 13 Rn. 40; *Fuchs* in Fleischer, Hdb. VorstandsR (2006), § 22 Rn. 49.

546 Vgl. *Süßmann* in Geibel/Süßmann, WpÜG (2008), § 13 Rn. 5; *Möllers* in KK-WpÜG (2010), § 13 Rn. 57; *Fuchs* in Fleischer, Hdb. VorstandsR (2006), § 22 Rn. 49.

547 Vgl. ausführlich dazu, *Süßmann* in Geibel/Süßmann, WpÜG (2008), § 13 Rn. 5.

548 Vgl. *Süßmann* in Geibel/Süßmann, WpÜG (2008), § 13 Rn. 33 ff.; *Möllers* in KK-WpÜG (2010), § 13 Rn. 85 ff.

549 Vgl. BaFin, Untersagungsbescheid vom 24.01.2014.

2. *Informationspflichten im Verlauf des Angebotsverfahrens*

a) *Die Veröffentlichung der Entscheidung zur Abgabe eines Angebots*

aa) Bedeutung

Nach § 10 Abs. 1 Satz 1 und Satz 2 WpÜG hat der Bieter seine Entscheidung zur Abgabe eines Angebots unverzüglich zu veröffentlichen. Diese Verpflichtung besteht auch, wenn für die Entscheidung zur Angebotsabgabe der Beschluss der Gesellschafterversammlung des Bieters erforderlich ist und ein solcher Beschluss noch nicht erfolgt ist. Stellt der Bieter durch geeignete Vorkehrungen sicher, dass Marktverzerrungen nicht zu befürchten sind, kann die BaFin gemäß § 10 Abs. 1 Satz 3 WpÜG dem Bieter auf Antrag gestatten, die Veröffentlichung erst nach dem Beschluss der Gesellschafterversammlung vorzunehmen. Vor der Veröffentlichung hat der Bieter nach § 10 Abs. 2 Satz 1 WpÜG die Entscheidung den betroffenen Börsen und der BaFin mitzuteilen. Darüber hinaus hat der Bieter die Veröffentlichung nach § 10 Abs. 4 WpÜG unverzüglich an die betroffenen Börsen und die BaFin zu übersenden. Nach der Veröffentlichung muss der Bieter gemäß § 10 Abs. 5 Satz 1 WpÜG unverzüglich die Angebotsentscheidung dem Vorstand der Zielgesellschaft mitteilen. Die Verletzung dieser Pflichten wird jeweils mit einem Bußgeld sanktioniert.

Die Vorschrift ist dem § 15 WpHG über die Ad-hoc-Publizitätspflicht nachgebildet und soll dafür Sorge tragen, dass die Öffentlichkeit frühzeitig über marktrelevante Informationen in Kenntnis gesetzt wird, um damit das Ausnutzen von Spezialwissen zu verhindern.[550] Die Gefahr des Insiderhandels und der Verunsicherung des Kapitalmarkts durch Gerüchte und Spekulationen aufgrund der Entscheidung zur Angebotsabgabe soll dadurch minimiert werden.[551]

bb) Rechtscharakter der Entscheidung und Inhalt der Veröffentlichung

Das WpÜG enthält keine Regelung zum Inhalt der Veröffentlichung der Angebotsentscheidung. Die Entscheidung im Sinne des § 10 Abs. 1 Satz 1 WpÜG kommt zustande, wenn der interne Willensbildungsprozess des Bieters über die Frage, ob ein Angebot abgegeben wird, zum Abschluss gekommen ist. Sie stellt weder das Angebot selbst, noch eine rechtsgeschäftliche Willenserklärung, noch die Entscheidung über die Ausgestaltung der Angebotsmodalitäten im Einzelnen dar.[552] Die Einzelheiten des Angebots werden bei der Veröffentlichung der Angebotsunterlage bekannt gemacht. Die Veröffentlichung muss nur die Information enthalten, dass die Abgabe eines Angebots beabsichtigt ist, sowie den Bieter, die betroffenen

550 Begr. RegE, zu § 10 WpÜG, BT-Drucks. 14/7034, S. 39.

551 Begr. RegE, zu § 10 Abs. 1 WpÜG, BT-Drucks. 14/7034, S. 39; *Fuchs* in Fleischer, Hdb. VorstandsR (2006), § 22 Rn. 59.

552 *Geibel* in Geibel/Süßmann, WpÜG (2008), § 10 Rn. 8; *Assmann* in Assmann/Pötzsch/Uwe H. Schneider, WpÜG (2013), § 10 Rn. 11.

Wertpapiere und die Zielgesellschaft nennen.[553] Der Bieter ist nach § 10 WpÜG nicht verpflichtet, den konkreten Inhalt des Angebots anzugeben. Um eine zusätzliche Ad-hoc-Publizitätspflicht zu vermeiden, soll der Bieter die bereits festgelegten Eckdaten im Interesse einer frühzeitigen und umfassenden Information der Zielgesellschaft und des Kapitalmarkts veröffentlichen.[554]

cc) Das Verhältnis zur Ad-hoc-Publizitätspflicht im Sinne des § 15 WpHG

Gemäß § 10 Abs. 6 WpÜG gilt § 15 WpHG nicht für die Entscheidung zur Abgabe eines Angebots. Dies bedeutet, dass die Veröffentlichungspflicht beim öffentlichen Angebot eine Sonderregelung der Ad-hoc-Publizität darstellt und die allgemeine Ad-hoc-Publizität in ihrem Anwendungsbereich verdrängt.[555] Sofern im Rahmen der Veröffentlichung nach § 10 WpÜG die Eckdaten der Entscheidung zur Angebotsabgabe nicht bekannt gegeben wurden, so sind diese unter den Voraussetzungen des § 15 WpHG zu veröffentlichen, wenn sie die Qualität einer Ad-hoc-Mitteilung besitzen.[556]

b) Die Erstellung der Angebotsunterlage

aa) Sinn und Zweck der Regelungen über die Angebotsunterlage

Die Angebotsunterlage ist das für ein öffentliches Angebot zentrale und maßgebliche öffentliche Dokument[557] und der Kern der gesetzlichen Regelungen, die die Wahrung des Gebots umfassender Information und Transparenz zum Schutz der Aktionäre bezweckt.[558] Gemäß §§ 14 Abs. 1 Satz 1, 11 Abs. 1 Satz 1, 35 Abs. 2 Satz 1 WpÜG muss der Bieter innerhalb von vier Wochen nach Veröffentlichung der Angebotsentscheidung bzw. der Mitteilung über die Erlangung der Kontrolle über eine Zielgesellschaft eine Angebotsunterlage an die BaFin übermitteln und nach deren Gestattung unverzüglich veröffentlichen. Der Inhalt der Angebotsunterlage ist in § 11 WpÜG i.V.m. § 2 WpÜG-AngVO nach dem Grundsatz der Gleichbehandlung sowie dem Gebot der Transparenz ausführlich geregelt, sodass jeder Aktionär der

---

553 Begr. RegE, zu § 10 Abs. 1 WpÜG, BT-Drucks. 14/7034, S. 39; *Geibel* in Geibel/Süßmann, WpÜG (2008), § 10 Rn. 8; *Assmann* in Assmann/Pötzsch/Uwe H. Schneider, WpÜG (2013), § 18 Rn. 45; zum Musterformular, *Hirte* in KK-WpÜG (2010), § 10 Rn. 6.

554 Begr. RegE, zu § 10 Abs. 1 WpÜG, BT-Drucks. 14/7034, S. 39.

555 Begr. RegE, zu § 10 Abs. 6 WpÜG, BT-Drucks. 14/7034, S. 40.

556 Begr. RegE, zu § 10 Abs. 6 WpÜG, BT-Drucks. 14/7034, S. 40 f.

557 *Hopt*, ZHR 166 (2002), 383, 402 f.

558 Vgl. *Krause*, NJW 2002, 705, 708; ausführlich zum Zweck der Norm über Angebotsunterlage, *Meyer* in Assmann/Pötzsch/Uwe H. Schneider, WpÜG (2013), § 11 Rn. 1.

Zielgesellschaft sämtliche erforderlichen Informationen für die Entscheidung über die Annahme oder Ablehnung des Angebots einholen kann.[559]

bb) Der Inhalt der Angebotsunterlage

Die Angebotsunterlage muss den Inhalt des Angebots und ergänzende Angaben enthalten. Zu den Angaben über den Inhalt des Angebots gehören nach § 11 Abs. 2 Satz 1 WpÜG zunächst die grundlegenden Identifikationsinformationen, also der Name oder die Firma und die Anschrift oder der Sitz sowie die Rechtsform des Bieters und der Zielgesellschaft. Weiterhin die Wertpapiere als Gegenstand des Angebots, die Art und Höhe der gebotenen Gegenleistung, die Höhe der für den Entzug von Rechten gebotenen Entschädigung nach § 33b Abs. 4 WpÜG, die Bedingungen für die Wirksamkeit des Angebots und der Beginn und das Ende der Annahmefrist.

Die ergänzenden Angaben umfassen gemäß § 11 Abs. 2 Satz 2 WpÜG zunächst die notwendigen Maßnahmen zur Sicherstellung der für die Erfüllung des Angebots notwendigen Finanzmittel, die Auswirkungen eines erfolgreichen Angebots auf die Vermögens-, Finanz- und Ertragslage des Bieters, die Absichten des Bieters im Hinblick auf die künftige Geschäftstätigkeit der Zielgesellschaft und die vom Angebot betroffene Geschäftstätigkeit des Bieters. Ferner umfassen sie die gesetzlich vorgeschriebenen einzelnen Angaben im Hinblick auf die den Mitgliedern des Vorstands oder Aufsichtsrats der Zielgesellschaft gewährten oder in Aussicht gestellten Geldleistung oder geldwerten Vorteile sowie die Bestätigung des Wertpapierdienstleistungsunternehmens über die Finanzierung des Angebots nach § 13 Abs. 1 Satz 2 WpÜG.

Darüber hinaus muss der Bieter nach § 2 WpÜG-AngVO in seiner Angebotsunterlage folgende weitere ergänzenden Angaben aufnehmen: (1) die Informationen zur Identifikation der mit dem Bieter und der Zielgesellschaft gemeinsam handelnden Personen und der jeweils zuzurechnenden Personen; (2) bei Tauschangeboten die Angabe nach § 7 des WpPG i.V.m. der Verordnung (EG) Nr. 809/2004 der Kommission vom 29. April 2004 sowie die Aufmachung, die Aufnahme eines Verweises und die Veröffentlichung solcher Prospekte und die Verbreitung von Werbung; (3) Angaben nach § 7 VermAnlG i.V.m. VermVerkProspV; (4) die zur Festsetzung der Gegenleistung angewandten Bewertungsmethoden, die Begründung sowie die Angabe über das Umtauschverhältnis oder den Gegenwert bei der Anwendung verschiedener Methoden; (5) die zur Berechnung der Entschädigung nach § 33 b Abs. 5 WpÜG angewandten Berechnungsmethoden nebst Begründung; (6) die Maßnahmen, die die Aktionäre der Zielgesellschaft ergreifen müssen, um das Angebot anzunehmen und um die Gegenleistung zu erhalten, sowie Angaben über die damit verbundenen Kosten und den Zeitpunkt des Erhalts der Gegenleistung; (7) die Anzahl der vom Bieter und von den ihm zuzurechnenden Personen bereits gehaltenen Wertpapiere sowie die zuzurechnenden Stimmrechte; (8) bei Teilangeboten der Anteil oder die

559 Vgl. *Drinkuth* in Marsch-Barner/Schäfer, Hdb. börsennotierte AG (2014), § 60 Rn. 81.

Anzahl der Wertpapiere der Zielgesellschaft als Gegenstand des Angebots sowie Angaben über die Zuteilung nach § 19 WpÜG; (8) Gegenleistung für Vorerwerbe; (9) Erfordernis und Stand behördlicher Verfahren; (10) Modifizierte Annahmefristen; (11) Fundstellen der Veröffentlichung; (12) das Rücktrittsrecht der Wertpapierinhaber der Zielgesellschaft, die das Angebot bereits angenommen haben; sowie (13) das anwendbare Recht und der Gerichtsstand für die Verträge zwischen dem Bieter und den Inhabern der Wertpapieren der Zielgesellschaft.[560]

Die Angebotsunterlage muss schließlich die Informationen über die für den Inhalt der Angebotsunterlage verantwortlichen Personen oder Gesellschaften nach § 11 Abs. 3 WpÜG aufführen und eine Erklärung dieser Personen oder Gesellschaften enthalten, dass ihres Wissens die Angaben richtig und keine wesentlichen Umstände ausgelassen wurden. Regelmäßig wird die Erstellung der Angebotsunterlage von dem vom Bieter damit betrauten Rechtsanwalt und Investmentbanker übernommen.[561]

cc) Der Rechtscharakter der Angebotsunterlage

Die Angebotsunterlage bringt ein öffentliches Erwerbsangebot zum Ausdruck, das ein bindendes Angebot im Sinne des § 145 BGB[562] zum Abschluss eines Vertrags zwischen dem Bieter und den Aktionären der Zielgesellschaft über den Erwerb von Wertpapieren darstellt.[563] Die Angebotsunterlage enthält einseitig vorformulierten allgemeinen Geschäftsbedingungen und unterliegt nach der h. M. grundsätzlich der Inhaltskontrolle nach §§ 305 ff. BGB.[564]

dd) Richtigkeit und Vollständigkeit der Angaben

Nach § 11 Abs. 1 Satz 3 WpÜG müssen die in der Angebotsunterlage enthaltenen Angaben richtig und vollständig sein. Angaben tatsächlicher Art sind richtig, wenn sie der objektiven Sachlage zum maßgeblichen Zeitpunkt der Veröffentlichung der

---

560 Vgl. ausführlich zu den ergänzenden Angaben nach § 2 WpÜG-AngVO, *Meyer* in Assmann/Pötzsch/Uwe H. Schneider, WpÜG (2013), § 2 WpÜG-AngVO Rn. 2 ff.

561 *Seydel* in KK-WpÜG (2010), § 14 Rn. 23; *Fuchs* in Fleischer, Hdb. VorstandsR (2006), § 22 Rn. 44.

562 OLG Frankfurt am Main, Urt. v. 18. April 2007 – 21 U 72/06, AG 2007, 749, 751, Tz. 71; vgl. ausführlich hierzu *Meyer* in Assmann/Pötzsch/Uwe H. Schneider, WpÜG (2013), § 11 Rn. 20 ff.; *Drinkuth* in Marsch-Barner/Schäfer, Hdb. börsennotierte AG (2014), § 60 Rn. 81.

563 *Steinhardt/Nestler* in Steinmeyer, WpÜG (2013), § 11 Rn. 5; *Drinkuth* in Marsch-Barner/Schäfer, Hdb. börsennotierte AG (2014), § 60 Rn. 81.

564 Vgl. *Oechsler* in Ehricke/Ekkenga/Oechsler, WpÜG (2003), § 11, Rn. 50; *Geibel* in Geibel/Süßmann, WpÜG (2008), § 11 Rn. 3; *Seydel* in KK-WpÜG (2010), § 11 Rn. 23; *Thoma* in Baums/Thoma, WpÜG (Stand: Mai 2012), § 11 Rn. 29; *Steinhardt/Nestler* in Steinmeyer, WpÜG (2013), § 11 Rn. 6; *Drinkuth* in Marsch-Barner/Schäfer, Hdb. börsennotierte AG (2014), § 60 Rn. 81; a. A. mit ausführlicher Begründung *Meyer* in Assmann/Pötzsch/Uwe H. Schneider, WpÜG (2013), § 11 Rn. 27 ff.

Angebotsunterlage entsprechen.[565] Bei der Beurteilung der Richtigkeit der Absichten, Werturteile und Prognosen ist darauf abzustellen, ob diese hinreichend durch Tatsachen gestützt und kaufmännisch vertretbar sind, wobei bei zukunftsgerichteten Äußerungen stets Zurückhaltung geboten ist.[566] Die Angaben in der Angebotsunterlage sind unvollständig, wenn Informationen fehlen, die im Sinne des § 11 Abs. 1 Satz 2 WpÜG notwendig sind, insbesondere solche, die durch § 11 Abs. 2 oder 3 oder § 2 WpÜG-AngVO vorgeschrieben sind, oder wenn Aussagen wegen Auslassens vorhandener und wesentlicher Einzeltatsachen oder Einschränkungen irreführend wirken.[567] Es kommt bei der Richtigkeit und Vollständigkeit auf den Gesamteindruck der Angebotsunterlage an, so dass ein Verstoß erst dann vorliegt, wenn der durch die Angebotsunterlage vermittelte Gesamteindruck unrichtig oder unvollständig ist.[568] Die in den genannten gesetzlichen Regelungen enthaltenen inhaltlichen Anforderungen sind grundsätzlich abschließend vorgeschrieben[569] und können in Ausnahmefällen aus Gründen der Vollständigkeit und Verständlichkeit ergänzt werden, wenn dem Anleger ohne zusätzliche Angaben wesentliche Entscheidungsinformationen fehlen würden.[570]

Ob eine Angabe in der Angebotsunterlage für die Einschätzung des Angebots wesentlich ist, ist danach zu beurteilen, ob sich im konkreten Fall bei einer ordnungsgemäßen Angabe die für die Beurteilung der Wertpapiere maßgeblichen tatsächlichen oder rechtlichen Verhältnisse verändern würden.[571] Es kommt darauf an, ob ein vernünftiger Anleger sie bei seiner Entscheidung „eher als nicht" berücksichtigen

---

565 *Renner* in Haarmann/Schüppen (2008), § 11 Rn. 31; *Seydel* in KK-WpÜG (2010), § 11 Rn. 33; *Steinhardt/Nestler* in Steinmeyer, WpÜG (2013), § 11 Rn. 13.

566 *Renner* in Haarmann/Schüppen (2008), § 11 Rn. 31; *Steinhardt/Nestler* in Steinmeyer, WpÜG (2013), § 11 Rn. 13; vgl. ausführlich zur Richtigkeit bei Absichten, Werturteilen und Prognosen, *Seidel* in KK-WpÜG, § 11 Rn. 33.

567 Vgl. *Wackerbarth* in MK-WpÜG (2011), § 11 Rn. 12, der in der Richtigkeit und Vollständigkeit im Sinne des § 11 Abs. 1 Satz 3 WpÜG ein Täuschungsverbot sieht; *Meyer* in Assmann/Pötzsch/Uwe H. Schneider, WpÜG (2013), § 11 Rn. 43.

568 *Renner* in Haarmann/Schüppen (2008), § 11 Rn. 31; *Seydel* in KK-WpÜG (2010), § 11 Rn. 38; *Meyer* in Assmann/Pötzsch/Uwe H. Schneider, WpÜG (2013), § 11 Rn. 43.

569 *Meyer* in Assmann/Pötzsch/Uwe H. Schneider, WpÜG (2013), § 11 Rn. 44; *Geibel* in Geibel/Süßmann, WpÜG (2008), § 11 Rn. 10; a. A. nur für die Mindestangaben, nicht aber die abschließende Regelung, *Renner* in Haarmann/Schüppen (2008), § 11 Rn. 33; *Seidel* in KK-WpÜG (2010), § 11 Rn. 27.

570 Vgl. *Renner* in Haarmann/Schüppen (2008), § 11 Rn. 33; *Thoma* in Baums/Thoma, WpÜG (Stand: Mai 2012), § 11 Rn. 50; *Drinkuth* in Marsch-Barner/Schäfer, Hdb. börsennotierte AG (2014), § 60 Rn. 83.

571 Begr. RegE, zu § 12 Abs. 1 WpÜG, BT-Drucks. 14/7034, S. 42; *Schwennicke* in Geibel/Süßmann, WpÜG (2008), § 12 Rn. 9; *Thoma* in Baums/Thoma, WpÜG (Stand: Mai 2012), § 12 Rn. 18; vgl. ausführlich zur Wesentlichkeit einer Angabe, *Assmann* in Assmann/Pötzsch/Uwe. H. Schneider, WpÜG (2013), § 12 Rn. 11 ff.; *Möllers* in KK-WpÜG (2010), § 12 Rn. 77, der die wertbildenden Faktoren, die den Aktionär der Zielgesellschaft bei seiner Entscheidung bestimmen, betont.

würde.[572] Die Wesentlichkeit einer Angabe ist von allen für die Wertbildung maßgeblichen Faktoren und den Konditionen des Übernahmeangebots abhängig.[573]

ee) Haftung für unrichtige oder unvollständige Angaben in der Angebotsunterlage

Sind die für die Beurteilung des Angebots wesentlichen Angaben der Angebotsunterlage unrichtig oder unvollständig, so können sämtliche ehemaligen Wertpapierinhaber der Zielgesellschaft, die das Angebot angenommen oder deren Aktien dem Bieter nach § 39a WpÜG übertragen wurden, nach § 12 Abs. 1 WpÜG von den verantwortlichen Personen als Gesamtschuldnern Schadensersatz verlangen. Weitergehende Ansprüche, die nach den Vorschriften des bürgerlichen Rechts auf Grund von Verträgen oder vorsätzlichen unerlaubten Handlungen erhoben werden können, bleiben davon nach § 12 Abs. 6 WpÜG unberührt. Die Billigung der Angebotsunterlage durch die BaFin ist für die Beurteilung der Richtigkeit und Vollständigkeit ohne Bedeutung und kann die Haftung nach § 12 Abs. 1 WpÜG nicht ausschließen.[574]

Als Gesamtschuldner des Schadensersatzes kommen nach § 12 Abs. 1 Nr. 1 WpÜG zunächst die Angebotserlasser in Betracht, die als Unterzeichner der Angebotsunterlage im Sinne des § 11 Abs. 1 Satz 5 WpÜG die Verantwortung für die Angebotsunterlage übernommen haben[575]. Hinzu kommen nach § 12 Abs. 1 Nr. 2 WpÜG die Angebotsveranlasser, von denen der Erlass der Angebotsunterlage ausgeht. Diese „tatsächlichen Urheber" der Angebotsunterlage haben typischerweise ein eigenes wirtschaftliches Interesse an der Übernahme[576]. Zu diesen „Hintermännern" können ggf. auch Mitglieder des Vorstands oder Aufsichtsrats der Bietergesellschaft zählen.[577]

---

572 *Schwennicke* in Geibel/Süßmann, WpÜG (2008), § 12 Rn. 9; *Thoma* in Baums/Thoma, WpÜG (Stand: Mai 2012), § 12 Rn. 18; *Assmann* in Assmann/Pötzsch/Uwe. H. Schneider, WpÜG (2013), § 12 Rn. 11.

573 *Thoma* in Baums/Thoma, WpÜG (Stand: Mai 2012), § 12 Rn. 18; *Assmann* in Assmann/Pötzsch/Uwe. H. Schneider, WpÜG (2013), § 12 Rn. 13 f.

574 Vgl. Begr. RegE, zu § 12 Abs. 1 WpÜG, BT-Drucks. 14/7034, S. 42; OLG Frankfurt am Main, Urt. v. 18. April 2007 – 21 U 72/06, AG 2007, 749, 751 Tz. 68; *Möllers* in KK-WpÜG (2010), § 12 Rn. 74; *Thoma* in Baums/Thoma, WpÜG (Stand: Mai 2012), § 12 Rn. 28; *Assmann* in Assmann/Pötzsch/Uwe H. Schneider, WpÜG (2013), § 12, Rn. 29, 51.

575 Vgl. *Möllers* in KK-WpÜG (2010), § 12 Rn. 91; *Thoma* in Baums/Thoma, WpÜG (Stand: Mai 2012), § 12 Rn. 49; *Assmann* in Assmann/Pötzsch/Uwe H. Schneider, WpÜG (2013), § 12 Rn. 36.

576 Vgl. *Möllers* in KK-WpÜG (2010), § 12 Rn. 92; *Thoma* in Baums/Thoma, WpÜG (Stand: Mai 2012), § 12 Rn. 50; *Assmann* in Assmann/Pötzsch/Uwe H. Schneider, WpÜG (2013), § 12 Rn. 37.

577 Vgl. *Assmann* in Assmann/Pötzsch/Uwe. H. Schneider, WpÜG (2013), § 12 Rn. 37; *Fuchs* in Fleischer, Hdb. VorstandsR (2006), § 22 Rn. 47.

c) Die Angebotsbedingungen

aa) Bindung des Bieters an das Angebot

Öffentliche Angebote lösen regelmäßig gravierende Folgen für die Zielgesellschaft, deren Verwaltungsorgane und Aktionäre aus. Der Börsenkurs der Zielgesellschaft verändert sich bei einem Angebot häufig erheblich. Der Vorstand der Zielgesellschaft, der besonderen Anforderungen ausgesetzt ist, hat eine Stellungnahme zu dem Angebot abzugeben, in der er die Auswirkungen auf die Zielgesellschaft darzustellen und zu beurteilen hat. Bei Übernahmen treffen die besonderen Pflichten nach § 33 den Vorstand. Vor diesem Hintergrund hält es der Gesetzgeber für sachgerecht, den Bieter zur Abgabe eines rechtlich verbindlichen Angebots zu verpflichten, das nur unter den engen Voraussetzungen der §§ 18 und 21 mit Bedingungen versehen oder geändert werden kann.[578] Die Abgabe des Angebots als bloße *„invitatio ad offerendum"* sowie Rücktritts- oder Widerrufsvorbehalte sind verboten. Zulässig für ein öffentliches Angebot sind nur solche Bedingungen, die vom Bieter nicht beherrscht werden können. Der Normenkomplex der §§ 17, 18 und 25 WpÜG stellt die grundsätzlich nicht abdingbare Bindung des Bieters an das Angebot i.S.d. § 2 Abs. 1 WpÜG sicher.[579]

bb) Verbot der *invitation ad offerendum*

Nach § 17 WpÜG ist es dem Bieter verboten, die Inhaber von Wertpapieren der Zielgesellschaft öffentlich dazu aufzufordern, ihm Angebote zum Erwerb ihrer Wertpapiere abzugeben. Diese Regelung untersagt dem Bieter also Angebote, die als *invitatio ad offerendum* ausgestaltet sind, d. h. solche Angebote, bei denen auf Seiten des Bieters noch kein Rechtsbindungswille vorhanden ist.[580]

cc) Verbot des Vorbehalts des Widerrufs oder des Rücktritts

Ein Angebot darf ferner nach § 18 Abs. 2 WpÜG nicht unter dem Vorbehalt des Widerrufs oder des Rücktritts abgegeben werden.

dd) Unzulässige Bedingungen

Nach § 18 Abs. 1 WpÜG darf ein Angebot nicht von subjektiven Bedingungen abhängig gemacht werden, deren Eintritt der Bieter, mit ihm gemeinsam handelnde Personen oder deren Tochterunternehmen oder im Zusammenhang mit dem Angebot für diese Personen oder Unternehmen tätige Berater ausschließlich selbst

---

578 Begr. RegE, zu § 17 WpÜG, BT-Drucks. 14/7034, S. 47.

579 *Geibel* in Geibel/Süßmann, WpÜG (2008), § 18 Rn. 1; *Hasselbach* in KK-WpÜG (2010), § 18 Rn. 1.

580 Begr. RegE, zu § 17 WpÜG, BT-Drucks. 14/7034, S. 47; *Hasselbach* in KK-WpÜG (2010), § 17 Rn. 1; *Meyer* in Assmann/Pötzsch/Uwe H. Schneider, WpÜG (2013), § 17 Rn. 2.

herbeiführen können. Bedingungen im Sinne des WpÜG sind in der Angebotsunterlage bestimmte rechtliche oder tatsächliche Umstände, von deren Eintritt die Durchführung des Angebots abhängt.[581] Sie umfassen aufschiebende Bedingungen im Sinne des § 158 Abs. 1 BGB und auflösende Bedingungen im Sinne des § 158 Abs. 2 BGB[582] sowie Rechtsbedingungen, also die gesetzlichen Voraussetzungen für das Zustandekommen und die Wirksamkeit des aufgrund des Angebots zustande kommenden Rechtsgeschäfts.[583] Der Grund für die Beschränkung der Zulässigkeit von Bedingungen gemäß § 18 Abs. 1 WpÜG liegt darin, dass mit Angeboten, an die der Bieter nicht oder nur mit Einschränkungen gebunden ist, ein erhebliches Unsicherheits- und damit Gefahrenpotenzial für die Zielgesellschaft und ihre Aktionäre, für den Kapitalmarkt und für das Anlegerpublikum verbunden ist.[584]

Die von § 18 Abs. 1 WpÜG verbotenen Bedingungen erfassen vor allem Potestativbedingungen und Wollensbedingungen, deren Einritt allein von einem Tun oder Unterlassen oder dem Willen des Bieters oder der ihm zuzurechnenden Personen abhängt, wodurch der Bieter die vom Gesetz vorausgesetzte Bindung an das Angebot unterlaufen kann, wie z. B. bei dem Zustimmungsbeschluss des Aufsichtsrats des Bieters für die Durchführung des Angebots.[585] Eine weitere unzulässige Bedingung[586] ist z. B. der Banken- bzw. Finanzierungsvorbehalt, der die Abgabe des Angebots davon abhängig macht, dass dem Bieter die für die Durchführung des Angebots und die Erfüllung der zustande kommenden Aktienkaufverträge notwendigen Finanzmittel bei Ablauf der Annahmefrist zur Verfügung stehen oder von dritter Seite zur Verfügung gestellt werden.[587] Ebenso wenig darf der Bieter das Angebot von

581 *Drinkuth* in Marsch-Barner/Schäfer, Hdb. börsennotierte AG (2014), § 60 Rn. 90.

582 *Wackerharth* in MK-WpÜG (2011), § 18 Rn. 7; *Merkner/Sustmann* in Baums/Thoma, WpÜG (Stand: Mai 2012), § 18 Rn. 22; *Krause/Favoccia* in Assmann/Pötzsch/Uwe H. Schneider, WpÜG (2013), § 18 Rn. 13a; *Drinkuth* in Marsch-Barner/ Schäfer, Hdb. börsennotierte AG (2014), § 60 Rn. 90.

583 *Krause/Favoccia* in Assmann/Pötzsch/Uwe H. Schneider, WpÜG (2013), § 18 Rn. 13a; *Drinkuth* in Marsch-Barner/ Schäfer, Hdb. börsennotierte AG (2014), § 60 Rn. 90; a. A. *Wackerharth* in MK-WpÜG (2011), § 18 Rn. 8; *Merkner/Sustmann* in Baums/Thoma, WpÜG (Stand: Mai 2012), § 18 Rn. 22.

584 Vgl. Begr. RegE, zu § 18 Abs. 1 WpÜG, BT-Drucks. 14/7034, S. 47; *Hasselbach* in KK-WpÜG (2010), § 18 Rn. 2.

585 Vgl. *Hasselbach* in KK-WpÜG (2011), § 18 Rn. 18; *Geibel* in Geibel/Süßmann, WpÜG (2008), § 18 Rn. 11; *Merk-ner/Sustmann* in Baums/Thoma, WpÜG (Stand: Mai 2012), § 18 Rn. 32 f.; *Krause/Favoccia* in Assmann/Pötzsch/Uwe H. Schneider, WpÜG (2013), § 18 Rn. 14; *Drinkuth* in Marsch-Barner/Schäfer, Hdb. börsennotierte AG (2014), § 60 Rn. 91.

586 Vgl. ausführlich zum Katalog unzulässiger Bedingungen, *Hasselbach* in KK-WpÜG (2010), § 18 Rn. 83 ff.

587 Vgl. *Geibel* in Geibel/Süßmann, WpÜG (2008), § 18 Rn. 58; *Hasselbach* in KK-WpÜG (2010), § 18 Rn. 83 ff.

der Zustimmung seines Beirats, seiner Mutter- oder Konzernobergesellschaft oder einzelner Aktionäre bzw. Gesellschafter abhängig machen.[588]

ee) Zulässige Bedingungen

Im Unterschied zu den unzulässigen subjektiven Bedingungen sind die objektiven Bedingungen, die vom Bieter oder ihm zuzurechnenden Personen nicht oder nur eingeschränkt beeinflusst werden können, zulässig. Regelmäßig zulässige Bedingungen in der Praxis sind Mindestannahmeschwellen[589], die Kartellfreigabe[590], das Vorliegen sonstiger behördlicher Genehmigungen[591], der Fortbestand der wirtschaftlichen Grundlage bzw. das Nichtvorliegen einer wesentlichen Verschlechterung der wirtschaftlichen Lage der Zielgesellschaft (sog. Material Adverse Change-Vorbehalt)[592], das Unterbleiben von Abwehrmaßnahmen[593], dass keine Veräußerung der für den Bieter interessanten Vermögensgegenstände erfolgt[594], dass kein konkurrierendes Angebot getätigt wird[595] sowie das Nichtvorliegen von Compliance-Verstößen[596]. Weitere zulässige Bedingungen, wie z.B. der Vollzug einer Vorerwerbsvereinbarung[597], das Ausbleiben der Hauptversammlungsbeschlüsse bei der Zielgesellschaft über Kapitalmaßnahmen oder die Ausschüttung von außergewöhnlichen Dividenden

---

588 *Hasselbach* in KK-WpÜG (2010), § 18 Rn. 89.

589 Vgl. Begr. RegE, zu § 16 Abs. 4 WpÜG, BT-Drucks. 14/7034, S. 47; ausführlich dazu, *Hasselbach* in KK-WpÜG (2010), § 18 Rn. 26 ff.; *Krause/Favoccia* in Assmann/Pötzsch/Uwe H. Schneider, WpÜG (2013), § 18 Rn. 34 ff.

590 Vgl. Begr. RegE, zu § 16 Abs. 4 WpÜG, BT-Drucks. 14/7034, S. 47; ausführlich dazu, *Hasselbach* in KK-WpÜG (2010), § 18 Rn. 33 ff.; *Krause/Favoccia* in Assmann/Pötzsch/Uwe H. Schneider, WpÜG (2013), § 18 Rn. 39 ff.

591 Vgl. Begr. RegE, zu § 16 Abs. 4 WpÜG, BT-Drucks. 14/7034, S. 47; ausführlich dazu, *Hasselbach* in KK-WpÜG (2010), § 18 Rn. 39 ff.; *Krause/Favoccia* in Assmann/Pötzsch/Uwe H. Schneider, WpÜG (2013), § 18 Rn. 51 ff.

592 Vgl. ausführlich dazu, *Giebel* in Geibel/Süßmann, WpÜG (2008), § 18 Rn. 47 ff.; *Hasselbach* in KK-WpÜG (2010), § 18 Rn. 58 ff.; *Krause/Favoccia* in Assmann/Pötzsch/Uwe H. Schneider, WpÜG (2013), § 18 Rn. 88 ff.

593 Vgl. Begr. RegE, zu § 18 Abs. 1 WpÜG, BT-Drucks. 14/7034, S. 47 f.; ausführlich dazu *Hasselbach* in KK-WpÜG (2010), § 18 Rn. 66 ff. *Krause/Favoccia* in Assmann/Pötzsch/Uwe H. Schneider, WpÜG (2013), § 18 Rn. 81 ff. *Drinkuth* in Marsch-Barner/Schäfer, Hdb. börsennotierte AG (2014), § 60 Rn. 104.

594 Vgl. Begr. RegE, zu § 18 Abs. 1 WpÜG, BT-Drucks. 14/7034, S. 47 f.

595 Vgl. *Drinkuth* in Marsch-Barner/Schäfer, Hdb. börsennotierte AG (2014), § 60 Rn. 106.

596 Vgl. *Krause/Favoccia* in Assmann/Pötzsch/Uwe H. Schneider, WpÜG (2013), § 18 Rn. 97a; *Drinkuth* in Marsch-Barner/Schäfer, Hdb. börsennotierte AG (2014), § 60 Rn. 103a.

597 Vgl. *Drinkuth* in Marsch-Barner/Schäfer, Hdb. börsennotierte AG (2014), § 60 Rn. 99, diese Bedingung ist nur dann zulässig, wenn der Vollzug der Vorerwerbsvereinbarung nicht ausschließlich vom Bieter abhängig gemacht wird.

sowie über die Zustimmung zum Abschluss von Unternehmensverträgen[598], das Ausbleiben bestimmter Geschäftsleitungsmaßnahmen[599], der Fortbestand wichtiger Vertragsbeziehungen trotz Change of Control[600] sowie der Zustimmungsbeschluss der Hauptversammlung der Bietergesellschaft zum Angebot[601], finden sich vereinzelt auch in den bisher bekannt gemachten Angebotsunterlagen.[602]

ff) Die Anforderungen an zulässige Bedingungen

(1) Präzise Formulierung

Die Bedingung, soweit sie nicht gegen § 18 Abs. 1 WpÜG verstößt, muss in der Angebotsunterlage so präzise und genau formuliert werden, dass *ex ante* kein Zweifel besteht, unter welchen Umständen das Angebot endgültig unwirksam wird.[603] Der Bedingungseintritt muss objektiv festgestellt werden können und darf keinem Beurteilungsspielraum des Bieters unterliegen.[604] Bei der Beschreibung der Bedingungen ist es trotz des komplexen Sachverhaltes unzulässig, unbestimmte Begriffe wie „wesentlich" oder „vernünftigerweise" zu verwenden.[605] Darüber hinaus muss in der Angebotsunterlage eindeutig geregelt sein, wie und gegebenenfalls von wem

598 Vgl. *Drinkuth* in Marsch-Barner/Schäfer, Hdb. börsennotierte AG (2014), § 60 Rn. 104.

599 Vgl. *Drinkuth* in Marsch-Barner/Schäfer, Hdb. börsennotierte AG (2014), § 60 Rn. 105.

600 Vgl. *Drinkuth* in Marsch-Barner/Schäfer, Hdb. börsennotierte AG (2014), § 60 Rn. 108.

601 Vgl. Begr. RegE, zu § 16 Abs. 4 WpÜG, BT-Drucks. 14/7034, S. 47; *Drinkuth* in Marsch-Barner/Schäfer, Hdb. börsennotierte AG (2014), § 60 Rn. 109; ausführlich zu den mit der Bedingung von Gesellschafterbeschlüssen des Bieters verbundenen Risiken, *Krause/Favoccia* in Assmann/Pötzsch/Uwe H. Schneider, WpÜG (2013), § 18 Rn. 59 ff.

602 Vgl. zur empirischen Statistik und zur Überblick der in den bis zum 30.6.2013 veröffentlichen Angebotsunterlagen enthaltenen Bedingungen, *Drinkuth* in Marsch-Barner/Schäfer, Hdb. börsennotierte AG (2014), § 60 Rn. 9 und 114; zur Übersicht der Bedingungen in Erwerbsangeboten und freiwilligen Übernahmeangeboten seit Inkrafttreten des WpÜG in 2002 bis zum 27.11.2012, *Krause/Favoccia* in Assmann/Pötsch/Uwe H. Schneider, WpÜG (2013), § 18 Rn. 127.

603 Vgl. *Merkner/Sustmann* in Baums/Thoma, WpÜG (Stand: Mai 2012), § 18 Rn. 46; *Wackerbarth* in MK-WpÜG (2011), § 18 Rn. 15.

604 *Hasselbach* in KK-WpÜG (2010), § 18 Rn. 23; *Wackerbarth* in MK-WpÜG (2011), § 18 Rn. 15; *Drinkuth* in Marsch-Barner/Schäfer, Hdb. börsennotierte AG (2014), § 60 Rn. 96.

605 Vgl. BaFin, Jahresbericht 2011, S. 223 f.; *Drinkuth* in Marsch-Barner/Schäfer, Hdb. börsennotierte AG (2014), § 60 Rn. 96.

der Bedingungseintritt verbindlich festzustellen ist und in welcher Form und bis wann dies veröffentlicht werden muss.[606]

(2) Zeitliche Grenzen

Nach der Praxis der BaFin und der h. M. im Schrifttum müssen die Angebotsbedingungen so gestaltet sein, dass ihr Eintritt oder Ausfall bis zum Ende der Annahmefrist feststehen muss.[607] Die BaFin lässt Ausnahmen von diesem Grundsatz nur zu, wenn der Bieter das Angebot nach Ablauf der Annahmefrist noch nicht vollziehen darf, weil er sonst gegen anderweitige gesetzliche Vorschriften verstoßen würde[608], was bei der kartellrechtlichen Freigabe und den erforderlichen behördlichen Genehmigungen der Fall ist.[609] Da die Verlagerung des maßgeblichen Zeitpunkts für den Bedingungseintritt mit Nachteilen für die betroffenen Aktionäre verbunden ist, verlangt die BaFin in solchen Fällen die Gewährung eines Ausgleichs für diese Nachteile dadurch, dass den Aktionären der Zielgesellschaft entweder ein zusätzliches Rücktrittsrecht eingeräumt wird oder die Möglichkeit des Börsenhandels mit den von den Aktionären eingereichten Aktien, so dass eine gewisse Liquidität sichergestellt ist.[610]

gg) Die Interessenabwägung und Abstimmung mit der BaFin

Die Beurteilung, ob eine objektive Bedingung zulässig oder unzulässig ist, hängt von der Abwägung der Interessen des Bieters, der Zielgesellschaft, der Anleger sowie der Allgemeinheit im konkreten Einzelfall ab.[611] Die Zulässigkeit unterliegt letztendlich der Prüfung durch die BaFin. Um eine Untersagung des Angebots durch die BaFin gemäß § 15 Abs. 1 Nr. 2 WpÜG zu vermeiden, werden die Bedingungen regelmäßig vor der Übermittlung der Angebotsunterlage gemäß § 14 Abs. 1 mit der BaFin abgestimmt.[612]

---

606 *Merkner/Sustmann* in Baums/Thoma, WpÜG (Stand: Mai 2012), § 18 Rn. 46; *Drinkuth* in Marsch-Barner/Schäfer, Hdb. börsennotierte AG (2014), § 60 Rn. 96.

607 Vgl. BaFin, Jahresbericht 2005, S. 174; *Geibel* in Geibel/Süßmann, WpÜG (2008), § 18 Rn. 62; *Hasselbach* in KK-WpÜG (2010), § 18 Rn. 91; *Wackerbarth* in MK-WpÜG (2011), § 18 Rn. 16; *Krause/Favoccia* in Assmann/Pötsch/Uwe H. Schneider, WpÜG (2013); § 18 Rn. 108; *Drinkuth* in Marsch-Barner/Schäfer, Hdb. börsennotierte AG (2014), § 60 Rn. 97.

608 BaFin, Jahresbericht, 2005, S. 174.

609 Vgl. *Drinkuth* in Marsch-Barner/Schäfer, Hdb. börsennotierte AG (2014), § 60 Rn. 97.

610 Vgl. BaFin, Jahresbericht, 2005, S. 174 f.; *Drinkuth* in Marsch-Barner/Schäfer, Hdb. börsennotiert AG (2014), § 60 Rn. 97.

611 Vgl. ausführlich dazu, *Hasselbach* in KK-WpÜG (2010), § 18 Rn. 3.

612 Vgl. *Krause/Favoccia* in Assmann/Pötzsch/Uwe H. Schneider, WpÜG (2013), § 18 Rn. 114.

hh) Pflichten des Bieters bis zum Bedingungseintritt

Wird der Vollzug des Angebots von einer Bedingung abhängig gemacht, für deren Eintritt es der Mitwirkung des Bieters bedarf, so ist der Bieter verpflichtet, alle ihm zumutbaren Maßnahmen zu ergreifen, um den Bedingungseintritt herbeizuführen.[613] Bei Bedingungsvereitelung durch den Bieter greift § 162 BGB ein. Ein Bieter, der den Eintritt oder den Ausfall einer Bedingung wider Treu und Glauben verhindert oder herbeiführt, darf hieraus keinen rechtlichen Vorteil ziehen.[614] Verletzt der Bieter seine Pflicht zur Herbeiführung des Bedingungseintritts, kann er auf Erfüllung und gegebenenfalls auf Schadensersatz in Anspruch genommen werden.[615]

d) Die Übermittlung der Angebotsunterlage an die BaFin

Gemäß § 14 Abs. 1 WpÜG hat der Bieter innerhalb von vier Wochen nach der Veröffentlichung der Entscheidung zur Abgabe eines Angebots die erstellte Angebotsunterlage der BaFin zu übermitteln. Die BaFin bestätigt dem Bieter den Tag des Eingangs der Angebotsunterlage. Die Frist muss streng eingehalten werden. Die BaFin kann die Frist auf Antrag um bis zu vier Wochen verlängern, wenn dem Bieter die Einhaltung der Frist auf Grund eines grenzüberschreitenden Angebots oder erforderlicher Kapitalmaßnahmen nicht möglich ist.

Die Pflicht zur Übermittlung der Angebotsunterlage an die BaFin hat einen doppelten Zweck.[616] Zum einen übernimmt die BaFin durch die Hinterlegung der Angebotsunterlage die Funktion einer Evidenzzentrale. Die BaFin ist die für das Verfahren zuständige Aufsichtsbehörde und zentraler Ansprechpartner für die in- und ausländische Zusammenarbeit mit anderen Aufsichtsbehörden und zuständigen Stellen. Zum Anderen nimmt die BaFin eine eingeschränkte Überprüfung der Angebotsunterlage vor, die zwar die Kontrolle durch die Marktteilnehmer nicht ersetzt, jedoch geeignet ist, den Kapitalmarkt präventiv vor Angeboten mit evident mangelhaften Angebotsunterlagen zu schützen.[617] So nimmt die BaFin innerhalb der in § 14 Abs. 2 Satz 1 WpÜG bestimmten Frist von zehn Werktagen nach dem Eingang der Angebotsunterlage eine formelle Überprüfung vor. Sie überprüft, inwieweit die Angebotsunterlage die nach § 12 WpÜG vorgeschriebenen Angaben enthält. Darüber hinaus überwacht die BaFin nach § 15 Abs. 1 Nr. 2 WpÜG, ob die in der Angebotsunterlage enthaltenen Angaben offensichtlich gegen Vorschriften des WpÜG oder einer auf Grund des WpÜG erlassenen Rechtsverordnung verstoßen, z.B. ob

---

613 *Fleischer/Kalss*, Das neue WpÜG (2002), S. 93; *Busch*, AG 2002, 145, 146; *Fuchs* in Fleischer, Hdb. VorstandsR (2006), § 22 Rn. 54.

614 *Fleischer/Kalss*, Das neue WpÜG (2002), S. 93.

615 *Busch*, AG 2002, 145, 146.

616 Begr. RegE, zu § 14 Abs. 1 WpÜG, BT-Drucks. 14/7034, S. 44.

617 Vgl. Begr. RegE, zu § 14 Abs. 1 WpÜG, BT-Drucks. 14/7034, S. 44; *Assmann* in Assmann/Pötzsch/Uwe H. Schneider, WpÜG (2013), § 14 Rn. 4.

der Bieter sein Angebot von Bedingungen abhängig gemacht hat, die offensichtlich nach § 18 unzulässig sind.[618]

e) Die Veröffentlichung der Angebotsunterlage

Der Bieter hat nach § 14 Abs. 2 Satz 1 WpÜG die Angebotsunterlage unverzüglich zu veröffentlichen, wenn die BaFin die Veröffentlichung gestattet hat oder nach dem Eingang der Angebotsunterlage zehn Werktage verstrichen sind, ohne dass die BaFin das Angebot untersagt hat. Mit der Veröffentlichung der Angebotsunterlage erfolgt die Abgabe des Angebots.[619] Nach § 14 Abs. 3 Satz 1 WpÜG ist die Angebotsunterlage durch Bekanntgabe im Internet und zusätzlich durch die Bekanntgabe im Bundesanzeiger oder durch Bereithalten zur kostenlosen Ausgabe bei einer geeigneten Stelle im Inland zu veröffentlichen. Der Bieter hat nach § 14 Abs. 3 Satz 2 WpÜG der BaFin die Veröffentlichung unverzüglich mitzuteilen. Gemäß § 14 Abs. 2 Satz 2 WpÜG darf die Angebotsunterlage vor der Veröffentlichung nicht bekannt gegeben werden. Nach der Veröffentlichung muss der Bieter gemäß § 14 Abs. 4 Satz 1 WpÜG die Angebotsunterlage unverzüglich an den Vorstand der Zielgesellschaft übermitteln.

Da die Angebotsunterlage ein rechtsgeschäftliches Angebot zum Abschluss eines Kauf- oder Tauschvertrags darstellt, bildet deren Veröffentlichung den Zugang des Angebots bei den angesprochenen Aktionären der Zielgesellschaft.[620] In diesem Sinne ist § 14 Abs. 3 WpÜG eine Sonderregelung zu § 130 Abs. 1 Satz 1 BGB und ein Vertrag zwischen einem Aktionär und dem Bieter kommt auch dann zustande, wenn dieser das Angebot nach den Reportagen in den Medien annimmt, ohne zuvor die Angebotsunterlage gelesen zu haben.[621]

f) Pflichten zur Kommunikation mit der BaFin

Im Verlauf des Angebotsverfahrens ist der Bieter verpflichtet, mit der BaFin zu kommunizieren.[622] Nach § 11 Abs. 2 Satz 2 Nr. 5 WpÜG muss der Bieter die Bedingungen, von denen die Wirksamkeit des Angebots abhängt, in seiner Angebotsunterlage angeben und nach § 2 Nr. 8 WpÜG-AngVO muss er in die Angebotsunterlage auch Angaben zum Erfordernis und dem Stand behördlicher, vor allem wettbewerbsrechtlicher, Genehmigungen und Verfahren im Zusammenhang mit dem Erwerb der Wertpapiere der Zielgesellschaft aufnehmen.

---

618 Vgl. Begr. RegE, zu § 15 Abs. 1 WpÜG, BT-Drucks. 14/7034, S. 45.
619 Vgl. Begr. RegE, zu § 14 Abs. 2 WpÜG, BT-Drucks. 14/7034, S. 44.
620 Vgl. *Santelmann* in Steinmeyer, WpÜG (2013), § 14 Rn. 34.
621 Vgl. *Santelmann* in Steinmeyer, WpÜG (2013), § 14 Rn. 35.
622 Vgl. *Drinkuth* in Marsch-Barner, Hdb. börsennotierte AG (2014), § 60 Rn. 115.

g) Wasserstandsmeldungen nach § 23 WpÜG

Gemäß § 23 Abs. 1 WpÜG ist der Bieter verpflichtet, (1) nach Veröffentlichung der Angebotsunterlage wöchentlich sowie in der letzten Woche vor Ablauf der Annahmefrist täglich, (2) unverzüglich nach Ablauf der Annahmefrist, (3) unverzüglich nach Ablauf der weiteren Annahmefrist und (4) unverzüglich nach Erreichen der für einen Ausschluss nach § 39a Abs. 1 und 2 erforderlichen Beteiligungshöhe, die Anzahl sämtlicher ihm und den mit ihm gemeinsam handelnden Personen und deren Tochterunternehmen zustehenden Wertpapiere der Zielgesellschaft einschließlich der Höhe der jeweiligen Anteile und der ihm zustehenden und nach § 30 WpÜG zuzurechnenden Stimmrechtsanteile und die Höhe der nach den §§ 25 und 25a WpHG mitzuteilenden Stimmrechtsanteile sowie die sich aus den ihm zugegangenen Annahmeerklärungen ergebende Anzahl der Wertpapieren, die Gegenstand des Angebots sind, einschließlich der Höhe der Wertpapier- und Stimmrechtsanteile gemäß § 14 Abs. 3 Satz 1 WpÜG zu veröffentlichen und der BaFin mitzuteilen.

Erwerben bei Übernahmeangeboten, bei denen der Bieter die Kontrolle über die Zielgesellschaft erlangt hat, und bei Pflichtangeboten der Bieter, mit ihm gemeinsam handelnde Personen oder deren Tochterunternehmen nach der Veröffentlichung der Angebotsunterlage und vor Ablauf eines Jahres nach der Veröffentlichung gemäß § 23 Abs. 1 Satz 2 WpÜG außerhalb des Angebotsverfahrens Aktien der Zielgesellschaft, so hat der Bieter nach § 23 Abs. 2 WpÜG die Höhe der erworbenen Akten- und Stimmrechtsanteile unter Angabe der Art und Höhe der für jeden Anteil gewährten Gegenleistung unverzüglich gemäß § 14 Abs. 3 Satz 1 WpÜG zu veröffentlichen und der BaFin mitzuteilen.

Die im Schrifttum als „Wasserstandsmeldungen“[623] bezeichnete Pflicht nach § 23 Abs. 1 WpÜG zur Veröffentlichung und Übermittlung des vorläufigen Annahmeergebnisses im Verlauf des Verfahrens und des endgültigen Annahmeergebnisses nach Ablauf der Annahmefrist sollen am Markt Transparenz über die Beteiligung des Bieters, der mit ihm gemeinsam handelnden Personen und deren Tochtergesellschaften an der Zielgesellschaft sowie über die Akzeptanz des Angebots schaffen.[624] Ferner sollen sie den Markt unverzüglich über den endgültigen Ausgang des Angebotsverfahrens informieren und bei erfolgreichen Übernahmeangeboten die Aktionäre durch die Veröffentlichung zugleich informieren, dass nunmehr die Möglichkeit einer erneuten Annahme innerhalb der weiteren Annahmefrist nach § 16 Abs. 2 WpÜG besteht.[625] Das in der Literatur als „Gefangenendilemma“ bezeichnete Phänomen, das die Folge eines Informationsdefizites und eines

---

623 Vgl. *Thun* in Reibel/Süßmann, WpÜG (2008), § 23 Rn. 1; *Assmann* in Assmann/Pötzsch/Uwe H. Schneider, WpÜG (2013), § 23 Rn. 2; *Steinhardt* in Steinmeyer, WpÜG (2013), § 23 Rn. 1; *Drinkuth* in Marsch-Barner/Schäfer, WpÜG (2014), § 60 Rn. 60.

624 Vgl. BegR. RegE, zu § 23 Abs. 1 WpÜG, BT-Drucks. 14/7034, S. 50.

625 Vgl. BegR. RegE, zu § 23 Abs. 1 WpÜG, BT-Drucks. 14/7034, S. 50.

Informationsungleichgewichtes bei Kleinanlegern gegenüber professionellen Investoren beschreibt, soll durch die Regelung des § 23 WpÜG gemildert werden.[626]

h) Die Veröffentlichung des Bedingungseintritts

Die Veröffentlichung des Eintritts oder Nichteintritts von Angebotsbedingungen und eine entsprechende Übermittlung an die BaFin sind im WpÜG nicht vorgesehen. Solche Informationen sind jedoch für die Wertpapierinhaber der Zielgesellschaft von erheblicher Bedeutung und die Wertpapierinhaber haben gemäß § 3 Abs. 2 WpÜG ein Recht darauf, ihre Entscheidungen in Kenntnis der Sachlage treffen zu können. Deswegen ist der Eintritt oder Ausfall der Angebotsbedingungen nach h. M. im Schrifttum entsprechend § 14 Abs. 3 Satz 1 WpÜG unverzüglich zu veröffentlichen und der BaFin mitzuteilen.[627] Ein Beispiel bildet die Angabe 10.3 in der Angebotsunterlage der BNP Paribas Beteiligungsholding AG/DAB Bank AG vom 15. September 2014 über die Veröffentlichung des Eintritts bzw. Nichteintritts der Angebotsbedingungen, wonach die Bekanntmachung des Bedingungseintritts im Internet der Bieterin unter der Rubrik „Events" mit Datum vom 5. August 2014 und mit der Bezeichnung „Takeover Offer to Shareholders of DAB Bank AG" erfolgt ist und dies zusätzlich im Bundesanzeige veröffentlicht wurde.[628]

i) Pflichten bei Änderung des Angebots

Gemäß § 21 Abs. 1 WpÜG kann der Bieter bis zu einem Werktag vor Ablauf der Annahmefrist das Angebot noch ändern. Er kann die Gegenleistung erhöhen, wahlweise eine andere Gegenleistung anbieten, die Mindestannahmequote reduzieren oder auf Bedingungen verzichten. Die Änderungsmöglichkeiten in § 21 Abs. 1 WpÜG bilden einen abschließenden Katalog zulässiger Änderungen. Weitere nicht in diesem Katalog enthaltene Änderungen sind daher nicht zulässig.[629] Die Regelung des § 21 WpÜG bezweckt die Gewährleistung eines ordnungsgemäßen Prozesses für die Durchführung von Änderungen des Angebots, damit einerseits unzulässige Benachteiligungen einzelner Wertpapierinhaber der Zielgesellschaft verhindert

626 Vgl. *Möllers* in KK-WpÜG (2010), § 23 Rn. 3; *Fuchs* in Fleischer, Hdb. VorstandsR (2006), § 22 Rn. 63.

627 Vgl. *Geibel* in Geibel/Süßmann, WpÜG (2008), § 18 Rn. 66; *Hasselbach* in KK-WpÜG (2010), § 18 Rn. 94; *Krause/Favoccia* in Assmann/Pötzsch/Uwe H. Schneider, § 18 Rn. 112; *Steinmeyer* in Steinmeyer, WpÜG (2013), Rn. 18 Rn. 34; *Drinkuth* in Marsch-Barner/Schäfer, Hdb. börsennotierte AG (2014), § 60 Rn. 115.

628 Vgl. Angebotsunterlage des freiwilligen öffentlichen Übernahmeangebots BNP Paribas Beteiligungsholding AG/DAB Bank AG vom 15. September 2014, S. 50, 10.3 Veröffentlichung des Eintritts bzw. Nichteintritts der Angebotsbedingungen.

629 *Thun* in Geibel/Süßmann, WpÜG (2008), § 21 Rn. 28; *Hasselbach* in KK-WpÜG (2010), § 21 Rn. 4; *Santelmann* in Steinmeyer, WpÜG (2013), § 21 Rn. 5; *Seiler* in Assmann/Pötzsch/Uwe H. Schneider, WpÜG (2013), § 21 Rn. 37.

werden und anderseits der Bieter das Angebot an veränderte Umstände flexibel anpassen kann.[630]

Der Bieter muss die Angebotsänderung nach § 21 Abs. 2 i.V.m. § 14 Abs. 3 Satz 1 WpÜG im Internet und im Bundesanzeiger veröffentlichen und dabei auf das Rücktrittsrecht der Aktionäre hinweisen, die bereits vor der Angebotsänderung das Angebot angenommen haben. Bei Erhöhung der Bargegenleistung oder beim Angebot einer zur Wahl stehenden zusätzlichen Geldleistung muss der Bieter eine neue Finanzierungsbestätigung beifügen.[631] Für die Aktionäre der Zielgesellschaft, die bereits das Angebot angenommen haben, gelten nach dem Grundsatz der Gleichbehandlung die geänderten Bedingungen, gleichgültig, ob sie den Rücktritt erklärt haben oder nicht.[632] Die Angebotsänderung führt nach § 21 Abs. 5 WpÜG zur Verlängerung der Annahmefrist um zwei Wochen. Eine neue Änderung des Angebots während der verlängerten Frist ist nach § 21 Abs. 6 WpÜG unzulässig.

j) Weitere Veröffentlichungs- und Übermittlungspflichten

aa) Verlängerung der Annahmefrist wegen einer Hauptversammlung der Zielgesellschaft

Wird im Zusammenhang mit dem Angebot nach der Veröffentlichung der Angebotsunterlage eine Hauptversammlung der Zielgesellschaft einberufen, beträgt die Annahmefrist nach § 16 Abs. 3 Satz 1 WpÜG unbeschadet der Vorschriften des § 21 Abs. 5 und § 22 Abs. 2 WpÜG zehn Wochen ab der Veröffentlichung der Angebotsunterlage. Der Vorstand der Zielgesellschaft hat in einem solchen Fall die Einberufung der Hauptversammlung der Zielgesellschaft unverzüglich dem Bieter und der BaFin mitzuteilen. Der Bieter hat nach § 16 Abs. 3 und 4 WpÜG die Mitteilung des Vorstands der Zielgesellschaft unter Angabe des Ablaufs der Annahmefrist unverzüglich im Bundesanzeiger zu veröffentlichen und der BaFin unverzüglich die Veröffentlichung mitzuteilen.

bb) Veröffentlichung der Kontrollerlangung und Abgabe eines Pflichtangebots

Wer unmittelbar oder mittelbar die Kontrolle über eine Zielgesellschaft, also 30% der Stimmrechte an der Zielgesellschaft im Sinne des § 29 Abs. 2 WpÜG, erlangt, hat dies nach § 35 Abs. 1 Satz 1 WpÜG unter Angabe der Höhe seines Stimmrechtsanteils unverzüglich und spätestens innerhalb von sieben Kalendertagen zu veröffentlichen. Die Frist beginnt gemäß § 35 Abs. 1 Satz 2 WpÜG mit dem Zeitpunkt, in dem der Bieter davon Kenntnis hat oder nach den Umständen haben musste, dass er die

---

630 Vgl. *Thun* in Geibel/Süßmann, WpÜG (2008), § 21 Rn. 1; *Hasselbach* in KK-WpÜG (2010), § 21 Rn. 1.

631 *Drinkuth* in Marsch-Barner/Schäfer, Hdb. börsennotierte AG (2014), § 60 Rn. 138.

632 *Hasselbach* in KK-WpÜG (2010), § 21 Rn. 51; *Drinkuth* in Marsch-Barner/Schäfer, Hdb. börsennotierte AG (2014), § 60 Rn. 139.

Kontrolle über die Zielgesellschaft erlangt hat. Der Bieter hat gemäß § 35 Abs. 2 Satz 1 WpÜG innerhalb von vier Wochen nach der Veröffentlichung der Erlangung der Kontrolle über eine Zielgesellschaft der BaFin eine Angebotsunterlage zu übermitteln und nach § 14 Abs. 2 Satz 1 ein Angebot zu veröffentlichen.

Wird die Kontrolle über die Zielgesellschaft auf Grund eines Übernahmegebots erworben, besteht nach § 35 Abs. 3 WpÜG die oben genannte Verpflichtung zur Veröffentlichung der Kontrollerlangung und zur Abgabe eines Pflichtangebots nicht. Für freiwillige Übernahmeangebote und für Pflichtangebote gelten nach dem Konzept des WpÜG grundsätzlich die gleichen Vorschriften. Der Grund für die Befreiung des Bieters von der Pflicht zur Abgabe eines Pflichtangebots liegt darin, dass der Bieter, der eine Kontrollmehrheit auf Grund eines freiwilligen Übernahmeangebots erlangt hat, nicht verpflichtet sein soll, im Anschluss an dieses Übernahmeangebot ein weiteres Pflichtangebot abzugeben, so dass ein unnötiger Zeit- und Kostenaufwand vermieden wird.[633]

3. *Pflicht zur Gleichbehandlung der Aktionäre der Zielgesellschaft*

a) *Unzulässigkeit von Teilangeboten*

Gemäß § 32 WpÜG ist ein Übernahmeangebot, das sich nur auf einen Teil der Aktien der Zielgesellschaft erstreckt, unzulässig. Dies gilt unbeschadet der Vorschrift des § 24 WpÜG, wonach die BaFin dem Bieter auf Antrag gestatten kann, bestimmte Inhaber von Wertpapieren mit Wohnsitz, Sitz oder gewöhnlichem Aufenthalt in einem ausländischen Staat von dem Angebot auszunehmen. Bei einem Übernahmeangebot strebt der Bieter immer den Erwerb der Kontrolle über die Zielgesellschaft an. Das Verbot von Teilangeboten soll sämtlichen Inhabern von Aktien der Zielgesellschaft die Möglichkeit geben, zu gleichen Konditionen aus der Zielgesellschaft auszuscheiden[634], die von ihnen gehaltenen Aktien an den Bieter zu veräußern und von einer ggf. angebotenen Übernahmeprämie zu profitieren.[635]

Nach dem Konzept des Gesetzgebers muss sich das Übernahmeangebot an sämtliche Aktionäre und auf alle von der Zielgesellschaft emittierten Aktiengattungen richten und sowohl Stamm- als auch Vorzugsaktien erfassen. Inhaber von Vorzugsaktien ohne Stimmrecht haben nach § 140 Abs. 1 AktG, mit Ausnahme des Stimmrechts, sämtliche Mitgliedsrechte eines Aktionärs und sind daher bei Übernahmeangeboten in gleicher Weise zu behandeln wie Aktionäre stimmberechtigter Aktien.[636]

---

633 BegR. RegE, zu § 35 Abs. 3 WpÜG, BT-Drucks. 14/7034, S. 60; *Vogel* in Haarmann/Schüppen, WpÜG (2008), § 32 Rn. 5; *Hasselbach* in KK-WpÜG (2010), § 32 Rn. 5; *Favoccia* in Assmann/Pötzsch/Uwe H. Schneider, WpÜG (2013), § 32 Rn. 8.

634 Vgl. *Favoccia* in Assmann/Pötsch/Uwe H. Schneider, WpÜG (2013), § 32 Rn. 5.

635 Vgl. *Thun* in Geibel/Süßmann, WpÜG (2008), § 32 Rn. 1; *Hasselbach* in KK-WpÜG (2010), § 32 Rn. 1.

636 BegR. RegE, zu § 32 WpÜG, BT-Drucks. 14/7034, S. 57.

b) Pflicht zum Angebot einer angemessenen Gegenleistung

aa) Die Angemessenheit der Gegenleistung

Nach § 31 Abs. 1 Satz 1 WpÜG hat der Bieter den Aktionären der Zielgesellschaft eine angemessene Gegenleistung anzubieten. Die vom Vorstand der Bietergesellschaft einzuhaltenden Grundsätze für die Bestimmung der angemessenen Gegenleistung bei Übernahmeangeboten und Pflichtangeboten sind in § 31 Abs. 1 bis 6 WpÜG festgelegt. Die Einzelheiten sind in der WpÜG-AngVO aufgrund der Ermächtigung in § 31 Abs. 7 WpÜG geregelt worden.

(1) Grundsätze

Gemäß § 31 Abs. 1 WpÜG hat der Bieter den Aktionären der Zielgesellschaft eine angemessene Gegenleistung anzubieten. Bei der Bestimmung der Angemessenheit der Gegenleistung sind grundsätzlich der durchschnittliche Börsenkurs der Aktien der Zielgesellschaft und Erwerbe von Aktien der Zielgesellschaft durch den Bieter, mit ihm gemeinsam handelnder Personen oder deren Tochterunternehmen zu berücksichtigen.

Bei der Beurteilung der Angemessenheit der Gegenleistung ist zunächst auf das Gegenseitigkeitsverhältnis der Gegenleistung zur Veräußerung der Wertpapiere zu achten. § 31 WpÜG bezweckt die Gewährung eines Mindestwertes für die Aktionäre als Gegenleistung für die Veräußerung ihrer Aktien. Von der Gegenleistung im Sinne des § 31 WpÜG abzugrenzen sind Leistungen, die der Bieter für andere Leistungen der Aktionäre als die Veräußerung der Aktien gewährt.[637]

Ferner sind die verschiedenen Aktiengattungen im Hinblick auf den Gleichbehandlungsgrundsatz bei der Bestimmung der Angemessenheit der Gegenleistung zu berücksichtigen. Das Prinzip ist in § 3 Satz 3 WpÜG-AngVO konkret festgelegt, wonach die Höhe der Gegenleistung für Aktien, die nicht derselben Gattung angehören, getrennt zu ermitteln ist.[638] Daneben ist der Bieter nicht verpflichtet, die Stammaktionäre und Vorzugsaktionäre gleich zu behandeln.[639] Es ist nicht erforderlich, dass die Gegenleistungen für die einzelnen Aktiengattungen zueinander in einem angemessenen Verhältnis stehen.[640] Der Börsenkurs bzw. der Vorerwerbspreis von Stammaktien der Zielgesellschaft ist bei der Ermittlung der Angemessenheit der Gegenleistung der Vorzugsaktien nicht zu berücksichtigen. Für den umgekehrten

---

637 Vgl. *Kremer/Oesterhaus* in KK-WpÜG (2010), § 31 Rn. 22; *Krause* in Assmann/Pötsch/Uwe H. Schneider, WpÜG (2013), § 31 Rn. 27; *Drinkuth* in Marsch-Barner/Schäfer, Hdb. börsennotierte AG (2014), § 60 Rn. 249.

638 Vgl. *Süßmannn* in Geibel/Süßmann, WpÜG (2008), § 31 Rn. 83; *Kremer/Oesterhaus* in KK-WpÜG (2010), § 31 Rn. 18; *Krause* in Assmann/Pötsch/Uwe H. Schneider, WpÜG (2013), § 31 Rn. 29 f.; *Drinkuth* in Marsch-Barner/Schäfer, Hdb. börsennotierte AG (2014), § 60 Rn. 253.

639 Vgl. *Krause* in Assmann/Pötsch/Uwe H. Schneider, WpÜG (2013), § 31 Rn. 31.

640 Vgl. *Krause* in Assmann/Pötsch/Uwe H. Schneider, WpÜG (2013), § 31 Rn. 31; *Drinkuth* in Marsch-Barner/Schäfer, Hdb. börsennotierte AG (2014), § 60 Rn. 253.

Fall gilt entsprechendes.[641] Der Grundsatz der Gleisbehandlung innerhalb einer Gattung im Sinne des § 3 Abs. 1 WpÜG wird in § 31 Abs. 4 WpÜG und § 3 Satz 3 WpÜG-AngVO konkretisiert.

Für die Beurteilung der Angemessenheit der Gegenleistung ist der Zeitpunkt der Veröffentlichung der Angebotsunterlage maßgeblich. Eine Verpflichtung zur Anpassung der Höhe der Gegenleistung an Kurssteigerungen nach der Veröffentlichung der Angebotsunterlage besteht nicht.[642]

Als Maßstab für die Bestimmung der Angemessenheit der Gegenleistung nennt § 31 WpÜG den durchschnittlichen Börsenkurs und den Vorerwerbspreis der Aktien der Zielgesellschaft. Die Einzelheiten der Berücksichtigung des Vorerwerbspreises und der durchschnittlichen inländischen und ausländischen Börsenkurse der Aktien der Zielgesellschaft sind nach h. M. entsprechend dem Willen des Gesetzgebers, der Systematik des § 31 Abs. 1 WpÜG und des § 5 WpÜG-AngVO sowie der Teleologie der genannten Regelungen in §§ 3, 4, 5 und 6 WpÜG-AngVO abschließend geregelt.[643] Eine Gegenleistung, die dem Höheren Mindestpreis aufgrund der Vorerwerbe oder der durchschnittlichen Börsenkurse entspricht, ist stets angemessen.[644]

(2) Berücksichtigung der Vorerwerbe

Maßgeblich für die Bestimmung der Angemessenheit der Gegenleistung aufgrund der Vorerwerbe ist gemäß § 4 WpÜG-AngVO die höchste Gegenleistung, die der Bieter, mit ihm gemeinsam han-delnde Personen oder deren Tochterunternehmen innerhalb der letzten sechs Monate vor Veröffentlichung der Angebotsunterlage für Aktien der Zielgesellschaft gewährt oder vereinbart haben. Sondereffekte wie z. B. eine zwischenzeitlich durchgeführte Kapitalerhöhung, ein Aktiensplit oder eine Dividendenausschüttung sind entsprechend dem Normzweck des § 4 WpÜG-AngVO bei der Bemessung des Mindestpreises als Gegenleistung zu berücksichtigen.[645] Preisanpassungsklauseln in Angebotsunterlagen, die zu einer nachträglichen Herabsetzung des Angebotspreises führen, sind nach Ansicht der BaFin jedoch unzulässig.[646]

---

641 Vgl. *Krause* in Assmann/Pötsch/Uwe H. Schneider, WpÜG (2013), § 31 Rn. 31.

642 Vgl. *Kremer/ Oesterhaus* in KK-WpÜG (2010), § 31 Rn. 21; *Krause* in Assmann/ Pötsch/Uwe H. Schneider, WpÜG (2013), § 31 Rn. 28; *Drinkuth* in Marsch-Barner/ Schäfer, Hdb. börsennotierte AG (2014), § 60 Rn. 254.

643 Vgl. *Krause* in Assmann/Pötzsch/Uwe H. Schneider, WpÜG (2013), § 31 Rn. 35; *Kremer/Oesterhaus* in KK-WpÜG (2010), § 31 Rn. 20; *Drinkuth* in Marsch-Barner/ Schäfer, Hdb. börsennotierte AG (2014), § 60 Rn. 251.

644 Vgl. *Krause* in Assmann/Pötsch/Uwe H. Schneider, WpÜG (2013), § 31 Rn. 35.

645 Vgl. Begr. RegE, zu § 4 WpÜG-AngVO, BT-Drucks. 14/7034, S. 79 f.; *Süßmann* in Geibel/Süßmann, WpÜG (2008), § 31 Rn. 91; *Krause* in Assmann/Pötzsch/Uwe H. Schneider, WpÜG (2013), § 4 WpÜG-AngVO, Rn. 22; *Drinkuth* in Marsch-Barner/Schäfer, Hdb. börsennotierte AG (2104), § 60 Rn. 255.

646 Vgl. *Drinkuth* in Marsch-Barner/Schäfer, Hdb. börsennotierte AG (2014), § 60 Rn. 255.

Die beim Vorerwerb geleistete oder vereinbarte Gegenleistung bildet den Mindestbetrag, den der Bieter den Aktionären der Zielgesellschaft anbieten muss. Bei außerbörslichen Vorerwerben können zusätzliche Leistungen oder Verpflichtungen vereinbart werden. Solche Gestaltungen sind zu berücksichtigen, wenn sie Bestandteil der Gegenleistung für den Erwerb der Aktien der Zielgesellschaft sind.[647] Wenn beim Vorerwerb der Aktien eine zusätzliche Leistung neben dem Kaufpreis vereinbart wird, kann die Angebotsunterlage eine Klausel zur nachträglichen Anpassung des Angebotspreises an die Aktionäre der Zielgesellschaft gemäß § 31 Abs. 4 WpÜG enthalten.[648]

(3) Berücksichtigung des durchschnittlichen Börsenkurses

Nach §§ 5 und 6 WpÜG-AngVO ist bei der Festlegung einer angemessenen Gegenleistung der durchschnittliche Börsenkurs in Deutschland und im EU/EWR-Ausland zu berücksichtigen. Die in Deutschland börsennotierten Aktien umfassen nur solche Aktien, die gemäß § 33 BörsG im regulierten Markt zum Börsenhandel zugelassen sind, nicht aber die zum Börsenhandel im Freiverkehr einbezogenen Aktien.[649] Maßgeblich für die Bemessung des Mindestpreises als Gegenleistung ist nach § 5 Abs. 1 WpÜG-AngVO der gewichtete durchschnittliche inländische Börsenkurs der Aktien der Zielgesellschaft während eines Referenzzeitraums der letzten drei Monate vor der Veröffentlichung der Angebotsentscheidung oder der Erlangung der Kontrolle bei Pflichtangeboten. Sind die Aktien der Zielgesellschaft noch keine drei Monate zum Börsenhandel zugelassen, gilt nach § 5 Abs. 2 WpÜG-AngVO der entsprechend kürzere Zeitraum für die Berechnung des gewichteten durchschnittlichen Börsenkurses. Nach § 5 Abs. 3 WpÜG-AngVO wird der gewichtete Durchschnittskurs auf Grundlage der bei der BaFin nach § 9 WpÜG als börslich gemeldeten Geschäfte ermittelt.[650] Sind während des Referenzzeitraums an weniger als einem Drittel der Börsentage Börsenkurse festgestellt worden und weichen mehrere nacheinander

647 Vgl. *Marsch-Barner* in Baums/Thoma, WpÜG (Stand: Mai 2012), § 31 Rn. 29; *Krause* in Assmann/Pötzsch/Uwe H. Schneider, WpÜG (2013), § 31 Rn. 27 und § 4 WpÜG-AngVO, Rn. 17 f.; *Drinkuth* in Marsch-Barner/Schäfer, Hdb. börsennotierte AG (2014), § 60 Rn. 257.

648 Vgl. Ziffer 10.1.4 der Angebotsunterlage der Augur Financial Holding Zwei GmbH & Co. KG betreffend die Schnigge Wertpapierhandelsbank AG v. 5.2.2008 zur Anpassung der Gegenleistung wegen einer Earn Out-Klausel neben dem Kaufpreis im Aktienkaufvertrag beim Vorwerwerb; *Santelmann/Nestler* in Steinmeyer, WpÜG (2008), § 31 Rn. 24; *Drinkuth* in Marsch-Barner/Schäfer, Hdb. börsennotierte AG (2014), § 60 Rn. 257.

649 Vgl. *Kremer/Oesterhaus* in KK-WpÜG (2010), § 31 Anh. – § WpÜG-AngVO, Rn. 8; *Marsch-Barner* in Baums/Thoma, WpÜG (Stand: Mai 2012), § 31 Rn. 37; *Krause* in Assmann/Pötzsch/Uwe H. Schneider, WpÜG (2013), § 5 WpÜG-AngVO, Rn. 6; *Drinkuth* in Marsch-Barner/Schäfer, Hdb. börsennotierte AG (2014), § 60 Rn. 260.

650 Vgl. *Süßmann* in Geibel/Süßmann, WpÜG (2008), § 31 Rn. 107; *Kremer/Oesterhaus* in KK-WpÜG (2010), § 31 Anh. – § 5 WpÜG-AngVO, Rn. 12; *Marsch-Barner* in

festgestellte Börsenkurse um mehr als 5% voneinander ab, ist nach § 5 Abs. 4 WpÜG-AngVO nicht der Börsenkurs, sondern der Unternehmenswert der Zielgesellschaft maßgeblich. Die Höhe der Gegenleistung hat dann dem aufgrund einer Bewertung der Zielgesellschaft ermittelten Unternehmenswert zu entsprechen.[651]

Sind die Aktien der Zielgesellschaft ausschließlich zum Handel an einem organisierten Markt im EU/EWR-Ausland zugelassen, wird der Wert der Gegenleistung nach § 6 WpÜG-AngVO ermittelt. Gemäß § 6 Abs. 1 WpÜG-AngVO muss die Gegenleistung mindestens dem durchschnittlichen Börsenkurs während des Referenzzeitraums mit den höchsten Umsätzen entsprechen. Sind die Aktien an mehreren ausländischen Börsen zugelassen, ist die Börse mit den höchsten Umsätzen maßgeblich.[652] Der Unterschied zur Ermittlung der Höhe der Gegenleistung aufgrund des inländischen Börsenkurses nach § 5 WpÜG-AngVO liegt also darin, dass nach § 6 Abs. 3 WpÜG-AngVO keine Gewichtung nach Umsätzen stattfindet, sondern der Durchschnittskurs der börsentäglichen Schlussauktion der Aktien der Zielgesellschaft maßgeblich ist.[653]

(4) Feststellung der angemessenen Gegenleistung

Der nach § 5 WpÜG-AngVO ermittelte gewichtete durchschnittliche Börsenkurs der Aktien der Zielgesellschaft ist mit dem gemäß § 4 WpÜG-AngVO ermittelten Vorerwerbspreis zu vergleichen. Der jeweils höhere Wert ist für die Bestimmung der angemessenen Gegenleistung maßgeblich.[654]

bb) Art der Gegenleistung

Die Gegenleistung hat nach § 31 Abs. 2 WpÜG in einer Geldleistung in Euro oder in liquiden Aktien zu bestehen, die zum Handel an einem organisierten Markt zugelassen sind. Die Möglichkeit des Tauschangebots wird nach § 31 Abs. 3 WpÜG ausgeschlossen, wenn der Bieter, mit ihm gemeinsam handelnde Personen oder deren Tochterunternehmen in den sechs Monaten vor der Veröffentlichung des Angebots oder nach diesem Zeitpunkt bis zum Ablauf der Annahmefrist insgesamt mindestens 5% der Aktien oder Stimmrechte an der Zielgesellschaft gegen Zahlung

---

Baums/Thoma, WpÜG (Stand: Mai 2012), § 31 Rn. 38; *Krause* in Assmann/Pötzsch/Uwe H. Schneider, WpÜG (2013), § 5 WpÜG-AngVO Rn. 12.

651 Vgl. zu den von der Betriebswirtschaftslehre, der Rechtsprechung und der BaFin anerkannten Methoden der Unternehmensbewertung und weiteren Methoden, *Marsch-Barner* in Baums/Thoma, WpÜG (Stand: Mai 2012), § 31 Rn. 46 ff.; *Kremer/Oesterhaus* in KK-WpÜG (2010), § 31 Anh. – § 6 WpÜG-AngVO Rn. 24; *Krause* in Assmann/Pötzsch/Uwe H. Schneider, WpÜG (2013), § 5 WpÜG-AngVO Rn. 30 ff.

652 *Kremer/Oesterhaus* in KK-WpÜG (2010), § 31 Anh. – § 6 WpÜG-AngVO Rn. 12.

653 Vgl. dazu *Kremer/Oesterhaus* in KK-WpÜG (2010), § 31 Anh. – § 6 WpÜG-AngVO Rn. 13.

654 Vgl. *Kremer/Oesterhaus* in KK-WpÜG (2010), § 31 Anh. – § 5 WpÜG-AngVO Rn. 15; *Drinkuth* in Marsch-Barner/Schäfer, Hdb. börsennotierte AG (2014), § 60 Rn. 265.

einer Geldleistung erworben haben. In einem solchen Fall hat der Bieter den Aktionären der Zielgesellschaft eine Geldleistung in Euro anzubieten.

Nach der Gesetzesbegründung ist der Bieter nicht gehindert, den Aktionären der Zielgesellschaft daneben eine andere Gegenleistung anzubieten.[655] In diesem Fall müssen die Aktionäre der Zielgesellschaft jedoch die Möglichkeit haben, ihre Aktien entweder gegen Zahlung einer Geldleistung in Euro zu veräußern oder gegen liquide börsenzugelassene Aktien zu tauschen.[656] Als zusätzliches und alternatives Angebot anderer Gegenleistung kommen etwa Geldleistungen in einer anderen Währung als Euro, Anleihen, Wandelschuldverschreibungen oder nicht an europäischen organisierten Märkten zugelassene Aktien in Betracht.[657] Für die alternativ neben den Pflichtgegenleistungen angebotenen anderen Gegenleistungen wird kein Mindestwert verlangt.[658]

Der Bieter kann auch eine Gegenleistung anbieten, die aus Barkomponenten in Euro und Aktienkomponenten mit an einem organisierten Markt zugelassenen liquiden Aktien miteinander kombiniert, weil die Aktionäre der Zielgesellschaft bei Pflichtgegenleistungen, die die Voraussetzungen des § 31 Abs. 2 WpÜG erfüllen, ausreichend geschützt sind.[659] Ein Beispiel einer solchen kombinierten Gegenleistung bildet das Bar- und Tauschangebot von 50 Euro in bar plus 0,8735 neue UCB Aktien, jeweils mit Gewinnanteilsberechtigung ab dem 1. Januar 2006, im Fall des Übernahmeangebots der UCB SA und der UCB SP GmbH/Schwarz Pharma Aktiengesellschaft vom 10.11.2006.[660]

cc) Die Nachbesserung der Gegenleistung

(1) Nachbesserung bei Parallelerwerben

Erwerben der Bieter, mit ihm gemeinsam handelnde Personen oder deren Tochterunternehmen während der Annahmefrist Aktien der Zielgesellschaft und wird hierfür wertmäßig eine höhere als die im Angebot genannte Gegenleistung gewährt

655 Begr. RegE, zu § 31 Abs. 2 WpÜG, BT-Drucks. 14/7034, S. 55.

656 Vgl. Begr. RegE, zu § 31 Abs. 2 WpÜG, BT-Drucks. 14/7034, S. 55; *Süßmann* in Geibel/Süßmann, WpÜG (2008), § 31 Rn. 22; *Kremer/Oesterhaus* in KK-WpÜG (2010), § 31 Rn. 37; *Krause* in Assmann/Pötzsch/Uwe H. Schneider, WpÜG (2013), § 31 Rn. 61.

657 Vgl. *Süßmann* in Geibel/Süßmann, WpÜG (2008), § 31 Rn. 23; *Kremer/Oesterhaus* in KK-WpÜG (2010), § 31 Rn. 37; *Krause* in Assmann/Pötzsch/Uwe H. Schneider, WpÜG (2013), § 31 Rn. 61.

658 *Süßmann* in Geibel/Süßmann, WpÜG (2008), § 31 Rn. 24; *Kremer/Oesterhaus* in KK-WpÜG (2010), § 31 Rn. 37; *Krause* in Assmann/Pötzsch/Uwe H. Schneider, WpÜG (2013), § 31 Rn. 62.

659 Vgl. *Süßmann* in Geibel/Süßmann, WpÜG (2008), § 31 Rn. 25; *Kremer/Oesterhaus* in KK-WpÜG (2010), § 31 Rn. 38; *Krause* in Assmann/Pötzsch/Uwe H. Schneider, WpÜG (2013), § 31 Rn. 63.

660 Vgl. Ziffer 3.1 der Angebotsunterlage der UCB SA und der UCB SP GmbH betreffend die Schwarz Pharma Aktiengesellschaft vom 10.11.2006.

oder vereinbart, erhöht sich nach § 31 Abs. 4 WpÜG die den Aktionären der Zielgesellschaft der jeweiligen Aktiengattung geschuldete Gegenleistung um den Unterschiedsbetrag. Der Bieter muss nach § 23 Abs. 2 WpÜG solchen parallelen Erwerbe veröffentlichen.

(2) Nachbesserung bei Nacherwerben

Erwerben der Bieter, mit ihm gemeinsam handelnde Personen oder deren Tochterunternehmen innerhalb eines Jahres nach der Annahmefrist außerhalb der Börse Aktien der Zielgesellschaft und wird hierfür wertmäßig eine höhere als die im Angebot genannte Gegenleistung gewährt oder vereinbart, ist der Bieter nach § 31 Abs. 5 Satz 1 WpÜG gegenüber den Inhabern der Aktien, die das Angebot angenommen haben, zur Zahlung einer Geldleistung in Euro in Höhe des Unterschiedsbetrags verpflichtet. Der Bieter muss nach § 23 Abs. 2 WpÜG entsprechende Nacherwerbe veröffentlichen.

dd) Erwerbsoptionen

Hinsichtlich der Vorerwerbe im Sinne des § 31 Abs. 3 WpÜG, der Parallelerwerbe im Sinne des § 31 Abs. 4 WpÜG und der Nacherwerbe im Sinne des § 31 Abs. 5 WpÜG sieht § 31 Abs. 6 WpÜG zum Zweck der Verhinderung der Umgehung der in den genannten Regelungen enthaltenen Mindestanforderungen an die Gegenleistung[661] vor, dass dem dort genannten Erwerb Vereinbarungen, auf Grund derer die Übereignung von Aktien verlangt werden kann, gleichgestellt sind. Dabei muss der Bieter das Recht haben, die dingliche Übertragung von Aktien zu verlangen. Die dem Erwerb gleichgestellten Vereinbarungen umfassen auch Bezugsrechte aus Wandel- und Optionsschuldverschreibungen.[662] Ausgenommen ist nach § 31 Abs. 6 Satz 2 WpÜG die Ausübung eines gesetzlichen Bezugsrechts auf Grund einer Erhöhung des Grundkapitals der Zielgesellschaft.

ee) Rechtsfolgen einer unangemessenen Gegenleistung

Die Angemessenheit der Gegenleistung stellt einen Schwerpunkt bei der Prüfung durch die BaFin dar. Dabei wird geprüft, ob die Angebotsunterlage die gemäß § 11 Abs. 2 und § 2 WpÜG-AngVO erforderlichen Angaben enthält und ob die einzelnen Angaben offensichtlich den Vorschriften des WpÜG oder der WpÜG-AngVO widersprechen.[663] Sind die Angaben über Art und Höhe der Gegenleistung in der Angebotsunterlage unvollständig, hat die BaFin die Angebotsunterlage nach § 15

661 Begr. RegE, zu § 31 Abs. 6 WpÜG, BT-Drucks. 14/7034, S. 57; *Kremer/Oesterhaus* in KK-WpÜG (2010), § 31 Rn. 98; *Drinkuth* in Marsch-Barner/Schäfer, Hdb. börsennotierte AG (2014), § 60 Rn. 280.

662 Vgl. *Kremer/Oesterhaus* in KK-WpÜG (2010), § 31 Rn. 99; *Drinkuth* in Marsch-Barner/Schäfer, Hdb. börsennotierte AG (2014), § 60 Rn. 280.

663 *Krause* in Assmann/Pötzsch/Uwe H. Schneider, WpÜG (2013), § 31 Rn. 163.

Abs. 1 Nr. 1 WpÜG zu untersagen. Verstoßen die Angaben über die Gegenleistung offensichtlich gegen die Vorschriften über die Angemessenheit der Gegenleistung des WpÜG oder WpÜG-AngVO, hat die BaFin die Angebotsunterlage nach § 15 Abs. 1 Nr. 2 WpÜG ebenfalls zu untersagen.[664] Neben der Untersagung stehen der BaFin umfangreiche Ermittlungsbefugnisse zu, um die Einhaltung der in § 31 WpÜG und der WpÜG-AngVO über die Angemessenheit der Gegenleistung geregelten Pflichten zu überwachen.[665]

Einzelne Aktionäre, die die vom Bieter angebotene Gegenleistung nicht für angemessen halten, sind nicht befugt, die Gestattung der Veröffentlichung des Angebots durch die BaFin im Wege des Widerspruchs- und Beschwerdeverfahens nach §§ 41 f., 48 ff. WpÜG anzufechten.[666] Ein Spruchverfahren zur Überprüfung der Gegenleistung ist im WpÜG nicht vorgesehen.[667] Sie müssen ihre Ansprüche auf Nachbesserung oder Schadensersatz daher vor den Zivilgerichten geltend machen.[668] Das gilt sowohl für die Nachbesserung der Gegenleistung bei Parallelerwerben und Nachwerwerben nach § 31 Abs. 4 und 5 WpÜG, als auch für für den Fall einer von Anfang an unangemessen bemessenen Gegenleistung.[669] Der BGH hat in seiner jünsten Rechtsprechung den zivilrechtlichen Anspruch gegen den Bieter auf die angemessene Gegenleistung im Sinne des § 31 Abs. 1 WpÜG, §§ 3 ff. WpÜG-AngVO bestätigt und sich zu wichtigen Rechtsfragen geäußert, was bedeutende Konsequenzen für den Schutz der Aktonäre im Übernahmerecht hat.[670] Neben den Ansprüchen aus § 31 WpÜG, §§3 ff. WpÜG-AngVO haben die möglichen Anspruchsgrundlagen auf Schadensersatz, wie z. B. der Schadensersatzanspruch gemäß § 12 WpÜG wegen Unrichtigkeit der Angebotsunterlage, der Schadensersatzanspruch aus § 13 Abs. 2 WpÜG wegen fehlerhafter Finanzierungsbestätigung, Ansprüche aus Treuepflichtverletzung sowie sonstige Ansprüche aus unerlaubter Handlung, im

---

664 Vgl. *Kremer/Oesterhaus* in KK-WpÜG (2010), § 31 Rn. 105; *Drinkuth* in Marsch-Barner/Schäfer, Hdb. börsennotierte AG (2014), § 60 Rn. 282.

665 Vgl. *Kremer/Oesterhaus* in KK-WpÜG (2010), § 31 Rn. 106; *Krause* in Assmann/Pötzsch/Uwe H. Schneider, WpÜG (2013), § 31 Rn. 164.

666 Vgl. OLG Frankfurt am Main, Beschluss v. 4. Juli 2003 – WpÜG 4/03 „Highberry Limited/Wella AG“, AG 2003, 513 f.; OLG Frankfurt am Main, Beschluss v. 27. Mai 2003 – WpÜG 2/03 „Wella AG I“, AG 2003, 515 f.; *Krause* in Assmann/Pötzsch/Uwe H. Schneider, WpÜG (2013), § 31 Rn. 165.

667 *Kremer/Oesterhaus* in KK-WpÜG (2010), § 31 Rn. 107.

668 Vgl. *Kremer/Oesterhaus* in KK-WpÜG (2010), § 31 Rn. 107; *Krause* in Assmann/Pötzsch/Uwe H. Schneider, WpÜG (2013), § 31 Rn. 166.

669 Vgl. ausführlich zum zivilrechtlichen Rechtsschutz bei Verstößen gegen die Preisbestimmngen des WpÜG als Überlegungen im Anschluss an die Entscheidung des OLG Frankfurt am Main v. 4. Juli 2003 – WpÜG 4/03, *Verse*, ZIP 2004, 199, 200 ff.; *Kremer/Oesterhaus* in KK-WpÜG (2010), § 31 Rn. 107; *Krause* in Assmann/Pötzsch/Uwe H. Schneider, WpÜG (2013), § 31 Rn. 166.

670 BGH, Urt. v. 29. Juli 2014 – II ZR 353/12, AG 2014, 662 ff.; vgl. ausführlich zum Rechtsschutz der Aktionäre im Übernahmerecht nach „Die Postbank-Entscheidung des BGH, *Verse*, Der Konzern 2015, 1 ff.

Rahmen der Durchsetzung der angemessenen Gegenleistung keine nennenswerte Bedeutung.[671]

c) *Pflichtangebot*

Die Pflicht des Bieters, nach Erlangung der Kontrolle über eine börsennotierte Aktiengesellschaft ein Erwerbsangebot auf sämtliche ausstehende Aktien der Gesellschaft abzugeben, bildet eine Konkretisierung des Grundsatzes der Gleichbehandlung.[672] Wer unmittelbar oder mittelbar die Kontrolle über eine Zielgesellschaft, d. h. 30% Stimmrechte an der Gesellschaft, erlangt, hat dies gemäß § 35 Abs. 1 Satz 1 WpÜG unter Angabe der Höhe seines Stimmrechtsanteils unverzüglich, spätestens innerhalb von sieben Kalendertagen, zu veröffentlichen. Nach der Veröffentlichung der Kontrollerlangung muss der Bieter nach § 35 Abs. 2 Satz 1 WpÜG der BaFin innerhalb von vier Wochen eine Angebotsunterlage übermitteln und ein Angebot veröffentlichen.

Die Regelung über Pflichtangebot dient neben der Kapitalmarkttransparenz auch dem Schutz von Minderheitsaktionären.[673] Sie können auf Grund des Pflichtangebots im Falle einer Unternehmensübernahme, der kein öffentliches Übernahmeangebot vorausgegangen ist, auch ihre Beteiligung an dem betroffenen Unternehmen zu einem angemessenen Preis veräußern.[674]

Ein Verstoß gegen die Verpflichtung zur Abgabe einer Veröffentlichung nach § 35 Abs. 1 WpÜG kann von der BaFin zum einen als Ordnungswidrigkeit geahndet werden. Der Verstoß führt nach § 60 WpÜG zu einer Geldbuße. Den Aktionären der betroffenen Gesellschaft steht ferner ein Anspruch auf Zinsen nach Maßgabe des § 38 WpÜG zu.

4. *Pflichten bei Werbemaßnahmen*

Die internationalen und deutschen Erfahrungen haben gezeigt, dass Angebote regelmäßig von intensiven Werbemaßnahmen des Bieters und der Zielgesellschaft begleitet werden.[675] Im Verlauf des öffentlichen Übernahmeverfahrens setzt der

---

671 Vgl. *Verse*, ZIP 2004, 199, 205 f.; *Krause* in Assmann/Pötzsch/Uwe H. Schneider, WpÜG (2013), § 31 Rn. 166b.

672 Vgl. *Fuchs* in Fleischer, Hdb. VorstandsR (2006), § 22 Rn. 73.

673 Vgl. zu Kapitalmarkttransparenz, Schutz vor Insiderhandeln, Schutz von Minderheitsaktionären und Sicherung der Funktionsfähigkeit des Kapitalmarkts als Zweck des § 35 WpÜG, *Steinmeyer* in Steinmeyer, WpÜG (2013), § 35 Rn. 6 f.; *Krause/Pötzsch* in Assmann/Pötzsch/Uwe H. Schneider, WpÜG (2013), § 35 Rn. 6 ff.

674 Vgl. Begr. RegE, zur Regelung von öffentlichen Angeboten von Wertpapieren, von freiwilligen Übernahmeangeboten und Pflichtangeboten, BT-Drucks. 14/7034, S. 30; *Krause/Pötzsch* in Assmann/Pötzsch/Uwe H. Schneider, WpÜG (2013), § 35 Rn. 8; *Steinmeyer* in Steinmeyer, WpÜG (2013), § 35 Rn. 7.

675 Begr. RegE, zu § 28 WpÜG, BT-Drucks. 14/7034, S. 52; In Deutschland hat das Übernahmeverfahren Vodafone/Mannesmann vor Erlass des WpÜG die in der

Vorstand der Bietergesellschaft regelmäßig Werbemaßnahmen ein, um über die Beeinflussung der Öffentlichkeit, der Fachleute und der Aktionäre der Zielgesellschaft diese zur Annahme des Angebots zu bewegen. Werbemaßnahmen als Mittel der Einflussnahme auf die Meinungsbildung der Aktionäre der Zielgesellschaft können die Transparenz des Übernahmeverfahrens verbessern und sind grundsätzlich zulässig.[676] Werbemaßnahmen können jedoch auch dem Zweck des WpÜG, ein transparentes, geordnetes und faires Übernahmeverfahren zu gewährleisten, zuwiderlaufen und den Grundsatz der Anlegergleichbehandlung und das Gebot der Information und Transparenz im Sinne des § 3 Abs. 1 und 2 WpÜG verletzen.[677] Nach § 28 Abs. 1 WpÜG kann die BaFin daher bestimmte Arten der Werbung untersagen, um Missständen bei der Werbung im Zusammenhang mit Angeboten zum Erwerb von Wertpapieren zu begegnen. Damit wird eine sachgerechte Entscheidung der Aktionäre der Zielgesellschaft über die Annahme eines Angebots gewährleistet.

Die BaFin darf nach § 28 WpÜG nur gegen Werbung einschreiten. Unter Werbung im Zusammenhang mit öffentlichen Angeboten zum Erwerb von Wertpapieren im Sinnes des § 28 WpÜG ist jeder freiwillige und planvolle Einsatz von Maßnahmen zu verstehen, der die Angebotsadressaten zur Annahme oder Ablehnung eines Angebots bewegen soll.[678] Werbemaßnahmen umfassen auf das Angebot eingehende Fernsehspots, Anzeigen in Printmedien, Analysten- und Pressekonferenzen, Road-Shows und sonstige Formen von Präsentationen des Unternehmens.[679] Inhaltlich muss die Werbung im Zusammenhang mit einem bestimmten Angebot stehen.[680]

Die Werbung im Sinne des § 28 WpÜG muss grundsätzlich dem Gebot der Wahrheit und Sachlichkeit im Recht gegen den unlauteren Wettbewerb entsprechen. Ob eine Werbemaßnahme als Miss-stand anzusehen ist, ist jedoch nicht ausschließlich nach dem Maßstab der Lauterkeit zu beurteilen.[681] Ein Missstand im Zusammenhang

---

Begründung zum Regierungsentwurf erwähnte internationalen Erfahrungen bestätigt, vgl. dazu *Hopt*, in FS Lutter, 2000, S. 1361, 1382 f.; *Riehmer/Schröder*, NZG 2000, 820 ff.; *Assmann* in Assmann/Pötzsch/Uwe H. Schneider, WpÜG (2013), § 28 Rn. 1.

676 Vgl. *Hirte* in KK-WpÜG (2010), § 28 Rn. 12 f.

677 *Fuchs* in Fleischer, Hdb. VorstandsR (2006), § 22 Rn. 76, 80, 82; *Hirte* in KK-WpÜG (2010), § 28 Rn. 2, 22.

678 Vgl. *Assmann* in Assmann/Pötzsch/Uwe H. Schneider, WpÜG (2013), § 28 Rn. 8; *Fuchs* in Fleischer, Hdb. VorstandsR (2006), § 22 Rn. 78; *Steinmeyer* in Steinmeyer, WpÜG (2013), § 28 Rn. 2, der die Werbung als jede Verbreitung von Informationen versteht, die darauf gerichtet sind, den Adressaten durch rationale oder emotionale Beeinflussung zu veranlassen, sich hinsichtlich des Übernahmeangebotes im Sinne des Werbenden zu verhalten.

679 *Hirte* in KK-WpÜG (2010), § 28 Rn. 19; *Assmann* in Assmann/Pötzsch/Uwe H. Schneider, WpÜG (2013), § 28 Rn. 12; *Fuchs* in Fleischer, Hdb. VorstandsR (2006), § 22 Rn. 78.

680 *Hirte* in KK-WpÜG (2010), § 28 Rn. 19; *Assmann* in Assmann/Pötzsch/Uwe H. Schneider, WpÜG (2013), § 28 Rn. 12.

681 *Assmann* in Assmann/Pötzsch/Uwe H. Schneider, WpÜG (2013), § 28 Rn. 13.

mit öffentlichen Angeboten zum Erwerb von Wertpapieren liegt vor, wenn im Hinblick auf ihre Auswirkungen auf die Ordnung von Angebotsverfahren nach Maßgabe der Bestimmungen des WpÜG[682] die Gefahr besteht, dass die Anleger aufgrund der Werbemaßnahmen keine sachgerechte Entscheidung über das Angebot mehr treffen können bzw. dass die ordnungsgemäße Durchführung des Übernahmeverfahrens gefährdet ist.[683] Als Beispiel sind Road-Shows der Bietergesellschaft zu nennen, die regelmäßig für die institutionellen Investoren veranstaltet werden und nur dann zulässig sind, wenn sie nicht zusätzliche Informationen vermitteln und dadurch entgegen dem Grundsatz der Gleichbehandlung die übrigen Anleger benachteiligen.[684] Für die Untersagung der Werbemaßnahmen nach § 28 WpÜG ist es irrelevant, ob sie (auch) gegen gesellschaftsrechtlich Vorschriften verstoßen.[685]

Für das Einschreiten gegen unzulässige Werbung ist es nicht erforderlich, dass die Missstände bereits eingetreten sind. Die BaFin kann nach § 28 WpÜG auch vorbeugende Maßnahmen ergreifen.[686] Die Maßnahmen der BaFin können sowohl den Inhalt als auch den Umfang der Werbung und die zu ihrer Übermittlung eingesetzten Medien zum Gegenstand haben.[687]

Zuwiderhandlungen gegen eine vollziehbaren Anordnung der BaFin aufgrund von § 28 WpÜG stellen nach § 60 Abs. 2 Nr. 1 WpÜG eine Ordnungswidrigkeit dar und werden mit einer Geldbuße geahndet.

5. Pflichten zum unverzüglichen Handeln und zur Wahrung der Fristen

a) Unverzügliches Handeln

Nach § 3 Abs. 4 WpÜG hat der Bieter das Verfahren rasch durchzuführen. Die Zielgesellschaft darf nicht über einen angemessenen Zeitraum hinaus in ihrer Geschäftstätigkeit behindert werden. Zum Zweck der raschen Durchführung des Verfahrens hat das WpÜG den Begriff „unverzüglich“ in 29 Fällen, überwiegend in Bezug auf das Handeln des Bieters, verwendet.[688] „Unverzüglich“ ist nach der Legaldefinition

---

682 *Assmann* in Assmann/Pötzsch/Uwe H. Schneider, WpÜG (2013), § 28 Rn. 13.

683 Vgl. *Hirte* in KK-WpÜG (2010), § 28 Rn. 22; *Assmann* in Assmann/Pötzsch/Uwe H. Schneider, WpÜG (2013), § 28 Rn. 14; *Steinmeyer* in Steinmeyer, WpÜG (2013), § 28 Rn. 3.

684 *Fuchs* in Fleischer, Hdb. VorstandsR (2006), § 22 Rn. 81.

685 *Hirte* in KK-WpÜG (2010), § 28 Rn. 23, vgl. ausführlich zu Verstößen gegen gesellschaftlichen Regeln bei Werbemaßnahmen, *Fuchs* in Fleischer, Hdb. VorstandsR (2006), § 22 Rn. 83 f.

686 Begr. RegE, zu § 28 WpÜG, BT-Drucks. 14/7034, S. 52.

687 Begr. RegE, zu § 28 WpÜG, BT-Drucks. 14/7034, S. 52; *Hirte* in KK-WpÜG (2010), § 28 Rn. 21, 27; *Assmann* in Assmann/Pötzsch/Uwe H. Schneider, WpÜG (2013), § 28 Rn. 15; *Steinmeyer* in Steinmeyer, WpÜG (2013), § 28 Rn. 3.

688 *Assmann* in Assmann/Pötzsch/Uwe H. Schneider, WpÜG (2013), § 3 Rn. 57, Fußn. 2.

in § 121 Abs. 1 BGB als „ohne schuldhaftes Zögern" zu verstehen.[689] Soweit das Gesetz im Einzelfall keine näheren Bestimmungen enthält, ist die Frage, welcher Zeitraum dem Bieter bis zum vorgeschriebenen Handeln zugebilligt wird, unter Berücksichtigung des Sinn und Zwecks der jeweiligen Verhaltenspflicht zu beantworten.[690] Die unverzügliche Veröffentlichung der Angebotsentscheidung nach § 10 Abs. 1 Satz 1 WpÜG, die die verfahrenseröffnende Funktion hat, ist grundsätzlich nach denselben Maßstäben zu beurteilen wie die der Ad-hoc-Publizität gemäß § 15 Abs. 1 Satz 1 WpHG.[691]

Die vom Bieter im Verlauf des Angebotsverfahrens unverzüglich zu erfüllenden Veröffentlichungspflichten umfassen zunächst die Veröffentlichung seiner Entscheidung zur Abgabe eines Angebots nach § 10 Abs. 1 Satz 1 WpÜG und die Veröffentlichung der Angebotsunterlage gemäß § 14 Abs. 2 Satz 1 WpÜG nach Gestattung durch die BaFin oder nach Eintritt der Genehmigungsfiktion. Ferner fallen unter die unverzüglich zu erfüllenden Pflichten die Veröffentlichung der Mitteilung der Berufung der Hauptversammlung der Zielgesellschaft durch den Vorstand der Zielgesellschaft unter Angabe des Ablaufs der Annahmefrist im Bundesanzeiger nach § 16 Abs. 3 Satz 3 WpÜG und die Veröffentlichung der Angebotsänderung unter Hinweis auf das Rücktrittsrecht gemäß § 21 Abs. 2 WpÜG. Schließlich muss der Bieter unverzüglich handeln bei der Veröffentlichung des Annahmeergebnisses nach Ablauf der Annahmefrist gemäß § 23 Abs. 1 Satz 1 Nr. 2 WpÜG, der Veröffentlichung des Annahmeergebnisses nach Ablauf der weiteren Annahmefrist gemäß § 23 Abs. 1 Satz 1 Nr. 3 WpÜG, der Veröffentlichung des Annahmeergebnisses nach Erreichen der für einen Ausschluss der Minderheitsaktionäre erforderlichen Beteiligungshöhe gemäß § 23 Abs. 1 Satz 1 Nr. 4 WpÜG, der Veröffentlichung der Parallelerwerbe gemäß § 23 Abs. 2 WpÜG sowie der Veröffentlichung der Erlangung der Kontrolle über eine Zielgesellschaft nach § 35 Abs. 1 Satz 1 WpÜG.

Weitere Pflichten zum unverzüglichen Handeln des Bieters betreffen folgende Übermittlungen oder Mitteilungen: (1) die Übersendung der Veröffentlichung der Angebotsentscheidung an die Börsen und die BaFin nach § 10 Abs. 4 Satz 1 WpÜG, (2) die schriftliche Mitteilung der Angebotsentscheidung an den Vorstand der Zielgesellschaft nach § 10 Abs. 5 Satz 1 WpÜG, (3) die Mitteilung der Angebotsentscheidung an den zuständigen Betriebsrat oder die Arbeitnehmer nach § 10 Abs. 5 Satz 3 WpÜG, (4) die Mitteilung an die BaFin gemäß § 14 Abs. 3 Satz 2 WpÜG über die Veröffentlichung der Angebotsunterlage durch Bekanntgabe im Bundesanzeiger, (5) die Übermittlung der Angebotsunterlage an den Vorstand der Zielgesellschaft gemäß § 14 Abs. 4 Satz 1 WpÜG, (6) die Übermittlung der Angebotsunterlage an

689 *Geibel* in Geibel/Süßmann, WpÜG (2008), § 10 Rn. 38; *Schüppen* in Haarmann/Schüppen, WpÜG (2008), § 3 Rn. 33, § 23 Rn. 20; *Hirte* in KK-WpÜG (2010), § 10 Rn. 26; *Assmann* in Assmann/Pötsch/Uwe H. Schneider, WpÜG (2013), § 10 Rn. 43.

690 Vgl. *Geibel* in Geibel/Süßmann, WpÜG (2008), § 10 Rn. 38.

691 *Geibel* in Geibel/Süßmann, WpÜG (2008), § 10 Rn. 38; *Hirte* in KK-WpÜG (2010), § 10 Rn. 27; *Assmann* in Assmann/Pötzsch/Uwe H. Schneider, WpÜG (2013), § 10 Rn. 44.

den zuständigen Betriebsrat oder die Arbeitnehmer nach § 14 Abs. 4 Satz 3 WpÜG, (7) die Mitteilung gemäß § 16 Abs. 3 Satz 4 WpÜG an die BaFin über die Veröffentlichung der Mitteilung der Berufung der Hauptversammlung der Zielgesellschaft durch den Vorstand der Zielgesellschaft unter Angabe des Ablaufs der Annahmefrist im Bundesanzeiger, (8) die Mitteilung der Absicht gemäß § 20 Abs. 4 Satz 1 WpÜG hinsichtlich des Haltens von Wertpapieren an die BaFin, (9) die Mitteilung des Annahmeergebnisses an die BaFin nach Ablauf der Annahmefrist gemäß § 23 Abs. 1 Satz 1 Nr. 2 WpÜG, (10) die Mitteilung des Annahmeergebnisses an die BaFin nach Ablauf der weiteren Annahmefrist gemäß § 23 Abs. 1 Satz Nr. 3 WpÜG, (11) die Mitteilung des Annahmeergebnisses an die BaFin nach Erreichen der für einen Ausschluss der Minderheitsaktionäre erforderlichen Beteiligungshöhe gemäß § 23 Abs. 1 Satz Nr. 4 WpÜG sowie (12) die Mitteilung an die BaFin über die Veröffentlichung von Parallelerwerben gemäß § 23 Abs. 2 WpÜG.

Der Vorstand der Bietergesellschaft muss nach § 25 WpÜG den Beschluss der Hauptversammlung als Angebotsbedingung unverzüglich herbeiführen.

b) Wahrung der Fristen

Entsprechend dem Gebot der raschen Durchführung des Angebotsverfahrens nach dem § 3 Abs. 4 WpÜG hat das WpÜG für die Erfüllung verschiedener Pflichten des Bieters neben der Verwendung des Begriffs „unverzüglich“ klare gesetzliche Fristen gesetzt. Die im WpÜG gesetzten Fristen bilden die zeitlichen Rahmenbedingungen für das Verfahren des öffentlichen Angebots, die der Vorstand der Bietergesellschaft im Verlauf des Verfahrens anhand von einem Zeit- und Maßnahmenplan wahren muss.[692] Insoweit gelten die allgemeinen Sorgfaltspflichten des § 93 Abs. 1 AktG.

Von maßgeblicher Bedeutung ist die Veröffentlichung der Entscheidung des Bieters zur Abgabe des Angebots nach § 10 Abs. 1 Satz 1 WpÜG, die das Verfahren des öffentlichen Angebots eröffnet, und den Beginn der Frist von vier Wochen festlegt, innerhalb derer der BaFin eine vollständige Angebotsunterlage zu übermitteln und nach deren Gestattung zu veröffentlichen ist. Sie bestimmt zugleich den Zeitpunkt, ab dem das Verbot der Verhinderungshandlungen des Vorstands der Zielgesellschaft nach § 33 WpÜG greift.[693] Mit der Veröffentlichung der Angebotsunterlage beginnt nach § 16 Abs. 1 WpÜG die Annahmefrist von nicht weniger als vier Wochen. Unbeschadet einer Anpassung wegen Angebotsänderungen nach § 21 Abs. 5 WpÜG oder konkurrierender Angebote nach § 22 Abs. 2 WpÜG darf die Annahmefrist nicht mehr als zehn Wochen betragen. Die in § 35 Abs. 1 WpÜG gesetzte Frist von sieben

---

692 Vgl. zum Zeit- und Maßnahmenplan für freiwilliges öffentliches Übernahmeangebot aus der Perspektive des Bieters, *Drinkuth* in Marsch-Barner/Schäfer, Hdb. börsennotierte AG (2014), § 60 Rn. 39; zum Maßnahmen- und Zeitplan für ein Bar-Übernahmeangebot, *Seibt* in Beck´sches Formularbuch Mergers & Acquisitions (2011), Ziff. E.III.2, S. 880 ff.

693 *Walz* in Haarmann/Schüppen, WpÜG (2008), § 10 Rn. 2; *Hirte* in KK-WpÜG (2010), § 10 Rn. 2.

Kalendertagen für die Veröffentlichung der Kontrollerlangung und die in § 35 Abs. 2 WpÜG geregelten Frist von vier Wochen für die Übermittlung der Angebotsunterlage an die BaFin sind für das Verfahren des Pflichtangebots zu beachten.

6. Die Gewährung einer angemessenen Abfindung beim Squeeze-out

a) Die verschiedenen Formen des Squeeze-out

Neben dem aktienrechtlichen Squeeze-out in §§ 327a ff. AktG und dem verschmelzungsrechtlichen Squeeze-out in § 62 Abs. 5 UmwG ist ein übernahmerechtlicher Squeeze-out in §§ 39a ff. WpÜG geregelt.

aa) Der aktienrechtliche Squeeze-out

Nach § 327a Abs. 1 Satz 1 AktG kann die Hauptversammlung einer Aktiengesellschaft auf Verlangen eines Aktionärs, dem Aktien der Gesellschaft in Höhe von 95% des Grundkapitals (Hauptaktionär) gehören, die Übertragung der Aktien der übrigen Aktionäre (Minderheitsaktionäre) auf den Hauptaktionär gegen Gewährung einer angemessenen Barabfindung beschließen. § 327b AktG sieht die vom Hauptaktionär den Minderheitsaktionären zu gewährende angemessene Barabfindung und seine Sicherstellung vor. Auf die angemessene Barabfindung haben die ausgeschlossenen Minderheitsaktionäre einen verfassungsrechtlich abgesicherten Anspruch. Die im Zusammenhang mit dem Squeeze-out stehende Vorbereitung der Hauptversammlung (§ 327c AktG), die Durchführung der Hauptversammlung (§ 327d AktG), die Eintragung des Übertragungsbeschlusses (§ 327e AktG) sowie die gerichtliche Nachprüfung der Abfindung (§ 327 f AktG) sind ausführlich geregelt.

Im Vergleich zum verschmelzungsrechtlichen und übernahmerechtlichen Squeeze-out knüpft der aktienrechtliche Squeeze-out nicht an bestimmte vorhergehende Maßnahmen an.[694]

bb) Der verschmelzungsrechtliche Squeeze-out

Gemäß § 62 Abs. 1 und 5 Satz 1 UmwG kann im Fall der UpstreamVerschmelzung einer AG, KGaA oder inländischen SE auf ein herrschendes Unternehmen, das ebenfalls eine AG, KGaA oder SE sein muss, der Squeeze-out stattfinden. Nach § 62 Abs. 5 Satz 1 kann die Hauptversammlung einer übertragenden Aktiengesellschaft innerhalb von drei Monaten nach Abschluss des Verschmel-zungsvertrages auf Verlangen der übernehmenden Gesellschaft, die mindestens 90% der Aktien an einer zu übernehmenden Kapitalgesellschaft unmittelbar in der Hand hat, einen Beschluss nach § 327a Abs. 1 Satz 1 AktG fassen. Eine wichtige Voraussetzung für den verschmelzungsrechtlichen Squeeze-out ist nach § 62 Abs. 5 Satz 2 UmwG die notwendige Angabe in dem Verschmelzungsvertrag oder seinem Entwurf, dass im Zusammenhang mit der Verschmelzung ein Ausschluss der Minderheitsaktionäre der übertragenden Gesellschaft

694 *Seiler* in Assmann/Pötzsch/Uwe H. Schneider, WpÜG (2014), § 39a Rn. 19.

erfolgen soll.[695] Der Versschmelzungsvertrag oder sein Entwurf ist gemäß § 327c Abs. 3 AktG zur Einsicht der Aktionäre auszulegen (§ 62 Abs. 5 Satz 5 UmwG).[696] Der Übertragungsbeschluss wird gemäß § 62 Abs. 5 Satz 7 UmwG mit Eintragung der Verschmelzung im Handelsregister des übernehmenden Rechtsträgers wirksam.

Abgesehen von den Verfahrensbesonderheiten in § 62 Abs. 5 Satz 3 bis 6 UmwG bleiben nach § 62 Abs. 5 Satz 8 UmwG im Übrigen die Geltung der §§ 327a bis 327 f AktG unberührt. Deshalb handelt es sich beim verschmelzungsrechtlichen Squeeze-out im Kern um einen aktienrechtlichen Squeeze-out mit abgesenkter Mindestbeteiligung der übernehmenden Gesellschaft.[697] Die Praxis seit dem Inkrafttreten der geltenden Regelung zum verschmelzungsrechtlichen Squeeze-out vom 15. Juli 2011[698] deutet daraufhin hin, dass der umwandlungsrechtliche Squeeze-out mit der abgesenkten Mindestbeteiligung bei der Konzernintegration nach öffentlichen Übernahmen ein wertvolles Gestaltungsinstrument darstellen kann.[699]

cc) Der übernahmerechtliche Squeeze-out

Das übernahmerechtliche Verfahren zum Ausschluss der Minderheitsaktionäre wurde durch das Übernahmerichtlinie-Umsetzungsgesetz vom 8. Juli 2006 in das WpÜG aufgenommen.[700] Es findet nur bei börsennotierten Aktiengesellschaften Anwendung.[701] §§ 39a bis 39c WpÜG knüpfen im Gegensatz zum aktienrechtlichen Squeeze-out an ein Übernahme- oder Pflichtangebot an und sollen dem Bieter die Möglichkeit geben, nach dem Übernahme- bzw. Pflichtangebot durch ein im Vergleich zum aktienrechtlichen Squeeze-Out schnelleres und kostengünstigeres Verfahren die noch in der Zielgesellschaft verbleibenden Minderheitsaktionäre aus dieser ausschließen zu können.[702]

---

695 Vgl. zum Hinweis auf den Squeeze-out als dem notwendigen Inhalt des Verschmelzungsvertrages, *Grunewald* in Lutter/Bayer/Vetter, UmwG (2014), § 62 Rn. 37.

696 Vgl. zu Informationspflichten beim verschmelzungsrechtlichen Squeeze-out, *Grunewald* in Lutter/Bayer/Vetter, UmwG (2014), § 62 Rn. 40 f.

697 *Koch* in Hüffer, AktG (2014), § 327a Rn. 3; vgl. zu Übereinstimmungen und Abweichungen zwischen dem aktienrechtlichen und dem verschmelzungsrechtlichen Squeeze-Out, *Schockenhoff/Lumpp*, ZIP 2013, 749 ff.

698 Vgl. ausführlich zum verschmelzungsrechtlichen Squeeze-out nach der Umsetzung der Richtlinie 2009/109/EG und der Veränderung durch das 3. Gesetz zur Änderung des UmwG vom 11. Juli 2011, *Rubner*, CFL 2011, 274 ff.; *Stöber*, CFL 2011, 266, 272 f.; *Lutter/Bayer* in Lutter/Bayer/Vetter, UmwG (2014), Einl. I. Rn. 23.

699 Vgl. OLG Hamburg, Beschluss v. 14. Juni 2012 – 11 AktG 1/12, „PROCON Multimedia AG", AG 2012, 639 ff.; *Seiler* in Assmann/Pötzsch/Uwe H. Schneider, WpÜG (2013), § 39a Rn. 6.

700 Vgl. ausführlich dazu, *Seibt/Heiser*, AG 2006, 301, 316 ff.

701 *Seiler* in Assmann/Pötzsch/Uwe H. Schneider, WpÜG (2014), § 39a Rn. 19.

702 Vgl. zum Sinn und Zweck der §§ 39a bis 39 c WpÜG, *Süßmann* in Geibel/Süßmann, WpÜG (2008), § 39a Rn. 2; *Hasselbach* in KK-WpÜG (2010), § 39a Rn. 8; *Seiler* in Assmann/Pötzsch/Uwe H. Schneider, WpÜG (2013), § 39 a Rn. 8.

Nach § 39a Abs. 1 Satz 1 WpÜG sind dem Bieter, dem nach einem Übernahme- oder Pflichtangebot mindestens 95% der stimmberechtigten Aktien der Zielgesellschaft gehören, auf seinen Antrag hin beim nach § 39a Abs. 5 Satz 1 WpÜG ausschließlich zuständigen Landgericht Frankfurt am Main die übrigen stimmberechtigten Aktien durch Gerichtsbeschluss zu übertragen. Gehören dem Bieter zugleich Aktien in Höhe von 95% des Grundkapitals der Zielgesellschaft, sind ihm auf Antrag auch die übrigen stimmrechtslosen Vorzugsaktien zu übertragen. Der Antrag muss gemäß § 39a Abs. 4 Satz 1 WpÜG innerhalb von drei Monaten nach Ablauf der Annahmefrist gestellt werden.

Der Bieter hat ein Wahlrecht zwischen dem aktienrechtlichen und dem übernahmerechtlichen Squeeze-out. Wird das übernahmerechtliche Ausschlussverfahren eingeleitet, ist nach § 39a Abs. 6 WpÜG das Wahlrecht bis zum rechtskräftigen Abschluss des Ausschlussverfahrens ausgeschlossen.

b) Das Andienungsrecht der Minderheitsaktionäre der Zielgesellschaft

Nach einem Übernahme- oder Pflichtangebot können die Aktionäre der Zielgesellschaft , die das Angebot nicht angenommen haben, gemäß § 39c WpÜG das Angebot innerhalb von drei Monaten nach Ablauf der Annahmefrist annehmen, sofern der Bieter berechtigt ist, einen Antrag nach § 39a WpÜG zu stellen. Erfüllt der Bieter seine Verpflichtungen zu den regelmäßigen „Wasserstandsmeldungen" im Sinne des § 23 Abs. 1 Satz 1 oder Satz 2 WpÜG nicht, beginnt die oben genannte Dreimonatsfrist erst mit der Erfüllung der Verpflichtungen zu laufen. Dieses Andienungsrecht der Minderheitsakionäre der Zielgesellschaft bildet das Gegenstück zum Ausschlussrecht des Bieters. Es dient dem Schutz der nach einem Übernahme- oder Pflichtangebot verbleibenden Aktionären der Zielgesellschaft und gibt den Minderheitsaktionären die Möglichkeit, ihre Aktien nach Ablauf der Annahmefrist dem Bieter anzudienen.[703] Das Andienungsrecht nach § 39c WpÜG hat seit seiner Einführung jedoch kaum praktische Bedeutung erlangt.[704]

c) Die angemessene Abfindung

Unabhängig von den verschiedenen Ausschlussverfahren stellt der Ausschluss von Minderheitsaktionären eine Inhalts- und Schrankenbestimmung des Eigentumsgrundrechts im Sinne des Art. 14 Abs. 1 GG dar und ist nach der Rechtsprechung des BVerfG nur zulässig, wenn ein voller wirtschaftlicher Ausgleich oder eine wirtschaftlich volle Entschädigung für den von den Minderheitsaktionären

---

703 Begr. RegE, zum Ausschluss von Aktionären und Andienungsrecht, Gesetzes zur Umsetzung der Richtlinie 2004/25/EG v. 17. März 2006, BT-Drucks. 16/1003, S. 14; *Süßmann* in Geibel/Süßmann, WpÜG (2008), § 39c Rn. 1; *Seiler* in Assmann/Pötzsch/Uwe H. Schneider, WpÜG (2013), § 39c Rn. 2; kritisch, *Hasselbach* in KK-WpÜG (2010), § 39c Rn. 4, 7 ff.

704 Vgl. *Hasselbach* in KK-WpÜG (2010), § 39c Rn. 17; *Seiler* in Assmann/Pötzsch/Uwe H. Schneider, WpÜG (2013), § 39c Rn. 6.

hinzunehmenden Verlust des Aktieneigentums gewährt wird.[705] Die Gewährung einer angemessenen Abfindung ist beim Squeeze-out daher stets von maßgeblicher Bedeutung.

Gemäß § 39a Abs. 3 Satz 1 WpÜG muss die vom Bieter zu gewährende Abfindung ihrer Art nach der im Rahmen des Übernahme- oder Pflichtangebots angebotenen Gegenleistung entsprechen. Im Falle eines Tauschangebots muss der Bieter jedoch wahlweise eine Geldleistung nach § 39a Abs. 3 Satz 2 WpÜG anbieten. Zur Angemessenheit der Abfindung ist in § 39a Abs. 3 Satz 3 WpÜG, der zentralen Regelung im Zusammenhang mit dem übernahmerechtlichen Ausschlussverfahren[706], eine Angemessenheitsvermutung vorgesehen: Die im Rahmen des Übernahme- oder Pflichtangebots gewährte Gegenleistung ist als angemessene Abfindung anzusehen, wenn der Bieter auf Grund des Angebots Aktien in Höhe von mindestens 90% des vom Angebot betroffenen Grundkapitals erworben hat. Dabei handelt es sich nach der h. M. um eine unwiderlegliche Angemessenheitsvermutung.[707] Beim übernahmerechtlichen Squeeze-out kann die Angemessenheit der Abfindung nicht in einem Spruchverfahren überprüft werden. Die Angemessenheitsvermutung ist verfassungsgemäß.[708]

Liegt die Voraussetzung für die Angemessenheitsvermutung, dass 90% des vom Angebot betroffenen Grundkapitals auf Grund des Angebots vom Bieter erworben worden ist, nicht vor, dann ist die Angemessenheit der Abfindung nach den zu §§ 327a ff. AktG entwickelten Grundsätzen zu ermitteln.[709] Maßgeblich für die Höhe

---

705 Vgl. BVerfG, Beschluss v. 27. April 1999 – 1 BvR 1613/94 – „DAT/Altana“, BVerfGE 100, 289, 304 f. = AG 1999, 566, 567 ff.; BVerfG, Nichtannahmebeschluss v. 25. Juli 2003 – 1 BvR 234/01, BVerfGK 1, 265, 267 = AG 2003, 624; BVerfG, Nichtannahmebeschluss v. 29. November 2006 – 1 BvR 704/03, AG 2007, 119, Tz. 10; BVerfG, Nichtannahmebeschluss v. 30. Mai 2007 – 1 BvR 1267/06, 1 BvR 1280/06, AG 2007, 697, 698 Tz. 16; BVerfG, v. 20. Dezember 2010 – 1 BvR 2323/07 – „Kuka AG“ – AG 2011, 128, 129, Tz. 9; *Grunewald* in MK-AktG (2010), Vor § 327a Rn. 7; *Schnorbus* in K. Schmidt/Lutter, AktG (2010), Vor § 327a-327 f Rn. 5; *Seile* in Assmann/Pötzsch/Uwe H. Schneider, WpÜG (2013), § 39a Rn. 29.

706 *Seiler* in Assmann/Pötzsch/Uwe H. Schneider, WpÜG (2013), § 39a Rn. 70.

707 Vgl. ausführlich dazu OLG Stuttgart, Beschluss v. 5. Mai 2009 – 20 W 13/08, AG 2009, 707, 709 ff.; *Hasselbach* in KK-WpÜG (2010), § 39a WpÜG Rn. 68 ff.; *Seiler* in Assmann/Pötzsch/Uwe H. Schneider, WpÜG (2013), § 39a Rn. 85, 89 ff.; *Santelmann* in Steinmeyer, WpÜG (2013), § 39a Rn. 31; *Drinkuth* in Marsch-Barner/Schäfer, Hdb. börsennotierte AG (2014), § 60 Rn. 344; offen gelassen von OLG Frankfurt am Main, Beschluss v. 9. Dezember 2008 – WpÜG 2/08 „Norddeutsche Landesbank/Deutsche Hypothekenbank“, AG 2009, 86, 88 ff.; a. A. *Schüppen/Tretter* in Haarmann/Schüppen, WpÜG (2008), § 39a Rn. 27.

708 BVerfG, Nichtannahmebeschluss v. 16. Mai 2012 – 1 BvR 96/09, 1 BvR 117/09, 1 BvR 118/09 u. 1 BvR 128/09, AG 2012, 625 ff., Tz 17 ff.

709 *Seiler* in Assmann/Pötzsch/Uwe H. Schneider, WpÜG (2013), § 39a Rn. 108; *Drinkuth* in Marsch-Barner/Schäfer, Hdb. börsennotierte AG (2014), § 60 Rn. 347.

der Abfindung ist der volle Wert des Unternehmens.[710] Regelmäßig wird zum Nachweis der Angemessenheit der Abfindung ein Gutachten eines Sachverständigen über eine nach dem Ertragswertverfahren durchgeführte Unternehmensbewertung eingeholt.[711] Nach den allgemeinen Regeln bildet der Börsenkurs der Zielgesellschaft im Zeitpunkt der Antragstellung zumindest die Untergrenze für die festzusetzende Barabfindung.[712]

IV. Die Pflichten des Vorstands der Zielgesellschaft

Die Pflichten des Vorstands der Zielgesellschaft beim öffentlichen Angebot finden ihre Grundlage in erster Linie in den Regelungen des WpÜG. Daneben bilden die Bestimmungen im WpHG zum Verbot von Insidergeschäften, Kurz- und Marktpreismanipulationen und Marktverzerrungen sowie die Vorgaben in weiteren kapitalmarktrechtlichen Vorschriften die Grundlagen für die Pflichten, die die Mitglieder des Vorstands beachten müssen. Darüber hinaus muss der Vorstand der Zielgesellschaft den kartellrechtlichen Mitwirkungspflichten der Zielgesellschaft im Verfahren der Fusionskontrolle gerecht werden.[713] Schließlich unterliegt der Vorstand der Zielgesellschaft als börsennotierter Aktiengesellschaft selbstverständlich vor, während und nach dem Angebotsverfahren den Vorschriften des AktG, die nicht durch das WpÜG verdrängt, sondern unter Umständen überlagert werden. Die einzelnen Pflichten des Vorstands bei einvernehmlichen Erwerbsangeboten als Regelfall in der Praxis[714] werden anhand des Ablaufs eines öffentlichen Angebotsverfahrens betrachtet.[715] Die Abwehrmaßnahmen bei feindlichen Erwerbsangeboten sollen anschließend anhand der Schilderung der Praxis dargestellt.

---

710 *Koch* in Hüffer, AktG (2014), § 327b Rn. 5; *Heidel/Lochner* in Heidel, Aktienrecht (2014), § 327b AktG Rn. 7; *Schnorbus* in K. Schmidt/Lutter, AktG (2010), § 327b Rn. 2; *Hasselbach* in KK-WpÜG (2010), § 327b Rn. 21.

711 *Seiler* in Assmann/Pötzsch/Uwe H. Schneider, WpÜG (2013), § 39a Rn. 108.

712 Vgl. BVerfG, BVerfG, Beschluss v. 27. April 1999 – 1 BvR 1613/94 – „DAT/Altana", BVerfGE 100, 289, 310 f. = AG 1999, 566, 569; *Schnorbus* in K. Schmidt/Lutter, AktG (2010), § 327b Rn. 3; *Grunewald* in KK-AktG (2010), § 327b Rn. 10; *Koch* in Hüffer, AktG (2014), § 327b Rn. 6.

713 Vgl. *Drinkuth* in Veil/Drinkuth, Reformbedarf im Übernahmerecht, S. 59, 77.

714 Feindliche Übernahmeangebote, unter denen man dem Willen der Verwaltung der Zielgesellschaft widersprechende Übernahmeangebote im Unterschied zu „unsolicited offers" versteht, hat es seit der Einführung des WpÜG am 1. Januar 2002 nur in sehr wenigen Fällen gegeben, vgl. dazu, *Drinkuth* in Marsch-Barner/Schäfer, Hdb. börsennotierte AG (2014), § 60 Rn. 14.

715 Vgl. *Drinkuth* in Veil/Drinkuth, Reformbedarf im Übernahmerecht, S. 59, 60 ff.

1. *Pflichten bei einvernehmlichen Erwerbsangeboten*

a) In der Vorbereitungsphase

aa) Die übernahmerechtliche Pflicht

Der zeitliche Anwendungsbereich des WpÜG beginnt mit der Veröffentlichung der Entscheidung zur Abgabe eines öffentliche Angebots durch den Bieter gemäß § 10 WpÜG. Vorher findet das WpÜG keine Anwendung. In der Vorbereitungsphase lassen sich dem WpÜG keine Pflichten des Vorstands der Zielgesellschaft, wie etwa ein Verhinderungsverbot im Sinne des § 33 Abs. 1 Satz 1 WpÜG, entnehmen.[716]

bb) Aktienrechtliche Informationspflichten gegenüber dem Aufsichtsrat

Bei einvernehmlichen Erwerbsangeboten werden Bieter in der Vorbereitungsphase regelmäßig versuchen, Kontakt mit dem Vorstand oder den Hauptaktionären der Zielgesellschaft aufzunehmen, diese über die Übernahmeabsicht zu informieren und um Unterstützung zu bitten. Der Vorstand der Zielgesellschaft wird dann häufig entscheiden, ob dem Bieter eine Due Diligence-Prüfung gestattet oder weitere Maßnahmen ergriffen werden sollen.

Nach § 90 Abs. 1 AktG ist der Vorstand verpflichtet, dem Aufsichtsrat regelmäßig über die künftige Geschäftspolitik und Unternehmensplanung, die Rentabilität, den Gang der Geschäfte und wesentliche Einzelmaßnahmen zu berichten. Gemäß § 90 Abs. 1 Satz 3 ist dem Vorsitzenden des Aufsichtsrats aufgrund wichtiger Anlässe zu berichten. Der Aufsichtsrat kann nach § 90 Abs. 3 Abs. 1 AktG vom Vorstand jederzeit einen Bericht verlangen. Auch ein einzelnes Aufsichtsratsmitglied kann vom Vorstand einen Bericht an den Aufsichtsrat verlangen.[717] Ein wichtiger Anlass im Sinne des § 90 Abs. 1 Satz 3 AktG kann ein auf die Zielgesellschaft gerichtetes Übernahmeangebot sein.[718]

Liegen vor der Veröffentlichung der Entscheidung über die Abgabe eines öffentlichen Angebots durch den Bieter konkrete Anhaltspunkte für ein beabsichtigtes Angebot vor, wie z. B. eine Kontaktaufnahme durch den potentiellen Bieter, kann der Vorstand der Zielgesellschaft im Rahmen seiner Pflicht zur ordnungsgemäßen Geschäftsführung gemäß §§ 76, 93 AktG verpflichtet sein, Informationen über den potenziellen Bieter zu beschaffen, um nach § 90 AktG seine Berichts- und Informationspflichten gegenüber dem Aufsichtsrat erfüllen zu können.[719] Kommt er bei seiner pflichtgemäßen Prüfung zu dem Ergebnis, dass ein Angebot unmittelbar

716 *Hirte* in KK-WpÜG (2010), § 33 Rn. 32; *Krause/Pötzsch/Stephan* in Assmann/Pötzsch/Uwe H. Schneider, WpÜG (2013), § 33 Rn. 32.

717 Vgl. dazu *Koch* in Hüffer, AktG (2014), § 90 Rn. 4 ff., 8, 11 f.

718 Vgl. *Drinkuth* in Veil/Drinkuth, Reformbedarf im Übernahmerecht, S. 59, 62.

719 Vgl. *Kort* in FS Lutter, 2000, S. 1421, 1438; *Schwennicke* in Geibel/Süßmann, WpÜG (2008), § 3 Rn. 28; *Krause/Pötzsch/Stephan* in Assmann/Pötzsch/Uwe H. Schneider, WpÜG (2013), § 3 Rn. 41; a. A. *Versteegen* in KK-WpÜG (2010), § 3 Rn. 42.

bevorsteht, kann der Vorstand nach § 90 Abs. 1 Satz 3 AktG verpflichtet sein, den Vorsitzenden des Aufsichtsrats hierüber zu informieren.[720]

cc) Pflicht zur Ad-hoc-Publizität nach § 15 WpHG

Die Kenntnis des Vorstands der Zielgesellschaft von einem bevorstehenden Übernahmeangebot vor Veröffentlichung der Angebotsentscheidung durch den Bieter stellt eine Insiderinformation im Sinne des § 13 WpHG dar.[721] Ob der Vorstand der Zielgesellschaft deswegen nach § 15 Abs. 1 WpHG verpflichtet ist, die Information offenzulegen, ist jedoch fraglich. Im Hinblick auf Übernahmeangebote ist § 15 Abs. 1 WpHG unter einem solchen Umstand einschränkend und dem Normzweck des § 10 WpÜG, der gegenüber § 15 WpÜG eine ausschließende Sonderregelung darstellt,[722] entsprechend auszulegen.[723] Den Vorstand der Zielgesellschaft trifft daher auch bei Kenntnis eines bevorstehenden Übernahmeangebotes in der Vorbereitungsphase keine Pflicht zur Ad-hoc-Publizität.

b) Nach Veröffentlichung der Angebotsentscheidung

aa) Kommunikations- und Übermittlungspflichten

Nach § 10 Abs. 5 Satz 2 WpÜG muss der Vorstand der Zielgesellschaft nach der schriftlichen Mitteilung der Entscheidung zur Abgabe eines Übernahmeangebots durch den Bieter unverzüglich den zuständigen Betriebsrat bzw. unmittelbar die Arbeitnehmer hiervon unterrichten. Die unterlassene oder fehlerhafte Unterrichtung ist gemäß § 60 Abs. 1 Nr. 2 b) WpÜG bußgeldbewährt.

Ferner ergibt sich eine Verpflichtung zur Weiterleitung der schriftlichen Mitteilung der Angebotsentscheidung an den Aufsichtsrat aus § 90 Abs. 1 Satz 3 AktG.[724]

bb) Das Verhinderungsverbot nach § 33 WpÜG

Im Fall eines Übernahmeangebots, das an alle außenstehende Aktionäre der Zielgesellschaft gerichtet ist, gilt mit der Veröffentlichung der Angebotsentscheidung bis zur Veröffentlichung des Ergebnisses das nur den Vorstand der Zielgesellschaft treffende Verhinderungsverbot nach § 33 WpÜG. Der Vorstand der Zielgesellschaft darf keine Maßnahmen treffen, die den Erfolg des Übernahmeangebots verhindern könnten, sofern nicht die Voraussetzungen des § 33 Abs. 1 oder Abs. 2 WpÜG vorliegen.

---

720 *Schwennicke* in Geibel/Süßmann, WpÜG (2008), § 3 Rn. 29; *Krause/Pötzsch/Stephan* in Assmann/Pötzsch/Uwe H. Schneider, WpÜG (2013), § 3 Rn. 43.

721 *Hasselbach*, NZG 2004, 1087, 1093; *Ziemons*, NZG 2004, 537, 541.

722 Begr. RegE, zu § 10 Abs. 6 WpÜG, BT-Drucks. 14/7034, S. 40.

723 Vgl. dazu ausführlich, *Drinkuth* in Veil/Drinkuth, Reformbedarf im Übernahmerecht, S. 59, 64 f.

724 *Hirte* in KK-WpÜG (2010), § 10 Rn. 97.

cc) Zulassung der Due Diligence-Prüfung

Aus dem Aktienrecht und Übernahmerecht lässt sich bei einem freundlichen Übernahmeangebot keine generelle Verpflichtung des Vorstands der Zielgesellschaft zur Kooperation ableiten.[725] Eine Zusammenarbeitspflicht kann im Einzelfall ausnahmsweise entstehen, wenn der Erfolg des Übernahmeangebots für die Zielgesellschaft von erheblicher Bedeutung ist. Eine solche Zusammenarbeit besteht in der Praxis meistens in der Gestattung einer Due Diligence-Prüfung.[726] Der Vorstand der Zielgesellschaft ist grundsätzlich befugt, im Interesse der Gesellschaft die Due Diligence-Prüfung zu gestatten, vorausgesetzt, dass die Vertraulichkeit und die Unumgänglichkeit für das Zustandekommen des Geschäfts vereinbart worden sind.[727] Der Vorstand ist in der Regel nicht zur Informationsweitergabe verpflichtet[728], kann sich jedoch ausnahmsweise der Zielgesellschaft gegenüber verpflichten, an der Durchführung der Due Diligence des Bieters mitzuwirken, wenn die Übernahme im objektiven Interesse der Zielgesellschaft liegt.[729]

Grundsätzlich entscheidet der Vorstand der Zielgesellschaft über die Zulassung und Mitwirkung an der Due Diligence-Prüfung des Bieters nach pflichtgemäßem Ermessen im Sinne der §§ 76, 93 AktG.[730] Das Ermessen hinsichtlich der Zulassung der Due Diligence-Prüfung kann vor allem in Normen des Gesellschafts-, Kapitalmarkt-, Datenschutz- und Kartellrechts seine Grenzen finden.[731] Aktienrechtlich darf der Vorstand der Zielgesellschaft bei der Zulassung und Mitwirkung an der Due Diligence-Prüfung nach seinem Leitungsermessen die Pflicht zur Verschwiegenheit aus §§ 93 Abs. 1 Satz 3, 404 AktG nicht verletzen. Sind die vom Bieter verlangen Informationen Insiderinformationen, kann die Weitergabe nach § 14 Abs. 1 Nr. 2

725 Vgl. *Fuchs* in Fleischer, Hdb. VorstandsR (2006), § 22 Rn. 102, Fußn. 221.

726 Vgl. *Fuchs* in Fleischer, Hdb. VorstandsR (2006), § 22 Rn. 102.

727 Vgl. zur grundsätzlichen Unzulässigkeit der Due Diligence-Prüfung, *Lutter*, ZIP 1997, 613, 617 f.; *Ziemons*, AG, 1999, 492, 495; zur grundsätzlichen Zulässigkeit, *Fleischer* in Spindler/Stilz, AktG (2010), § 93 Rn. 170; *Koch* in Hüffer, AktG (2014), § 93 Rn. 32.

728 *Koch* in Hüffer, AktG (2014), § 93 Rn. 32.

729 Vgl. *Treeck* in FS Fikentscher, 1998, S. 434, 450 f.; zu Grenzen der Schweigepflicht beim Unternehmenskauf, *Roschmann/Frey*, AG 1996, 449, 452; ausführlich zur Informationspflicht des Vorstands der Zielgesellschaft bei Unternehmensakquisitionen, *Fleischer/Körber*, Due Diligence im Gesellschafts- und Kapitalmarktrecht, in Berens/Brauner/Strauch/Knauer, Due Diligence bei Unternehmensakquisitionen (2013), S. 298.

730 Vgl. *Fleischer/Körber*, Due Diligence im Gesellschafts- und Kapitalmarktrecht, in Berens/Brauner/Strauch/Knauer, Due Diligence bei Unternehmensakquisitionen (2013), S. 298, 303 ff.

731 Vgl. zu Grenzen der Informationsbefugnis, *Fleischer/Körber*, Due Diligence im Gesellschafts- und Kapitalmarktrecht, in Berens/Brauner/Strauch/Knauer, Due Diligence bei Unternehmensakquisitionen (2013), S. 299 ff.; *Fuchs* in Fleischer, Hdb. VorstandsR (2006), § 22 Rn. 103 f.

WpHG verboten sein.[732] Vor allem bei der Human Resources Due Diligence oder der Management Due Diligence sind § 27 BDSG sowie das durch § 823 Abs. 1 BGB geschützte allgemeine Persönlichkeitsrecht der Mitarbeiter der Zielgesellschaft zu berücksichtigen.[733] Die in § 1 GWB und Art. 101 AEUV geregelten Kartellverbote müssen beim Informationsaustausch im Rahmen der Due Diligence-Prüfung eingehalten werden.[734]

dd) Pflichten aufgrund Deal-Protection-Vereinbarungen

Bei freundlichen Übernahmeangeboten versuchen Bieter oft, bereits in der Vorbereitungsphase oder im Laufe des Angebotsverfahrens nach der Veröffentlichung der Angebotsentscheidung gemäß § 10 WpÜG durch Abschluss bestimmter Deal-Protection-Vereinbarungen[735], wie Exklusivitäts-, Break Fee- oder Investorenvereinbarungen mit der Zielgesellschaft die Unterstützung ihrer Verwaltungsorgane zu gewährleisten und so den Erfolg des Angebots sicherzustellen. Solche Vereinbarungen stammen aus der Praxis in Großbritannien und den USA. Der Vorstand der Zielgesellschaft muss bei Abschluss solcher Vereinbarungen und bei der Gewährung von Unterstützung die inhaltlichen Grenzen aus dem Aktienrecht und Kapitalmarktrecht einhalten.[736]

(1) Exklusivitätsvereinbarungen

Exklusivitätsvereinbarungen zwischen dem Bieter und der Zielgesellschaft haben keine einheitlichen Erscheinungsformen. Die „No Talk"-Klausel, die es der Zielgesellschaft verbietet, mit Dritten zu verhandeln oder Dritte mit Informationen zu versorgen und damit die Durchführung einer Due Diligence-Prüfung durch Dritte fast unmöglich macht und Konkurrenzangebote erheblich erschwert, ist die strengste Form der Exklusivitätsvereinbarung.[737] Mit der „No Shop"- oder „Window Shop"-Klausel verpflichtet

---

732 Vgl. dazu *Fleischer/Körber*, Due Diligence im Gesellschafts- und Kapitalmarktrecht, in Berens/Brauner/Strauch/Knauer, Due Diligence bei Unternehmensakquisitionen (2013), S. 299.

733 Vgl. dazu *Fleischer/Körber*, Due Diligence im Gesellschafts- und Kapitalmarktrecht, in Berens/Brauner/Strauch/Knauer, Due Diligence bei Unternehmensakquisitionen (2013), S. 302.

734 Vgl. dazu *Fleischer/Körber*, Due Diligence im Gesellschafts- und Kapitalmarktrecht, in Berens/Brauner/Strauch/Knauer, Due Diligence bei Unternehmensakquisitionen (2013), S. 302 f.

735 Vgl. dazu *Banerjee*, DB 2003, 1489 ff.; *Drygala*, WM 2004, 1413 ff., 1457 ff.; *Fleischer*, ZHR 172 (2008), 538, 553 ff.

736 Vgl. ausführlich dazu, *Drygala*, WM 2004, 1413 ff., 1457 ff.; *Fleischer*, ZHR 172 (2008), 538 ff.

737 Vgl. *Drygala*, WM 2004, 1413, 1414; *Fleischer*, ZHR 172 (2008), 538, 556; *Krause* in Assmann/Pötzsch/Uwe H. Schneider, WpÜG (2013), § 22 Rn. 68.

sich die Zielgesellschaft, nicht aktiv nach einem konkurrierenden Angebot Ausschau zu halten.[738]

Exklusivitätsvereinbarungen können sowohl in der Vorbereitungsphase als auch im Verlauf des Angebotsverfahrens abgeschlossen werden. Verpflichtet sich der Vorstand der Zielgesellschaft bei einer in der Vorbereitungsphase abgeschlossenen Exklusivitätsvereinbarung zur Unterstützung des Angebots nach der Veröffentlichung der Angebotsentscheidung, finden auf die Exklusivitätsvereinbarung neben den Regelungen des AktG auch die Normen des WpÜG Anwendung.[739]

Für die Zulässigkeit der in der Vorbereitungsphase abgeschlossenen Exklusivitätsvereinbarung gelten im Rahmen des Aktienrechts das Verbot der Vorwegbindung aus dem § 76 Abs. 1 AktG, der Wahrung des Gesellschaftsinteresses nach §§ 76 Abs. 1, 93 Abs. 1 AktG und der Gleichbehandlung der Aktionäre gemäß § 53a AktG.[740] Die übernahmerechtlichen Grenzen von Exklusivitätsvereinbarungen finden sich darin, dass der Vorstand der Zielgesellschaft sich nicht verpflichten kann, nach der Veröffentlichung der Angebotsentscheidung das Angebot des Bieters unter Verletzung der übernahmerechtlichen Vorschriften, vor allem der §§ 3, 27 und 33 WpÜG, zu unterstützen.[741] Nach den genannten aktienrechtlichen und übernahmerechtlichen Grundsätzen ist die „No Shop"- oder „Window Shop"-Klausel zulässig, wenn der Vorstand der Zielgesellschaft nach sorgfältiger Abwägung sämtlicher Umständen zu der Auffassung kommt, dass das beabsichtigte Angebot im Interesse der Gesellschaft ist und sich gegenüber dem Bieter verpflichtet, nicht aktiv nach einem konkurrierenden Angebot Ausschau zu halten.[742] Demgegenüber kann die „No Talk"-Klausel, mit der es dem Vorstand der Zielgesellschaft kaum möglich wäre, ein konkurrierendes Angebot mit besseren Bedingungen zu berücksichtigen, regelmäßig nur unter besonderen Umständen und nur für einen eng begrenzten Zeitraum zulässig sein.[743] Die „Board Recommendation"-Klausel, die den Vorstand der Zielgesellschaft zur Abgabe einer unterstützenden Stellungnahme gemäß § 27 Abs. 1 WpÜG verpflichtet,

---

738 Vgl. *Drygala*, WM 2004, 1413, 1414; *Fleischer*, ZHR 172 (2008), 538, 556; *Krause* in Assmann/Pötzsch/Uwe H. Schneider, WpÜG (2013), § 22 Rn. 68.

739 *Krause* in Assmann/Pötzsch/Uwe H. Schneider, WpÜG (2013), § 22 Rn. 69.

740 Vgl. *Krause* in Assmann/Pötzsch/Uwe H. Schneider, WpÜG (2013), § 22 Rn. 70.

741 *Krause* in Assmann/Pötzsch/Uwe H. Schneider, WpÜG (2013), § 22 Rn. 70a.

742 *Drygala*, WM 2004, 1457, 1459; *Fleischer*, ZHR 172 (2008), 538, 562 f.; *Bachmann* in Mülbert/Kiem/Wittig, 10 Jahre WpÜG (2011), S. 191, 214; *Krause* in Assmann/Pötzsch/Uwe H. Schneider, WpÜG (2013), § 22 Rn. 70.

743 *Fleischer*, ZHR 172 (2008), 538, 562 f.; *Bachmann* in Mülbert/Kiem/Wittig, 10 Jahre WpÜG (2011), S. 191, 214; *Krause* in Assmann/Pötzsch/Uwe H. Schneider, WpÜG (2013), § 22 Rn. 71; a. A. *Spindler* in MK-AktG (2014), § 76 Rn. 34, der die „No Talk"-Klausel für aktienrechtlich gänzlich unzulässig hält.

verstößt in der Regel gegen das Verbot der Vorwegbindung aus § 76 Abs. 1 AktG und ist dementsprechend unzulässig.[744]

Für die Zulässigkeit der nach der Veröffentlichung der Angebotsentscheidung gemäß § 10 WpÜG abgeschlossenen Exklusivitätsvereinbarung, wie z. B. mit einem „weißen Ritter", gilt zusätzlich das Verhinderungsverbot des § 33 Abs. 1 WpÜG, das dem Abschluss einer Exklusivitätsvereinbarung mit einem „weißen Ritter" indes nicht entgegensteht.[745]

(2) Break Fee-Vereinbarungen

Bei freundlichen Übernahmeangeboten versuchen Bieter gelegentlich, mit der Zielgesellschaft eine Break Fee-Vereinbarung abzuschließen, mit der die Zielgesellschaft sich verpflichtet, bei einem Scheitern des geplanten Angebots einen bestimmten Geldbetrag an den Bieter zu zahlen. Die Bezeichnungen für solche Geldleistungen sind nicht einheitlich.[746] Der Zweck der Break Fee-Vereinbarung liegt regelmäßig darin, einen Teil der Kosten, die der Bieter für die Planung und Durchführung des Angebots aufgewendet hat, auf der Grundlage einer einfach zu handhabenden und pauschalierenden Klausel zu ersetzen, wenn sein Angebot scheitert. Ihr Zweck kann auch darin bestehen, die Zielgesellschaft zur Durchführung der Transaktion anzuhalten bzw. sie für das Scheitern des Angebots zu bestrafen.[747] Die Zahlungspflicht der Break Fee-Vereinbarungen kann durch verschiedene Ereignisse ausgelöst werden, die teils verschuldensunabhängig sind, teils an Risikosphären oder an bestimmte andere, vertraglich festgelegte Merkmale anknüpfen, die als „Trigger Events" bezeichnet werden.[748]

---

744 *Fleischer*, ZHR 172 (2008), 538, 558; *Seibt/Wunsch*, Der Konzern 2009, 195, 202; *Bachmann* in Mülbert/Kiem/Wittig, 10 Jahre WpÜG (2011), S. 191, 214; *Krause* in Assmann/Pötzsch/Uwe H. Schneider, WpÜG (2013), § 22 Rn. 72.

745 *Drygala*, WM 2004, 1457, 1462; *Krause* in Assmann/Pötzsch/Uwe H. Schneider, WpÜG (2013), § 22 Rn. 73.

746 Wie z. B. break fee, break-up fee, broken deal fee, termination fee, drop dead fee oder inducement fee, vgl. dazu *Banerjea*, DB 2003, 1489 f.; *Drygala*, WM 2004, 1413, 1419 f.; *Fleischer*, ZHR 172 (2008), 538, 556 f.; *Fleischer*, AG 2009, 345, 346; *Seibt* in Bech'sches Formularhandbuch Mergers & Acquisitions (2011), L.II.2, S. 1554 ff.; *Krause* in Assmann/Pötzsch/Uwe H. Schneider, WpÜG (2013), § 22 Rn. 74.

747 Vgl. *Drygala*, WM 2004, 1413, 1420; *Hilgard*, BB 2008, 286, 287; *Fleischer*, ZHR 172 (2008), 538, 557 f.; *Fleischer*, AG 2009, 345, 346; *Krause* in Assmann/Pötzsch/Uwe H. Schneider, WpÜG (2013), § 22 Rn. 74.

748 Vgl. zum „Trigger Events" oder Auslöser für die Fälligkeit der break fees, *Hilgard*, BB 2008, 286 f.; *Fleischer*, ZHR 172 (2008), 538, 557; *Krause* in Assmann/Pötzsch/Uwe H. Schneider, WpÜG (2013), § 22 Rn. 76; Beispiele: die Stellungnahme des Vorstands mit ablehnenden Charakter, Zurücknahme einer bereits gegebenen Annahmeempfindung, Unterstützung eines konkurrierenden Angebot.

Ob der Vorstand einer Zielgesellschaft eine Break Fee-Vereinbarung abschließen darf, ist aktienrechtlich unter den Gesichtspunkten der Wahrung des Gesellschaftsinteresses, der Beachtung der aktienrechtlichen Kompetenzordnung, des Verbots der Einlagenrückgewähr und der finanziellen Unterstützung des Aktienerwerbs zu beurteilen.[749] Der Vorstand der Zielgesellschaft darf nach §§ 76 Abs. 1, 93 Abs. 1 AktG Zahlungsverpflichtungen aufgrund einer Break Fee-Vereinbarung daher nur dann eingehen, wenn die Durchführung des Angebots mit besonderen, über einen bloßen Wechsel im Aktionärskreis hinausgehenden, Vorteilen verbunden ist[750], die sich z. B. aus Verbundvorteilen oder Synergieeffekten, dem Zugang zu neuen Finanzierungsquellen, der Verbesserung des Ratings, der Erweiterung der Produktpalette, des Kundenkreises oder der Erschließung neuer Absatzmärkte ergeben und insofern im Gesellschaftsinteresse sind.[751] Die vereinbarte Kostenerstattung muss ihrer Höhe nach angemessen sein.[752] Ferner muss das Verbot der Vorwegbindung gemäß § 76 Abs. 1 AktG beim Abschluss der Break-Fee-Vereinbarung eingehalten werden.[753] Hinsichtlich des Verbots der Einlagenrückgewähr nach § 57 Abs. 1 AktG bestehen grundsätzlich keine Bedenken hinsichtlich einer Break-Fee-Vereinbarung, weil die Zahlungspflicht nur beim Scheitern des Übernahmeangebots relevant wird.[754] Ein Verstoß gegen das Verbot der Einlagenrückgewähr nach § 57 Abs. 1 AktG besteht indes dann, wenn der Vorstand der Zielgesellschaft auf Veranlassung eines wesentlich beteiligten Aktionärs die Break Fee-Vereinbarung abschließt.[755] Break Fee-Vereinbarungen sind in der Regel mit § 71a Abs. 1 AktG vereinbar.[756] Nach § 82 Abs. 2 AktG muss der Vorstand der Zielgesellschaft bei der Ausgestaltung der Break Fee-Vereinbarung die etwaige Zustimmungspflicht des Aufsichtsrats oder der Hauptversammlung zu der betreffenden Transaktion berücksichtigen.[757]

---

749 Vgl. ausführlich dazu, *Drygala*, WM 2004, 1457, 1465 ff.; *Fleischer*, AG 2009, 345, 349 ff.

750 Vgl. *Sieger/Hasselbach*, BB 2000, 625, 628; *Fleischer*, AG 2009, 345, 350; *Krause* in Assmann/Pötzsch/Uwe H. Schneider, WpÜG (2013), § 22 Rn. 83.

751 Vgl. *Fleischer*, AG 2009, 345, 350; *Krause* in Assmann/Pötzsch/Uwe H. Schneider, WpÜG (2013), § 22 Rn. 83; *Drinkuth* in Marsch-Barner/Schäfer, Hdb. börsennotierte AG (2014), § 60 Rn. 174.

752 Vgl. ausführlich dazu, *Drygala*, WM 2004, 1457, 1465 ff.; *Fleischer*, AG 2009, 345, 350.

753 *Krause* in Assmann/Pötzsch/Uwe H. Schneider, WpÜG (2013), § 22 Rn. 83.

754 Vgl. *Fleischer*, AG 2009, 345, 351 f.; *Krause* in Assmann/Pötzsch/Uwe H. Schneider, WpÜG (2013), § 22 Rn. 81; *Drinkuth* in Marsch-Barner/Schäfer, Hdb. börsennotierte AG (2014), § 60 Rn. 175.

755 *Drinkuth* in Marsch-Barner/Schäfer, Hdb. börsennotierte AG (2014), § 60 Rn. 175.

756 Vgl. ausführlich dazu, *Drygala*, WM 2004, 1457, 1466 f.; *Fleischer*, AG 2009, 345, 352 ff.; *Krause* in Assmann/Pötzsch/Uwe H. Schneider, WpÜG (2013), § 22 Rn. 79 f.; *Drinkuth* in Marsch-Barner/Schäfer, Hdb. börsennotierte AG (2014), § 60 Rn. 176.

757 *Fleischer*, AG 2009, 345, 351.

Auf Break Fee-Vereinbarungen, die in der Vorbereitungsphase abgeschlossen werden, findet das WpÜG keine Anwendung.[758] Bei Break Fee-Vereinbarungen, die in einer moderaten Größenordnung nach der Veröffentlichung der Angebotsentscheidung gemäß § 10 Abs. 1 WpÜG abgeschlossen werden, liegen in der Regel keine Verstöße gegen das Verhinderungsverbot nach § 33 Abs. 1 WpÜG vor, weil sie keine prohibitive Wirkung entfalten.[759] Eine Ausnahme kann eine Break Fee darstellen, die so hoch ist, dass weitere Angebote unmöglich gemacht werden.[760] Die Zielgesellschaft ist nicht verpflichtet, mit jedem Bieter eine Break Fee-Vereinbarung abzuschließen, wenn sie mit einem Bieter eine solche Vereinbarung abgeschlossen hat. Dies resultiert daraus, dass die Zielgesellschaft übernahmerechtlich nicht verpflichtet ist, die konkurrierenden Bieter gleich zu behandeln.[761]

Die Break Fee-Vereinbarung ist in der Stellungnahme des Vorstands gemäß § 27 WpÜG offenzulegen, da die Tatsache, dass der Vorstand sich an einen bestimmten Bieter gebunden hat und dies mit einer Break Fee-Vereinbarung sichergestellt wurde, zu den Umständen gehört, die aus Sicht eines Aktionärs zur Beurteilung der Stellungnahme relevant und notwendig sind.[762]

(3) Investorenvereinbarungen

Unter Investorenvereinbarungen versteht man rechtsverbindliche Vereinbarungen zwischen einem oder mehreren Investoren und künftigen Anteilseignern auf der einen Seite sowie der Gesellschaft auf der anderen Seite, in denen einzelne Aspekte der Beteiligungsübernahme und des zukünftigen Rechtsverhältnisses mit gegenseitiger Bindungswirkung geregelt werden.[763] Der Abschluss einer Investorenvereinbarung

---

758 *Krause* in Assmann/Pötzsch/Uwe H. Schneider, WpÜG (2013), § 22 Rn. 77; *Drinkuth* in Marsch-Barner/Schäfer, Hdb. börsennotierte AG (2014), § 60 Rn. 177.

759 *Fleischer*, AG 2009, 345, 354 f.; *Krause* in Assmann/Pötzsch/Uwe H. Schneider, WpÜG (2013), § 22 Rn. 84 ff.; *Drinkuth* in Marsch-Barner/Schäfer, Hdb. börsennotierte AG (2014), § 60 Rn. 177.

760 *Fleischer*, AG 2009, 345, 355; *Krause* in Assmann/Pötzsch/Uwe H. Schneider, WpÜG (2013), § 22 Rn. 84a, 85; *Drinkuth* in Marsch-Barner/Schäfer, Hdb. börsennotierte AG (2014), § 60 Rn. 177.

761 Vgl. *Drygala*, WM 2004, 1457, 1463 ff.; *Fleischer*, AG 2009, 345, 355 f.; *Krause* in Assmann/Pötzsch/Uwe H. Schneider, WpÜG (2013), § 3 Rn. 16, § 22 Rn. 84; *Drinkuth* in Marsch-Barner/Schäfer, Hdb. börsennotierte AG (2014), § 60 Rn. 171.

762 Vgl. *Hopt*, ZGR 2002, 333, 363; *Drygala*, WM 2004, 1457, 1466; *Krause* in Assmann/Pötzsch/Uwe H. Schneider, WpÜG (2013), § 22 Rn. 86.

763 Vgl. zum Unterschied zwischen Investorenvereinbarung und Business Combination Agreement (BCA), *Seibt/Wunsch*, Der Konzern 2009, 195, 195 f.; *Koch* in Hüffer, AktG (2014), § 76 Rn. 41; zur unterschiedlichen Erscheinungsformen der Investorenvereinbarung, *Schall* in Krämmerer/Veil, Übernahme- und Kapitalmarktrecht in der Reformdiskussion (2013), S. 75 ff.; in der Praxis ist die Trennung jedoch weniger einheitlich, vgl. OLG München, Beschluss v. 14. November 2012 – 7 AktG 2/12 „WET.II“, AG, 2013, 173, 176, in dem Business Combination Agreement als

mit der Zielgesellschaft in der Vorbereitungsphase oder im laufenden Verfahren einer öffentlichen Übernahme kann aus Sicht des Bieters die Erfolgschancen seines Übernahmeangebots erhöhen und das Risiko eines konkurrierenden Angebots verringern.[764] Aus Sicht der Zielgesellschaft kann der Abschluss einer Investorenvereinbarung bestimmte Unternehmensinteresse sichern, die Vermögens- und Finanzlage verbessern und den Aktionärskreis stabilisieren.[765]

Ein rechtliches Verbot für Vereinbarungen zwischen einem Investor bzw. einem künftigen Aktionär einerseits und der Gesellschaft andererseits besteht nicht.[766] Eine allgemeine aktienrechtliche Neutralitätspflicht hinsichtlich der Übernahmeangebote kann aus den Normen des AktG nicht abgeleitet werden.[767] Der Vorstand der Zielgesellschaft ist grundsätzlich befugt, im Interesse der Gesellschaft nach pflichtgemäßem Leitungsermessen mit dem Bieter eine Investorenvereinbarung abzuschließen.[768] Allerdings findet die Investorenvereinbarung inhaltlich[769] ihre Grenzen im Aktienrecht und Kapitalmarktrecht.[770] Für Abreden über das zukünftige Stimmverhalten des Investors bei Hauptversammlungsbeschlüssen gilt das Verbot gebundener Aktien gemäß § 136 Abs. 2 AktG[771]; für Lock up-Verpflichtungen und Exit-Beschränkungen des Investors gilt das Verbot des Erwerbs eigener Aktien nach §§ 71 ff. AktG[772]; für Abreden über zukünftige Kapitalerhöhungen gilt schließlich das entsprechende Verpflichtungsverbot nach § 187 Abs. 1 AktG[773]. Ferner muss der Vorstand der Zielgesellschaft das Gebot der Gleichbehandlung der Aktionäre nach §§ 53a, 131 Abs. 4 AktG[774] sowie das kapitalmarktrechtliche Gleichbehandlungsgebot einhalten. Das Verbot der Gewährung

---

Aktionärsvereinbarung bezeichnet wird; *Kiesewetter/Kreymborg*, CFL 2013, 105, 109, Fußn. 56.

764 Vgl. ausführlich zu Gründen für den Abschluss von Investorenvereinbarungen aus Sicht des Bieters, *Seibt/Wunsch*, Der Konzern 2009, S. 195, 196 f.

765 Vgl. ausführlich zu Gründen für den Abschluss von Investorenvereinbsrungen aus Sicht der Zielgesellschaft, *Seibt/Wunsch*, Der Konzern 2009, 195, 198 f.

766 *Seibt/Wunsch*, Der Konzern 2009, 195, 199; *Kiem*, AG 2009, 301, 304 ff.

767 Vgl. *Koch* in Hüffer, AktG (2014), § 76 Rn. 40, m.w.N.

768 Vgl. *Seibt/Wunsch*, Der Konzern 2009, 195, 199.

769 Vgl. zum typischen Inhalt von Investorenvereinbarungen und Business Comination Agreement, *Kiem*, AG 2009, 301, 303 ff.; *Seibt/Wunsch*, Der Konzern 2009, 195, 201 ff.; *Seibt* in Krämmerer/Veil, Übernahme- und Kapitalmarktrecht in der Reformdiskussion (2013), S. 105 ff.

770 Vgl. *Seibt/Wunsch*, Der Konzern 2009, 195, 199; *Koch* in Hüffer, AktG (2014), § 76 Rn. 41.

771 Vgl. *Koch* in Hüffer, AktG (2014), § 136 Rn. 25 ff.

772 Vgl. *Seibt/Wunsch*, Der Konzern, 2009, 195, 207 f.

773 Vgl. *Koch* in Hüffer, AktG (2014), § 187 Rn. 1; *Seibt/Wunsch*, Der Konzern, 2009, 195, 206 f.

774 Vgl. *Koch* in Hüffer, AktG (2014), § 53a Rn. 4, 12, § 131 Rn. 36. Praktische Bedeutung des § 131 Abs. 4 AktG ist gering.

von Sondervorteilen[775], das Verbot rechtsgeschäftlicher Vorabbindungen sowie die Handlungsdirektiven gemäß §§ 311 ff. AktG[776] sind ebenfalls beim Abschluss einer Investorenvereinbarung zu berücksichtigen.

Mit dem Beschluss des Vorstands der Zielgesellschaft, eine Investorenvereinbarung mit dem Bieter abzuschließen, liegt eine für die Zielgesellschaft Ad-hoc-publitzitätspflichtige Insiderinformation vor. Der Inhalt der Ad-hoc-Mitteilung gemäß § 15 Abs. 1 WpHG entspricht dabei dem Inhalt der Investorenvereinbarung.[777] Die in der Investorenvereinbarung zugesagten Unterstützungshandlungen sind auch in der Stellungnahme des Vorstands nach § 27 Abs. 1 WpÜG anzugeben.[778]

ee) Die Einschaltung von Beratern

Das WpÜG enthält keine Regelung über die Verpflichtung des Vorstands der Zielgesellschaft, unabhängige Berater für das Verfahren des Übernahmeangebots einzuschalten. Die Entscheidung über die Hinzuziehung von Beratern sowie Investmentbanken oder Wirtschaftsprüfergesellschaften als *financial advisors* für die Unternehmensbewertung sowie für die Stellungnahme zur Art und Höhe der Gegenleistung trifft der Vorstand der Zielgesellschaft daher nach pflichtgemäßem Ermessen im Sinne der §§ 76, 93 AktG.[779]

c) Nach der Veröffentlichung der Angebotsunterlage

Nach Veröffentlichung der Angebotsentscheidung hat der Bieter nach § 14 Abs. 1 Satz 1 WpÜG der BaFin innerhalb von vier Wochen die Angebotsunterlage zu übermitteln. Nach Gestattung durch die BaFin ist die Angebotsunterlage gemäß § 14 Abs. 2 Satz 1 WpÜG unverzüglich zu veröffentlichen und dem Vorstand der Zielgesellschaft zu übermitteln. Nach der Veröffentlichung und Übermittlung der Angebotsunterlage treffen den Vorstand der Zielgesellschaft weitere übernahmerechtliche sowie aktienrechtliche Pflichten.

aa) Kommunikations- und Übermittlungspflichten

Der Vorstand der Zielgesellschaft muss gemäß § 14 Abs. 4 Satz 2 WpÜG nach Übermittlung der Angebotsunterlage durch den Bieter diese unverzüglich dem Betriebsrat bzw. den Arbeitnehmer zur Verfügung stellen.

Gegenüber dem Aufsichtsrat ist der Vorstand der Zielgesellschaft nach § 90 Abs. 1 Satz 3 AktG verpflichtet, unverzüglich dem Vorsitzenden des Aufsichtsrats über

---

775 *Seibt/Wunsch*, Der Konzern 2009, 195, 199; vgl. zu Beispielen für Sondervorteile, *Koch* in Hüffer, AktG (2014), § 26 Rn. 3.

776 *Koch* in Hüffer, AktG (20149, § 76 Rn. 41.

777 *Seibt/Wunsch*, Der Konzern 2009, 195, 210.

778 *Seibt*/Wunsch, Der Konzern 2009, 195, 210.

779 Vgl. *Drinkuth* in Veil/Drinkuth, Reformbedarf im Übernahmerecht (2005), S. 59, 67 f.

die Angebotsentscheidung des Bieters zu berichten und die Angebotsunterlage zu übermitteln. Eine übernahmerechtliche Sonderregelung ist entbehrlich, weil die Entscheidung zur Abgabe eines Übernahmeangebots sowie die Angebotsunterlage zu den aus wichtigem Anlass im Sinne des § 90 Abs. 1 Satz 3 AktG zu übermittelnden Informationen gehören und die Unterrichtung sämtlicher Aufsichtsratsmitglieder durch den Vorsitzenden des Aufsichtsrats wiederum in § 90 AktG geregelt ist.[780]

bb) Die Pflicht zur Stellungnahme zum Angebot nach § 27 WpÜG

(1) Das Gebot der Transparenz und Gleichbehandlung der Aktionäre bei der Stellungnahme

Nach § 27 Abs. 1 Satz 1 WpÜG muss der Vorstand der Zielgesellschaft eine begründete Stellungnahme zum Erwerbsangebot des Bieters und zu jeder Änderungen abgeben. Diese Verpflichtung zur Stellungnahme gilt für einfache Erwerbsangebote, Übernahmeangebote und Pflichtangebote gleichermaßen.[781] Dogmatisch ist die Stellungnahmepflicht des Vorstands gemäß § 27 Abs. 1 WpÜG eine eigenständige kapitalmarktrechtliche Pflicht, die die Pflicht des Vorstands zur ordnungsgemäßen Leitung und Geschäftsführung der Zielgesellschaft gemäß §§ 76, 93 AktG im Fall des öffentlichen Angebots konkretisiert und erweitert.[782] Sie ist eine besondere Ausprägung des allgemeinen Grundsatzes der Transparenz gemäß § 3 Abs. 2 WpÜG, wonach Aktionäre der Zielgesellschaft über ausreichende Informationen verfügen sollen, um in Kenntnis der Sachlage über das Angebot entscheiden zu können. Zu den hierfür erforderlichen Informationen gehört auch die begründete Stellungnahme des Vorstands zum Angebot.[783] Dadurch, dass der Aufsichtsrat der Zielgesellschaft nach § 27 Abs. 1 Satz 1 WpÜG ebenfalls eine begründete Stellungnahme zum Erwerbsangebot abgeben muss und dem Betriebsrat bzw. den Arbeitnehmern der Zielgesellschaft nach § 27 Abs. 1 Satz 2 WpÜG das Recht zusteht, dem Vorstand eine Stellungnahme zum Angebot zu übermitteln, wird die Transparenz bei divergierenden Stellungnahmen weiter erhöht.[784]

---

780 Vgl. Begr. RegE, zu § 10 Abs. 5 und § 14 Abs. 4 WpÜG, BT-Drucks. 14/7034 S. 40 und 45; *Fuchs* in Fleischer, Hdb. VorstandsR (2006), § 22 Rn. 92.

781 *Schwennicke* in Geibel/Süßmann, WpÜG (2008), § 27 Rn. 1; *Krause/Pötzsch* in Assmann/Pötzsch/Uwe H. Schneider, WpÜG (2013), § 27 Rn. 12.

782 *Hopt*, ZHR 166 (2002), 383, 421; *Schwennicke* in Geibel/Süßmann, WpÜG (2008), *Röh* in Haarmann/Schüppen, WpÜG (2008), § 27 Rn. 16; § 27 Rn. 7; *Hirte* in KK-WpÜG (2010), § 27 Rn. 16; *Wacherbarth* in MK-AktG (2011), § 27 WpÜG Rn. 9; *Krause/Pötzsch* in Assmann/Pötzsch/Uwe H. Schneider, WpÜG (2013), § 27 Rn. 18 f.; vgl. auch *Steinmeyer* in Steinmeyer , WpÜG (2013), § 27 Rn. 6, der die Stellungnahmepflicht dogmatisch für rein kapitalmarkt-rechtliche Pflicht hält.

783 Begr. RegE, zu § 27 Abs. 1 WpÜG, BT-Drucks. 14/7034 S. 52; *Hirte* in KK-WpÜG (2010), § 27 Rn. 2, 13; *Wackerbarth* in MK-AktG/WpÜG (2011), § 27 Rn. 2; *Krause/Pötzsch* in Assmann/Pötzsch/Uwe H. Schneider, WpÜG (2013), § 27 Rn. 4.

784 *Hirte* in KK-WpÜG (2010), § 27 Rn. 2.

Die Stellungnahme des Vorstands der Zielgesellschaft bildet für die Aktionäre der Zielgesellschaft und anderen Bezugsgruppen neben der Angebotsunterlage eine zentrale Informationsquelle, wirkt einer einseitigen Informationspolitik des Bieters entgegen und bietet den Aktionären der Zielgesellschaft durch die umfassende Begründung eine ausgewogene Entscheidungsgrundlage.[785] Durch die Stellungnahme erfüllt der Vorstand der Zielgesellschaft zugleich seine gesellschaftsrechtliche Pflicht zur sachgerechten Wahrnehmung der Gesellschaftsinteressen, welche die durch praktische Integration auszugleichenden Interessen der Aktionäre, der Arbeitnehmer und des Gemeinwohls umfassen.[786] Die Pflicht des Vorstands der Zielgesellschaft zur Stellungnahme wirkt sich zugleich auf die informationelle Gleichbehandlung der Aktionäre aus. Eine Weitergabe besonderer Informationen an einzelne Aktionäre außerhalb der Stellungnahme gemäß § 27 WpÜG ist mit dem Grundsatz der Gleichbehandlung der Aktionäre gemäß § 3 Abs. 1 WpÜG und § 53a AktG unvereinbar.[787]

(2) Die Willensbildung des Vorstands bei der Stellungnahme

Die Stellungnahme muss vom Vorstand als Gesamtorgan, nicht aber von den einzelnen Vorstandsmitgliedern abgegeben werden.[788] Die Stellungnahme ist eine Geschäftsführungsmaßnahme,[789] so dass für die Beschlussfassung bezüglich der Stellungnahme der Einstimmigkeitsgrundsatz nach § 77 Abs. 1 AktG gilt, soweit die Satzung und die Geschäftsordnung gemäß § 77 Abs. 1 Satz 2 AktG nichts Abweichendes bestimmen.[790] Bei der Beschlussfassung ist jedes Vorstandsmitglied stimmberechtigt und das Stimmrecht eines befangenen Vorstandsmitglieds ist nicht ausgeschlossen.[791] Gemäß § 27 Abs. 1 Satz 2 Nr. 4 WpÜG muss jedoch die Absicht der Vorstandsmitglieder, die Wertpapiere an der Zielgesellschaft halten, das Angebot

---

785 Vgl. *Fleisch/Kalss*, Das neue WpÜG, S. 95 f.

786 Vgl. Begr. RegE, zu § 27 Abs. 1 WpÜG, BT-Drucks. 14/7034 S. 52; *Fleischer/Kalss*, Das neue WpÜG (2002), S. 96; *Hopt* in GK-AktG (1999), § 93 Rn. 129; *Krause/Pötzsch* in Assmann/Pötzsch/Uwe H. Schneider, WpÜG (2013), § 27 Rn. 33.

787 *Fuchs* in Fleischer, VorstandsR (2006), § 22 Rn. 95, 23; *Schwennicke* in Geibel/Süßmann (2008), § 3 Rn. 11 ff.

788 *Hirte* in KK-WpÜG (2010), § 27 Rn. 20; *Krause/Pötsch* in Assmann/Pötsch/Uwe H. Schneider, WpÜG (2013), § 27 Rn. 35.

789 *Hirte* in KK-WpÜG (2010), § 27 Rn. 20.

790 *Hirte* in KK-WpÜG (2010), § 27 Rn. 20; *Krause/Pötzsch* in Assmann/Pötzsch/Uwe H. Schneider, WpÜG (2013), § 27 Rn. 36; *Drinkuth* in Marsch-Barner/Schäfer, Hdb. börsennotierte AG (2014), § 60 Rn. 154.

791 Einen allgemeinen Stimmrechtsausschluss des Mitglieds des Vorstands oder Aufsichtsrats wegen Befangenheit bei Entscheidungsfindungen zur Geschäftsführungsmaßnahme kennt das AktG nicht, vgl. dazu *Hirte* in KK-WpÜG (2010), § 27 Rn. 22; *Wackerbarth* in MK-AktG (2011), § 27 WpÜG Rn. 11; *Drinkuth* in Marsch-Barner/Schäfer, Hdb. börsennotierte AG (2014), § 60 Rn. 154.

anzunehmen, in der Stellungnahme offengelegt werden. Die Interessenkonflikte der befangenen Vorstandsmitglieder sind in der Stellungnahme darzulegen.[792]

Können Vorstandsbeschlüsse nach der Satzung oder der Geschäftsordnung mehrheitlich gefasst werden und bestehen abweichende Meinungen einzelner Vorstandsmitglieder zum öffentlichen Angebot, so ist der Vorstand nicht verpflichtet, das Abstimmungsergebnis in der Stellungnahme oder in sonstiger Weise zu veröffentlichen, auch wenn die abweichenden Meinungen für die Aktionäre der Zielgesellschaft von großer Bedeutung sein können.[793] Denn die Adressaten des § 27 Abs. 1 WpÜG sind der Vorstand und der Aufsichtsrat als Verwaltungsorgane der Zielgesellschaft, nicht aber die einzelnen Organmitglieder.[794] Es besteht keine Rechtsgrundlage für die Verpflichtung des Vorstands, den Prozess für die Findung einer Entscheidung zur Stellungnahme zu veröffentlichen.[795] Sowohl der Abstimmungsvorgang als auch das Abstimmungsergebnis sind interne Angelegenheiten der Zielgesellschaft, die der Verschwiegenheitspflicht des Vorstands im Sinne des § 93 Abs. 1 Satz 2 AktG unterliegen.[796] Den einzelnen Vorstandsmitgliedern steht es frei, ihre Auffassungen zum Angebot außerhalb der Stellungnahme öffentlich zu machen, sofern die allgemeinen gesellschaftsrechtlichen Grundsätze oder Vorschriften dadurch nicht verletzt werden.[797]

(3) Die Begründungspflicht bei der Stellungnahme

Nach § 27 Abs. 1 WpÜG ist der Vorstand der Zielgesellschaft zur Begründung der Stellungnahme verpflichtet. Der Umfang der Begründungspflicht wird nicht näher

---

792 *Hirte* in KK-WpÜG (2010), § 27 Rn. 34; *Noack/Holzborn* in Schwark/Zimmer, KMRK (2010), § 27 WpÜG Rn. 13; *Wackerbarth* in MK-AktG (2011), § 27 WpÜG, Rn. 11; *Krause/Pötzsch* in Assmann/Pötzsch/Uwe H. Schneider, WpÜG (2013), § 27 Rn. 37; *Drinkuth* in Marsch-Barner/Schäfer, Hdb. börsennotierte AG (2014), § 60 Rn. 154; vgl. zur Offenlegung von Interessenkonflikten von Organmitgliedern in der Praxis, *Kiesewetter/Kreymborg*, CFL 2013, 105, 113 f.

793 Vgl. *Kiesewetter/Kreymborg*, CFL 2013, 105, 113; *Drinkuth* in Marsch-Barner/Schäfer, Hdb. börsennotierte AG (2014), § 60 Rn. 155. In Einzelfällen kann aber eine Offenlegungspflicht aufgrund des Transparenzgebotsvorrangs, der aus § 27 Abs. 1 Satz 2 Nr. 4 WpÜG hergeleitet werden kann, vorliegen, vgl. dazu *Noack/Holzborn* in Schwark/Zimmer, KMRK (2010), § 27 WpÜG Rn. 14.

794 *Hirte* in KK-WpÜG (2010), § 27 Rn. 18; *Steinmeyer* in Steinmeyer, WpÜG (2013), § 27 Rn. 13; *Krause/Pötzsch* in Assmann/Pötzsch/Uwe H. Schneider, WpÜG (2013), § 27 Rn. 35 ff.

795 *Drinkuth* in Marsch-Barner/Schäfer, Hdb. börsennotierte AG (2014), § 60 Rn. 155.

796 *Noack/Holzborn* in Schwark/Zimmer, KMRK (2010), § 27 WpÜG Rn. 14; *Drinkuth* in Marsch-Barner/Schäfer, Hdb. börsennotierte AG (2014), § 60 Rn. 155.

797 Begr. RegE, zu § 27 Abs. 1 WpÜG, BT-Drucks. 14/7034 S. 52; *Hirte* in KK-WpÜG (2010), § 27 Rn. 20; vgl. zur Veröffentlichung der unterschiedlichen Beurteilung des Angebots von Organmitgliedern in der Praxis, *Kiesewetter/Kreymborg*, CFL 2013, 105, 113.

geregelt. Eine pauschale Zurückweisung oder Bewertung des Angebots ohne Gewichtung und Abwägung der Vor- und Nachteile reicht jedoch nicht aus, um den Aktionären der Zielgesellschaft die notwendigen Informationen für eine sachgerechte Entscheidung zu verschaffen.[798] Hierfür ist eine eingehende Darlegung aller wesentlichen Umstände, die die Stellungnahme beeinflusst haben, erforderlich.[799]

(4) Der Inhalt der Stellungnahme

Die Verpflichtung zur begründeten Stellungnahme bezieht sich auf alle Umstände des Angebots in der Form, wie es in der Angebotsunterlage spezifiziert ist.[800] Auf die Umstände und Informationen, die nach der Auffassung des Vorstands in der Angebotsunterlage fehlen, unvollständig oder unrichtig sind, ist ebenfalls hinzuweisen.[801] In den letzten Jahren haben sich Standards der Vorstände für den strukturellen Aufbau solcher Stellungnahmen herausgebildet.[802]

In § 27 Abs. 1 Satz 2 Nr. 1 bis Nr. 4 WpÜG werden vier Gegenstände der Stellungnahme aufgezählt: die Art und Höhe der angebotenen Gegenleistung (Nr. 1), die voraussichtlichen Folgen eines erfolgreichen Angebots für die Zielgesellschaft, die Arbeitnehmer und ihre Vertretungen, die Beschäftigungsbedingungen und die Standorte der Zielgesellschaft (Nr. 2), die vom Bieter mit dem Angebot verfolgten Ziele (Nr. 3) und die Absicht der Mitglieder des Vorstands und des Aufsichtsrats das Angebot anzunehmen, soweit sie Inhaber von Wertpapieren der Zielgesellschaft sind (Nr. 4). Der obligatorische Inhalt einer Stellungnahme ist damit nicht abschließend aufgezählt.[803] Die Stellungnahme muss z.B. ferner Vereinbarungen zwischen dem Bieter und dem Vorstand der Zielgesellschaft über die künftige Gestaltung oder die persönlichen Verhältnisse des Vorstands enthalten.[804]

---

798 Vgl. *Fleischer/Kalss*, Das neue WpÜG (2002), S. 98; *Schwennike* in Geibel/Süßmann, WpÜG (2008), § 27 Rn. 9; *Hirte* in KK-WpÜG (2010), § 27 Rn. 30; *Wackerbarth* in MK-AktG, § 27 WpÜG Rn. 2; *Krause/Pötzsch* in Assmann/Pötzsch/Uwe H. Schneider, WpÜG (2013), § 27 Rn. 44.

799 *Fleischer/Kalss*, Das neue WpÜG (2002), S. 98.

800 *Seibt*, in Mülbert/Kiem/Wittig, 10 Jahre WpÜG (2011), S. 148, 181.

801 Vgl. *Seibt*, in Mülbert/Kiem/Wittig, 10 Jahre WpÜG (2011), S. 148, 181; *Siebt*, CFL, 2011, 213, 236.

802 Vgl. *Seibt* in Mülbert/Kiem/Wittig, 10 Jahre WpÜG (2011), S. 148, 181; zum Muster der Angebotsstellungnahme, vgl. *Groß* in Happ, Konzern- und Umwandlungsrecht (2012), Muster 12.01, S. 2188 ff., Anm. 14.1 ff., S. 2207 ff.; *Seibt* in Beck´sches Formularbuch Mergers & Acquisitions (2011), Muster E.IV. mit Anmerkungen, S. 966 ff.; *Drinkuth* in Marsch-Barner/Schäfer, Hdb. börsennotierte AG (2014), § 60 Rn. 156.

803 *Schwennicke* in Geibel/Süßmann, WpÜG (2008), § 27 Rn. 21; *Krause/Pötzsch* in Assmann/Pötzsch/Uwe H. Schneider, WpÜG (2013), § 27 Rn. 53.

804 Vgl. *Hopt* in FS Lutter, 2000, S. 1361, 1381; *Schwennicke* in Geibel/Süßmann (2008), § 27 Rn. 21; *Hirte* in KK-WpÜG (2010), § 27 Rn. 43; *Krause/Pötzsch* in Assmann/Pötzsch/Uwe H. Schneider, WpÜG (2013), § 27 Rn. 58.

Das Kernelement der Stellungnahme ist die Beurteilung der Art und Höhe der Gegenleistung, die für die Aktionäre der Zielgesellschaft von großer Bedeutung ist.[805] Die Stellungnahme bezieht sich nicht nur auf die Art, sondern auch auf die Angemessenheit der Gegenleistung. Neben der Prüfung, ob die gesetzlichen Regelungen in § 31 WpÜG i.V.m. §§ 3 ff. WpÜG-AngVO eingehalten wurden, hat der Vorstand zu erläutern, ob die angebotene Gegenleistung auch im Verhältnis zum Unternehmenswert der Zielgesellschaft angemessen ist. Zu diesem Zweck ist eine Unternehmensbewertung notwendig, wobei in der Stellungnahme die Methode zur Ermittlung des Unternehmenswerts angegeben werden muss. Dafür ist in der Regel die Einholung einer Einschätzung eines Sachverständigen erforderlich. Das WpÜG enthält diesbezüglich zwar keine ausdrücklichen Regelungen, im Einzelfall kann die Einschaltung des Sachverständigen im Hinblick auf die Informationsvorgaben des § 3 Abs. 2 WpÜG jedoch auch geboten sein.[806] In der Praxis werden üblicherweise ein oder mehrere Sachverständigengutachten zur Prüfung der Angemessenheit der Gegenleistung, also eine Fairness Opinion, eingeholt.[807] Der Vorstand, der über sensible Kenntnisse der gegenwärtigen Finanz-, Vermögens- und Ertragslage der Gesellschaft und ihrer zukünftigen Entwicklungsmöglichkeiten verfügt,[808] darf die Fairness Opinion aber nicht einfach blind hinnehmen, sondern muss sich in der Stellungnahme erkennbar mit dieser inhaltlich auseinandersetzen.[809]

Grundsätzlich muss die Stellungnahme eine Handlungsempfehlung enthalten, das Angebot anzunehmen oder abzulehnen.[810] Im Einzelfall, wie etwa bei einem argumentativen Patt,[811] ist auch eine Stellungnahme zulässig, die sich einer konkreten Handlungsempfehlung an die Aktionäre der Zielgesellschaft enthält.[812]

(5) Die Beifügung der Stellungnahme des Betriebsrates bzw. der Arbeitnehmer

Nach § 27 Abs. 2 WpÜG steht dem Betriebsrat oder den Arbeitnehmern der Zielgesellschaft das Recht zu, eine Stellungnahme zum Angebot abzugeben. Geht diese Stellungnahme rechtzeitig ein, so hat der Vorstand diese seiner eignen Stellungnahme beizufügen. Sie ist mit der Stellungnahme des Vorstands in einem

805 *Fleischer/Kalss*, Das neue WpÜG (2002), S. 96 f.; *Hirte* in KK-WpÜG (2010), § 27 Rn. 37; *Krause/Pötzsch* in Assmann/Pötzsch/Uwe H. Schneider, WpÜG (2013), § 27 Rn. 61.

806 *Fleischer/Kalss*, Das neue WpÜG (2002), S. 97.

807 Vgl. zum Begriff der Fairness Opinion, *Achleitner*, Hdb. Investment Banking (2002), S. 210 ff.; zur Fairness Opinion in der Praxis, *Kiesenwetter/Kreymborg*, CFL 2013, 105, 112 f.

808 *Fleischer/Kalss*, Das neue WpÜG (2002), S. 96.

809 *Drinkuth* in Marsch-Barner/Schäfer, Hdb. börsennotierte AG (2014), § 60 Rn. 158.

810 *Fleischer/Kalss*, Das neue WpÜG (2002), S. 99; *Krause/Pötzsch* in Assmann/Pötzsch/Uwe H. Schneider, WpÜG (2013), § 27 Rn. 90.

811 *Fleischer/Kalss*, Das neue WpÜG (2002), S. 99.

812 Begr. RegE, zu § 27 Abs. 1 WpÜG, BT-Drucks. 14/7034, S. 52.

Dokument zusammenzufassen.[813] Die später eingehende Stellungnahme des Betriebsrates bzw. der Arbeitnehmer hat der Vorstand selbständig zu veröffentlichen.[814]

(6) Die Veröffentlichung der Stellungnahme

Der Vorstand muss nach § 27 Abs. 3 Satz 1 WpÜG die Stellungnahme unverzüglich nach Übermittlung der Angebotsunterlage veröffentlichen. Nach der Verwaltungspraxis der BaFin beträgt die Frist für den Vorstand in der Regel höchstens zwei Wochen oder zehn Werktage nach Übermittlung der Angebotsunterlage.[815] Die Veröffentlichung der Stellungnahme muss in der durch § 14 Abs. 3 Satz 1 WpÜG vorgeschriebenen Form im Internet und im Bundesanzeiger erfolgen. Gleichzeitig mit der Veröffentlichung der Stellungnahme muss der Vorstand nach § 27 Abs. 3 Satz 2 WpÜG die Stellungnahme dem zuständigen Betriebsrat bzw. unmittelbar den Arbeitnehmern übermitteln. Nach § 27 Abs. 3 Satz 3 WpÜG muss der Vorstand der BaFin die Veröffentlichung gemäß § 14 Abs. 3 Satz 1 Nr. 2 WpÜG unverzüglich mitteilen.

(7) Haftung für eine inhaltlich fehlerhafte Stellungnahme

Die verzögerte Veröffentlichung der Stellungnahme gemäß § 27 Abs. 3 Satz 1 WpÜG sowie ihre verzögerte Übermittlung gemäß § 27 Abs. 3 Satz 2 WpÜG sind nach § 60 Abs. 1 Nr. 1b oder Nr. 2c WpÜG bußgeldbewehrt.[816] Inhaltlich fehlerhafte Stellungnahmen unterliegen wegen des strafrechtlichen Analogieverbots jedoch nicht den Bußgeldvorschriften.[817] Wenn in der Stellungnahme vorsätzlich falsche Angaben über Umstände gemacht werden, die für die Bewertung der zu veräußernden Aktien der Zielgesellschaft von erheblicher Bedeutung sind, oder wenn solche Umstände entgegen bestehenden Rechtsvorschriften verschwiegen werden, können sich die Vorstandsmitglieder wegen der Verwirklichung des Tatbestandes der Marktmanipulation gemäß § 20a WpHG strafbar machen.[818]

Die Adressaten der Angebotsstellungnahme sind die Inhaber der Wertpapiere der Zielgesellschaft. Die Vorstandsmitglieder können aufgrund einer inhaltlich fehlerhaften Stellungnahme auf Schadensersatz gegenüber den Aktionären der Zielgesellschaft in Anspruch genommen werden[819], soweit die fehlerhafte Stellungnahme

813 *Hirte* in KK-WpÜG (2010), § 27 Rn. 62.
814 *Hirte* in KK-WpÜG (2010), § 27 Rn. 65.
815 Vgl. *Hirte* in KK-WpÜG (2010), § 27 Rn. 67; *Krause/Pötzsch* in Assmann/Pötzsch/Uwe H. Schneider, WpÜG (2013), § 27 Rn. 125; *Drinkuth* in Marsch-Barner/Schäfer, Hdb. börsennotierte AG (2014), § 60 Rn. 164.
816 Vgl. *Altenhain* in KK-WpÜG (2010), § 60 Rn. 67 f., 94.
817 *Drinkuth* in Marsch-Barner/Schäfer, Hdb. börsennotierte AG (2014), § 60 Rn. 166.
818 Vgl. *Stoll* in KK-WpHG (2014), § 20a Rn. 172 ff., 184 ff.
819 Vgl. ausführlich zu Ansprüchen der Wertpapierinhaber der Zielgesellschaft gegen den Vorstand der Zielgesellschaft, *Krause/Pötzsch* in Assmann/Pötzsch/Uwe H. Schneider, § 27 Rn. 141 ff.

die Voraussetzungen einer vorsätzlichen sittenwidrigen Schädigung im Sinne des § 826 BGB erfüllt.[820] Die Haftung auf Schadensersatz gegenüber den Aktionären der Zielgesellschaft entsteht dagegen mangels ausdrücklicher Regelung im WpÜG weder aufgrund einer analogen Anwendung des § 12 WpÜG, weil es insoweit an einer planwidrigen Regelungslücke fehlt und die Angebotsunterlage nicht mit der Stellungnahme zu vergleichen ist[821], noch aufgrund der Organhaftung nach § 93 Abs. 2 AktG, weil die Haftung aus § 93 Abs. 2 AktG nur gegenüber der Gesellschaft besteht[822], noch aufgrund der entsprechenden Anwendung der Regelungen des WpPG, weil bei der Stellungnahme die Merkmale des Prospekts im Sinne des WpPG nicht erfüllt sind[823].

cc) Das Verbot ungerechtfertigter Zuwendungen an Organmitglieder der Zielgesellschaft

Gemäß § 33d WpÜG ist es dem Bieter und mit ihm gemeinsam handelnden Personen verboten, Vorstands- oder Aufsichtsratsmitgliedern der Zielgesellschaft im Zusammenhang mit einem Angebot ungerechtfertigte Geldleistungen oder andere ungerechtfertigte geldwerte Vorteile zu gewähren oder in Aussicht zu stellen. Diese Norm, die durch das Übernahmerichtlinie-Umsetzungs-gesetz vom 8. Juli 2006 den ursprünglichen § 33 Abs. 3 WpÜG mit identischem Wortlaut abgelöst hat, bezweckt die Sicherung der Unabhängigkeit der Entscheidungen des Vorstandes und des Aufsichtsrates der Zielgesellschaft[824] sowie die Verringerung der Konflikte zwischen den Interessen der Zielgesellschaft und ihrer Aktionäre einerseits und dem Interesse der Organmitglieder am Erhalt ihrer Position andererseits.[825]

---

820 Vgl. *Friedl*, NZG 2004, 448, 452; *Krause/Pötzsch* in Assmann/Pötzsch/Uwe H. Schneider, WpÜG (2013), § 27 Rn. 153 f.; *Drinkuth* in Marsch-Barner/Schäfer, Hdb. börsennotierte AG (2014), § 60 Rn. 170.

821 Vgl. *Hopt*, ZHR 166 (2002), 383, 431; *Hopt*, ZGR 2002, 333, 355 f.; *Friedl*, NZG 2004, 448, 449; *Krause/Pötzsch* in Assmann/Pötzsch/Uwe H. Schneider, WpÜG (2013), § 27 Rn. 143; *Drinkuth* in Marsch-Barner/Schäfer, Hdb. börsennotierte AG (2014), § 60 Rn. 167.

822 Vgl. *Friedl*, NZG 2004, 448, 449; *Krause/Pötzsch* in Assmann/Pötzsch/Uwe H. Schneider, WpÜG (2013), § 27 Rn. 155; *Drinkuth* in Marsch-Barner/Schäfer, Hdb. börsennotierte AG (2014), § 60 Rn. 168.

823 Obwohl die Stellungnahme auch an alle Kapitalmarktteilnehmer gerichtet ist und deswegen eine Kapitalmarktinformation bildet, vgl. dazu *Friedl*, NZG 2004, 448, 453; *Drinkuth* in Marsch-Barner/Schäfer, Hdb. börsennotierte AG (2014), § 60 Rn. 169.

824 Begr. RegE, zu § 33 Abs. 3 WpÜG, BT-Drucks. 14/7034, S. 59; *Krause/Pötzsch/Stephan* in Assmann/Pötzsch/Uwe H. Schneider, WpÜG (2013), § 33d Rn. 1; *Steinmeyer* in Steinmeyer, WpÜG (2013), § 33d Rn. 1.

825 *Hirte* in KK-WpÜG (2010), § 33d Rn. 2, der nur vom Aktionärsinteresse spricht; *Fuchs* in Fleischer, Hdb. VorstandsR (2006), § 22 Rn. 152.

Adressaten des Verbots der Gewährung oder des In-Aussicht-Stellens ungerechtfertigter Vorteile nach § 33d WpÜG sind die Bieter und die mit ihnen gemeinsam handelnden Person im Sinne des § 2 Abs. 5 WpÜG. Die vom Bieter für das Übernahmeverfahren eingeschalteten Berater unterliegen dagegen nicht dem Verbot nach § 33d WpÜG.[826] Nimmt ein Vorstandsmitglied der Zielgesellschaft die ungerechtfertigten Vorteile an, so verletzt es bereits seine aktienrechtlichen Pflichten.[827] Taugliche Empfänger der verbotenen Vorteile sind Mitglieder des Vorstandes oder des Aufsichtsrats der Zielgesellschaft. Zulässig ist daher die Gewährung oder das In-Aussicht-Stellen der Vorteile an leitende Angestellte oder sonstige Personen, die nicht Organmitglieder der Zielgesellschaft sind.[828]

§ 33d WpÜG verbietet die Gewährung oder das In-Aussicht-Stellen ungerechtfertigter Vorteile. Ungerechtfertigt sind Vorteile oder Zusagen, „mit denen Organe der Zielgesellschaft zu einem nicht am Interesse ihrer Gesellschaft und ihrer Anteilseigner orientierten Verhalten bewegt werden sollen".[829] Nach Auffassung des Gesetzgebers können Zusagen gerechtfertigt sein, die aus Sicht der Zielgesellschaft und ihrer Aktionäre aus sachlich nachvollziehbaren Erwägungen gewährt werden. Dazu kann nach der Gesetzesbegründung die Zusage einer Weiterbeschäftigung des Vorstands nach einer erfolgreichen Übernahme zählen, weil die Qualität des Managements einen wesentlichen Faktor für die Bewertung der Zielgesellschaft darstellt und unter Umständen die Übernahme insgesamt oder der gebotene Preis nur im Falle der Weiterbeschäftigung einzelner oder aller Organmitglieder der Zielgesellschaft sinnvoll ist.[830] Werden zulässige Leistungen gewährt oder Zusagen gemacht, so hat der Bieter nach § 11 Abs. 2 Satz 3 Nr. 3 WpÜG die gewährten oder in Aussicht gestellten Geldleistungen oder Vorteile in der Angebotsunterlage offenzulegen.[831]

---

826 *Hirte* in KK-WpÜG (2010), § 33d Rn. 9.

827 *Hopt* in GK-AktG (1999), § 93 Rn. 176 ff.; *Hopt* in FS Lutter, 2000, S. 1361, 1379; *Hirte* in KK-WpÜG (2010), § 33d Rn. 10; *Schlitt/Ries* in MK-AktG (2011), § 33d WpÜG Rn. 6; *Krause/Pötzsch/Stephan* in Assmann/Pötzsch/Uwe H. Schneider, WpÜG (2013), § 33d Rn. 4.

828 *Hirte* in KK-WpÜG (2010), § 33d Rn. 12; *Schlitt/Ries* in MK-AktG (2011), § 33d WpÜG Rn. 8; *Krause/Pötzsch/Stephan* in Assmann/Pötzsch/Uwe H. Schneider, WpÜG (2013), § 33d Rn. 9; *Steinmeyer* in Steinmeyer, WpÜG (2013), § 33d Rn. 2.

829 Begr. RegE, zu § 33 Abs. 3 WpÜG, BT-Drucks. 14/7034, S. 59; *Schwennicke* in Geibel/Süßmann, WpÜG (2008), § 33d Rn. 3; *Hirte* in KK-WpÜG (2010), § 33d Rn. 15; *Krause/Pötzsch/Stephan* in Assmann/Pötzsch/Uwe H. Schneider, WpÜG (2013), § 33d Rn. 15.

830 Begr. RegE, zu § 33 Abs. 3 WpÜG, BT-Drucks. 14/7034, S. 59; vgl. *Schwennicke* in Geibel/Süßmann, WpÜG (2008), § 33d Rn. 3; *Hirte* in KK-WpÜG (2010), § 33d Rn. 15; *Krause/Pötzsch/Stephan* in Assmann/Pötzsch/Uwe H. Schneider, WpÜG (2013), § 33d Rn. 18.

831 Begr. RegE, zu § 33 Abs. 3 WpÜG, BT-Drucks. 14/7034, S. 59; *Schwennicke* in Geibel/Süßmann, WpÜG (2008), § 33d Rn. 3; *Schlitt/Ries* in MK-AktG (2011), § 33d WpÜG Rn. 14; *Krause/Pötzsch/Stephan* in Assmann/Pötzsch/Uwe H. Schneider, WpÜG (2013), § 33d Rn. 22.

Beim Verbot der Gewährung ungerechtfertigter Vorteile handelt es sich um ein gesetzliches Verbot im Sinne des § 134 BGB. Eine Vorteilszusage ist nach § 134 BGB nichtig; eine bereits gewährte Leistung ist nach § 812 ff. BGB zurückzugewähren.[832]

dd) Pflicht zur Bietergleichbehandlung?

Fraglich ist, ob der Vorstand der Zielgesellschaft verpflichtet ist, während des Angebotsverfahrens nicht nur die Aktionäre, sondern auch verschiedene Bieter gleich zu behandeln. Die Frage der Bietergleichbehandlung wird nicht nur im Rahmen der Zulassung einer Due Diligence-Prüfung gestellt, sondern stellt sich auch im Hinblick auf Exklusivitätsvereinbarungen, die Vereinbarung von Break Fees und den Abschluss von Investorenvereinbarungen (sog. Business Combination Agreements).[833] Sie ist im Schrifttum umstritten.[834] Der Grundsatz der Gleichbehandlung gemäß § 3 Abs. 1 WpÜG bezieht sich nur auf die Aktionäre derselben Gattung der Zielgesellschaft. Eine Verpflichtung der Zielgesellschaft, alle Bieter gleich zu behandeln, kann dem § 3 Abs. 1 WpÜG dagegen nicht entnommen werden.[835] Eine solche Verpflichtung kann ferner weder aus § 22 WpÜG zu konkurrierenden Angeboten noch aus § 33 Abs. 1 WpÜG zum Verhinderungsverbot abgeleitet werden.[836] Ob

---

832 Begr. RegE, zu § 33 Abs. 3 WpÜG, BT-Drucks. 14/7034, S. 59; *Hirte* in KK-WpÜG (2010), § 33d Rn. 16; *Krause/Pötzsch/Stephan* in Assmann/Pötzsch/Uwe H. Schneider, WpÜG (2013), § 33d Rn. 23.

833 Vgl. ausführlich *Drygala*, WM 2004, 1413 ff., 1457 ff.; *Fuchs* in Fleischer, Hdb. VorstandsR (2006), § 22 Rn. 105 f.; *Schiessl* in FS Hopt, 2010, S. 2455 ff.; *von Falkenhausen* in Veil, Übernahmerecht in Praxis und Wissenschaft (2009), S. 93 ff.; *Krause* in Assmann/Pötzsch/Uwe H. Schneider, WpÜG (2013), § 22 Rn. 68 ff.; *Drinkuth* in Marsch-Barner/Schäfer, Hdb. börsennotierte AG (2014), § 60 Rn. 171.

834 Im Vergleich zu Rule 20.2 des City Code on Takeovers and Mergers der Großbritannien sowie Art. 2 Abs. 2 Übernahmekodex, die den Vorstand der Zielgesellschaft zur Bietergleichbehandlung verpflichten, enthält WpÜG keine entsprechende Regelung. Zum Stand der Meinungen im Schrifttum, vgl. ablehnend, *Drygala*, WM 2004, 1457, 1462 ff.; *von Falkenaugen* in Veil, Übernahmerecht in Praxis und Wissenschaft (2009), 93, 104 ff.; *Schiessl* in FS Hopt, 2010, S. 2455, 2460 ff.; *Seibt* in Mülbert/Kiem/Wittig, 10 Jahre WpÜG (2011), S. 148, 178; bejahend, *Ekkenga* in Ehricke/Ekkenga/Oechsler, WpÜG (2003) § 33 Rn. 54; *Versteegen* in KK-WpÜG (2010), § 3 Rn. 15, für Bietergleichbehandlung daraus, dass eine Übernehme im Gesellschaftsinteresse liegt und deren Konditionen aus der Perspektive der Gesellschaft durch einen Wettbewerb mehrerer Bieter gefördert werden könnten, m.w.N.; zum Gestatten der Due Diligence-Prüfung, *Hirte* in KK-WpÜG (2010), § 33 WpÜG Rn. 77.

835 Vgl. ausführlich dazu *Drygala*, WM 2004, 1457, 1462 ff.; *Versteegen* in KK-WpÜG (2010), § 3 Rn. 15; *Stephan* in Assmann/Pötzsch/Uwe H. Schneider, WpÜG (2013), § 3 Rn. 16; *Drinkuth* in Marsch-Barner/Schäfer, Hdb. börsennotierte AG (2014), § 60 Rn. 171.

836 *Drygala*, WM 2004, 1457, 1463; *Hopt*, ZGR 2002, 333, 358; *Drinkuth* in Marsch-Barner/Schäfer, Hdb. börsennotierte AG (2014), § 60 Rn. 171.

die Zielgesellschaft einzelne Bieter durch Zulassung einer Due Diligence-Prüfung, Abschluss einer Exkusivitätsvereinbarung oder einer Break Fee-Abrede bevorzugen darf, entscheidet der Vorstand nach Maßstab seiner aktienrechtlichen Pflichten und nach pflichtgemäßem Ermessen im Sinne der §§ 76, 93 AktG.[837]

ff) Die Pflicht zur Erreichung eines möglichst hohen Angebotspreises?

Daraus, dass der Vorstand der Zielgesellschaft zum Wohle der Gesellschaft handeln und dabei nach der Auffassung, die aufgrund des shareholder-value Ansatzes den Vorrang der Aktionärsinteressen befürwortet, überwiegend den Aktionärsinteressen gerecht werden muss, folgt die Frage, ob der Vorstand der Zielgesellschaft verpflichtet ist, auf einen möglichst hohen Angebotspreis hinzuwirken.[838] Die entsprechende Verpflichtung lässt sich jedoch weder aus den Normen des AktG noch aus denen des WpÜG, wie z. B. § 3 Abs. 3 WpÜG zum Handel im Interesse der Zielgesellschaft, § 27 Abs. 1 Satz 2 Nr. 1 WpÜG zur Angabe über Art und Höhe der Gegenleistung in der Stellungnahme oder § 22 WpÜG zu Konkurrenzangeboten ableiten.[839]

d) In der Annahmephase

Nach Abgabe der Stellungnahme zum Angebot und während der Annahmephase kann sich eine Mitwirkungspflicht der Zielgesellschaft bei der kartellrechtlichen Zusammenschlusskontrolle ergeben. Weitere Pflichten können bei der Einberufung der ordentlichen oder außerordentlichen Hauptversammlung, der Öffentlichkeitsarbeit und der Werbung auf den Vorstand der Zielgesellschaft zukommen.[840]

e) Nach dem Erfolg des Übernahmeangebots

Nach der erfolgreichen Durchführung des Angebotsverfahrens ist der Vorstand der Zielgesellschaft verpflichtet, gemeinsam mit dem Aufsichtsrat, im Rahmen der gesetzlichen Rahmenbedingungen dafür zu sorgen, dass der Wechsel der Kontrolle möglichst reibungslos erfolgt.[841]

---

837 Vgl. *Drygala*, WM 2004, 1457, 1463 ff.; *Fleischer/Körber*, Due Diligence im Gesellschafts- und Kapitalmarktrecht, in Berens/Brauner/Strauch/Knauer, Due Diligence bei Unternehmensakquisitionen (2013), S. 298; *Krause* in Assmann/Pötzsch/Uwe H. Schneider, WpÜG (2013), § 22 Rn. 70, 77a.

838 Vgl. zur Fragestellung, *Drinkuth* in Marsch-Barner/Schäfer, börsennotierte AG (2014), § 60 Rn. 179.

839 Vgl. *Drinkuth* in Marsch-Barner/Schäfer, börsennotierte AG (20149, § 60 Rn. 180.

840 *Drinkuth* in Veil/Drinkuth, Reformbedarf im Übernahmerecht (2005), 59, 77 f.

841 *Hopt* in GK-AktG (1999), § 93 Rn. 131; *Hopt* in FS Lutter, 2000, S. 1361, 1400; *Schwennicke* in Geibel/Süßmann, WpÜG (2008), § 3 Rn. 40; *Krause/Pötzsch/Stephan* in Assmann/Pötzsch/Uwe H. Schneider, WpÜG (2013), § 3 Rn. 50.

2. *Abwehrmaßnahmen bei feindlichen Übernahmeangeboten*

a) *Allgemeines*

aa) Der Begriff des „feindlichen" Übernahmeangebotes

Das WpÜG regelt nicht, was ein Übernahmeangebot feindlich macht, ab wann ein Übernahmeangebot feindlich wird oder wer darüber zu entscheiden hat. Im Vergleich zum Begriff „Hostile Takeover" im angelsächsischen Rechtskreis sind Übernahmeangebote in Deutschland nach Auffassung der BaFin dann „feindlich", wenn der Vorstand und der Aufsichtsrat der Zielgesellschaft von der Annahme des Angebots abraten und das Angebot nicht als im besten Interesse der Zielgesellschaft ansehen.[842] Nach Einführung des WpÜG haben feindliche Übernahmen in der Praxis indes nur eine geringe Rolle gespielt.[843]

bb) Die maßgebliche Rechtsgrundlage für Abwehrmaßnahmen

(1) Aktienrechtliche und übernahmerechtliche Bestimmungen

Abwehrmaßnahmen bei feindlichen Übernahmeangeboten können in zwei Kategorien eingeteilt werden: die im Vorfeld des Übernahmeangebots als generelle Übernahmeprophylaxe getroffenen Maßnahmen sowie die zur Abwehr eines konkreten Übernahmeangebots eingesetzten Maßnahmen. Vorbeugenden Abwehrmaßnahmen unterliegen nur den aktienrechtlichen Beschränkungen, wie §§ 76, 93 AktG und allgemeinen Vorschriften wie § 138 BGB und § 266 StGB.[844] Werden Maßnahmen zur Abwehr eines konkreten Übernahmeangebots im Verlauf des Angebotsverfahrens getroffen, ist der Vorstand und auch der Aufsichtsrat der Zielgesellschaft zusätzlich an die Bestimmungen des WpÜG gebunden, von denen § 33 WpÜG zu dem Verhinderungsverbot mit seinen Ausnahmen den kapitalmarktrechtlichen Verhaltensmaßstab bildet.[845]

---

842 Vgl. zum Unterschied zwischen „Hostile Takeovers" im angelsächsischen Rechtskreis, also solche Angebote, in denen das Board der Zielgesellschaft das Angebot zurückweist und der Bieter das Angebot dennoch weiterverfolgt, und „feindliches Übernahmeangebot" in Deutschland, BaFin, Jahresbericht 2010, Ziff. VI.5.1, zum Übernahmeangebot von ACS an die Aktionäre der Hochtief AG, S. 223; *Drinkuth* in Marsch-Barner/Schäfer, Hdb. börsennotierte AG (2014), § 60 Rn. 283, der ein feindliches Übernahmeangebot als ein Angebot versteht, das dem Willen der Verwaltung der Zielgesellschaft widerspricht.

843 Vgl. zum empirischen Befunden, *Seibt*, CFL 2011, 213, 237 f.; *Drinkuth* in Marsch-Barner/Schäfer, Hdb. börsennotierte AG (2014), § 60 Rn. 14; *Krause/Pötzsch/Stephan* in Assmann/Pötzsch/Uwe. H. Schneider, § 33 Rn. 1, die von einer „verhaltenssteuernden Wirkung" des § 33 WpÜG sprechen.

844 Vgl. *Drinkuth* in Marsch-Barner/Schäfer, Hdb. börsennotierte AG (2014), § 60 Rn. 285.

845 Vgl. *Hirte* in KK-WpÜG (2010), § 33 Rn. 1 f.; *Krause/Pötzsch/Stephan* in Assmann/Pötzsch/Uwe H. Schneider, WpÜG (2013), § 33 Rn. 1; *Drinkuth* in Marsch-Barner/Schäfer, Hdb. börsennotierte AG (2014), § 60 Rn. 285 f.

(2) Die EU-Übernahmerichtlinie und ihre Umsetzung in Deutschland

Neben den aktienrechtlichen und übernahmerechtlichen Bestimmungen kann eine Zielgesellschaft freiwillig den Bestimmungen der §§ 33a bis 33c WpÜG zum europäischen Verhinderungsverbot und Durchgriff unter dem Vorbehalt der Gegenseitigkeit unterliegen, die vom deutschen Gesetzgeber nach der EU-Übernahmerichtlinie vom 21. April 2004 durch das Umsetzungsgesetz vom 8. Juli 2006 in das WpÜG eingefügt wurden und am 14. Juni 2006 in Kraft getreten sind.[846]

Art. 9 Abs. 2 bis 4 der Übernahmerichtlinie bestimmen ein generelles Verbot für das Leitungs- bzw. Verwaltungsorgan der Zielgesellschaft, Maßnahmen zu ergreifen, die das Übernahmeangebot vereiteln könnten. Von dem Verhinderungsverbot ausgenommen sind nach Art. 9 Abs. 2 Unterabs. 2 und Abs. 3 der Übernahmerichtlinie nur die Suche nach einem konkurrierenden Bieter, Maßnahmen, zu denen die Hauptversammlung ermächtigt hat, sowie die bereits vor der Ankündigung des Angebots gefassten und von der Hauptversammlung beschlossenen oder bestätigten Maßnahmen. Art. 11 der Übernahmerichtlinie ist eine Durchgriffsregel, die vorsieht, dass nach der Bekanntmachung eines Übernahmeangebotes die in Art. 11 Abs. 2 bis 7 geregelten Satzungsregeln sowie Vereinbarungen zwischen einzelnen Aktionären oder zwischen der Zielgesellschaft und den Aktionären, die etwa Beschränkungen in Bezug auf die Übertragung von Aktien oder Stimmrechtsbeschränkungen enthalten, sowie weitere strukturelle Übernahmehindernisse, keine Geltung erlangen. Nach Art. 10 der Übernahmerichtlinie muss die Gesellschaft bestimmte in der Satzung oder in einer Aktionärsvereinbarung geregelte Übernahmebeschränkungen offenlegen.

Nach Art. 12 Abs. 1 der Übernahmerichtlinie sind die Mitgliedstaaten berechtigt, das europäische Verhinderungsverbot und die Durchgriffsregel nicht in das nationale Recht umzusetzen (sog. Opt-Out). Mitgliedstaaten, die von diesem Recht Gebrauch machen, müssen nach Art. 12 Abs. 2 der Übernahmerichtlinie den Zielgesellschaften die Möglichkeit geben, sich durch Hauptversammlungsbeschluss mit satzungsändernder Mehrheit freiwillig dem strengen Verhinderungsverbot und/oder der Durchgriffsregel der Übernahmerichtlinie widerruflich zu unterwerfen (sog. Opt-In). Die Mitgliedstaaten können nach Art. 12 Abs. 3 der Übernahmerichtlinie die Zielgesellschaften, die freiwillig das Verhinderungsverbot und/oder die Durchgriffsregel anwenden, von der Anwendung befreien, wenn der Bieter dieselben Regeln nicht anwendet, was als Vorbehalt der Gegenseitigkeit bezeichnet wird.

Der deutsche Gesetzgeber hat bei der Umsetzung der Übernahmerichtlinie im Jahr 2006 einerseits vom Opt-Out-Modell Gebrauch gemacht. § 33 Abs. 1 WpÜG bleibt davon unberührt. Andererseits hat der deutsche Gesetzgeber jedoch nach dem Opt-In-Modell das europäische Verhinderungsverbot in § 33a WpÜG, die

846 Vgl. ausführlich zur EG-Übernahmerichtlinie, *Hirte* in KK-WpÜG (2010), § 33 R. 12 ff.; *Krause/Pötzsch/Stephan* in Assmann/Pötzsch/Uwe H. Schneider, WpÜG (2013), § 33 Rn. 25 ff.; *Hopt*, Europäisches Übernahmerecht (2013), S. 89 ff.; ausführlich zum Übernahmerichtlinie-Umsetzungsgesetz, *Seibt/Heiser*, AG 2006, 301 ff.

Durchgriffsregel in § 33b WpÜG und den Vorbehalt der Gegenseitigkeit in § 33c WpÜG umgesetzt. Die Offenlegung möglicher Übernahmebeschränkungen gemäß Art. 10 Übernahmerichtlinie muss im Lagebericht oder im Konzernlagebericht nach §§ 289 Abs. 4, 315 Abs. 4 HGB erfolgen.[847]

Seit der Einführung der §§ 33a bis 33c WpÜG im Jahr 2006 hat sich indes keine Gesellschaft freiwillig dem europäischen Verhinderungsverbot und/oder der Durchgriffsregel unterworfen.[848]

b) *Keine allgemeine aktienrechtliche Neutralitätspflicht*

Nach § 76 Abs. 1 AktG leitet der Vorstand die Gesellschaft unter eigener Verantwortung. Er ist nicht an Weisungen des Aufsichtsrats oder der Hauptversammlung oder einzelner Aktionäre gebunden.[849] Bei der Ausübung seiner Leitungsfunktion hat der Vorstand aufgrund seines unternehmerischen Ermessens, wie dies durch die in § 93 Abs. 1 Satz 2 WpÜG kodifizierte Business Judgment Rule ausdrücklich klargestellt wird, einen weiten Handlungsspielraum. Der Maßstab für das Leitungsermessen des Vorstands ist der Unternehmensgegenstand und das Gesellschaftsinteresse, dessen Träger die Aktionäre, die Arbeitnehmer und die Öffentlichkeit sind.[850] Der Vorstand der Gesellschaft ist weder berechtigt noch verpflichtet, sich bei der Erfüllung seiner Leitungsaufgaben allein von Aktionärsinteressen leiten zu lassen.[851] Die Gesellschaft muss sich „in die Gesamtwirtschaft und in die Interessen der Allgemeinheit einfügen" und hat „auch das Wohl ihrer Arbeitnehmer zu beachten".[852]

Ob bei Übernahmeangeboten eine allgemeine aktienrechtliche Neutralitätspflicht des Vorstands der Zielgesellschaft besteht, ist umstritten. Teilweise wird eine solche Neutralitätspflicht aus den §§ 76, 93 und § 53a AktG zur Gleichbehandlung der

---

847 Vgl. *Schwennicke* in Geibel/Süßmann, WpÜG (2008), § 33 Rn. 2; *Steinmeyer* in Steinmeyer, WpÜG (2013), § 33 Rn. 4; *Krause/Pötzsch/Stephan* in Assmann/Pötzsch/Uwe H. Schneider, WpÜG (2013), § 33 Rn. 40 ff.

848 Die BaFin hat bisher keine praktische Erfahrungen mit der Anwendung des Opt out-/Opt in-Modells, vgl. *Krause/Pötzsch/Stephan* in Assmann/Pötzsch/Uwe H. Schneider, WpÜG (2013), § 33 Rn. 36.

849 Vgl. *Seibt* in K. Schmidt/Lutter, AktG (2010), § 76 Rn. 10; *Mertens/Cahn* in KK-AktG (2010), § 76 Rn. 44; *Fleischer* in Spindler/Stilz, AktG (2010), § 76 Rn. 57 f.; *Koch* in Hüffer, AktG (2014), § 76 Rn. 25; *Spindler* in MK-AktG (2014), § 76 Rn. 22.

850 Vgl. *Seibt* in K. Schmidt/Lutter, AktG (2010), § 76 Rn. 12; *Mertens/Cahn* in KK-AktG (2010), § 76 Rn. 15 ff.; *Koch* in Hüffer, AktG (2014), § 76 Rn. 28; *Spindler* in MK-AktG (2014), § 76 Rn. 60 ff.; *Oltmanns* in Heidel, Aktienrecht (2014), § 76 AktG Rn. 9; kritisch, *Fleischer* in Spindler/Stilz, AktG (2010), § 76 Rn. 28.

851 *Koch* in Hüffer, AktG (2014), § 76 Rn. 28.

852 *Koch* in Hüffer, AktG (2014), § 76 Rn. 28 mit den beiden Zitaten aus dem Ausschussbericht zu § 76 RegE in Kropff, Aktiengesetz (1965), S. 98; vgl. zur rechtspolitischen Berücksichtigung der Interessen der Aktionäre, der Arbeitnehmer und der Allgemeinheit bei der Gesetzgebung des AktG 1965, *Spindler* in MK-AktG (2014), § 76 Rn. 60.

Aktionäre abgeleitet.[853] Nach der h. M. lässt sich eine umfassende Neutralitätspflicht bei Übernahmeangeboten indes nicht aus den genannten Regelungen ableiten.[854] Das grundsätzlich zutreffende Argument, dass die Leitungskompetenz des Vorstands nicht die Einflussnahme auf die Zusammensetzung des Aktionärskreises umfasst,[855] begründet eine allgemeine Neutralitätspflicht auch nicht deshalb, weil Veränderungen der Zusammensetzung des Aktionärskreises das Interesse der Gesellschaft beeinträchtigen können.[856] Das Argument, dass Abwehrmaßnahmen gegen ein Übernahmeangebot eine unzulässige Einflussnahme auf die Zusammensetzung des Aktionärskreises darstellten,[857] ist weniger überzeugend.[858] Die Orientierung des Vorstands an der Interessenpluralität und die Pflicht zur Berücksichtigung von Arbeitnehmer- und Gemeinwohlinteressen bleiben vom Fehlen einer allgemeinen aktienrechltichen Neutralitätspflicht allerdings unberührt.[859]

c) *Präventive Abwehrmaßnahmen*

Im Vorfeld des Übernahmeangebots vorgenommene präventive Abwehrmaßnahmen sind aktienrechtlich grundsätzlich zulässig.[860] Untersagt sind dem Vorstand nur Einwirkungsversuche, die nicht mit seinem unternehmerischen Leitungsermessen

---

853 Diese Ansicht war die herrschende Meinung im Schrifftum vor der Einführung des WpÜG, vgl. dazu *Adams*, AG 1990, 243, 245; *Immenga/Noll*, Feindliche Übernahmeangebote aus wettbewerbspolitischer Sicht (1990), S. 14 ff., 32 ff.; *Krause*, WM 1996, 845, 851; *Hopt* in FS Lutter, 2000, S. 1361, 1375 ff; *Mertens/Cahn* in KK-AktG (2010), § 76 Rn. 26; *Hirte* in KK-WpÜG (2010), § 33 Rn. 27 m.w.N.

854 *Martens* in FS Beusch, 1993, S. 529, 542 ff.; *Kirchner*, AG 1999, 481, 483 ff.; *Kort* in FS Lutter, 2000, S. 1421, 1432 ff.; *Drygala* ZIP 2001, 1861, 1863; *Krieger* in RWS-Forum 20, Gesellschaftsrecht (2001), S. 289, 303 ff.; *v. Falkenaugen*, NZG 2007, 97 ff.; *Schwennicke* in Geibel/Süßmann/Schwennicke WpÜG (2008), § 33 Rn. 13 f.; *Kocher/Eisenmann*, DB 2008, 225 f.; *Krause/Pötzsch/Stephan* in Assmann/Pötzsch/Uwe H. Schneider, WpÜG (2013), § 3 Rn. 42, § 33 Rn. 245; *Koch* in Hüffer, AktG (2014), § 76 Rn. 40.

855 *Hopt* in FS Lutter, 2000, S. 1361, 1379; *Mertens/Cahn* in KK-AktG (2010), § 76 Rn. 26; *Kort* in GK-AktG (2002), § 76 Rn. 100.

856 Vgl. *Fuchs* in Fleischer, Hdb. VorstandsR (2006), § 22 Rn. 111 mit Beispiel: Übernahmeversuch durch die Mafia oder durch einen international geächteten ausländischen Staat.

857 Vgl. *Hopt*, ZGR 1993, 548 ff.; *Krause*, AG 2000, 217, 218; *Altmeppen*, ZIP 2001, 1073, 1076.

858 Vgl. *Dimke/Heiser*, NZG 2001, 241, 244; *Merkt*, ZHR 165 (2001), 224, 248 f.; *Maier-Reimer* ZHR 165 (2001), 258, 259; *Fuchs* in Fleischer, Hdb. VorstandsR (2006), § 22 Rn. 111.

859 *Kort* in FS Lutter, 2000, S. 1421, 1435; *Koch* in Hüffer, AktG (2014), § 76 Rn. 40.

860 *Hopt*, ZGR 1993, 534, 558 ff.; *Hopt* in FS Lutter, 2000, 1361, 1399; *v. Falkenhausen*, NZG 2007, 97 f.; *Schwennicke* in Geibel/Süßmann, WpÜG (2008), § 33 Rn. 61; *Krause/Pötzsch/Stephan* in Assmann/Pötzsch/Uwe H. Schneider, WpÜG (2008), § 33 Rn. 244; *Steinmeyer* in Steinmeyer, WpÜG (2013), § 33 Rn. 7, 69.

begründet werden können, die parteiische Bevorzugung einer Aktionärsgruppe darstellen oder die durch den Einsatz gesellschaftsrechtlicher Machtbefugnisse zu eigennützigen Zwecken bestimmt sind.[861] Als präventive Abwehrmaßnahmen stehen dem Vorstand viele strukturelle und strategische Instrumente sowie Ad-hoc-Maßnahmen, zur Verfügung, die unterschiedliche Wirkungen haben und eigenständigen rechtlichen Anforderungen genügen müssen.[862] In der vorliegenden Arbeit sollen sie jedoch nicht näher dargestellt werden.

Neben den jeweiligen aktienrechtlichen Anforderungen an die einzelnen Maßnahmen bestehen keine spezifisch übernahmerechtlichen Pflichten zur Offenlegung. Informationen über die in Art. 10 Abs. 1 der EU-Ubernahmerichtlinie vorgeschriebenen Sachverhalte, sind im Lagebericht nach §§ 289 Abs. 4 und 315 Abs. 4 HGB offenzulegen.[863]

d) Abwehrmaßnahmen im Laufe des Angebotsverfahrens

aa) Das Verhinderungsverbot nach § 33 Abs. 1 Satz 1 WpÜG

Gemäß § 33 Abs. 1 Satz 1 WpÜG ist es dem Vorstand der Zielgesellschaft verboten, nach der Veröffentlichung der Entscheidung zur Abgabe eines Angebots bis zur Veröffentlichung des Ergebnisses nach § 23 Abs. 1 Satz 1 Nr. 2 WpÜG Handlungen vorzunehmen, durch die der Erfolg des Angebots verhindert werden könnte. Das Verhinderungsverbot findet nur Anwendung auf Übernahmeangebote im Sinne des § 29 Abs. 1 WpÜG und grundsätzlich nicht auf einfache Erwerbsangebote.[864] Es

---

861 Vgl. *Hopt,* ZGR 1993, 534, 558 ff.; *v. Falkenhausen,* NZG 2007, 97, 98, der die Grenze im Schädigungsverbot unter der Gesamtschau sieht; *Steinmeyer* in Steinmeyer, WpÜG (2103), § 33 Rn. 69, nach dem die Grenze erreicht ist, wenn die Gesellschaft zu einer „uneinnehmbaren Festung“ gemacht und damit sowohl ihrer Handlungsfähigkeit als auch der Kontrolle des Markts beraubt wird; *Krause/Pötsch/Stephan* in Assmann/Pötzsch/Uwe H. Schneider, WpÜG (2013), § 33 Rn. 245.

862 Vgl. ausführlich zur Analyse einzelner präventiven Abwehrmaßnahmen, *Krause/Pötzsch/Stephan* in Assmann/Pötzsch/Uwe H. Schneider, WpÜG (2013), § 33 Rn. 248 ff., die die einzelnen präventiven Abwehrmaßnahmen sinngemäß in Kategorien Abschottung, Erschwerung der Kontrollausübung, Veränderung der Vermögensverhältnisse, Vorbereitung von Ad-hoc-Abwehrmaßnahmen, Steigerung des Börsenkurses und sonstige Maßnahmen eingeteilt haben; *Drinkuth* in Marsch-Barner/Schäfer, Hdb. börsennotierte AG (2014), § 60 Rn. 300 ff. mit zusammenfassender Bewertung in Rn. 319, nach der nur Maßnahmen der Marktanalyse und Standortsbestimmung und solche zur Ermittlung der Aktionärsstruktur zur Übernahmeprophylaxe geeignet sind.

863 Vgl. *Krause/Pötzsch/Stephan* in Assmann/Pötzsch/Uwe H. Schneider, § 33 Rn. 37 ff., 42, 247.

864 *Krause/Pötzsch/Stephan* in Assmann/Pötzsch/Uwe H. Schneider, WpÜG (2013), § 33 Rn. 60.

gilt aufgrund des Verweises in § 39 sinngemäß bei Pflichtangeboten.[865] § 33 Abs. 1 Satz 1 WpÜG gilt nur für Abwehrmaßnahmen während des Angebotsverfahrens und steht präventiven Maßnahmen des Vorstands im Vorfeld des Angebots zur Verhinderung oder Erschwerung von Übernahmen im Interesse der Gesellschaft nicht entgegen.[866] Das Verhinderungsverbot ist nur gegen den Vorstand der Zielgesellschaft gerichtet. Ausnahmsweise kann der Aufsichtsrat der Zielgesellschaft, wenn er als Verwaltungsorgan tätig ist, ebenfalls dem Verbot unterliegen.[867] Verboten sind neben aktiven Maßnahmen[868] auch das Unterlassen, wenn im Einzelfall für den Vorstand eine Rechtspflicht zum Handeln besteht.[869] Entscheidend ist nicht die Verhinderungsabsicht oder ob die Maßnahme das Angebot tatsächlich verhindert hat, sondern die Eignung der Maßnahme den Erfolg des Angebots zu verhindern.[870]

bb) Ausnahmen vom Verhinderungsverbot

(1) Maßnahmen eines ordentlichen und gewissenhaften Geschäftsleiters

Zunächst von dem Verhinderungsverbot ausgenommen ist nach § 33 Abs. 1 Satz 2 Alt. 1 WpÜG eine Handlung, die auch ein ordentlicher und gewissenhafter Geschäftsleiter einer Gesellschaft, die nicht von einem Übernahmeangebot betroffen ist, vorgenommen hätte. Durch diese Regelung wird vermieden, dass die Zielgesellschaft während des Angebotsverfahrens in ihrer Geschäftstätigkeit unangemessen behindert wird.[871] Der Vorstand kann das Tagesgeschäft weiterführen und die bereits eingeschlagene Unternehmensstrategien weiter verfolgen.[872] Bei der Beurteilung der Zulässigkeit einer Handlung des Vorstands gemäß § 33 Abs. 1 Satz 2 Alt. 1 WpÜG ist ein Drittvergleich mit einer hypothetischen Gesellschaft in einer im Übrigen

---

865 Vgl. *Krause/Pötzsch/Stephan* in Assmann/Pötzsch/Uwe H. Schneider, WpÜG (2013), § 33 Rn. 59.

866 Begr. RegE, zu § 33 Abs. 1 Satz 1 WpÜG, BT-Drucks. 14/7034, S. 58; *Krause/Pötzsch/Stephan* in Assmann/Pötzsch/Uwe H. Schneider, WpÜG (2013), § 33 Rn. 71.

867 Vgl. *Krause/Pötzsch/Stephan* in Assmann/Pötzsch/Uwe H. Schneider, WpÜG (2013), § 33 Rn. 78.

868 Vgl. ausführlich zu einzelnen Maßnahmen sowie ihren Verhinderungswirkungen, *Hirte* in KK-WpÜG (2010), § 33 Rn. 58 ff.; *Schlitt/Ries* in MK-AktG (2011), § 33 WpÜG Rn. 82 ff.; *Krause/Pötzsch/Stephan* in Assmann/Pötzsch/Uwe H. Schneider, WpÜG (2013), § 33 Rn. 88 ff.

869 *Krause/Pötzsch/Stephan* in Assmann/Pötzsch/Uwe H. Schneider, WpÜG (2013), § 33 Rn. 83.

870 Begr. RegE, zu § 33 Abs. 1 Satz 1 WpÜG, BT-Drucks. 14/7034, S. 57; *Hirte* in KK-WpÜG (2010), § 33 Rn. 55; *Krause/Pötzsch/Stephan* in Assmann/Pötzsch/Uwe H. Schneider, WpÜG (2103), § 33 Rn. 84.

871 Begr. RegE, zu § 33 Abs. 1 Satz 2 WpÜG, BT-Drucks. 14/7034, S. 58; *Krause/Pötzsch/Stephan* in Assmann/Pötzsch/Uwe H. Schneider, WpÜG (2013), § 33 Rn. 145.

872 Begr. RegE, zu § 33 Abs. 1 Satz 2 WpÜG, BT-Drucks. 14/7034, S. 58.

vergleichbaren Lage vorzunehmen.[873] An das Verhalten eines ordentlichen und gewissenhaften Geschäftsleiters knüpfen die aktienrechtlichen Standards gemäß § 93 Abs. 1 Satz 1 und § 317 Abs. 2 AktG an, so dassbei der Auslegung des § 33 Abs. 1 Satz 2 Alt. 1 WpÜG auf die aktienrechtlich entwickelten Grundsätze zurückgegriffen werden kann.[874]

(2) Die Suche nach einem konkurrierenden Angebot

Die Suche nach einem konkurrierenden Angebot ist gemäß § 33 Abs. 1 Satz 2 Alt. 2 WpÜG vom Verhinderungsverbot ausgenommen. Das durch das Verhinderungsverbot geschützte Interesse der Aktionäre der Zielgesellschaft, selbst über die Annahme eines Angebots entscheiden zu können, wird nicht berührt, wenn sie statt nur über das ursprüngliche Angebot zu entscheiden, auch über die Annahme mehrerer Angebote entscheiden können.[875] Der Vorstand kann in der Regel durch Hinzuziehen eines konkurrierenden Bieters im Interesse aller Aktionäre für möglichst attraktive Angebotskonditionen sorgen.[876]

(3) Maßnahmen mit Zustimmung des Aufsichtsrats

Nach § 33 Abs. 1 Satz 2 Alt. 3 WpÜG kann der Vorstand der Zielgesellschaft Abwehrmaßnahmen, denen der Aufsichtsrat zugestimmt hat, vornehmen. Diese Regelung findet nur Anwendung auf Handlungen, die in die Geschäftsführungskompetenz des Vorstands, nicht aber in die Zuständigkeit der Hauptversammlung fallen.[877] Die Geschäftsführungsbefugnis des Vorstands gemäß § 76 AktG wird durch die Norm nicht erweitert.[878] Die aktienrechtlichen Organpflichten des Aufsichtsrats gemäß §§ 93, 116 AktG bleiben unberührt.[879]

---

873 *Hirte* in KK-WpÜG (2010), § 33 Rn. 67; *Schlitt/Ries* in MK-AktG (2011), § 33 Rn. 132; *Krause/Pötzsch/Stephan* in Assmann/Pötzsch/Uwe H. Schneider, WpÜG (2013), § 33 Rn. 146.

874 Begr. RegE, zu § 33 Abs. 1 Satz 2 WpÜG, BT-Drucks. 14/7034, S. 58; Hirte in KK-WpÜG (2010), § 33 Rn. 67; *Schlitt/Ries* in MK-AktG (2011), § 33 Rn. 132; *Krause/Pötzsch/Stephan* in Assmann/Pötzsch/Uwe H. Schneider, WpÜG (2013), § 33 Rn. 146.

875 *Hirte* in KK-WpÜG (2010), § 33 Rn. 75; *Krause/Pötzsch/Stephan* in Assmann/Pötzsch/Uwe H. Schneider, WpÜG (2013), § 33 Rn. 163; *Steinmeyer* in Steinmeyer, WpÜG (2013), § 33 Rn. 24.

876 Begr. RegE, zu § 33 Abs. 1 Satz 2 WpÜG, BT-Drucks. 14/7034, S. 58; *Hirte* in KK-WpÜG (2010), § 33 Rn. 75; *Krause/Pötzsch/Stephan* in Assmann/Pötzsch/Uwe H. Schneider, WpÜG (2103), § 33 Rn. 163.

877 *Hirte* in KK-WpÜG (2010), § 33 Rn. 80; *Krause/Pötzsch/Stephan* in Assmann/Pötzsch/Uwe H. Schneider, WpÜG (2013), § 33 Rn. 174.

878 *Hirte* in KK-WpÜG (2010), § 33 Rn. 83.

879 *Hirte* in KK-WpÜG (2010), § 33 Rn. 84.; *Krause/Pötzsch/Stephan* in Assmann/Pötzsch/Uwe H. Schneider, WpÜG (2103), § 33 Rn. 172.

(4) Maßnahmen aufgrund eines Ermächtigungsbeschlusses der Hauptversammlung

Nach § 33 Abs. 2 Satz 1 WpÜG kann die Hauptversammlung der Zielgesellschaft im Vorfeld eines Angebots den Vorstand durch Beschlussfassung zur Durchführung von Abwehrmaßnahmen ermächtigen. Die Besonderheit der Vorratsbeschlüsse liegt nach der Gesetzesbegründung darin, dass hier den Aktionären unter Umständen die Entscheidungsfreiheit über die Annahme oder Ablehnung eines künftigen Übernahmeangebots entzogen wird, ohne dass zum Zeitpunkt der Beschlussfassung der Hauptversammlung Bieter oder Inhalt des Angebots bekannt sind.[880] Daher werden besondere Anforderungen an solche Vorratsbeschlüsse gestellt. Die Ermächtigung kann nach § 33 Abs. 2 Satz 2 WpÜG nur für höchstens 18 Monate erteilt werden. Der Beschluss bedarf nach § 33 Abs. 2 Satz 3 WpÜG einer Mehrheit, die mindestens drei Viertel des bei der Beschlussfassung vertretenen Grundkapitals umfasst. Die Satzung der Zielgesellschaft kann eine größere Kapitalmehrheit und weitere Erfordernisse bestimmen. Nach § 33 Abs. 2 Satz 4 WpÜG bedürfen die Handlungen, zu denen der Vorstand ermächtigt wurde, der Zustimmung des Aufsichtsrats. Neben den übernahmerechtlichen Anforderungen sind bei einem Vorratsbeschluss der Hauptversammlung auch die aktienrechtlichen Anforderungen einzuhalten,[881] zumal die Informationspflichten gegenüber den Aktionären der Zielgesellschaft[882] bestehen.

(5) Maßnahmen aufgrund einer Ad-hoc-Zustimmung der Hauptversammlung

Der Vorstand der Zielgesellschaft kann abseits der in § 33 Abs. 1 Satz 2 und Abs. 2 WpÜG vorgeschriebenen Alternativen im Laufe des Angebotsverfahrens gemäß § 16 Abs. 3 und Abs. 4 WpÜG eine Hauptversammlung in einem erleichterten Verfahren einberufen und damit die Beschlussfassung zu Abwehrmaßnahmen herbeiführen. Handlungen des Vorstands aufgrund einer gesetzmäßigen Ad-hoc-Zustimmung der Hauptversammlung sind allgemein zulässig.[883]

e) Rechtsfolgen bei Zuwiderhandlung

Ein vorsätzlicher oder leichtfertiger Verstoß gegen das Verhinderungsverbot gemäß § 33 Abs. 1 Satz 1 WpÜG stellt nach § 60 Abs. 1 Nr. 8 WpÜG eine Ordnungswidrigkeit

880 Begr. RegE, zu § 33 Abs. 2 WpÜG, BT-Drucks. 14/7034, S. 58.

881 Begr. RegE, zu § 33 Abs. 2 WpÜG, BT-Drucks. 14/7034, S. 58; *Hirte* in KK-WpÜG (2010), § 33 Rn. 98 ff.; *Krause/Pötzsch/Stephan* in Assmann/Pötzsch/Uwe H. Schneider, WpÜG (2013), § 33 Rn. 220 f.

882 Vgl. ausführlich dazu, *Drinkuth*, AG 2005, 597 ff.

883 Begr. RegE, zu § 33 Abs. 2 WpÜG, BT-Drucks. 14/7034, S. 58; *Hirte* in KK-WpÜG (2010), § 33 Rn. 88 f.; *Krause/Pötzsch/Stephan* in Assmann/Pötzsch/Uwe H. Schneider, § 33 Rn. 188; *Winter/Harbarth*, ZIP 2002, 1, 13 f.

dar, die nach § 60 Abs. 3 WpÜG mit einer Geldbuße in Höhe von bis zu einer Million Euro geahndet werden kann.

Der Vorstand, der das Verhinderungsgebot des § 33 Abs. 1 Satz 1 WpÜG verletzt, haftet nach § 93 Abs. 2 AktG gegenüber der Zielgesellschaft, nicht aber gegenüber den Aktionären auf Schadensersatz.[884]

Den Aktionären der Zielgesellschaft oder des Bieters steht kein Schadensersatzanspruch aus § 823 Abs. 2 BGB gegen den Vorstand der Zielgesellschaft wegen Verletzung des Verhinderungsverbots zu. § 33 Abs. 1 Satz 1 bzw. § 60 Abs. 1 Nr. 8 WpÜG schützen lediglich die Funktionsfähigkeit des Kapitalmarkts sowie die Entscheidungsfreiheit und Wahlmöglichkeit der Aktionäre im Allgemeinen und stellen demnach kein Schutzgesetz im Sinne des § 823 Abs. 2 BGB zugunsten individueller Aktionäre dar.[885]

C. Rechtsvergleich

I. Zu den Rechtsgrundlagen für öffentliche Angebote

Die Fragen, die in der Einleitung der vorliegenden Arbeit gestellt wurden, können zunächst durch eine rechtsvergleichende Betrachtung des Regelungsziels, der Überwachung öffentlicher Angebote, der verschiedenen Arten öffentlicher Angebote als Regelungsgegenstand und der allgemeinen Grundsätze für öffentliche Angebote in den beiden Übernahmerechtsordnungen beantwortet werden.

1. Das Regelungsziel

a) Unterschiede zwischen dem taiwanesischen und dem deutschen Recht

Die Regelungen zu öffentlichen Angeboten in §§ 43–1 bis 43–5 twWpHG bezwecken nach der Regierungsbegründung zur Novellierung des twWpHG vom 24. Oktober 2001 die Erhöhung der Effizienz von Unternehmen, damit der Wirtschaftsstandort Taiwan dem raschen Wandeln der Weltwirtschaft gerecht werden kann. Öffentliche Angebote zum Erwerb von Wertpapieren einer Publikums-AG, als eine Form von M&A-Transaktion, sollten nach der Gesetzesbegründung gefördert werden[886].

---

884 *Koch* in Hüffer, AktG (2014), § 93 Rn. 61.

885 *Schwennicke* in Geibel/Süßmann, WpÜG (2008), § 33 Rn. 84; *Krause/Pötzsch/Stephan* in Assmann/Pötzsch/Uwe H. Schneider, WpÜG (2013), § 33 Rn. 312; *Drinkuth* in Marsch-Barner/Schäfer, Hdb. börsennotierte AG (2014), § 60 Rn. 337; a. A. *Hirte* in KK-WpÜG (2010), § 33 Rn. 160.

886 Vgl. Allgemeine Erläuterungen zum Regierungsentwurf für Änderung bestimmten Vorschriften im twWpHG, Betroffene Dokumente der 5. Sitzung, 6. Sitzungsperiode, 4. Wahlperiode vom Legislative-Yuan, S. 144 f., abrufbar auf Website vom Legislative-Yuan: http://lis.ly.gov.tw/lgcgi/lgmeetimage?cfcbcfc9cfc9cfcfc5cacec8d2cacbcd; Protokoll der 6. Sitzung der Finanzausschusses, 6. Sitzungsperiode, 4. Wahlperiode vom Legislative-Yuan am 3. Dezember 2001, Legislative-Yuan-Gazette,

Warum das Übernahmerecht öffentlichen Angebote und damit die Bieterseite fördern soll oder muss, anstatt einen für die Beteiligten „neutralen" Rechtsrahmen bereitzustellen, ist in der Gesetzesbegründung nicht erläutert.

Demgegenüber ist das Ziel des WpÜG vollständig und überzeugend seiner Gesetzesbegründung entnommen werden und wird bei der Begründung einzelner Normen weiter erläutert. Das WpÜG bezweckt, Rahmenbedingungen bei Unternehmensübernahmen und andere öffentlichen Angebote zum Erwerb von Wertpapieren in Deutschland zu schaffen, die den Anforderungen der Globalisierung der Finanzmärkte angemessen Rechnung tragen und hierdurch den Wirtschaftsstandort und Finanzplatz Deutschland auch im internationalen Wettbewerb weiter stärken.[887] Es soll Leitlinien für ein faires und geordnetes Übernahmeverfahren schaffen, ohne Unternehmensübernahmen spezifisch zu fördern oder zu verhindern. Ferner soll das Gesetz die Information und Transparenz für die betroffenen Wertpapierinhaber und Arbeitnehmer verbessern und die rechtliche Stellung der Minderheitsaktionäre bei Unternehmensübernahmen stärken. Zur Erfüllung dieser Regelungsziele hat sich das WpÜG in seiner ursprünglichen Fassung an international üblichen Standards orientiert.[888] Gesamtwirtschaftlich ist das WpÜG ein Bestandteil der Gesamtstrategie der Bundesregierung, durch nachhaltige Modernisierung des Standortes Deutschland, die Rahmenbedingungen für Investitionen zu verbessern und damit zur Schaffung neuer Arbeitsplätze zu beizutragen.[889]

b) Zur Verbesserung des Regelungsziels im taiwanesischen Übernahmerecht

Im Unterschied zum deutschen WpÜG, das Unternehmensübernahmen weder fördern noch verhindern soll, will die Regierung in Taiwan durch die Einführung der übernahmerechtlichen Regelungen im twWpHG und den zugehörigen Verordnungen Unternehmensübernahmen fördern, um die Effizienz von Unternehmen zu erhöhen und den Wirtschaftsstandort Taiwan zu modernisieren. Ob durch die Förderung von Unternehmensübernahmen neue Arbeitsplätze geschaffen werden können, wurde in der Gesetzesbegründung nicht thematisiert. Eine konkrete Ausprägung der Förderung von Übernahmeangeboten stellt die vergleichsweise sehr niedrigen Anforderungen an die Stellungnahme des Vorstands der Zielgesellschaft zum Angebot gemäß § 14-1 Abs. 1 Nr. 2 twWpHG-AngVO dar. Danach trifft den Vorstand der Zielgesellschaft keine Begründungspflicht bei der Erstellung der Stellungnahme. Der Vorstand muss in der Stellungnahme vielmehr den Namen des Vorstandsmitglieds, das bei der Beschlussfassung für die Ablehnung des Angebots gestimmt hat, veröffentlichen und bei der FSC anmelden. Diese Regelung impliziert die gezielte Förderung von öffentlichen Übernahmeangeboten und vernachlässigt

Band 90, Nr. 59, S. 16 ff., abrufbar auf Website vom Legislative-Yuan: http://lis.ly.gov.tw/ttscgi/lgimg?@905900;0015;0033.

887 Begr. RegE, Allgemeiner Teil, BT-Drucks. 14/7034, S. 28.

888 Begr. RegE, Allgemeiner Teil, BT-Drucks. 14/7034, S. 28.

889 Begr. RegE, Allgemeiner Teil, BT-Drucks. 14/7034, S. 27.

bewusst die Interessen der Aktionäre der Zielgesellschaft.[890] Die Förderung von Übernahmeangeboten zeigt sich weiter in der Zulässigkeit von Teilangeboten. Es fehlt ferner eine Regelung zum Schutz der rechtlichen Stellung der Minderheitsaktionäre der Zielgesellschaft. Das Regelungsziel des taiwanesischen Übernahmerechts, Unternehmensübernahmen zu fördern, führt im Übrigen dazu, dass es in Taiwan im Vergleich zu den Erfahrungen in Deutschland seit der Einführung des WpÜG am 1. Januar 2002 unverhältnismäßig häufig zu feindlichen Übernahmeangeboten und Gerichtsverfahren gekommen ist.

Aus heutigen Sicht, also 13 Jahre nach der Einführung der übernahmerechtlichen Regelungen im twWpHG am 6. Februar 2002 in Taiwan, sollte überprüft werden, ob die Zielsetzung, Unternehmensübernahmen zu fördern, statt sie neutral zu behandeln, geändert werden soll. Dies erfordert die systematischen und wissenschaftlichen Untersuchungen der Übernahmeangebote in den vergangenen 13 Jahre. Drei Entscheidungen des Obersten Gerichtshofs im Jahre 2013[891], bei denen die Führungskräfte der an einer Unternehmensübernahme beteiligten börsennotierten AG wegen Insidergeschäften zum Gefängnisstrafen oder zu Schadensersatz verurteilt wurden, könnten dabei Anstoß zu entsprechenden rechtpolitischen Überlegungen beitragen.

Es ist zwar richtig, dass der Bieter immer von einem bestimmten wirtschaftlichen Effizienzziel[892] zur Übernahme eines Unternehmens im Wege eines öffentlichen Angebots motiviert sein wird. Das bedeutet jedoch nicht, dass Unternehmensübernahmen deswegen durch gesetzliche Regelungen allgemein gefördert, Bieter und Aktionäre der Zielgesellschaft beim Übernahmeangebot ungleich behandelt oder das Interesse der Zielgesellschaft einschließlich des Interesses der Arbeitnehmer und der Öffentlichkeit vernachlässigt werden sollten. Unternehmensübernahmen weisen aus den verschiedenen Perspektiven Vor- und Nachteile[893] auf und sollen im Übernahmerecht daher neutral behandelt werden.[894] Einen verlässlichen Rechtsrahmen und ein faires und transparentes Verfahren benötigen dagegen alle Beteiligten einer Unternehmensübernahme.

Die nach den wissenschaftlichen und rechtspolitischen Diskussionen herausgearbeitete und in der Gesetzesbegründung kurz und vollständig erläuterte Zielsetzung

---

890 Vgl. *LAI, In-Jaw*, Wertpapierhandelsrecht (2014), S. 288.

891 Vgl. Oberster Gerichtshof, Urt. v. 17. Januar 2013 – 102 (2013) Tai-Shang-Zi Nr. 123, abrufbar unter Website vom Justiz-Yuan: http://jirs.judicial.gov.tw/FJUD/; Oberster Gerichtshof, Urt. v. 11. April 2013 – 102 (2013) Tai-Shang-Zi Nr. 1420,abrufbar unter Website vom Justiz-Yuan: http://jirs.judicial.gov.tw/FJUD/; Oberster Gerichtshof, Urt. v. 8. August 2013 – 102 (2013) Tai-Shang-Zi Nr. 3211, abrufbar unter Website vom Justiz-Yuan: http://jirs.judicial.gov.tw/FJUD/.

892 Vgl. zu Unternehmensübernahmen und wirtschaftlichen Effizienz aus Sicht der Werterhöhungstheorien, Wertrealisierungstheorien, Wertverschiebungstheorien und wertabhängigen Theorien, *Fleischer/Kalss*, Das neue WpÜG (2002), S. 33 ff.

893 Vgl. *HUANG, Ming-Jye*, The Taiwan Law Review, 2006, Nr. 129, S. 134, 137 ff.

894 Vgl. zur Neutralposition des „Williams Act" in den USA, *LAI, In-Jaw*, Wertpapierhandelsrecht (2014), S. 274.

des WpÜG erscheint aus Sicht der vorliegenden Arbeit als ein auch für Taiwan überzeugendes Konzept. Das Ziel des WpÜG kann dem Gesetzgeber in Taiwan als Wirtschaftsstandort und Finanzplatz in der Region Greater China in einer Ära der Globalisierung einen sehr sinnvollen breiten Blickwinkel bieten und als Vorbild für eine neue und überzeugende Zielsetzung bei der Verbesserung des Übernahmerechts in Taiwan wertvolle Anregung sein.

2. Die Überwachung öffentlicher Angebote

a) Unterschiede zwischen dem taiwanesischen und dem deutschen Recht

aa) Das Anmeldesystem in Taiwan

Kapitalmärkte bedürfen der Überwachung. Eine strenge Aufsicht über öffentliche Angebote ist aufgrund ihrer möglichen positiven aber auch negativen wirtschaftlichen Auswirkungen durchaus notwendig.[895] Im Unterschied zur Regelung aus dem Jahr 1988, die für sämtliche öffentliche Angebote eine vorherige Genehmigung der zuständigen Überwachungsbehörde vorgeschrieben hatte, können öffentliche Angebote seit Einführung des § 43–1 Abs. 2 twWpHG im Jahre 2002 nach ihrer Anmeldung bei der FSC und ihrer Veröffentlichung durchgeführt werden. Diese grundlegende Änderung wurde im Anschluss an die entsprechenden Regeln in den USA und Japan mit der Begründung vorgenommen, dass a) ein Genehmigungsverfahren zeitlich ineffizient sei, b) die Verzögerung des Verfahrens den Kurs der Aktien der Zielgesellschaft beeinflusse und damit unvermeidlich die Bestimmung der Gegenleistung erschwere und c) das Risiko für Insidergeschäfte erhöht werde.[896] Die Überwachungstätigkeit der FSC beginnt mit der Anmeldung und Veröffentlichung der Angebotsunterlage durch den Bieter. Nach der Anmeldung und Veröffentlichung der Angebotsunterlage kann der Bieter selber den Beginn der Annahmefrist bestimmen. Die Angebotsunterlage unterliegt keinen Regelungen zur vorherigen Überprüfung oder Gestattung durch die FSC. Rechtswidrige Inhalte in der Angebotsunterlage können erst nach der Durchführung des Übernahmeverfahrens aufgedeckt werden.

bb) Die Aufsichtsfunktion der BaFin

Gemäß § 4 Abs. 1 WpÜG übt die BaFin die Aufsicht über öffentliche Angebote aus. Sie ist im Rahmen der ihr zugewiesenen Aufgaben dafür verantwortlich, Missständen entgegenzuwirken, welche die ordnungsmäßige Durchführung des Verfahrens beeinträchtigen oder erhebliche Nachteile für den Wertpapiermarkt bewirken

---

895 Vgl. *LAI, In-Jaw,* Wertpapierhandelsrecht (2014), S. 274.

896 Vgl. Vorschlag von Mitgliedern Nr. 3527, Betroffene Dokumente der 8. Sitzung, 5. Sitzungsperiode, 4. Wahlperiode vom Legislative-Yuan, abrufbar auf Website vom Legislative-Yuan: http://lis.ly.gov.tw/lgcgi/lgmeetimage?cfcbcfcacfcbcfcdc5cbc6c8d2cbc6c6; zur Wandelung vom Genehmigungssystem zum Anmeldungssystem bei öffentlichen Angeboten in Taiwan, *LIAO, Da-Ying,* Einführung in das Wertpapierhandelsrecht (2013), S. 340 f.

können. Sie kann Anordnungen treffen, die geeignet und erforderlich sind, um solche Missstände zu beseitigen oder zu verhindern. Die BaFin nimmt nach § 4 Abs. 2 WpÜG die ihr zugewiesenen Aufgaben und Befugnisse nur im öffentlichen Interesse wahr. Im Gegensatz zum taiwanesischen Übernahmerecht hat der Bieter zunächst die Entscheidung zur Abgabe eines Angebots der BaFin mitzuteilen und zu veröffentlichen und danach innerhalb von vier Wochen gemäß § 14 Abs. 1 WpÜG die erstellte Angebotsunterlage der BaFin zu übermitteln. Die Pflicht zur Übermittlung der Angebotsunterlage an die BaFin hat nach der Gesetzesbegründung einen doppelten Zweck.[897] Zum einen übernimmt die BaFin durch die Hinterlegung der Angebotsunterlage die Funktion einer Evidenzzentrale. Die BaFin ist die für das Verfahren zuständige Aufsichtsbehörde und der zentrale Ansprechpartner für die Zusammenarbeit mit anderen Aufsichtsbehörden und zuständigen Stellen im In- und Ausland. Zum anderen nimmt die BaFin eine eingeschränkte Überprüfung der Angebotsunterlage vor, die die Kontrolle durch die Marktteilnehmer nicht ersetzt, aber geeignet ist, den Kapitalmarkt präventiv vor Angeboten mit evident mangelhaften Angebotsunterlagen zu schützen.[898] So nimmt die BaFin innerhalb der in § 14 Abs. 2 Satz 1 WpÜG bestimmten Frist von 10 Werktagen nach dem Eingang der Angebotsunterlage eine formelle Überprüfung vor. Die BaFin überprüft, inwieweit die Angebotsunterlage die nach § 12 WpÜG vorgeschriebenen Angaben enthält. Darüber hinaus überwacht die BaFin nach § 15 Abs. 1 Nr. 2 WpÜG, ob die in der Angebotsunterlage enthaltenen Angaben offensichtlich gegen die Vorschriften des WpÜG oder gegen eine auf Grund des WpÜG erlassenen Rechtsverordnung verstoßen.[899] Die BaFin wird durch die Überwachung zum Informationszentrum[900] öffentlicher Angebote, das für die Realisierung des Regelungsziels des WpÜG und die Entwicklung des Übernahmerechts von zentraler Bedeutung ist.

Die Aufsicht durch die BaFin beginnt bereits mit der Mitteilung des Bieters über seine Entscheidung zur Abgabe eines Angebots, nicht erst mit dem Erhalt der Angebotsunterlage des Bieters. Sie endet mit der vollständigen Abwicklung des Angebotsverfahrens.

b) Zur Verbesserung der Aufsichtsfunktion der FSC im taiwanesischen Übernahmerecht

Die im Schrifttum in Taiwan geübte Kritik, dass es sich beim System der Überwachung der öffentlichen Angeboten in Deutschland um eine Ideologie der

897 Begr. RegE, zu § 14 Abs. 1WpÜG, BT-Drucks. 14/7034, S. 44.

898 Vgl. Begr. RegE, zu § 14 Abs. 1WpÜG, BT-Drucks. 14/7034, S. 44; *Assmann* in Assmann/Pötzsch/Uwe H. Schneider, WpÜG (2013), § 14 Rn. 4.

899 Vgl. Begr. RegE, zu § 15 Abs. 1WpÜG, BT-Drucks. 14/7034, S. 45.

900 Vgl. *Geibel* in Gelbel/Süßmann, WpÜG (2008), § 14 Rn. 3 spricht von der Funktion einer „Sammelstelle“; *Scholz* in Haarmann/Schüppen, WpÜG (2008), § 14 Rn. 4, der von einer „Datenbankfunktion“ der BaFin spricht; *Seydel* in KK-WpÜG (2010), § 14 Rn. 3; *Santelmann* in Steinmeyer, WpÜG (2013), § 14 Rn. 5.

Überwachung im Gegensatz zum freien Markt handele[901], dürfte eher Ausdruck einer bestimmten Vorstellung vom Kapitalismus jener Kritiker sein. Die Argumente für eine Aufsicht der FSC durch einfache Anmelderegelungen ohne die Befugnis zur präventiven Überwachung und ohne Funktion des Evidenzzentrums in Taiwan, die vor und bei der Reform des Übernahmerechts 2002 in Taiwan von vielen Rechtswissenschaftlern und Parlamentsmitgliedern vorgetragen wurden, haben sich nicht als tragfähig erwiesen. Öffentliche Angebote in Taiwan sollen sachgerecht vollständig überwacht werden.

Die in Taiwan geübte Kritik am vorherigen Überwachungssystem, das mit Genehmigungen oder Gestattungen öffentlichen Angebote reglementierte, und die Gründe für die Einführung eines Anmeldesystems bei der Reform des Übernahmerechts im Jahre 2002, haben sich im Lichte der Verwaltungspraxis der BaFin als unzutreffend erwiesen. Die Aufsichtspraxis der BaFin hat deutlich gezeigt, dass das Verfahren zur Überprüfung und Gestattung der Angebotsunterlage professionell und effizient abläuft und zu keiner Verzögerungen führt. Die Aufsicht der BaFin hat keine negative Auswirkung auf sowohl den Aktienkurs der Zielgesellschaft als auch die Festsetzung einer angemessenen Gegenleistung. Keineswegs wird bei öffentlichen Angeboten in Deutschland aufgrund der Überwachungstätigkeit der BaFin das Risiko für Insidergeschäfte erhöht.

Demgegenüber haben die Gerichtsverfahren und die zivil- oder strafrechtliche Streitigkeiten in den Entscheidungen verschiedener gerichtlichen Instanzen in Taiwan seit der Einführung des Anmeldesystems 2002 gezeigt, dass es bei Unternehmensübernahme durch öffentliche Angebote im Vergleich unverhältnismäßig häufig zu Insidergeschäften gekommen ist. Die Interessen der Anleger auf dem Kapitalmarkt wurden also nicht angemessen vor Marktverzerrungen geschützt. Ob die Interessen der Aktionäre der Zielgesellschaft und Minderheitsaktionäre angemessen geschützt wurden, ist hingegen noch offen.

Mit Einführung des Anmeldesystems sind die Funktionen der FSC als Organ für die Überwachung öffentlicher Angebote erheblich einschränkt worden, auch wenn sie theoretisch zu jeder Zeit während des Angebotsverfahrens nach § 43–5 Abs. 2 twWpHG die Änderung einer rechtswidrigen Angebotsunterlage anordnen kann. Die FSC hat keine Befugnis, öffentliche Angebote präventiv zu überwachen. Sie kann die Angebotsunterlage eines Bieters vor seine Veröffentlichung nicht überprüfen, um sicherzustellen, dass sie keine evidenten Fehler oder unrichtige oder unvollständige Informationen enthält. Die FSC funktioniert nicht als ein Evidenzzentrum der öffentlichen Angebote. Informationen über öffentliche Angebote sind nur für die letzten drei Jahren sind für die Öffentlichkeit zugänglich. Informationen zu älteren öffentlichen Angeboten sind der Öffentlichkeit nicht mehr zugänglich, sodass wissenschaftliche Untersuchungen von öffentlichen Angeboten über einem längeren Zeitraum erschwert werden. Dies hat zur Folge, dass sinnvolle und

901 Vgl. *WANG, Wen-Yeu,* The Taiwan Law Review, 2005, Nr. 125, S. 155, 174.

sachgerechte Verbesserungen oder Weiterentwicklungen des Übernahmerechts in Taiwan erschwert werden.

Die Praxis der BaFin hat gezeigt, dass für die Verringerung des Risikos von Insidergeschäften und für die Effizienz der raschen Durchführung des Angebotsverfahrens nicht nur die Mitteilung und Veröffentlichung der Angebotsentscheidung des Bieters und die Gestattung der Angebotsunterlage durch die BaFin entscheidend sind. Wichtiger sind das Regelungsziel, das Gesamtkonzept des Gesetzgebers hinsichtlich des Angebotsverfahrens sowie die nach dem Konzept des Gesetzgebers vorgesehenen einzelnen Regelungen. Solange das Angebotsverfahren in Taiwan weiter erst mit der Anmeldung und Veröffentlichung der Angebotsunterlage beginnt, ist kaum zu erwarten, dass das Risiko von Insidergeschäften verringern wird. Solange die rasche Durchführung des Angebotsverfahrens nicht gesetzlich als Grundsatz des Übernahmerechts anerkannt wird und die Fristen und die Pflicht des unverzüglichen Handelns im Hinblick auf die Erfüllung der Pflichten des Bieters oder der Zielgesellschaft weiter nicht präzise und streng geregelt werden, ist es unwahrscheinlich, dass das Verfahren der öffentlichen Angebote unter einer effizienten Überwachung durchgeführt werden kann. Dies sollte jedoch angestrebt werden, obgleich es naturgemäß schwierig ist, den Schutz der Interessen der Aktionäre der Zielgesellschaft vor einer unangemessenen Gegenleistung und den Schutz der Interessen der Anleger auf dem Kapitalmarkt vor Marktverzerrungen zu verwirklichen.

Soweit das Regelungsziel des WpÜG für die Verbesserung des Übernahmerechts in Taiwan sinnvolle Impulse geben kann, ist es notwendig, dass der Gesetzgeber, die FSC und die Rechtswissenschaft in Taiwan notwendig, das ganze Überwachungssystem im deutschen Übernahmerecht und die Aufsichtspraxis der BaFin untersuchen. Dabei dürfte es zweckmäßig sein, sich gedanklich von einer Ideologie des Kapitalismus, welche die Idee des freien Marktes übermäßig betont, zu befreien und so die damit einhergehenden, unnötigen Missverständnisse über die Rolle der BaFin und die Funktionsweise des deutschen Übernahmerechts zu vermeiden. Reformen zum Übernahmeverfahren, z.B. „virtual bids" und die Verstärkung der Aufsicht befinden sich auf der Agenda im europäischen Übernahmerecht.[902] Das deutsche Überwachungssystem über öffentliche Angebote sowie die Verwaltungspraxis der BaFin können ebenso wie das Regelungsziel des WpÜG dem Gesetzgeber, der FSC und den Übernahmerechtlern in Taiwan einen breiteren Blickwinkel ermöglichen und könnten damit als Vorbild eines professionellen, effizienten und erfolgreichen Überwachungsmodells zur Verbesserung des Übernahmerechts in Taiwan maßgeblich beitragen.

902 Vgl. *Hopt*, Europäisches Übernahmerecht (2013), S. 106 f., 108 ff.

3. *Der Anwendungsbereich*

a) *Unterschiede zwischen dem taiwanesischen und dem deutschen Recht*

Öffentliche Angebote im taiwanesischen Übernahmerecht können in „freiwillige Erwerbsangebote", „einfache Erwerbsangebote" und „zwingende Angebote" unterteilt werden.[903] Diese wissenschaftliche Einteilung spiegelt sich im Aufbau der übernahmerechtlichen Regelungen im twWpHG und in der twWpHG-AngVO allerdings nicht wider. Demgegenüber umfasst der sachliche Anwendungsbereich des deutschen WpÜG „einfache Erwerbsangebote", „Übernahmeangebote" und „Pflichtangebote". Der Aufbau des WpÜG folgt dieser Einteilung.[904] Ein erheblicher Unterschied hinsichtlich der verschiedenen Arten von öffentlichen Angeboten zwischen dem taiwanesischen und dem deutschen Übernahmerecht liegt zunächst darin, dass einfache öffentliche Angebote in Taiwan nur in der Theorie existieren. Solche Angebote brauchen gemäß § 43–1 Abs. 2 Nr. 1 bis 3 twWpHG weder angemeldet noch veröffentlicht zu werden, sodass die FSC als Überwachungsbehörde über keine Informationen hinsichtlich solcher Angebote verfügt, auch wenn diese theoretisch durch Werbung oder Massenkommunikationsmittel „öffentlich" abgegeben werden könnten. Demgegenüber existieren einfache Erwerbsangebote im Sinne des WpÜG auch in der Praxis und stellen eine grundlegende Art öffentlicher Angebote dar. Sie unterliegen, obgleich sie nicht auf einen Kontrollerwerb gerichtet sind, von der Veröffentlichung der Entscheidung zur Abgabe eines Angebots nach § 10 WpÜG an bis hin zur Stellungnahme des Vorstands und des Aufsichtsrats der Zielgesellschaft nach § 27 WpÜG der Aufsicht durch die BaFin.

Ein weiterer Unterschied besteht in der Schwelle für „freiwillige Erwerbsangebote" im Sinne des § 43–1 Abs. 2 twWpHG, bei denen die Anzahl der zu erwerbenden Wertpapiere der Zielgesellschaft 20% der Stimmrechte der Zielgesellschaft nicht erreicht, im Vergleich zu den „einfachen Erwerbsangeboten" im deutschen Übernahmerecht, bei denen die Anzahl der zu erwerbenden Wertpapiere 30% der Stimmrechte der Zielgesellschaft nicht erreichen darf.

Der dritte wesentliche Unterschied besteht in der Anforderung an zwingende öffentliche Angebote im Sinne des taiwanesischen Übernahmerechts, bei denen die Anzahl der zu erwerbenden Wertpapiere mindestens 20% der Stimmrechte der Zielgesellschaft erreicht, während bei Übernahmeangeboten im Sinne der §§ 29 bis 34 WpÜG die Anzahl der zu erwerbenden Wertpapiere mindestens 30% der Stimmrechte der Zielgesellschaft erreichen muss.

Das taiwanesische Übernahmerecht kennt dagegen keine „Pflichtangebote" im Sinne des § 35 WpÜG.

---

903 *LAI, In-Jaw*, Wertpapierhandelsrecht (2014), S. 281 ff.

904 Begr. RegE, Allgemeiner Teil II. 4. Regelung von öffentlichen Angeboten zum Erwerb von Wertpapieren, von freiwilligen Übernahmeangeboten und Pflichtangeboten, BT-Drucks. 14/7034, S. 29 f.

b) *Zur Verbesserung des taiwanesischen Rechts*

Zwingende Angebote im Sinne des taiwanesischen Übernahmerechts sind nicht gleichbedeutend mit den Pflichtangeboten im sinne des WpÜG. Nach der Gesetzesbegründung[905] wurde das „zwingende Angebot" im Sinne des § 43–1 Abs. 3 twWpHG aus dem „City Code on Takeovers and Mergers" in Großbritannien übernommen. Das „Mandatory Offer", das in Rule 9.1 des englischen City Code geregelt ist, ist dort jedoch völlig anders umgesetzt worden, als das in § 43–1 Abs. 3 twWpHG der Fall ist.[906]

Regelungen zu Pflichtangeboten sind international in weiten Teilen eingeführt worden. Ob das Pflichtangebot im international anerkannten Sinne auch in Taiwan eingeführt werden sollte, ist für das Übernahmerecht in Taiwan im Hinblick auf die Gleichbehandlung der Aktionäre der Zielgesellschaft und den Schutzes der Minderheitsaktionäre ein bedeutendes Thema. Die Einführung des Pflichtangebots in Deutschland war im Schrifttum stark umstritten.[907] Insoweit kann und sollte bei der Reform des Übernahmerechts an die wissenschaftlichen Untersuchungen und rechtspolitischen Diskussionen sowie die im WpÜG vorgesehenen Regelungen angeknüpft werden und sollte man sich unter Berücksichtigung der seit 2002 bewährten Regelungen im WpÜG an international üblichen Standards orientieren.

4. *Allgemeine Grundsätze*

a) *Unterschiede zwischen dem taiwanesischen und dem deutschen Recht*

Im Vergleich zu den in § 3 WpÜG kurz und verständlich aufgestellten fünf allgemeinen Grundsätzen für das Übernahmerecht, wurde bei der Einführung der Regelungen zu öffentlichen Angeboten in Taiwan nur der Grundsatz der Gleichbehandlung der Aktionäre der Zielgesellschaft in § 43–2 twWpHG, im Sinne des Gebots gleicher Angebotsbedingungen und des Verbots von Änderungen zu Ungunsten der Aktionäre der Zielgesellschaft, festgeschrieben.

Das Gebot der Aktionärsgleichbehandlung beschränkt sich nicht auf ein Angebot mit den gleichen Angebotsbedingungen. Der Grundsatz von Information und Transparenz und das Gebot einer raschen Durchführung des Angebotsverfahrens sind international anerkannte Anforderungen an ein Übernahmeverfahren. Die

---

905 Vgl. Begründung des Regierungsentwurfs für Änderung bestimmten Vorschriften im twWpHG, zu § 43–1 Abs. 3, Betroffene Dokumente der 5. Sitzung, 6. Sitzungsperiode, 4. Wahlperiode vom Legislative-Yuan, S. 148 f., abrufbar auf Website vom Legislative-Yuan: http://lis.ly.gov.tw/lgcgi/lgmeetimage?cfcbcfc9cfc9cfcfc5cacec8d2cacbcd; zur Modifikation bei der Übernahme und den daraus entstehenden Problemen, *LEE, Chih-Jen*,The Military Law Journal, 2005, Nr. 12, S. 22, 27 ff.

906 Vgl. Rule 9.1 der City Code.

907 Vgl. *Meyer* in Geibel/Süßmann, WpÜG (2008), § 35 Rn. 3; *Hasselbach* in KK-WpÜG (2010), § 35 Rn. 1; *Krause/Pötzsch* in Assmann/Pötzsch/Uwe H. Schneider, WpÜG (2013), § 35 Rn. 10, 42 ff.

Verwaltungsorgane der Zielgesellschaft sollen bei öffentlichen Angeboten im Interesse der Zielgesellschaft handeln. Das Verbot von Marktverzerrungen bei öffentlichen Angeboten ist ebenfalls ein international anerkannter Grundsatz. Solche allgemeinen Grundsätze sind vor der Einführung des Übernahmerechts in Taiwan nur kurz und vereinzelt in der Literatur erörtert worden. Ausprägungen dieser einzelnen Grundsätze wurden bei der Gesetzgebung in Taiwan nicht in einen systematischen Kontext gebracht und entsprechend geregelt.

b) Zur Verbesserung des taiwanesischen Rechts

Wie in der Gesetzesbegründung zu § 3 WpÜG erläutert wird, sind die allgemeine Grundsätze bei jedem Angebot zum Erwerb von Wertpapieren zu beachten und die vorgesehenen Regelungen sollen die grundlegenden Wertungsentscheidungen des Gesetzgebers wiedergeben, die bei der Auslegung der einzelnen Rechtsvorschriften heranzuziehen sind.[908] Die allgemeinen Grundsätze dienen der Durchsetzung der Ziele des WpÜG, nämlich Leitlinien für ein faires und geordnetes Angebotsverfahren zu schaffen, ohne Unternehmensübernahmen zu fördern oder zu verhindern, den Informationsfluss und die Transparenz für die betroffenen Wertpapierinhaber und Arbeitnehmer zu verbessern, sowie die rechtliche Stellung von Minderheitsaktionären bei Unternehmensübernahmen zu stärken.[909] Sie funktionieren für die Beteiligten jedes öffentlichen Angebots als Abwägungshilfe, die der Vorstand der Bietergesellschaft und der Zielgesellschaft bei der Ausübung seines unternehmerischen Leitungsermessens zu berücksichtigen haben.[910] Für die BaFin haben die allgemeinen Grundsätze ebenfalls eine ermessensleitende Funktion bei der Ausübung des ihr vom Gesetz eingeräumten Ermessens.[911]

Es leuchtet unmittelbar ein, dass die in § 3 WpÜG vorgesehenen allgemeinen Grundsätze auch für öffentliche Angebote in Taiwan von Bedeutung ist. Es ist daher naheliegend, dass für das Übernahmerecht in Taiwan entsprechende Grundsätze, die hinter ihnen stehende Wertordnung und ihre Funktion bei der Auslegung einzelner Regelungen von hohem Nutzen wären. Die allgemeinen Grundsätze wären geeignet für den Vorstand der Bietergesellschaft und der Zielgesellschaft bei der Ausübung seines unternehmerischen Leitungsermessens zu führen. Für die FSC können die allgemeinen Grundsätze gleichfalls eine ermessensleitende Funktion bei der Ausübung des ihr vom Gesetz eingeräumten Ermessens erfüllen, obwohl sie bei der Überwachung öffentlicher Angebote nur über beschränkte Befugnisse verfügt. Das Übernahmerecht in Taiwan würde daher von solchen allgemeinen Grundsätzen und die dahinter stehende Wertordnung profitieren.

---

908 Begr. RegE, zu § 3 WpÜG, BT-Drucks. 14/7034, S. 35.

909 Begr. RegE, zum Ziel des Gesetzes, BT-Drucks. 14/7034, S. 28, zur Gewährleistung umfassender Transparenz und Sicherstellung rascher Verfahren, S. 29.

910 *Fuchs* in Fleischer, Hdb. VorstandsR (2006), § 22 Rn. 16.

911 *Baums/Hecker* in Baums/Thoma, WpÜG (Stand: Mai 2012), § 3 Rn. 3.

Die kurze Betrachtung des sachlichen Anwendungsbereichs und der wichtigsten Grundsätze im Übernahmerecht der beiden Rechtsordnungen hat deutlich gezeigt, dass das Übernahmerecht in Taiwan bei der Regelung verschiedener Arten öffentlicher Angebote und bei den wichtigsten Grundsätzen sowie ihren Ausprägungen in den einzelnen Vorschriften auf einer unangemessen vereinfachten Übernahme des Rechts aus den USA, Japan und Großbritannien beruht. Das häufig unzutreffende Verständnis einzelner Regelungen in den genannten Rechtsordnungen wurde bei der Rechtsübernahme aus verschiedenen Gründen nicht beseitigt oder minimiert.

Gegenüber den im twWpHG verankerten übernahmerechtlichen Regelungen in Taiwan wurde das WpÜG auf Grundlage wissenschaftlicher Untersuchungen und rechtspolitischer Entscheidungen ausgearbeitet. Eines der bekannten Merkmale der deutschen Rechtswissenschaft liegt in der vergleichsweise starken Fähigkeit der dogmatischen Einordnung von Rechtsfiguren zu sehen. Die nach vertieften und vollständigen wissenschaftlichen Untersuchungen und rechtspolitischen Diskussionen und auf der Basis einer eigenen Werteordnung und Zielsetzung übernommenen ausländischen Rechtsinstitute können systematisch mit der deutschen Rechtsordnung harmonisiert werden und damit ohne Weiteres als ein eigenes Teilgebiet des Kapitalmarktrechts funktionieren. Die Mühen und die Ergebnisse sollten als Inspiration für die Weiterentwicklung des Übernahmerechts in Taiwan dienen.

Der Reformbedarf im Übernahmerecht in Taiwan beschränkt sich nicht etwa auf die Regelung zu Abwehrmaßnahmen bei feindlichen Übernahmeangeboten und andere einzelnen Themen. Die Lösung der einzelnen Probleme hängt letztendlich davon ab, wie die einzelnen übernahmerechtlichen Rechtsfiguren aus dem US-amerikanischen und englischen Recht als kohärente Regelungsmaterie in die Systematik der Rechtsordnung in Taiwan sinnvoll integriert werden können. Von der Setzung von Regelungszielen und allgemeinen Grundsätzen sowie der Schaffung von Leitlinien für ein faires und geordnetes Übernahmeverfahren bis hin zur Ausgestaltung einzelner Vorschriften, stets bedarf es einer vollständige wissenschaftlichen Untersuchung, tiefgehender rechtspolitischer Überlegungen sowie einer wissenschaftlich fundierten Regelungstechnik. Zur Reform des taiwanesischen Übernahmerechts sollte das deutsche WpÜG, das nach einer vollständigen und vertieften wissenschaftlichen Untersuchung sowie rechtspolitischen Auseinandersetzungen eingeführt wurde, als Vorbild des kodifizierten Übernahmerechts im Kontinentalrechtssystem neben den einzelnen Regelungen und Gerichtsentscheidungen aus den angelsächsischen Ländern herangezogen werden. Die Außerachtlassung des deutschen Übernahmerechts als Erkenntnisquelle bei der Reform des taiwanesischen Übernahmerechts würde daher einen großen Verlust darstellen.

II. Pflichten des Vorstands der Bietergesellschaft

Der Rechtsvergleich zu den Pflichten des Vorstands der Bietergesellschaft im taiwanesischen Recht und im deutschen Recht soll den Blick dem Grundsatz der Gleichbehandlung der Aktionäre der Zielgesellschaft, dem Gebot von Transparenz und Information und der raschen Durchführung des Angebotsverfahrens beschränken und sich damit auf die wesentlichen Aspekte konzentrieren. Insbesondere das Insiderhandelsverbot, das vom Vorstand der Bietergesellschaft und der Zielgesellschaft, vor allem im Vorfeld eines öffentlichen Angebots, eingehalten werden muss, stellt dagegen aus Sicht des Übernahmerechts keine spezifische Pflicht des Vorstands dar und wird daher nicht vergleichend betrachtet.

1. Die Gleichbehandlung der Aktionäre der Zielgesellschaft

a) Das Teilangebot

aa) Unterschiede zwischen dem taiwanesischen und dem deutschen Recht

Ein wesentlicher Unterschied zwischen dem Übernahmerecht in Taiwan und dem in Deutschland besteht darin, dass ein Teilangebot bei jeder Art von öffentlichen Angeboten im taiwanesischen Übernahmerecht zulässig ist, während es im deutschen Übernahmerecht nur beim einfachen Erwerbsangebot nach § 19 WpÜG gestattet ist.[912] Beim Übernahmeangebot ist nach § 32 WpÜG der Bieter verpflichtet, ein Übernahmeangebot als Vollangebot[913] abzugeben. Mit dem Verbot des Teilangebots stellt das WpÜG an das Übernahmeangebot insofern die gleichen Anforderungen wie an das Pflichtangebot.

bb) Zur Verbesserung des taiwanesischen Rechts

Nach dem britischen City Code, in dessen Rules 36.1 bis 36.8 ausführliche Vorgaben zum Vorgehen bei Teilangeboten vorgesehen sind, sind Teilangebote auch für den Fall zulässig, in dem der Bieter beabsichtigt, mehr als 30% der Stimmrechte der Zielgesellschaft und damit die Kontrolle über diese zu erlangen.[914] Vor der Einführung des WpÜG war die Unzulässigkeit des Teilangebots bei Übernahmeangeboten in der Literatur umstritten.[915] Der deutsche Gesetzgeber hat letztendlich dazu entschieden, beim Kontrollwechsel der Zielgesellschaft im Spannungsfeld zwischen den Interessen des Bieters und der Aktionäre der Zielgesellschaft hinsichtlich der Möglichkeit zur Desinvestition, den Schutz und die Gleichbehandlung der Minderheitsaktionäre zu betonen und diesen insofern ein Vorrang zu einzuräumen.[916]

---

912 Vgl. zur Zulässigkeit des Teilangebots bei „Einstiegsangeboten“ und „Aufstockungsangeboten“ nach §§ 19, 29 Abs. 2, 30 und 32, *Hasselbach* in KK-WpÜG (2010), § 19 Rn. 13 f.

913 Begr. RegE, zu § 32 WpÜG, BT-Drucks. 14/7034, S. 57; vgl. zur Pflicht zum Vollangebot, *Hasselbach* in KK-WpÜG (2010), § 19 Rn. 12; *Steinmeyer* in Steinmeyer, WpÜG (2013), § 32, Rn. 3; *Favoccia* in Assmann/Pötzsch/Uwe H. Schneider, § 32 Rn. 4 ff.

914 Vgl. Rules 36.1 bis 36.8 der City Code, ausführlich dazu *Hasselbach* in KK-WpÜG (2010), § 19, Rn. 5 ff.

915 Vgl. *Favoccia* in Assmann/Pötzsch/Uwe H. Schneider, WpÜG (2013), § 32, Rn. 6.

916 *Favoccia* in Assmann/Pötzsch/Uwe H. Schneider, WpÜG (2013), § 32, Rn. 5 und 7.

Im Gegensatz zu den rechtspolitischen Auseinandersetzungen und der Entscheidung des deutschen Gesetzgebers, dem Schutz der Aktionäre der Zielgesellschaft Vorrang zu geben, ist der Grund für die allgemeine Zulässigkeit des Teilangebots bei allen Arten von öffentlichen Angeboten im taiwanesischen Übernahmerecht unabhängig davon, ob der Bieter mit dem Angebot die Erlangung der Kontrolle über die Zielgesellschaft beabsichtigt, nicht nachvollziehbar. Wie der Fall Carlyle/EMC aus dem Jahre 2006[917] und die wegen der Ungleichbehandlungen der Aktionäre der EMC ausgelösten Streitigkeiten und Gerichtsverfahren gezeigt haben, ist bei Übernahmeangeboten die Gleichbehandlung und der Schutz aller Aktionäre der Zielgesellschaft bei Übernahmeangeboten ein Thema von erheblicher Bedeutung, auch wenn der Begriff „Übernahmeangebot" gesetzlich weder definiert noch verwendet wird. Zur Beantwortung der Frage, ob und wie eine Gleichbehandlung der Aktionäre der Zielgesellschaft bei Übernahmeangeboten und ein angemessenes Schutzniveau sicherzustellen, können die §§ 19, 29 Abs. 2, 30 und 32 WpÜG und die in Deutschland angestellten rechtspolitischen Überlegungen zum „Teilangebot" und „Vollangebot" wertvolle Anregungen geben.

b) Die Angemessenheit der Gegenleistung

aa) Unterschiede zwischen dem taiwanesischen und dem deutschen Recht

Die Angemessenheit der Gegenleistung ist bei jedem öffentlichen Angebot ein Kernthema für die Gleichbehandlung der Aktionäre der Zielgesellschaft. Anders als im deutschen Recht ist die Pflicht des Bieters zum Angebot einer angemessenen Gegenleistung im taiwanesischen Recht nicht ausdrücklich vorgeschrieben. Die FSC, die aufgrund der gesetzlichen Ermächtigung die twWpÜG-AngVO und twWpÜG-AngUVO erlassen hat, hat nur die angemessene Gegenleistung als Teil der notwendigen Angaben in der Angebotsunterlage und Fairness Opinion in den genannten Verordnungen geregelt. Dies führt im taiwanesischen Recht dazu, dass im Falle einer unangemessenen Gegenleistung nicht feststehe, aufgrund welcher Rechtsgrundlage ein Aktionärs, der die Gegenleistung für unangemessen hält, auf Zahlung einer angemessenen Gegenleistung oder Schadensersatz verlangen kann. Ein wesentlicher Unterschied zwischen den übernahmerechtlichen Regelungen in Taiwan und dem deutschen WpÜG liegt ferner in der Bestimmung der Angemessenheit der Gegenleistung und den Rechtsfolgen einer unangemessenen Gegenleistung.

Nach § 13 Abs. 1 Nr. 2 twWpÜG-AngUVO muss der Bieter eine Fairness Opinion eines unabhängigen Sachverständigen für die Berechnung der Gegenleistung bei einem Barangebot oder zum Umtauschverhältnis bei einem Tauschangebot in den Angebotsunterlagen offenlegen. In der Fairness Opinion müssen aa) die bei der

---

917 Vgl. Landgericht Taipeh, Beschluss v. 27. Februar 2007 – 95 (2006) Si-Zi Nr. 1073; Landgericht Taipeh, Beschluss v. 23. Januar 2008 – 96 (2007) Kang-Zi Nr. 227; Oberlandesgericht Taiwan, Beschluss v. 24. April 2008 – 97 (2008) Fei-Kang-Zi Nr. 34; abrufbar auf der Website vom Justiz-Yuan: http://jirs.judicial.gov.tw/FJUD/.

Bestimmung der Höhe der Gegenleistung verwendeten Methoden, Grundsätze und Kalkulationsweisen im Vergleich zu den international üblichen Marktwertmethoden, Anschaffungskostenmethoden, und der Discounted-Cash-Flow-Methode und bb) die Finanzlage, die Rentabilität und das Kurs-Gewinn-Verhältnis der Zielgesellschaft im Vergleich zu anderen Unternehmen in derselben Branche, die bei TWSE oder GTSM notiert sind, angegeben werden. Ist die Gegenleistung auf Grund eines Bewertungsgutachtens bestimmt worden, müssen der Inhalt des Bewertungsgutachtens und die Bewertungsergebnisse in der Fairness Opinion angegeben werden. Sollten die Vermögensbestandteile oder Aktien der Zielgesellschaft, oder der nach der Verschmelzung fortzuführenden Gesellschaft als Sicherheit für die Finanzierungsmaßnahmen des Bieters verwendet werden, muss eine Einschätzung des Einflusses solcher Maßnahmen auf die Finanzen und das Geschäft der Zielgesellschaft bzw. der nach der Fusion fortzuführenden Gesellschaft in der Fairness Opinion abgegeben werden. Der konkrete Vorerwerbspreis und der für die Öffentlichkeit transparente durchschnittliche Börsenkurs der Aktien der Zielgesellschaft sind nicht als Maßstäbe für die Bestimmung der Höhe der Gegenleistung vorgesehen.

Beim öffentlichen Angebot der VishayDutch B.V. an die Aktionäre der Capella Microsystems, Inc. vom 11. Juli 2014 wurde in der Fairness Opinion eines Wirtschaftsprüfers der durchschnittliche Marktpreis der Aktien der Zielgesellschaft jeweils in den letzten 10, 20 und 30 Werktagen vor der Veröffentlichung der Angebotsunterlage als Referenz angegeben. Der Vorerwerbspreis der Aktien der Zielgesellschaft wurde in der Fairness Opinion weder berücksichtigt noch angegeben. Der Vorstand der Zielgesellschaft hatte in der veröffentlichten Stellungnahme vom 15. Juli 2014 den Börsenkurs vom 11. Juli 2014, des letzten Werktags vor Beginn der Annahmefrist, als Basis zur Berechnung der Prämien von 21,9% herangezogen.[918] Der Prüfungsausschuss wiederholte in seiner Stellungnahme vom 15. Juli 2014 das Ergebnis der von ihm eingeholten Fairness Opinion zur Angemessenheit der Gegenleistung.[919]

Demgegenüber nennt § 31 Abs. 1 WpÜG als Maßstab für die Bestimmung der Angemessenheit der Gegenleistung den durchschnittlichen Börsenkurs der Aktien der Zielgesellschaft und die Erwerbe von Aktien der Zielgesellschaft durch den Bieter und mit ihm gemeinsam handelnder Personen und deren Tochtergesellschaften. Bei der Beurteilung der Angemessenheit der Gegenleistung unter dem WpÜG ist zunächst auf das Gegenseitigkeitsverhältnis der Gegenleistung zur Veräußerung der Wertpapiere zu achten. Ferner sind im Hinblick auf den Grundsatz der Gleichbehandlung die verschiedenen Aktiengattungen bei der Bestimmung der Angemessenheit der Gegenleistung zu berücksichtigen. Das Prinzip der Gleichbehandlung ist in § 3 Satz 3 WpÜG-AngVO konkret festgelegt und bestimmt, dass die Höhe

918 Vgl. Ad-hoc-Publizität der Capella Microsystems, Inc. am 15. Juli 2014, abrufbar unter Website der TWSE: http://mops.twse.com.tw/mops/web/t51sb10_q1.

919 Vgl. Ad-hoc-Publizität der Capella Microsystems, Inc. am 15. Juli 2014, abrufbar unter Website der TWSE: http://mops.twse.com.tw/mops/web/t51sb10_q1.

der Gegenleistung für Aktien, die nicht derselben Gattung angehören, getrennt zu ermitteln ist.[920] Für die Beurteilung der Angemessenheit der Gegenleistung ist grundsätzlich der Zeitpunkt der Veröffentlichung der Angebotsunterlage maßgeblich.[921] Eine Gegenleistung, die dem höheren auf Basis der Vorerwerbe oder des durchschnittlichen Börsenkurses ermittelten Mindestpreis entspricht, wird stets als angemessen angesehen.[922] Die Einzelheiten zur Bestimmung der Höhe der Gegenleistung, also die Berücksichtigng des Vorerwerbspreises und der durchschnittlichen inländischen und ausländischen Börsenkurse der Aktien der Zielgesellschaft, in den letzten drei Monaten vor Veröffentlichung der Angebotsentscheidung des Bieters, sind nach der h. M. entsprechend dem Willen des Gesetzgebers, der Systematik des § 31 Abs. 1 WpÜG, der Systematik des § 5 WpÜG-AngVO sowie der Teleologie der genannten Regelungen abschließend in den §§ 3, 4, 5 und 6 WpÜG-AngVO geregelt.[923]

Hinsichtlich der Rechtsfolgen einer unangemessenen Gegenleistung besteht ebenfalls wesentliche Unterschiede zwischen dem taiwanesischen und dem deutschen Recht. Die Angemessenheit der Gegenleistung ist ein Schwerpunkt bei der Prüfung durch die BaFin, während die FSC in Taiwan keine Befugnis zur Überprüfung der Angebotsunterlage hat. Wenn die Angaben in der Angebotsunterlage zur Gegenleistung offensichtlich gegen den Vorschriften über die Angemessenheit der Gegenleistung verstoßen, muss die Angebotsunterlage nach § 15 Abs. 1 Nr. 2 WpÜG von der BaFin untersagt werden. Eine solche Befugnis hat die FSC in Taiwan nicht.

Einzelne Aktionäre, die die vom Bieter angebotene Gegenleistung nicht für angemessen halten, sind nicht befugt, die Gestattung der Veröffentlichung des Angebots durch die BaFin im Wege des Widerspruchs- und Beschwerdeverfahrens nach §§ 41 f., 48 ff. WpÜG anzufechten. Weil ein Spruchverfahren zur Überprüfung der Gegenleistung ist im WpÜG nicht vorgesehen ist, müssen sie ihre Ansprüche auf Nachbesserung oder Schadensersatz vor den Zivilgerichten geltend machen. Dies wurde vom BGH bestätigt. Im Gegenteil hierzu sind die Rechtsfolgen der unangemessenen Gegenleistung in Taiwan weder übernahmerechtlich geregelt noch im rechtswissenschaftlichen Schrifttum erörtert worden. Auch in der Praxis musste diese Frage bislang noch nicht beantwortet werden.

---

920 Vgl. *Süßmannn* in Geibel/Süßmann, WpÜG (2008), § 31 Rn. 83; *Kremer/Oesterhaus* in KK-WpÜG (2010), § 31 Rn. 18; *Krause* in Assmann/Pötsch/Uwe H. Schneider, WpÜG (2013), § 31 Rn. 29 f.; *Drinkuth* in Marsch-Barner/Schäfer, Hdb. börsennotierte AG (2014), § 60 Rn. 253.

921 *Kremer/Oesterhaus* in KK-WpÜG (2010), § 31 Rn. 21; *Krause* in Assmann/Pötzsch/Uwe H. Schneider, WpÜG (2013), § 31 Rn. 28.

922 Vgl. *Krause* in Assmann/Pötsch/Uwe H. Schneider, WpÜG (2013), § 31 Rn. 35.

923 Vgl.*Kremer/Oesterhaus* in KK-WpÜG (2010), § 31 Rn. 20; *Krause* in Assmann/Pötzsch/Uwe H. Schneider, WpÜG (2013), § 31 Rn. 35; *Drinkuth* in Marsch-Barner/Schäfer, Hdb. börsennotierte AG (2014), § 60 Rn. 251.

bb) Zur Verbesserung des taiwanesischen Rechts

Es besteht kein Zweifel, dass die Pflicht des Bieters zum Angebot einer angemessenen Gegenleistung als Kernthema bei öffentlichen Angeboten im taiwanesischen Übernahmerecht gesetzlich verankert werden sollte. Im Vergleich zu den genannten Regelungen im deutschen Übernahmerecht enthält das Übernahmerecht in Taiwan keine konkreten Kriterien, wie der durchschnittliche Aktienkurs und der Vorerwerbspreis im Sinne des § 31 Abs. 1 WpÜG für die Bestimmung der Angemessenheit der Gegenleistung heranzuziehen sind. Eine dem § 31 Abs. 3 WpÜG vergleichbare Regelung als Ausprägung des Grundsatzes der Gleichbehandlung und des Schutzes der Minderheitsaktionäre der Zielgesellschaft, durch die ein alternatives Barangebot des Bieters wegen seiner Vorerwerbe oder Parallelerwerbe vorgeschrieben wird, kennt das taiwanesische Übernahmerecht ebenfalls nicht.[924] Die Nachbesserung der Gegenleistung des Bieters nach § 31 Abs. 4 und 5 WpÜG ist dem taiwanesischen Übernahmerecht ebenso fremd. Präventive Regelungen zur Verhinderung von Umgehungstatbeständen bei Übernahmeangeboten, etwa durch eine zeitliche Verlagerung des Erwerbs von Anteilen an der Zielgesellschaft wie sie in § 31 Abs. 5 WpÜG geregelt ist, oder durch Vereinbarungen, auf Grund derer die Übereignung von Aktien verlangt werden und dadurch der Erwerb von Aktien der Zielgesellschaft im Sinne des § 31 Abs. 3 bis 5 WpÜG umgehend erfolgen kann, kennt das Übernahmerecht in Taiwan auch nicht. Sind solche Regelungen für den Schutz der Interessen der Aktionäre der Zielgesellschaft in Taiwan etwa nicht erforderlich? Wer die Praxis in Taiwan kennt, wird diese Frage mit „ja" beantworten müssen. Es würde daher ein maßgeblicher Beitrag zur Verbesserung des Übernahmerechts in Taiwan geleistet werden, wenn man bei der Reform die genannten Regelungen im WpÜG zur Angemessenheit der Gegenleistung und die dahinter stehenden rechtspolitischen Überlegungen berücksichtigen würde.

Die Entscheidungen des BGH und des OLG Frankfurt können auch in Taiwan als Orientierungspunkte zur Verbesserung des Schutzes der Aktionäre der Zielgesellschaft vor einer unangemessenen Gegenleistung beitragen. Sie sind aufgrund der in der Einleitung dieser Untersuchung dargestellten historischen Verbindungen zwischen dem taiwanesischen und dem deutschen Recht besonders als Anknüpfungspunkte für eine Fortbildung des taiwanesischen Rechts geeignet.

---

924 Vgl. Begr. RegE, zu § 31Abs. 3 WpÜG, BT-Drucks. 14/7034, S. 55; *Süßmann* in Geibel/Süßmann, WpÜG (2008), § 31 Rn. 28 f.; *Krause* in Assmann/Pötzsch/Uwe H. Schneider, WpÜG (2013), § 31 Rn. 66, 68; a. A. Kremer/Oesterhaus in KK-WpÜG (2010), § 31 Rn. 40 spricht vom Ausschluss des Wahlrechts des Bieters hinsichtlich der Art der Gegenleistung.

2. Transparenz und Information

Der Grundsatz von Transparenz und Information steht im engen Zusammenhang mit dem Grundsatz der Gleichbehandlung der Wertpapierinhaber der Zielgesellschaft.[925] Für Zwecke der vorliegenden Arbeit sollen die Veröffentlichung der Angebotsentscheidung des Bieters zur Abgabe eines öffentlichen Angebots, die Finanzierungsbestätigung sowie die Offenlegung der Angebotsbedingungen vergleichend betrachtet.

a) Die Veröffentlichung der Angebotsentscheidung

aa) Unterschiede zwischen dem taiwanesischen und dem deutschen Recht

Ein wesentlicher Unterschied zwischen dem taiwanesischen und dem deutschen Übernahmerecht liegt darin, dass das Übernahmeverfahren nach dem WpÜG mit der Mitteilung und Veröffentlichung der Entscheidung des Bieters zur Abgabe eines öffentlichen Angebots gemäß § 10 WpÜG beginnt, während das Übernahmeverfahren im taiwanesischen Übernahmerecht erst mit der Anmeldung und der Veröffentlichung der Angebotsunterlage nach § 43–1 Abs. 2 twWpHG seinen Anfang nimmt. § 10 Abs. 1 Satz 1 WpÜG verpflichtet den Bieter, seine Entscheidung zur Abgabe eines Angebots unverzüglich zu veröffentlichen. Vor der Veröffentlichung seiner Angebotsentscheidung muss der Bieter nach § 10 Abs. 2 Satz 1 WpÜG der Börsenverwaltung und der BaFin seine Entscheidung mitteilen. Nach der Gesetzesbegründung soll die Veröffentlichung der Angebotsentscheidung nach § 10 WpÜG, der dem § 15 WpHG zur Ad-hoc-Publizität der Emittenten nachgebildet wurde, dafür Sorge tragen, dass die Öffentlichkeit frühzeitig über marktrelevante Daten informiert wird, um damit das Ausnutzen von Spezialwissen zu verhindern.[926] Mit der Vorschrift des § 10 WpÜG kann vor allem der Gefahr des Insiderhandels vorgebeugt werden.[927] Darüber hinaus können Anleger, die über die bevorstehende Übernahme informiert sind, auf dem Kapitalmarkt auf die damit verbundenen Kursänderungen angemessen reagieren.[928] Demgegenüber kennt das Übernahmerecht in Taiwan eine solche Pflicht des Bieters nicht.

bb) Zur Verbesserung des taiwanesischen Rechts

Eine Pflicht des Bieters, seine Entscheidung zur Abgabe eines Angebots unverzüglich zu veröffentlichen, ist international üblich.[929] Aufgrund welcher Überlegungen

---

925 Vgl. *Schwennicke* in Geibel/Süßmann, WpÜG (2008), § 3 Rn. 18; *Versteegen* in KK-WpÜG (2010), § 3 Rn. 11.

926 Begr. RegE, zu § 10WpÜG, BT-Drucks. 14/7034, S. 39.

927 *Geibel* in Geibel/Süßmann, WpÜG (2008), § 10 Rn. 4.

928 *Santelmann/Steinhardt* in Steinmeyer, WpÜG (2013), § 10 Rn. 1.

929 Vgl. zum EU-Recht und zum Recht in Großbritannien, Österreich und der Schweiz, *Hirte* in KK-WpÜG (2010), § 10 Rn. 8 ff.; zur Normentwicklung, *Assmann* in Assmann/Pötzsche/Uwe H. Schneider, WpÜG (2013), § 10 Rn. 7 f.

sich der Gesetzgeber in Taiwan für die Ablehnung einer solchen Pflicht entschieden hat, lässt sich nicht nachvollziehen. Angesichts der unverhältnismäßig vielen Gerichtsentscheidungen zu Insidergeschäften in Fällen von Unternehmensübernahmen in Taiwan, ist es rechtspolitisch geboten sein, über die Verankerung einer dem § 10 WpÜG entsprechenden oder einer ähnlichen Regelung im taiwanesischen Übernahmerecht nachzudenken. Die Bedeutung der Pflicht des Bieters, seine Entscheidung zur Abgabe eines Angebots unverzüglich zu veröffentlichen, beschränkt sich nicht auf die Verhinderung der Ausnutzung von Spezialwissen und die Möglichkeit der Anleger, auf eine bevorstehende Unternehmensübernahme frühzeitig zu reagieren. Als Zeitpunkt für den Beginn des Angebotsverfahrens sowie für den Beginn des Verhinderungsverbotes nach § 33 Abs. 1 Satz 1 WpÜG wird auf die Veröffentlichung der Angebotsentscheidung durch den Bieter abgestellt.[930] Durch die Übernahme einer dem § 10 WpÜG entsprechenden Regelung sowie der Anpassung der relevanten Vorschriften im taiwanesischen Übernahmerecht könnte das Angebotsverfahren in Taiwan daher maßgeblich verbessert werden.

b) Die Finanzierungsbestätigung

aa) Unterschiede zwischen dem taiwanesischen und dem deutschen Recht

Hinsichtlich der Finanzierungsmaßnahmen sowie ihren gesetzlichen Anforderungen hinsichtlich der erforderlichen Angaben in der Angebotsunterlage besteht ein wesentlicher Unterschied zwischen dem taiwanesischen und dem deutschen Übernahmerecht: Bei einem Angebot in Deutschland ist der Bieter verpflichtet, nach § 13 Abs. 1 Satz 2 WpÜG eine Finanzierungsbestätigung eines vom Bieter unabhängigen Wertpapierdienstleistungsunternehmens einzuholen und diese ist nach § 11 Abs. 2 Satz 3 Nr. 4 WpÜG in der Angebotsunterlage anzugeben und beizufügen. Ein Barangebot ohne schriftliche Finanzierungsbestätigung eines Wertpapierdienstleistungsunternehmens wird von der BaFin untersagt. Demgegenüber kennt das taiwanesische Übernahmerecht keine solche Finanzierungsbestätigung. Die Angaben des Bieters in der Angebotsunterlage über die vorzunehmenden oder vorgenommenen Finanzierungsmaßnahmen werden ohne schriftliche Bestätigung von einer Bank oder einem unabhängigen Kreditinstitut als zutreffend angenommen.

So hat der Bieter im Fall VishayDutch B.V./Capella Microsystems, Inc. vom 11. Juli 2014 in der Angebotsunterlage nur die Finanzierung durch eigenes Kapital und Darlehen von seinen drei verbundenen Unternehmen erläutert. Als eine der Finanzierungsmaßnahmen wurde ein Darlehen im Betrag von TWD 1.496.000.000, ca. EUR 37.400.000, von einer Tochtergesellschaft in Deutschland angegeben. Keine Finanzierungsbestätigung des Kreditinstituts als Nachweis für die Finanzierungsmaßnahmen wurde der Angebotsunterlage nicht beigefügt.

---

930 Vgl. zur Bedeutung der Veröffentlichung des Angebotsentscheidung im ganzen Angebotsverfahren, *Hirte* in KK-WpÜG (2010), § 10 Rn. 2.

bb) Zur Verbesserung des taiwanesischen Rechts

Hinsichtlich der Finanzierungsmaßnahmen haben die Rechtslage und die Praxis in Taiwan dazu geführt, dass einerseits ein Leverage-Buy-Out (LBO) relativ einfach durchgeführt werden kann und andererseits die Interessen der Zielgesellschaft und der betroffenen Wertpapierinhaber beim Übernahmeangebot mangels einer bestätigten Finanzierungsmaßnahmen des Bieters nicht angemessen geschützt werden. Die Entscheidung zur Abgabe eines öffentlichen Angebots muss vom Bieter ernsthaft und verbindlich getroffen werden. Öffentliche Angebote mit spekulativen Elementen oder Angebote, die zu Marktverzerrungen führen, sollten von Anfang an unterbunden werden. Es besteht kein Zweifel, dass die Interessen der betroffenen Wertpapierinhaber durch eine Finanzierungsbestätigung besser geschützt werden können. Ein einfacher Schritt zur Verbesserung des geltenden Übernahmerechts in Taiwan läge daher in der Übernahme der oben genannten Regelungen im WpÜG zur Finanzierungsbestätigung.

c) Die Offenlegung der Angebotsbedingungen

aa) Unterschiede zwischen dem taiwanesischen und dem deutschen Recht

Auch bei der Offenlegung der Angebotsbedingungen besteht ein wesentlicher Unterschied zwischen dem taiwanesischen und dem deutschen Übernahmerecht: Wie in der Begründung zum WpÜG erläutert wurde, lösen öffentliche Angebote regelmäßig gravierende Folgen für die Zielgesellschaft, dessen Verwaltungsorgane und Aktionäre aus. Der Börsenkurs der Zielgesellschaft verändert sich bei einem Angebot in der Regel erheblich. Der Vorstand der Zielgesellschaft, der besonderen Anforderungen ausgesetzt ist, hat eine Stellungnahme zu dem Angebot abzugeben, in der er die Auswirkungen auf die Zielgesellschaft darzustellen und zu beurteilen hat. Bei Übernahmen ergeben sich diese besonderen Pflichten für den Vorstand aus § 33 WpÜG. Vor diesem Hintergrund erachtet es der Gesetzgeber für sachgerecht, den Bieter zur Abgabe eines rechtlich verbindlichen Angebots zu verpflichten, das nur unter den engen Voraussetzungen der §§ 18 und 21 mit Bedingungen versehen oder geändert werden kann.[931] Die Ausgestaltung des Angebots als *invitatio ad offerendum* oder die Einbeziehung von Rücktritts- und Widerrufsvorbehalte ist verboten. Zulässige Bedingungen für ein öffentliches Angebot sind nur solche Bedingungen, die vom Bieter nicht beherrscht werden können. Der Normenkomplex der §§ 17, 18 und 25 WpÜG stellt die grundsätzlich nicht abdingbare Bindung des Bieters an das Angebot i.S.d. § 2 Abs. 1 WpÜG sicher.[932]

Das taiwanesische Übernahmerecht kennt keine den §§ 17, 18 und 25 WpÜG entsprechenden oder vergleichbaren Regelungen. Ob Potestativbedingungen und Wollensbedingungen, deren Eintritt von einem Tun oder Unterlassen oder dem Willen des

931 Begr. RegE, zu § 17 WpÜG, BT-Drucks. 14/7034, S. 47.

932 *Geibel* in Geibel/Süßmann, WpÜG (2008), § 18 Rn. 1; *Hasselbach* in KK-WpÜG (2010), § 18 Rn. 1.

Bieters oder einer ihm zuzurechnenden Personen abhängen und durch die der Bieter die vom Gesetz vorausgesetzte Bindung an das Angebot unterlaufen kann, zulässig sind, ist im taiwanesischen Übernahmerecht unklar. Ob zulässige Angebotsbedingungen präzise und genau formuliert werden müssen, so dass *ex ante* kein Zweifel besteht, unter welchen Umständen das Angebot endgültig unwirksam ist, ist ebenfalls unklar.

bb) Zur Verbesserung des taiwanesischen Rechts

Sollten die „Angebotsbedingungen" im taiwanesischen Übernahmerecht geregelt werden? Oder wäre eine solche Regelung in Taiwan unnötig? Eine empirische Untersuchungen fehlten bislang. Es ist auch nicht bekannt, ob es diesbezüglich in der Praxis bereits zu Streitigkeiten gekommen ist. Zu beachten ist jedoch, dass im Fall VishayDutch B.V./Capella Microsystems, Inc. vom 11. Juli 2014 nur die Mindestannahmeschwellen und die Genehmigung durch die Investitionskommission des Wirtschaftsministeriums in Taiwan als konkrete Angebotsbedingungen in der Angebotsunterlage angegeben wurden. Weitere Bedingungen, die die Bindung des Bieters an das Angebot beeinflussen können, z.B. Genehmigungen von Behörden außerhalb Taiwans, wurden nur allgemein und kurz in der Angebotsunterlage erläutert. Darüber hinaus waren im „Tender Agreement" zwischen dem Bieter, seiner Muttergesellschaft und bestimmten Mitgliedern des Vorstands und Führungskräften der Capella Microsystems, Inc., welches der Angebotsunterlage beigefügt wurde, manche Klausel enthalten sind, die die Bindung des Bieters an das „Tender Agreement" und somit die Bindung an das Angebot beeinträchtigen können. Dies stellt keinen vereinzelten Fall in Taiwan dar. Es ist daher geboten, in Anlehnung an die §§ 17, 18 und 25 WpÜG bei einer künftigen Reform des taiwanesischen Übernahmerechts vergleichbare Regelungen einzuführen.

3. *Die rasche Durchführung des Angebotsverfahrens*

a) *Unterschiede zwischen dem taiwanesischen und dem deutschen Recht*

Das gesamte Angebotsverfahren nach dem WpÜG beginnt mit der Veröffentlichung der Entscheidung des Bieters zur Abgabe eines Angebots nach § 10 WpÜG und endet mit seiner vollständigen Abwicklung, während das Angebotsverfahren im taiwanesischen Übernahmerecht mit der Anmeldung und Veröffentlichung der Angebotsunterlage nach § 43–1 Abs. 2 twWpHG beginnt und mit seiner vollständigen Abwicklung endet. Während des Angebotsverfahrens nach dem deutschen Übernahmerecht müssen der Bieter und der Vorstand der Zielgesellschaft jeweils nach den einzelnen Bestimmungen im WpÜG entweder die gesetzlich geregelten Fristen einhalten oder „unverzüglich", also „ohne schuldhaftes Zögern" im Sinne des § 121 Abs. 1 BGB[933], handeln. Das ganze Angebotsverfahren steht unter der Aufsicht der

933 *Geibel* in Geibel/Süßmann, WpÜG (2008), § 10 Rn. 38; *Schüppen* in Haarmann/Schüppen, WpÜG (2008), § 3 Rn. 33, § 23 Rn. 20; *Hirte* in KK-WpÜG (2010), § 10 Rn. 26; *Assmann* in Assmann/Pötsch/Uwe H. Schneider, WpÜG (2013), § 10 Rn. 43.

BaFin. Im Vergleich zum deutschen Übernahmerecht bestehen außer den gesetzlich geregelten Fristen im taiwanesischen Übernahmerecht keine Anforderungen an den Bieter oder den Vorstand der Zielgesellschaft, die ein unverzügliches Handeln erzwingen. Nach der Angebotsentscheidung kann der Bieter selbst bestimmen, wann er seine Pflicht zur Anmeldung und Veröffentlichung der Angebotsunterlage bei der FSC erfüllen möchte. Er hat unbeschränkten Zeitraum für die Erstellung der Angebotsunterlage zur Verfügung. Nach der Anmeldung und der Veröffentlichung der Angebotsunterlage kann der Bieter ebenfalls selbst bestimmen, wann die Annahmefrist beginnen soll. Diese Rechtslage ist offensichtlich nicht im Interesse der Zielgesellschaft, ihrer Wertpapierinhaber und der Anleger auf dem Kapitalmarkt.

b) Zur Verbesserung des taiwanesischen Rechts

Es besteht keine Diskussion darüber, dass das Angebotsverfahren möglichst rasch durchgeführt werden sollte. Dies ist für die Zielgesellschaft regelmäßig hinsichtlich vieler Aspekte von erheblicher Bedeutung und kann die Interessen ihrer Aktionäre, der Verwaltung, der Arbeitnehmer sowie der Anleger am Kapitalmarkt erheblich beeinflussen. Zum Schutz der Interessen der betroffenen Wertpapierinhaber, der Zielgesellschaft und der Anleger auf dem Kapitalmarkt besteht aus Sicht der vorliegenden Arbeit keine andere Wahl als den Grundsatz der raschen Durchführung des Übernahmeverfahrens auch gesetzlich zu verankern. Der Grundsatz muss ferner in den einzelnen Verfahrensbestimmungen durch Festlegung der Fristen und Pflichten zum unverzüglichen Handeln konkretisiert werden. Bei der Reform des Übernahmerechts in Taiwan sollte zur Verbesserung der Rechtslage mit Blick auf die rasche Durchführung des Angebotsverfahrens das deutsche Gesetzgebungskonzept zum Angebotsverfahren herangezogen werden. Das Konzept des WpÜG mit seinen Anforderungen an ein unverzügliches Handeln, welches an 29 Stellen im Gesetz zum Ausdruck kommt, sowie den genau geregelten Fristen hinsichtlich unterschiedlicher Handlungspflichten des Bieters und der Zielgesellschaft könnte maßgeblich zur Verbesserung des Angebotsverfahrens in Taiwan beitragen.

4. Der Squeeze-out und das Andienungsrecht der Minderheitsaktionäre

a) Unterschiede zwischen dem taiwanesischen und dem deutschen Recht

Neben dem aktienrechtlichen Squeeze-out und dem verschmelzungsrechtlichen Squeeze-out sind in Umsetzung der EU-Übernahmerichtlinie der übernahmerechtlicher Squeeze-out und das Andienungsrecht in §§ 39a bis 39c WpÜG geregelt. Demgegenüber kennt das taiwanesische Übernahmerecht kein Sonderverfahren zum Ausschluss der übrigen Aktionäre nach Durchführung des Angebotsverfahrens. Minderheitsaktionäre der Zielgesellschaft in Taiwan können nach Durchführung des Angebotsverfahrens nur im Falle der Verschmelzung zwischen dem Bieter als Muttergesellschaft und der Zielgesellschaft als Tochtergesellschaft jeweils nach § 316–2 Abs. 2 bis 5 GesG oder §§ 12, und 19 BMAA ihr Andienungsrecht geltend machen, wenn dem Bieter mindestens 90% der Aktien der Zielgesellschaft vor der

Beschlussfassung zur Verschmelzung gehört. Dem taiwanesischen Recht und dem deutschen Recht gemeinsam ist die Pflicht des Bieters, den Minderheitsaktionären eine angemessene Abfindung zu gewähren. Das taiwanesische Recht kennt hingegen keine Angemessenheitsvermutung im Sinne des § 39a Abs. 3 Satz 1 WpÜG.

b) Zur Verbesserung des taiwanesischen Rechts

Der Kernpunkt des Verfahrens zum Ausschluss der Minderheitsaktionäre ist die Gewährung einer angemessenen Abfindung. Die Einführung einer Angemessenheitsvermutung entsprechend der Regelung in § 39a Abs. 3 Satz 1 WpÜG erscheint als besonders zur Verbesserung des taiwanesischen Übernahmerechts geeignet. Es ist für das taiwanesische Recht sehr instruktiv, dass nach der Ansicht des BVerfG der Ausschluss von Minderheitsaktionären eine Inhalts- und Schrankenbestimmung des Eigentumsgrundrechts im Sinne des Art. 14 Abs. 1 GG darstellt und nur zulässig ist, wenn den Minderheitsaktionären ein voller wirtschaftlicher Ausgleich für ihren Verlust des Aktieneigentums gewährt wird.

III. Pflichten des Vorstands der Zielgesellschaft

1. Das Handeln im Interesse der Zielgesellschaft

a) Unterschiede zwischen dem taiwanesischen und dem deutschen Recht

Nach § 5 Abs. 1 BMAA muss der Vorstand einer Aktiengesellschaft bei M&A-Transaktionen, einschließlich Unternehmensübernahme durch öffentliche Angebote, im besten Interesse sämtlicher Aktionäre handeln. Demgegenüber muss der Vorstand der Zielgesellschaft in Deutschland bei öffentlichen Angeboten nach § 3 Abs. 4 WpÜG im Interesse der Zielgesellschaft handeln. Dies stellt einen grundlegenden Unterschied zwischen den beiden Übernahmerechtsordnungen dar.

b) Zur Verbesserung des taiwanesischen Rechts

Das Handeln „im Interesse sämtlicher Aktionäre“ wird durch das Handeln „im Interesse der Gesellschaft“ ersetzt, wenn der am 25. November 2013 dem Parlament vorgelegte Entwurf und die vorgeschlagenen Änderungen zur Novellierung des BMAA zu § 5 vom Parlament angenommen werden. Dabei handelt es sich um eine Abkehr von der Shareholder-Value-Orientierung zur Stakeholder-Value-Orientierung. Nach der Änderung des BMAA müssen die einzelnen Vorschriften, die die Pflichten des Vorstands oder weitere Organe der Zielgesellschaft betreffen, entsprechend novelliert oder aktualisiert werden. Ansonsten wird die Änderung des § 5 Abs. 2 BMAA zu sich widersprechenden Normkomplexen führen. Ferner ist zu beachten, dass der Stakeholder-Value-Ansatz im Corporate Governance Kodex für börsennotierte Gesellschaften in Taiwan verankert ist. Danach sollen die Verwaltungsorgane bei der Entscheidung zu Maßnahmen der Geschäftsführung die Interessen der Gesellschaft verfolgen. Gesellschaftlich gilt also bereits der Stakeholder-Value-Ansatz, nicht aber der Shareholder-Value-Ansatz. Diesbezüglich können das deutsche Aktienrecht und der DCGK zur Verbesserung des taiwanesischen Rechts wertvolle Anregungen geben.

2. *Die Stellungnahme des Vorstands*

a) *Unterschiede zwischen dem taiwanesischen und dem deutschen Recht*

Ein wesentlicher Unterschied zwischen dem taiwanesischen und dem deutschen Übernahmerecht liegt ferner in den Regeln zur Stellungnahme des Vorstands der Zielgesellschaft zum Angebot. Während die Pflicht des Vorstands zur Stellungnahme zum Angebot in § 27 WpÜG ausführlich geregelt ist, wird eine solche Pflicht in § 14 Abs. 1 Nr. 2 twWpHG-AngVO nur kurz angesprochen. Die einzelnen Angaben, die in der Stellungnahme des Vorstands zum Angebot nach § 14 Abs. 1 Nr. 2 twWpH-AngVO enthalten sein müssen, sind dementsprechend nur unvollständig geregelt. Ausdrücklich anzugeben sind nur die Namens der Vorstandsmitglieder, die gegen das Angebot sind, sowie die jeweilige Begründung zur Ablehnung des Angebots.

Ferner besteht ein wesentlicher Unterschied darin, dass das taiwanesische Übernahmerecht eine Begründungspflicht im Sinne des § 27 WpÜG nicht kennt. Dies führt dazu, dass die Stellungnahme nach dem taiwaneschen Recht und der Praxis im Hinblick auf ihren Inhalt und ihre Funktionsweise nicht mit der Lage in Deutschland vergleichbar ist.

Was in der Gesetzesbegründung und in der Literatur zu § 27 WpÜG, zur Bedeutung der Stellungnahme des Vorstands zum Angebot und zur Beschlussfassung über die Stellungnahme erläutert oder kommentiert wird, ist in der Diskussion zum taiwanesischen Übernahmerecht daher nicht bekannt. Dem taiwanesischen Recht fremd ist zunächst die dogmatische Einordnung der Stellungnahmepflicht[934] als eine eigenständige kapitalmarktrechtliche Pflicht, die die Pflicht des Vorstands zur ordnungsgemäßen Leitung und Geschäftsführung der Zielgesellschaft im Interesse der Gesellschaft auskonkretisiert. Dass die Stellungnahmepflicht eine besondere Ausprägung des Grundsatzes der Information und Transparenz und für die sachgerechte Entscheidung der Aktionäre der Zielgesellschaft über das Angebot von erheblicher Bedeutung ist[935], wird im taiwanesisches Recht ebenfalls nicht vergleichbar nachvollzogen. Die Vorstellung, dass die Pflicht des Vorstands der Zielgesellschaft zur Stellungnahme zugleich die informationelle Gleichbehandlung der Aktionäre konkretisiert, was eine bevorzugte Weitergabe von Informationen an einzelne Aktionäre

934 Vgl. *Hopt*, ZHR 166 (2002), 383, 421; *Schwennicke* in Geibel/Süßmann, WpÜG (2008), *Röh* in Haarmann/Schüppen, WpÜG (2008), § 27 Rn. 16; § 27 Rn. 7; *Hirte* in KK-WpÜG (2010), § 27 Rn. 16; *Wacherbarth* in MK-AktG (2011), § 27 WpÜGRn. 9; *Krause/Pötzsch* in Assmann/Pötzsch/Uwe H. Schneider, WpÜG (2013), § 27 Rn. 18 f.; *Steinmeyer* in Steinmeyer, WpÜG (2013), § 27 Rn. 6, der die Stellungnahmepflicht dogmatisch für rein kapitalmarktrechtliche Pflicht hält.

935 Begr. RegE, zu § 27 Abs. 1 WpÜG, BT-Drucks. 14/7034, S. 52; *Hirte* in KK-WpÜG (2010), § 27 Rn. 2, 13; *Wackerbarth* in MK-AktG/WpÜG (2011), § 27 Rn. 2; *Krause/Pötzsch* in Assmann/Pötzsch/Uwe H. Schneider, WpÜG (2013), § 27 Rn. 4.

außerhalb der Stellungnahm gemäß § 3 Abs. 1 WpÜG und § 53a AktG unvereinbar und unzulässig macht[936], ist dem taiwanesischen Recht ebenfalls fremd. Für den in § 27 WpÜG vorgeschriebenen und in der Literatur erläuterte Inhalt der Stellungnahme sowie die zugehörige Praxis gibt es in Taiwan ebenso keine Entsprechungen.

Das Kernelement der Stellungnahme ist die Beurteilung der Art und Höhe der Gegenleistung, die für die Aktionäre der Zielgesellschaft naturgemäß von großer Bedeutung ist.[937] Neben der Prüfung, ob die gesetzlichen Regelungen in § 31 WpÜG i.V.m. §§ 3 ff. WpÜG-AngVO eingehalten wurden, hat der Vorstand zu erläutern, ob die angebotene Gegenleistung im Verhältnis zum Unternehmenswert der Zielgesellschaft angemessen ist. Zu diesem Zweck ist eine Unternehmensbewertung notwendig, deren Methode ebenfalls in der Stellungnahme angegeben werden muss. In der Praxis werden regelmäßig ein oder mehrere Sachverständigengutachten zur Prüfung der Angemessenheit der Gegenleistung und weiterer Bedingungen, die Fairness Opinion im Sinne der Praxis in angelsächischen Ländern, eingeholt.[938] Der Vorstand, der über intime Kenntnisse der gegenwärtigen Finanz-, Vermögens- und Ertragslage der Gesellschaft und ihrer zukünftigen Entwicklungsmöglichkeiten verfügt,[939] darf die Fairness Opinion jedoch nicht einfach blind hinnehmen, sondern muss sich in der Stellungnahme erkennbar mit dem Inhalt der Fairness Opinion auseinandersetzen.[940] Demgegenüber muss der Vorstand der Zielgesellschaft in Taiwan nach § 14–1 twWpHG-AngVO einen Prüfungsausschuss, der aus drei unabhängigen Direktoren oder vom Vorstand ausgewählten Personen besteht, einrichten und die Angemessenheit der Gegenleistung von ihm prüfen lassen. Der Prüfungsausschuss wird in der Regel eine Fairness Opinion einholen und das Ergebnis der Fairness Opinion annehmen.

In der Praxis in Taiwan ist die Stellungnahme der Zielgesellschaft zu öffentlichen Angeboten in der Regel kurz und enthält keine Begründung. Im Fall VishayDutch B.V./Capella Microsystems, Inc. vom 11. Juli 2014 hat der Vorstand der Capella Microsystems, Inc. am 15. Juli 2014 seine Stellungnahme zum Angebot der VishayDutch in einem Umfang von einer Seite ohne Begründung veröffentlicht. Ein standarisiertes Formular für die Stellungnahme von Vorstand und Aufsichtsrat[941] wie in Deutschland kennt die Praxis in Taiwan nicht.

---

936 *Fuchs* in Fleischer, VorstandsR (2006), § 22 Rn. 95, 23; *Schwennicke* in Geibel/Süßmann (2008), § 3 Rn. 11 ff.

937 *Fleischer/Kalss*, Das neue WpÜG (2002), S. 96 f.; *Hirte* in KK-WpÜG (2010), § 27 Rn. 37; *Krause/Pötzsch* in Assmann/Pötzsch/Uwe H. Schneider, WpÜG (2013), § 27 Rn. 61.

938 Vgl. zum Begriff der Fairness Opinion in der Praxis der Investment Banking, *Achleitner*, Hdb. Investment Bankingn (2002), S. 210 ff.; zur Fairness Opinion in der Praxis, *Kiesenwetter/Kreymborg*, CFL 2013, 105, 112 f.

939 *Fleischer/Kalss*, Das neue WpÜG (2002), S. 96.

940 *Drinkuth* in Marsch-Barner/Schäfer, Hdb. börsennotierte AG (2014), § 60 Rn. 158.

941 Vgl. *Seibt* in Beck´sches Formularbuch Mergers & Acquisitions (2011), Ziff. E.IV, S. 966 ff.

b) Zur Verbesserung des taiwanesischen Rechts

Was in der Gesetzesbegründung und in der Literatur zur Begründungspflicht und zu Inhalt, Funktion und Bedeutung der Stellungnahme nach § 27 WpÜG erläutert oder kommentiert wurde, ist aus der Sicht der vorliegenden Arbeit überzeugend und kann daher für die Verbesserung des Übernahmerechts in Taiwan ein wichtiger Baustein sein. Die Verbesserung der Regelungen zur Stellungnahme des Vorstands der Zielgesellschaft ist auch notwendig. Ohne eine qualitativ hochwertige Stellungnahme kann das Interesse der betroffenen Wertpapierinhaber nicht angemessen geschützt werden. Vor allem sollten die Interessenkonflikte der einzelnen Mitglieder des Vorstands sowie die in der Praxis nicht selten zur Deal-Protection abgeschlossenen Verträge oder Vereinbarungen zwischen den einzelnen Vorstandsmitgliedern und dem Bieter, deren Zulässigkeit und gesetzliche Grenzen in der deutschen Literatur bereits umfangreich und vertieft erörtert wurden, in der Stellungnahme der Zielgesellschaft in Taiwan offengelegt werden. Wie im Schrifttum in Deutschland ausgeführt wird, bildet die Stellungnahme des Vorstands der Zielgesellschaft neben der Angebotsunterlage für die Aktionäre der Zielgesellschaft und andere Bezugsgruppen eine zentrale Informationsquelle. Sie wirkt einer einseitigen Informationspolitik des Bieters entgegen und trägt durch die umfassende Begründung zu einer ausgewogenen Entscheidungsgrundlage für die Aktionären der Zielgesellschaft.[942] Einer solchen Funktion und Aufgabe der Stellungnahme des Vorstands der Zielgesellschaft werden die geltenden einfachen Regelungen im taiwanesischen Übernahmerecht nicht gerecht.

Sowohl das Recht als auch die Praxis in Deutschland in Bezug auf die Stellungnahme des Vorstands der Zielgesellschaft sollten bei der Reform in Taiwan herangezogen werden. Dies könnte maßgeblich zur Verbesserung des Übernahmerechts in Taiwan beitragen.

3. Abwehrmaßnahmen bei feindlichen öffentlichen Übernahmeangeboten

a) Unterschiede zwischen dem taiwanesischen und dem deutschen Recht

Während das Übernahmerecht in Taiwan keine Regelungen zu der Zulässigkeit und den Grenzen von Abwehrmaßnahmen bei Übernahmeangeboten enthält, die gegen den Willen des Vorstands der Zielgesellschaft abgegeben werden, ist in § 33 Abs. 1 Satz 1 WpÜG vorgesehen, dass der Vorstand der Zielgesellschaft nach der Veröffentlichung der Entscheidung zur Abgabe eines Angebots durch den Bieter bis zur Veröffentlichung des Ergebnisses keine Handlungen vornehmen darf, durch die der Erfolg des Angebots vereitelt werden könnte. Vom Verhinderungsverbot ausgenommen sind nach § 33 Abs. 1 Satz 2 WpÜG die laufenden Geschäfte, die Suche nach konkurrierenden Angeboten und die Maßnahmen, die mit vorheriger

942 Vgl. *Fleischer/Kalss*, Das neue WpÜG (2002), S. 95 f.

Zustimmung des Aufsichtsrats erfolgen. Maßnahmen aufgrund einer Ermächtigung durch die Hauptversammlung sind nach § 33 Abs. 2 WpÜG ebenfalls zulässig.

Zur Umsetzung der EU-Übernahmerichtlinie vom 21. April 2004 hat der deutsche Gesetzgeber 2006 zunächst nach Art. 12 Abs. 1 der Übernahmerichtlinie vom „Opt-Out-Modell" Gebrauch gemacht, sodass § 33 Abs. 1 WpÜG unberührt bleibt. Um den Zielgesellschaften die Möglichkeit zu geben, sich freiwillig dem europäischen Verhinderungsverbot und/oder die Durchgriffsregel der Übernahmerichtlinie widerruflich zu unterwerfen, hat der deutsche Gesetzgeber nach dem „Opt-In-Modell" das europäische Verhinderungsverbot in § 33a WpÜG, die Durchgriffsregel in § 33b WpÜG und den Vorbehalt der Gegenseitigkeit in § 33c WpÜG umgesetzt. Die Zielgesellschaften, die sich freiwillig dem Verhinderungsverbot und/oder der Durchgriffsregel unterwerfen, können sich von der Anwendung befreien, wenn dieselben Regeln vom Bieter nicht befolgt werden.

b) Zur Verbesserung des taiwanesischem Rechts

Wie bereits bei der Betrachtung des taiwanesischen Übernahmerechts dargestellt wurde, besteht hinsichtlich der Regelung von Abwehrmaßnahmen bei feindlichen Übernahmeangeboten ein Reformbedarf. Kann das deutsche Recht, vor allem § 33 WpÜG zum Verhinderungsverbot und seinen Ausnahmefällen, dazu beitragen?

Im Schrifttum in Taiwan wird die Ansicht geäußert, dass die Neutralitätspflicht des Vorstands der Zielgesellschaft als Prinzip für Abwehrmaßnahmen bei feindlichen öffentlichen Übernahmeangeboten im deutschen Übernahmerecht in Taiwan gesetzlich anerkannt werden sollte, die Vorschrift zur Ermächtigung durch die Hauptversammlung indes abzulehnen sei.[943] Zur Frage, ob die vom Verhinderungsverbot ausgenommenen Maßnahmen des Vorstands nach § 33 Abs. 1 Satz 2 WpÜG auch in Taiwan gesetzlich anerkannt werden sollten, hat man sich im Schrifttum bislang nicht geäußert.

Wie bei der Betrachtung der Regelungen zu Abwehrmaßnahmen bei feindlichen Übernahmeangeboten im deutschen Recht dargestellt wurde, ist zunächst zu beachten, dass sich bei Übernahmeangeboten nach der h. M. in der deutschen Literatur eine allgemeine aktienrechtliche umfassende Neutralitätspflicht nicht aus §§ 76, 93 und 53a AktG ableiten lässt.[944] Das prinzipiell zutreffende Kernargument, dass die

---

943 Vgl. *CHEN, Chieh-Shan*, Ling Tung Financial & Economic Law Review, 2009, Nr. 2, S. 85, 105.

944 Vgl. vor der Einführung des WpÜG *Martens*, FS Beusch, 1993, S. 529, 542 ff.; *Kirchner*, AG 1999, 481, 483 ff.; *Kort* in FS Lutter, 2000, S. 1421, 1432 ff.; *Drygala* ZIP 2001, 1861, 1863; *Krieger*, RWS-Forum 20, Gesellschaftsrecht (2001), S. 289, 303 ff.; nach der Einführung des WpÜG *v. Falkenaugen* NZG 2007, 97 ff.; *Schwennicke* in Geibel/Süßmann, WpÜG(2008), § 33 Rn. 13 f.; *Kocher/Eisenmann* DB 2008, 225 f.; *Krause/Pötzsch/Stephan* in Assmann/Pötzsch/Uwe H. Schneider, WpÜG (2013), § 3 Rn. 42, § 33 Rn. 245; *Koch* in Hüffer, AktG (2014), § 76 Rn. 40; a. A. *Hirte* in KK-WpÜG (2010), § 33 Rn. 23, der von strenger Neutralitätspflicht sprincht.

Leitungskompetenz des Vorstands nicht die Einflussnahme auf die Zusammensetzung des Aktionärskreises erfasst,[945] begründet eine allgemeine Neutralitätspflicht auch deshalb nicht, weil Veränderungen der Zusammensetzung des Aktionärskreises das Interesse der Gesellschaft beeinträchtigen können.[946] Das Argument, dass Abwehrmaßnahmen gegen ein Übernahmeangebot eine Einflussnahme auf die Zusammensetzung des Aktionärskreises darstellten und unzulässig seien[947], ist auch weniger überzeugend.[948] Die Verpflichtung des Vorstands der Zielgesellschaft zur Orientierung an den Interessen der Gesellschaft und zur Berücksichtigung der Interessen der Arbeitnehmer und des Gemeinwohls, bleiben beim Treffen von Abwehrmaßnahmen unberührt.[949] Aus der Sicht der vorliegenden Arbeit kann aus den entsprechenden Bestimmungen im taiwanesischen GesG ebenfalls keine allgemeine Neutralitätspflicht des Vorstands der Zielgesellschaft bei Übernahmeangeboten abgeleitet werden. Die Argumente in der deutschen Literatur gegen eine allgemeine aktienrechtliche Neutralitätspflicht des Vorstands verfangen auch für das taiwanesische Recht. Eine solche Neutralitätspflicht lässt sich nicht aus § 202 GesG, der nur die allgemeinen Zuständigkeiten des Vorstands als Geschäftsführungsorgan regelt, ableiten. Ebenso wenig kann sie aus § 23 Abs. 1 GesG, die die Sorgfaltspflicht und Treuepflicht der Direktoren regelt, gewonnen werden.

Ferner muss der Normzweck der § 33 WpÜG als zentrale Verhaltensnorm für die Verwaltungsorgane der Zielgesellschaft während des Übernahmeverfahrens richtig und vollständig verstanden werden. Nach dem Konzept des deutschen Gesetzgebers dient § 33 WpÜG dem Ausgleich widersprechender Interessen. Die Zielgesellschaft soll nach § 3 Abs. 4 Satz 2 WpÜG während des Übernahmeverfahrens nicht unangemessen in ihrer Geschäftstätigkeit behindert werden.[950] Ferner soll es durch die Regelung des § 33 WpÜG den Aktionären der Zielgesellschaft ermöglicht werden, in Kenntnis der Sachlage selbst über ein Übernahmegebot zu entscheiden. Diese Entscheidungsfreiheit würde eingeschränkt, wenn der Vorstand oder Aufsichtsrat der Zielgesellschaft ohne weiteres durch eigenständige Entscheidungen den Erfolg eines Übernahmeangebots verhindern könnte. Schließlich sollen Konflikte mit dem Eigeninteresse des Vorstandes und Aufsichtsrates an der Bewahrung ihrer Stellung in der Zielgesellschaft vermieden werden.[951]

---

945 *Hopt* in FS Lutter, 2000, S. 1361, 1379; *Mertens/Cahn* in KK-AktG (2010), § 76 Rn. 26; *Kort* in GK-AktG (2002), § 76 Rn. 100.

946 Vgl. *Koch* in Hüffer, AktG (2014), § 76 Rn. 40 m.w.N.; *Fuchs* in Fleischer, VorstandsR (2006), § 22 Rn. 111.

947 *Hopt*, ZGR 1993, 548 ff.; *Michalski*, AG 1997, 152, 159; *Krause*, AG 2000, 271, 218; *Altmeppen*, ZIP 2001, 1073, 1076.

948 Vgl. *Dimke/Heiser*, NZG 2001, 241, 244; *Merkt*, ZHR 165 (2001), 224, 248 f.; *Maier-Reimer* ZHR 165 (2001), 258, 259; *Fuchs* in Fleischer, Hdb. VorstandsR (2006), § 22 Rn. 111.

949 *Kort* in FS Lutter, 2000, S. 1421, 1435; *Koch* in Hüffer, AktG (2014), § 76 Rn. 40.

950 *Schwennicke* in Geibel/Süßmann (2008), § 33 Rn. 1.

951 Begr. RegE, zu § 33 Abs. 1 WpÜG, BT-Drucks. 14/7034, S. 57.

Die Interessekonflikte zwischen den Aktionären, der Verwaltung und den Arbeitsnehmern der Zielgesellschaft spielten bei der Einführung des Verhinderungsverbots eine wichtige Rolle. Die Aktionäre sind daran interessiert, dass die Gegenleistung für die Übernahme möglichst hoch ausfällt. Die Verwaltungsorgane müssen dagegen in aller Regel befürchten, dass sie ihr Amt nach einer feindlichen Übernahme verlieren werden, oder der Entscheidungsgewalt des neuen Kontrollaktionärs unterliegen.[952] Die Arbeitnehmer der Zielgesellschaft sind regelmäßig die besten Verbündeten des Vorstands, weil sie im Interesse des Erhalts ihrer Arbeitsplätze den Kontrollwechsel häufig ablehnen, auch wenn dieser für das Unternehmen und für seine Marktposition objektiv von Nutzen sein kann.[953] Der Konflikt zwischen den Aktionärs- und den Verwaltungsinteressen kann durch *fairness opinions* und *inadequacy opinions*, die einen breiten Spielraum lassen können, gemildert, jedoch nicht beseitigt werden,[954] auch, wenn durch solche *opinions* und Stellungnahmen der Verwaltungsorgane die Aktionäre über das Angebot informierter entscheiden können.

Selbstverständlich bedarf auch bei Übernahmeangeboten in Taiwan eines Ausgleichs widersprechender Interessen. Ferner sollten die Zielgesellschaft in Taiwan während des Übernahmeverfahrens nicht unangemessen in ihrer Geschäftstätigkeit behindert werden. Die Entscheidungsfreiheit der Aktionäre soll bei einem Übernahmeangebot geschützt werden. Die Konflikte mit dem Eigeninteresse von Mitgliedern des Vorstands, einschließlich der unabhängigen Direktoren, an der Bewahrung ihrer Stellung in der Zielgesellschaft sollten in Taiwan ebenfalls vermieden werden. Die rechtspolitischen Überlegungen bei der Einführung des WpÜG sind im Prinzip ebenfalls geeignet, die grundlegenden Fragen in Taiwan zu beantworten.

Aus Sicht der vorliegenden Arbeit kann und sollte der § 33 WpÜG, der wesentlich in Anlehnung an die Übernahmeregelungen im Vereinigten Königreich, die gegenüber dem Übernahmerecht in den USA überzeugender sind[955], geschaffen wurde, als Vorbild für die Regelung grundlegender Verhaltenspflichten des Vorstands der Zielgesellschaft bei Übernahmeangeboten in Taiwan übernommen werden. Ob und wie die deutsche Regelung zu Maßnahmen mit vorheriger Zustimmung des Aufsichtsrats, die vom Verhinderungsverbot ausgenommene sind, sinvoll übernommen werden kann, muss zunächst offen bleiben, weil es in Taiwan aktienrechtlich kein mit dem Aufsichtsrat vergleichbares Organ der Aktiengesellschaft gibt. Die unabhängigen Direktoren und Supervisoren einer Publikums-AG sind im Hinblick auf ihre Kompetenzen und Funktion ebenso wenig mit dem Aufsichtsrat vergleichbar. Insoweit wird die Rechtslage erst dann beurteilen können, wenn die Verfassung der Aktiengesellschaft in Taiwan durch die Novellierung des Gesellschaftsgesetzes eine Erweiterung erfahren hat.

952 *Hopt*, Europäisches Übernahmerecht (2013), S. 78.
953 *Hopt*, Europäisches Übernahmerecht (2013), S. 79.
954 *Hopt*, Europäisches Übernamerecht (2013), S. 83.
955 *Hopt*, Europäisches Übernahmerecht (2013), S. 76.

4. Kapitel: Zusammenfassung und Ergebnisse

Durch die Untersuchung der Funktion des Vorstands und der Pflichten des Vorstands bei öffentlichen Angeboten im taiwanesischen und deutschen Rechts sowie den Rechtsvergleich im 2. und 3. Kapitel konnten die in der Einleitung der vorliegenden Arbeit gestellten Fragen beantwortet werden. Die Ergebnisse lassen sich wie folgt abschließend zusammenfassen.

I. Die Funktion des Vorstands beeinflussende Unterschiede zwischen dem taiwanesischen und dem deutschen Recht

1. Vor dem unterschiedlichen Hintergrund des Wesens, der wirtschaftlichen Bedeutung und der Rechtsrahmen der Aktiengesellschaft sowie der geschichtlichen Entwicklung des Aktienrechts in Taiwan und Deutschland bestehen trotz der Ähnlichkeit im Hinblick auf die dreigliedrige Organisation der Aktiengesellschaft und das Verwaltungssystem eine Reihe von wesentlichen Unterschieden, welche die Funktion des Vorstands im Organisationsgefüge einer Aktiengesellschaft unter dem taiwanesischen und dem deutschen Recht unterschiedlich definieren.
2. Dem taiwanesischen und dem deutschen Aktienrecht gemeinsam ist eine dreigliedrige Organisation der Aktiengesellschaft: Vorstand, Aufsichtsrat und Hauptversammlung für die deutsche Aktiengesellschaft, gleichgültig ob sie börsennotiert ist oder nicht, sowie Vorstand, Supervisoren und Hauptversammlung für die Nicht-Publikums-AG und die nicht börsennotierte Publikums-AG, die Supervisoren als Überwachungsorgan gewählt und eingerichtet haben, unter dem taiwanesischen Aktienrecht.
3. Eine weitere Gemeinsamkeit in den beiden Aktienrechtsordnungen besteht in dem dualistischen Verwaltungssystem im Sinne von Vorstand als Leitungs- und Geschäftsführungsorgan und Aufsichtsrat als Überwachungsorgan der deutschen Aktiengesellschaft und von Vorstand als Geschäftsführungsorgan und Supervisoren als Überwachungsorgan der taiwanesischen Nicht-Publikums-AG und der nicht börsennotierten Publikums-AG, die Supervisoren als Überwachungsorgan gewählt und eingerichtet hat.
4. Ein wesentlicher Unterschied liegt zunächst darin, dass die Zuständigkeiten der Organe und ihre Abgrenzung untereinander im deutschen Aktienrecht zwingend geregelt sind und die Satzung wegen der Satzungsstrenge nach § 23 Abs. 5 AktG bei der Schaffung von Zuständigkeiten für die Hauptversammlung nur eine unbedeutende Rolle spielen kann, während die Abgrenzung der Zuständigkeiten zwischen Vorstand und Hauptversammlung in Taiwan mangels einer Bestimmung zur Satzungsstrenge immer noch Gegenstand von Diskussionen ist.
5. Ein wesentlicher Unterschied liegt ferner darin, dass die Mitglieder des Vorstands der deutschen Aktiengesellschaft hauptamtlich tätig sind, während die

meisten Direktoren der Aktiengesellschaft in Taiwan nebenamtlich tätig sind. Der Vorstand im Sinne des „management board“, „managing board“ oder „board of management“ kann in Taiwan nur bei Nicht-Publikums-AGs bestehen. Die Geschäfte der Publikums-AG in Taiwan werden in der Regel vom Vorstandsvorsitzenden und von Management Officers geführt. Sie entscheiden über sämtliche Maßnahmen der Geschäftsführung, sind jedoch aktienrechtlich nicht als Kollegialorgan der Geschäftsführung verfasst. Vielmehr ist der aus nebenamtlich tätigen Mitgliedern bestehende Vorstand im taiwanesischen Aktienrecht rechtlich das einzige Geschäftsführungsorgan der Publikums-AG.

6. Ein weiterer wichtiger Unterschied besteht in der Leitung der Gesellschaft als Kompetenz im Sinne von Befugnis und zugleich Pflicht des Gesamtvorstands einer Aktiengesellschaft und dem daraus entstehenden Pflichtbewusstsein aller Vorstandsmitglieder in Deutschland. Ein solches Verständnis fehlt im taiwanesischen Aktienrecht und den Vorstandsmitgliedern der taiwanesischen Aktiengesellschaft.
7. Das taiwanesische Aktienrecht kennt das Prinzip der Gesamtleitung, der Gesamtgeschäftsführung sowie der Gesamtvertretung im Sinne des deutschen Aktienrechts nicht. Gleichwohl gilt im taiwanesischen Aktienrecht die Gesamtverantwortlichkeit sämtlicher Vorstandsmitglieder bei einer Verletzung der Legalitätspflicht, sofern diese an einer rechtswidrigen Beschlussfassung mitgewirkt haben.
8. Hinsichtlich der Eignungsvoraussetzungen für ein Vorstandsmitglied besteht ein Unterschied zwischen dem taiwanesischem und dem deutschem Aktienrecht darin, dass in Taiwan eine juristische Person oder die Regierung zum Vorstandsmitglied einer Aktiengesellschaft bestellt werden kann, während unter dem deutschen Aktienrecht nur eine natürliche Person für das Vorstandsamt qualifiziert sein kann.
9. Der Vorsitzende des Vorstands kann im taiwanesischen Aktienrecht die Gesellschaft allein nach außen gegenüber Dritten vertreten. Er hat umfangreiche Befugnisse zur Führung der Geschäfte der Gesellschaft. Demgegenüber hat der Vorstandsvorsitzende im deutschen Aktienrecht im Prinzip keine weitergehenden Kompetenzen als die anderen Mitglieder des Vorstands. Hier zeigt sich besonders deutlich die Struktur des Vorstands als Kollegialorgan im deutschen Aktienrecht.
10. Im deutschen Recht sind die Bestellung und die Anstellung des Vorstandsmitglieds voneinander zu trennen, während das Bestellung- und Anstellungsverhältnis in Taiwan nicht klar getrennt werden.
11. Die Treue- und Sorgfaltspflicht eines Vorstandsmitglieds sowie ihre Konkretisierung in Einzelfällen sind im deutschen Aktienrecht bereits stark ausdifferenziert, während die Herausarbeitung der allgemeinen Verhaltenspflichten eines Direktors im taiwanesischen Aktienrecht noch am Anfang steht.
12. Während das Geschäftsleitungsermessen des Vorstands einer Aktiengesellschaft bereits in der Rechtsprechung des Reichsgerichts in Deutschland und im Jahr 2005 auch gesetzlich in § 93 Abs. 1 Satz 2 AktG anerkannt worden ist, ist die

Frage, ob ein Geschäftsleiterermessen oder die Business Judgment Rule gesetzlich anerkannt werden sollte, im taiwanesischen Recht noch umstritten. Im deutschen Recht gilt der Vorrang der Legalitätspflicht auch bei Pflichtverletzungen oder Gesetzesverstößen, von denen die Gesellschaft profitieren kann. Die Business Judgment Rule findet keine Anwendung bei nützlichen Pflichtverletzungen.

13. Hinsichtlich der Funktion der Überwachung der Geschäftsführung sind die Kompetenzen
    a) der Supervisoren der Nicht-Publikums-AG oder der nicht börsennotierten Publikums-AG, die Supervisoren als Überwachungsorgan gewählt und eingerichtet hat,
    b) der unabhängigen Direktoren der Publikums-AG sowie
    c) des Auditausschusses der börsennotierten AG zwar den Kompetenzen des Aufsichtsrats einer deutschen Aktiengesellschaft ähnlich, aber wegen des Fehlens der Personalhoheit und weiteren Kompetenzen letztlich nicht direkt zu vergleichen.
14. Schließlich kennt das taiwanesische Recht kein Auskunftsrecht des einzelnen Aktionärs, wie es sich im deutschen Recht aus § 131 AktG ergibt. Dies ist ein wichtiger Unterschied zwischen dem taiwanischen und dem deutschen Aktienrecht im Hinblick auf die Rechtsstellung der Aktionäre im Verhältnis zum Vorstand.

II. Übernahmerechtliche Unterschiede zwischen dem taiwanesischen und dem deutschen Recht

Im Rahmen des Übernahmerechts bestehen zwischen dem taiwanesischen und dem deutschen Recht vor allem die nachfolgenden wesentliche Unterschiede:

1. Die übernahmerechtlichen Regelungen in Deutschland finden sich einheitlich im WpÜG und in den auf Grund der gesetzlichen Ermächtigung erlassenen Verordnungen als Teilgebiet des Kapitalmarktrechts. Bei der Auslegung und Anwendung der einzelnen übernahmerechtlichen Regeln ist die Abstimmung mit dem Aktienrecht, dem Wertpapierhandelsrecht, dem Wertpapierprospektrecht und weiteren Teilgebieten des Kapitalmarktrechts zwar notwendig, diese bereitet aber letztlich keine Probleme. Demgegenüber sind die übernahmerechtlichen Regelungen in Taiwan nicht in einem separaten einheitlichen Gesetz, sondern zum kleineren Teil knapp im Wertpapierhandelsgesetz und zum größeren Teil in zwei Verordnungen geregelt. Bei der Auslegung und Anwendung der einzelnen übernahmerechtlichen Regelungen ist die Abstimmung mit Regelungen im Wertpapierhandelsgesetz sowie weiteren Rechtsgebieten notwendig. Die entsprechende Abstimmung im taiwanesischen Recht gestaltet sich jedoch als vergleichsweise schwierig.
2. Ein grundlegender Unterschied zwischen dem taiwanesischen und dem deutschen Übernahmerecht liegt im Regelungsziel. Die am 6. Februar 2002

eingeführten Regelungen zu öffentlichen Angeboten in §§ 43-1 bis 43-5 twWpHG sollen nach der Begründung zum Regierungsentwurf öffentliche Angebote zum Erwerb von Wertpapieren einer Publikums-AG fördern und dadurch die Effizienz von Unternehmen erhöhen. Demgegenüber soll das WpÜG nach dem Konzept des deutschen Gesetzgebers Leitlinien für ein faires und geordnetes Übernahmeverfahren geschaffen, ohne Unternehmensübernahmen fördern oder verhindern zu wollen. Ferner werden in der Gesetzesbegründung in Taiwan der Schutz der Arbeitnehmer, die Stärkung der rechtlichen Stellung von Minderheitsaktionären bei Unternehmensübernahmen sowie die Schaffung neuer Arbeitsplätze gar nicht erwähnt. Demgegenüber soll das WpÜG die Information und Transparenz für die betroffene Wertpapierinhaber und Arbeitnehmer verbessern und die rechtliche Stellung von Minderheitsaktionären bei Unternehmensübernahmen stärken. Zur Erfüllung des Regelungsziels hat sich das WpÜG in seiner ursprünglichen Fassung an international üblichen Standards orientiert. Nach dem Konzept des deutschen Gesetzgebers ist das WpÜG ein Bestandteil der Gesamtstrategie der Bundesregierung, durch nachhaltige Modernisierung des Standortes Deutschland die Rahmenbedingungen für Investitionen und die Schaffung neuer Arbeitsplätze zu verbessern.

3. Ein zweiter wesentlicher Unterschied besteht in der Aufsichtsfunktion der FSC in Taiwan und der BaFin in Deutschland. Die FSC kann öffentliche Angebote in Taiwan nicht präventiv prüfen und überwachen. Demgegenüber hat sich die Überwachung durch die BaFin sowie ihre Funktion als Evidenzzentrale im öffentlichen Interesse als effizient erwiesen. Die zwar nur eingeschränkte Überprüfung der Angebotsunterlage durch die BaFin kann den deutschen Kapitalmarkt präventiv vor Angeboten mit evidenten mangelhaften Angebotsunterlagen schützen, wie die Erfahrungen seit der Einführung des WpÜG bestätigt haben.
4. Ein dritter wesentlicher Unterschied liegt in der Einteilung der verschiedenen Arten von öffentlichen Angeboten. Die „einfache Erwerbsangebote“, die „Übernahmeangebote“ und die „Pflichtangebote“ stellen den sachliche Anwendungsbereich des WpÜG dar, was im Aufbau des WpÜG auch reflektiert wird. Eine solche Einteilung ist dem taiwanesischen Gesetz fremd, nur in der Literatur wird eine Differenzierung der unterschiedlichen Angebotsarten vorgenommen. In Taiwan fehlt eine Regelung zu Pflichtangeboten im Sinne des WpÜG.
5. Ein vierte wesentlicher Unterschied liegt darin, dass § 3 WpÜG die Gleichbehandlung der Aktionäre der Zielgesellschaft, die umfassende Information und Transparenz, das Handeln der Verwaltungsorgane im Interesse der Zielgesellschaft, die rasche Durchführung des Übernahmeverfahrens und das Verbot der Marktverzerrung als allgemeine Grundsätze des Übernahmerechts auflistet. Das taiwanesische Recht regelt dagegen nur die Gleichbehandlung der Aktionäre kurz und unvollständig in § 43-2 twWpHG. Die allgemeinen Grundsätze in § 3 WpÜG funktionieren als Leitlinien für die Auslegung und Anwendung der einzelnen übernahmerechtlichen Regelungen und als Abwägungshilfe für die Ausübung des unternehmerischen Leitungsermessens des Verwaltungsorgans

des Bieters und der Zielgesellschaft. Sie haben auch für die BaFin eine ermessensleitende Funktion bei der Ausübung des ihr vom Gesetz eingeräumten Ermessens. Demgegenüber fehlen im taiwanesischen Übernahmerecht solche Leitlinien und Funktionen.

6. Auch die einzelnen Regelungen des taiwanesischen und des deutschen Rechts unterscheiden sich stark. Während das Teilangebot im taiwanesischen Übernahmerecht allgemein zulässig ist, ist es unter dem deutschen Übernahmerecht nur beim einfachen Erwerbsangebot nach § 19 WpÜG zulässig. Beim Übernahmeangebot ist der Bieter nach § 32 WpÜG dagegen verpflichtet, ein Übernahmeangebot als Vollangebot abzugeben, ein Teilangebot ist unzulässig.
7. Während § 31 Abs. 1 WpÜG die Pflicht des Bieters zum Angebot einer angemessenen Gegenleistung regelt, besteht im taiwanesischen Recht keine Regelung, die ausdrücklich eine solche Pflicht des Bieters vorsieht. Als Maßstäbe für die Bestimmung der Angemessenheit der Gegenleistung sieht § 31 Abs. 1 WpÜG den durchschnittlichen Börsenkurs der Aktien der Zielgesellschaft und den Preis der Vorerwerbe durch den Bieter vor. Die Einzelheiten der Berücksichtigung des Vorerwerbspreises und der durchschnittlichen inländischen und ausländischen Börsenkurse der Aktien der Zielgesellschaft in den letzten drei Monaten vor der Veröffentlichung der Angebotsentscheidung des Bieters sind in §§ 3, 4, 5 und 6 WpÜG-AngVO abschließend geregelt, wie sich aus dem Willen des Gesetzgebers, der Systematik des § 31 Abs. 1 WpÜG, der Systematik des § 5 WpÜG-AngVO und der Teleologie der genannten Regelungen ergibt. Demgegenüber fehlen es im Übernahmerecht in Taiwan an konkreten Maßstäbe für die Bestimmung der Angemessenheit der Gegenleistung. Der Bieter muss zwar nach § 13 Abs. 1 Nr. 2 twWpHG-AngUVO eine Fairness Opinion eines unabhängigen Sachverständigen zur Berechnung der Gegenleistung bei einem Barangebot oder zum Umtauschverhältnis bei einem Tauschangebot in der Angebotsunterlage veröffentlichen. Alle in der Fairness Opinion offenzulegenden Kriterien sind aber abstrakt und lassen weite Spielräume offen.
8. Die Angemessenheit der Gegenleistung ist ein Schwerpunkt bei der Prüfung durch die BaFin, während die FSC in Taiwan keine solche Befugnis hat. Verstoßen die Angaben in der Angebotsunterlage über die Gegenleistung offensichtlich gegen die Vorschriften über die Angemessenheit der Gegenleistung, hat die BaFin die Angebotsunterlage nach § 15 Abs. 1 Nr. 2 WpÜG zu untersagen. Demgegenüber hat die FSC in Taiwan keine entsprechende Befugnis. Einzelne Aktionäre, die die vom Bieter angebotene Gegenleistung nicht für angemessen halten, sind nicht befugt, die Gestattung der Veröffentlichung des Angebots durch die BaFin im Wege des Widerspruchs- und Beschwerdeverfahrens nach §§ 41 f., 48 ff. WpÜG anzufechten. Ein Spruchverfahren zur Überprüfung der Gegenleistung ist im WpÜG nicht vorgesehen. Sie können ihre Ansprüche auf Nachbesserung oder Schadensersatz vor den Zivilgerichten geltend machen. Dies wurde vom BGH bestätigt. Demgegenüber sind die Rechtsfolgen der unangemessenen Gegenleistung in Taiwan weder übernahmerechtlich geregelt noch werden sie im Schrifttum erörtert. Da die Pflicht des Bieters zur angemessenen

Gegenleistung im taiwanesischen Recht nicht gesetzlich vorgesehen, ist die Rechtsgrundlage für einen Anspruch des Aktionärs, der das Angebot angenommen hat und die Gegenleistung für unangemessen hält, auf Nachbesserung oder Schadensersatz gegen den Bieter unklar.

9. Die Veröffentlichung der Entscheidung des Bieters zur Abgabe eines Angebots nach § 10 WpÜG, die den Zeitpunkt des Beginns des Angebotsverfahrens bestimmt und die Ausnutzung von Spezialwissen verhindern soll, ist ein fundamentaler Unterschied zum taiwanesischem Übernahme-recht. Hier beginnt das Angebotsverfahren nach § 43–1 Abs. 2 twWpHG erst mit der Anmeldung und der Veröffentlichung der Angebotsunterlage.
10. Die Pflicht des Bieters, nach § 13 Abs. 1 Satz 2 WpÜG eine Finanzierungsbestätigung eines vom Bieter unabhängigen Wertpapierdienstleistungsunternehmens einzuholen und nach § 11 Abs. 2 Satz 3 Nr. 4 WpÜG in der Angebotsunterlage anzugeben und dieser beizufügen, ist ein wesentlicher Unterschied zum taiwanesischen Übernahmerecht. Hier ist keine Finanzierungsbestätigung in der Angebotsunterlage anzugeben und dieser beizufügen.
11. Auch die Regelungen zu den Angebotsbedingungen unterscheiden sich. Nach §§ 17, 18 und 25 WpÜG ist der Bieter zwingend an das Angebot gebunden. Eine damit vergleichbare Regelung kennt das Übernahmerecht in Taiwan nicht. Im taiwanesischen Übernahmerecht ist unklar, ob Potestativbedingungen zulässig sind, mit denen der Bieter die vom Gesetz vorausgesetzte Bindung an das Angebot unterlaufen kann, da hier der Bedingungseintritt nur von seinem Willen abhängt. Ebenfalls ist unklar, ob die zulässigen Angebotsbedingungen präzise und genau formuliert werden müssen, so dass *ex ante* keine Zweifel besteht, unter welchen Umständen das Angebot endgültig unwirksam ist.
12. Nach dem deutschen Übernahmerecht müssen der Bieter und der Vorstand der Zielgesellschaft während des Angebotsverfahrens jeweils nach den einzelnen Bestimmungen im WpÜG entweder die gesetzlich geregelten Fristen einhalten oder „unverzüglich“, also „ohne schuldhaftes Zögern“ im Sinne des § 121 Abs. 1 BGB, handeln. Im taiwanesischen Übernahmerecht werden dagegen außer den gesetzlich geregelten Fristen keine Anforderungen zu unverzüglichem Handeln an den Bieter oder den Vorstand der Zielgesellschaft gestellt. Der Bieter in Taiwan kann nach der Anmeldung und der Veröffentlichung der Angebotsunterlage selber bestimmen, wann die Annahmefrist beginnen soll. Weil das Angebotsverfahren mit der Anmeldung und der Veröffentlichung der Angebotsunterlage beginnt, hat der Bieter nachdem er die Entscheidung zur Abgabe eines Angebotseinen getroffen hat einen unbeschränkten Zeitraum für die Erstellung der Angebotsunterlage zur Verfügung, was offensichtlich nicht im Interesse der Zielgesellschaft und der Anleger auf dem Kapitalmarkt ist.
13. Ein wesentlicher Unterschied zwischen dem taiwanesischen und dem deutschen Übernahmerecht liegt ferner in den Regeln zur Stellungnahme des Vorstands der Zielgesellschaft zum Angebot. Während § 27 WpÜG die Pflicht des Vorstands zur Stellungnahme zum Angebot ausführlich regelt, ist eine solche Pflicht nur kurz in § 14 Abs. 1 Nr. 2 twWpHG-AngVO erwähnt. Die einzelnen

Angaben, die die Stellungnahme oder Empfehlung des Vorstands zum Angebot nach § 14 Abs. 1 Nr. 2 twWpHG-AngVO enthalten muss, sind dagegen nicht geregelt. Ausdrücklich in der Verordnung ist nur bestimmt, dass hinsichtlich Vorstandsmitgliedern, die sich gegen das Angebot stellen, die jeweiligen Namen sowie die Begründung der Ablehnung offenzulegen sind. Diese Pflicht wird so gedeutet, dass sie die Übernahmeangeboten, freundliche oder feindliche, fördern soll. Im Gegensatz zum deutschen Recht trifft den Vorstand der Zielgesellschaft in Taiwan keine Pflicht zur Begründung seiner Stellungnahme.

14. Während das Übernahmerecht in Taiwan keine Regelungen zu Abwehrmaßnahmen bei feindlichen Übernahmeangeboten enthält, ist in § 33 Abs. 1 Satz 1 WpÜG ein Verhinderungsverbot vorgesehen. Vom Verhinderungsverbot ausgenommen sind nach § 33 Abs. 1 Satz 2 WpÜG die laufenden Geschäfte, die Suche nach konkurrierenden Angeboten und die Maßnahmen, denen der Aufsichtsrat zuvor zugestimmt hat. Nach § 33 Abs. 2 WpÜG sind auch Maßnahmen aufgrund der Ermächtigung der Hauptversammlung zulässig.
15. Bei der Ausübung der Geschäftsführung im Falle der öffentlichen Übernahmeangebote hat der Vorstand der Zielgesellschaft in Deutschland aufgrund seines unternehmerischen Ermessens einen weiten Handlungsspielraum. Maßgeblich für das Leitungsermessen des Vorstands ist das Gesellschaftsinteresse. Demgegenüber ist die Anerkennung des unternehmerischen Ermessens in Taiwan umstritten. Für die Entscheidungsfindung des Vorstands bei M&A-Transaktionen in Taiwan ist nach § 5 BMAA das Interesse der Aktionäre maßgeblich.
16. Neben dem aktienrechtlichen Squeeze-out und dem verschmelzungsrechtlichen Squeeze-out hat der deutsche Gesetzgeber in Umsetzung der EU-Übernahmerichtlinie den übernahmerechtlichen Squeeze-out und das Andienungsrecht in §§ 39a bis 39c WpÜG verankert. Demgegenüber kennt das taiwanesische Übernahmerecht kein Sonderverfahren zum Ausschluss der Minderheitsaktionäre der Zielgesellschaft. Minderheitsaktionäre der Zielgesellschaft in Taiwan können nur nach Durchführung des Angebotsverfahrens im Falle der Verschmelzung zwischen dem Bieter als Muttergesellschaft und der Zielgesellschaft als Tochtergesellschaft jeweils nach § 316–2 Abs. 2 bis 5 GesG oder §§ 12 und 19 BMAA ihr Andienungsrecht geltend machen. Beiden Übernahmerechtsordnungen gemein ist die Pflicht zur Gewährung einer angemessenen Abfindung. Das taiwanesische Recht kennt jedoch keine Angemessenheitsvermutung im Sinne des § 39a Abs. 3 Satz 1 WpÜG.
17. Die Zulässigkeit und die inhaltlichen Grenzen von Deal-Protection-Vereinbarungen und weitere Vertragsklauseln anglo-amerikanischer Herkunft zwischen Bieter und Zielgesellschaft sind als „Private Legal Transplants" im deutschen Recht seit mehr als 10 Jahren ausführlich untersucht worden. Demgegenüber sind solche Vereinbarungen, die in verschiedenen Formen in der Praxis auch in Taiwan regelmäßig in Erscheinung treten, in Taiwan weder übernahmerechtlich geregelt noch im Schrifttum auf ihre Zulässigkeit und ihre inhaltlichen Grenzen hin untersucht worden.

III. Unangemessen vereinfachte Rechtsübernahme im taiwanesischen Übernahmerecht

In Taiwan war die Einführung der übernahmerechtlichen Regelungen im Wertpapierhandelsgesetz und in den relevanten Rechtsverordnungen in Taiwan ein sehr komplizierter Prozess, mit dem ausländisches Recht übernommen wurde. Die taiwanesischen Reformen aus den Jahren 1988 und 2002 erweisen sich im Lichte des deutschen WpÜG als unangemessen vereinfachte Rechtsübernahme. Dabei handelt es sich um die Übernahme der vereinfacht ausgewählter übernahmerechtlicher Regelungen aus den USA, Japan und Großbritannien ohne zuvor hinreichend sorgfältig rechtspolitische, rechtsdogmatische sowie regelungsinhaltliche Überlegungen vor und in dem Gesetzgebungsverfahren angestellt zu haben. Dies beruht möglicherweise auf sprachlichen, kulturellen, wissenschaftlichen, wirtschaftlichen und/oder politischen Gründen. Von der unangemessen vereinfachte Übernahme betroffen sind vor allem

a) das Regelungsziel,
b) die notwendige effiziente Kontrolle über öffentliche Angeboten,
c) die Differenzierung von öffentlichen Angeboten als Grundlage für die Struktur der Gesamtheit der Regelungen,
d) die Gleichbehandlung der Aktionäre der Zielgesellschaft, die umfassende Information und Transparenz, das Handeln der Verwaltungsorgane im Interesse der Zielgesellschaft, die rasche Durchführung des Übernahmeverfahrens und das Verbot der Marktverzerrung als international anerkannte allgemeine Grundsätze des Übernahmerechts,
e) die Ausprägungen der allgemeinen Grundsätze in den einzelnen Regelungen,
f) der Schutz der Aktionäre der Zielgesellschaft vor einer unangemessenen Gegenleistung,
g) der Schutz der Anlegerinteressen vor Marktverzerrungen, sowie
h) der Schutz der Minderheitsaktionäre beim Squeeze-out.

IV. Das WpÜG als Vorbild für die Verbesserung des Übernahmerechts in Taiwan

Die Untersuchung der vorliegenden Arbeit führt zu dem Ergebnis, dass das deutsche Übernahmerecht auch in der Ära der Globalisierung, in der die angelsächsischen Rechtsordnungen das Kapitalmarktrecht weltweit stark beeinflusst haben, sowohl rechtspolitisch, als auch rechtsdogmatisch, regelungsinhaltlich und regelungstechnisch als Vorbild für die Verbesserung des Übernahmerechts in Taiwan dienen und unersetzliche Anregungen geben kann. Aufgrund der in der Einleitung der vorliegenden Arbeit dargestellten Verbindungen zwischen dem taiwanesischen Recht und dem deutschen Recht eignet sich das deutsche Recht im Besonderen als Impulsgeber zur Verbesserung des taiwanesischen Rechts.

V. Einzelne Verbesserungsmöglichkeiten

Die in dieser Untersuchung herausgearbeiteten Unterschiede zwischen dem taiwanesischen und dem deutschen Übernahmerecht zeigen die Möglichkeiten zur Verbesserung des taiwanesischen Übernahmerechts auf. Das deutsche WpÜG kann maßgeblich zur Verbesserung und Weiterentwicklung des Übernahmerechts in Taiwan beitragen, insbesondere bei den Grundlagenthemen wie Regelungsziel, Überwachung von öffentlichen Angeboten, Einteilung von öffentlichen Angeboten und Aufbau eines systematisierten Gesetzes sowie gesetzlicher Anerkennung der international anerkannter allgemeiner Grundsätze. Auch im Hinblick auf die einzelnen Regelungen kann das deutsche Übernahmerecht Vorbildfunktion für das taiwanesische Übernahmerecht haben.

Die in Deutschland vorgenommenen Untersuchungen im Hinblick auf die Zulässigkeit und die inhaltlichen Grenzen vorgenommenen Untersuchungen von Deal-Protection-Vereinbarungen und weiterer Vertragsklauseln zwischen Bieter und Zielgesellschaft, die aus den angelsächsischen Rechtordnungen stammen und weltweit häufig bei öffentlichen Angeboten zur Anwendung kommen, sind aufgrund der historischen Verbindungen zwischen dem taiwanesischen und dem deutschen Recht ebenfalls besonders dazu geeignet, zur Fortbildung des Übernahmerechts in Taiwan beizutragen.

Literatur- und Quellenverzeichnis

Texte in deutscher und englischer Sprache

Achleitner, Ann-Kristin: Handbuch Investment Banking, 3. Aufl., Wiesbaden 2002.

Adams, Michael: Was spricht gegen eine unbehinderte Übertragbarkeit der in Unternehmen gebundenen Ressourcen durch ihre Eigentümer, AG 1990, 243–252.

Altmeppen, Holger: Neutralitätspflicht und Pflichtangebot nach dem neuen Übernahmerecht, ZIP 2001, 1073–1084.

Assmann, Heinz-Dieter/Pötzsch, Thorsten/Schneider, Uwe H. (Hrsg.): Wertpapiererwerbs- und Übernahmegesetz, Kommentar, 2. Aufl., Köln 2013 (zit.: *Bearbeiter* in Assmann/Pötzsch/Uwe. H. Schneider, WpÜG (2013), § ... Rn. ...).

Assmann, Heinz-Dieter/Schneider, Uwe H. (Hrsg.): Wertpapierhandelsgesetz, Kommentar, 6. Aufl., Köln 2012 (zit.: *Bearbeiter* in Assmann/Uwe. H. Schneider, WpHG (2012), § ... Rn. ...).

Auerbach, W.: Das Gesellschaftswesen in juristischer und volkswirtschaftlicher Hinsicht unter besonderer Berücksichtigung des allgemeinen deutschen Handelsgesetzbuchs, Frankfurt am Main 1861.

Banerjea, Nirmal Robert: Der Schutz von Übernahme- und Fusionsplänen, DB 2003, 1489–1498.

Baums, Theodor: Der Geschäftsleitervertrag, Köln 1987.

Baums, Theodor/Thoma, Georg F. (Hrsg.): WpÜG, Kommentar zum Wertpapiererwerbs- und Übernahmegesetz, Loseblatt, Köln, Stand: Juli 2012 (zit.: *Bearbeiter* in Baums/Thoma, WpÜG (Stand: Mai 2012), § ..., Rn. ...).

Bayer, Walter: Legalitätspflicht der Unternehmensleitung, nützliche Gesetzesverstöße und Regress bei verhängten Sanktionen – dargestellt am Beispiel von Kartellverstößen, in: Festschrift für Karsten Schmidt zum 70. Geburtstag (Hrsg.: Bitter, Georg/Lutter, Marcus/Priester, Hans-Joachim/Schön, Wolfgang/Ulmer, Peter), Köln 2009, S. 85–103.

Berens, Wolfgang/Brauner, Hans U./Strauch, Joachim/Knauer, Thorsten (Hrsg.): Due Diligence bei Unternehmensakquisitionen, 7. Aufl., Stuttgart 2013.

Bezzenberger, Tilman: Der Vorstandsvorsitzende der Aktiengesellschaft, ZGR 1996, 661–673.

Böckli, Peter: Konvergenz: Annäherung des monistischen und des dualistischen Führungs- und Aufsichtssystems, in: Handbuch Corporate Governance, Leitung und Überwachung börsennotierter Unternehmen in der Rechts- und Wirtschaftspraxis (Hrsg.: Hommelhoff, Peter/Hopt, Klaus J./v. Werder, Axel in Gemeinschaft mit Feddersen, Dieter/Pohle, Klaus), Handbuch Corporate Governance, Leitung und Überwachung börsennotierter Unternehmen in der Rechts- und Wirtschaftspraxis, Köln; Stuttgart 2003.

Bürgers, Tobias/Körber, Torsten (Hrsg.): Kommentar zum Aktiengesetz, 3. Aufl., Heidelberg 2014 (zit.: *Bearbeiter* in Bürgers/Körber, AktG (2014), § ... Rn. ...).

Busch, Torsten: Bedingungen in Übernahmeangeboten, AG 2002, 145–152.

Cascante, Christian/Bingel, Adrian: Verbesserte Beteiligungstransparenz (nicht nur) vor Übernahmen?, NZG 2011, 1086–1096.

Dimke, Andreas W./Heiser, Kristian J.: Neutralität, Übernahmegesetz und Richtlinienvorschlag 2000, NZG 2001, S. 241–259.

Drygala, Tim: Die neue deutsche Übernahmeskepsis und ihre Auswirkungen auf die Vorstandspflichten nach § 33 WpÜG, ZIP 2001, 1861–1871.

–: Deal Protection in Verschmelzungs- und Unternehmenskaufverträgen – eine amerikanische Vertragsgestaltung auf dem Weg ins deutsche Recht, WM 2004, 1413–1421 (Teil I), 1457–1467 (Teil II).

Ehricke, Ulrich/Ekkenga, Jens/Oechsler, Jürgen: Wertpapiererwerbs- und Übernahmegesetz, Kommentar, München 2003 (zit.: *Bearbeiter* in Ehricke/Ekkenga/Oechsler, WpÜG (2003), § ... Rn. ...).

v. Falkenhausen, Joachim Frhr.: Übernahmeprophylaxe – die Pflichten des Vorstands der Zielgesellschaft, NZG 2007, 97–100.

Fleck, Hans-Joachim: Das Dienstverhältnis der Vorstandsmitglieder und Geschäftsführer in der Rechtsprechung des BGB, WM 1994, 1957–1969.

Fleischer, Holger: Zum Begriff des öffentlichen Angebots im Wertpapiererwerbs- und Übernahmegesetz, ZIP 2001, 1653–1660.

–: Zur Leitungsaufgabe des Vorstands im Aktienrecht, ZIP 2003, 1–11.

–: Zur organschaftlichen Treuepflicht der Geschäftsleiter im Aktien- und GmbH-Recht, WM 2003, 1045–1058.

–: Juristische Personen als Organmitglieder im Europäischen Gesellschaftsrecht, RIW 2004, 16–21.

–: Aktienrechtliche Legalitätspflicht und „nützliche" Pflichtverletzungen von Vorstandsmitgliedern, ZIP 2005, 141–152.

–: Reichweite und Grenzen der unbeschränkten Organvertretungsmacht im Kapitalgesellschaftsrecht, NZG 2005, 529–537.

–: Das Vorstandsvergütungs-Offenlegungsgesetz, DB 2005, 1611–1617.

– (Hrsg.): Handbuch des Vorstandsrechts, München 2006 (zit.: *Bearbeiter* in Fleischer, Hdb. VorstandsR (2006), § ... Rn. ...).

–: Die Zusammenschluss von Unternehmen im Aktienrecht – Aktienrechtliche Problemfelder bei M&A-Transaktionen, ZHR 172 (2008), S. 538–571.

–: Zulässigkeit und Grenzen von Break-Fee-Vereinbarungen im Aktien- und Kapitalmarktrecht, AG 2009, 345–356.

–: Das Gesetz zur Angemessenheit der Vorstandsvergütung (VorstAG), NZG 2009, 801–806.

Fleischer, Holger/Kalss, Susanne: Das neue Wertpapiererwerbs- und Übernahmegesetz, Einführende Gesamtdarstellung und Materialien, München 2002 (zit.: *Fleischer/Kalss*, das neue WpÜG (2002), S. ...).

Fleischer, Holger/Körber, Torsten: Due Diligence im Gesellschafts- und Kapitalmarktrecht, in: Due Diligence bei Unternehmensakquisitionen (Hrsg.: Berens, Wolfgang/Brauner, Hans U./Strauch, Joachim/Knauer, Thorsten), 7. Aufl., Stuttgart 2013, S. 295–322.

Friedl, Markus J.: Die Haftung des Vorstands und Aufsichtsrats für eine fehlerhafte Stellungnahme gemäß § 27 I WpÜG, NZG 2004, 448–455.

Geibel, Stephan/Süßmann, Rainer (Hrsg.): Wertpapiererwerbs- und Übernahmegesetz (WpÜG), Kommentar, 2. Aufl., München 2008 (zit.: *Bearbeiter* in Geibel/Süßmann, WpÜG (2008), § ... Rn. ...).

Geßler, Ernst/Hefermehl, Wolfgang/Eckardt, Ulrich/Kropff, Bruno: Aktiengesetz, Kommentar, Band II, §§ 76–147, München 1973, 1974.

Goette, Wulf/Habersack, Mathias/Kalss, Susanne (Hrsg.): Münchener Kommentar zum Aktiengesetz, Band 2, §§ 76–117, MitbestG, DrittelbG, 2014, Band 6, §§ 329–410, WpÜG, 2011, 4. Aufl., München 2011/2014 (zit.: *Bearbeiter* in MK-AktG (Jahrgang), § ... Rn. ...).

Grigoleit, Hans Christoph (Hrsg.): Aktiengesetz, Kommentar, München 2013 (zit.: *Bearbeiter* in Grigoleit, AktG (2013), § ... Rn. ...).

Haarmann, Wilhelm/Riehmer, Klaus/Schüppen, Matthias (Hrsg.): Öffentliche Übernahmeangebote, Kommentar, Heidelberg 2002 (zit.: *Bearbeiter* in Haarmann/Riehmer/Schüppen, WpÜG (2002), § ... Rn. ...).

Haarmann, Wilhelm/Schüppen, Matthias (Hrsg.): Frankfurter Kommentar zum WpÜG, 3. Aufl., Frankfurt am Main 2008 (zit.: *Bearbeiter* in Haarmann/Schüppen, WpÜG (2008), § ... Rn. ...).

Happ, Wilhelm (Hrsg.): Konzern- und Umwandlungsrecht, Handbuch – Mustertexte – Kommentar, Köln 2012 (zit.: *Bearbeiter* in Happ, Konzern- und Umwandlungsrecht (2012), Muster ..., S. ..., Anm. ..., S. ...).

Happ, Wilhelm/Groß, Wolfgang (Hrsg.): Aktienrecht, Handbuch – Mustertexte – Kommentar, 4. Aufl., Köln 2015 (zit.: *Bearbeiter* in Happ/Groß, Aktienrecht (2015), Muster ... Anm. ...).

Heidel, Thomas (Hrsg.): Aktienrecht und Kapitalmarktrecht, Kommentar, 4. Aufl., Baden-Baden 2014 (zit.: *Bearbeiter* in Heidel, Aktienrecht (2014), § ... AktG Rn. ...).

Henn, Günter/Frodermann, Jürgen/Jannott, Dirk (Hrsg.): Handbuch des Aktienrechts, 8. Aufl., Heidelberg 2009 (zit.: *Bearbeiter* in Henn/Frodermann/Jannott Hdb. AktR).

Hilgard, Mark C.: Break-up Fees beim Unternehmenskauf, BB 2008, 286–294.

Hirte, Heribert/von Bülow, Christoph (Hrsg.): Kölner Kommentar zum WpÜG, mit AbgebVO und §§ 327a-327 f AktG, 2. Aufl., Köln 2010 (zit.: *Bearbeiter* in KK-WpÜG (2010), § ... Rn. ...).

Hocker, Nicolaus (Hrsg.): Sammlung der Statuten aller Actien-Banken Deutschlands mit statistischen Nachweisen und Tabellen, Köln 1858.

Hoffmann-Becking, Michael: Nachvertragliche Wettbewerbsverbote für Vorstandsmitglieder und Geschäftsführer, in: Festschrift für Karlheinz Quack zum 65. Geburtstag am 3. Januar 1991 (Hrsg.: Westermann, Harm Peter; Rosener, Wolfgang), Berlin; New York 1991, S. 273–286.

–: Zur rechtlichen Organisation der Zusammenarbeit im Vorstand der AG, ZGR 1998, 497–519.

–: Vorstandsvorsitzender oder CEO?, NZG 2003, 745–750.

– (Hrsg.): Münchener Handbuch des Gesellschaftsrechts, Band 4, Aktiengesellschaft, 3. Aufl., München 2007 (zit.: *Bearbeiter* in MünchHdb. AG (2007), § ... Rn. ...).

–: Abfindungsleistungen an ausscheidende Vorstandsmitglieder, ZIP 2007, 2101–2110.

Hölters, Wolfgang (Hrsg.): Handbuch Unternehmenskauf, 7. Aufl., Köln 2010 (zit. *Bearbeiter* in Hölters, Hdb. Unternehmenskauf (2010), § ... Rn. ...).

– (Hrsg.): Aktiengesetz, Kommentar, 2. Aufl., München 2014 (zit.: *Bearbeiter* in Hölters, AktG (2014), § ... Rn. ...).

Holzapfel, Hans Joachim/Pöllath, Reinhard: Unternehmenskauf in Recht und Praxis, 14. Aufl., Köln 2010.

Hopt, Klaus J.: Aktionärskreis und Vorstandsneutralität, ZGR 1993, 534–566.

–: The German Two-Tier Board: Experience, Theories, Reforms, in: Comparative Corporate Governance – The State of the Art and Emerging Research (Edited: Hopt, Klaus J./Kanda, Hideki/Roe, Mark J./Wymeersch, Eddy/Prigge, Stefan): Oxford 1998, S. 227 ff.

–: Verhaltenspflichten des Vorstands der Zielgesellschaft bei feindlichen Übernahmen – Zur aktien- und übernahmerechtlichen Rechtslage in Deutschland und Europa, in: Festschrift für Marcus Lutter zum 70. Geburtstag (Hrsg.: Uwe H. Schneider, Uwe. H.; Hommelhoff, Peter; Schmidt, Karsten; Timm, Wolfram; Grunewald, Barbara; Drygala, Tim), Köln 2000, S. 1361–1400.

–: Übernahmen, Geheimhaltung und Interessenkonflikte: Probleme für Vorstände, Aufsichtsräte und Banken, ZGR 2002, 333–376.

–: Grundsatz- und Praxisprobleme nach dem Wertpapiererwerbs- und Übernahmegesetz, ZHR 166 (2002), 383–432.

–: Europäisches Übernahmerecht, Tübingen 2013.

Hopt, Klaus J./Wiedemann, Herbert (Hrsg.): Aktiengesetz Großkommentar, Dritte Band, §§ 76–94, 4. Aufl., Berlin 2008 (zit.: *Bearbeiter* in GK-AktG (Jahrgang des Stands), § ... Rn. ...).

Hüffer, Uwe: Die Leitungsverantwortung des Vorstands in der Managementholding, in: Festschrift für Wilhelm Happ zum 70. Geburtstag am 30. April 2006 (Hrsg.: Hoffmann-Becking, Michael/Ludwig, Rüdiger), S. 93–108, Köln 2006.

Hüffer, Uwe (Begründer): Aktiengesetz, Kommentar, 11. Aufl., München 2014 (zit.: *Koch* in Hüffer, AktG (2014), § ... Rn. ...).

Immenga, Ulrich/Noll, Bernd: Feindliche Übernahmeangebote aus wettbewerbspolitischer Sicht, Luxemburg 1990.

Josenhans, Michael: Das neue Übernahmekollisionsrecht, ZBB 2006, 269–282.

Kämmerer, Jörn Axel/Veil, Rüdiger (Hrsg.): Übernahme- und Kapitalmarktrecht in der Reformdiskussion, Tübingen 2013 (zit.: *Bearbeiter* in Kämmerer/Veil, Übernahme- und Kapitalmarktrecht in der Reformdiskussion (2013), S. ...).

Kasselbach, Kai: Die Weitergabe von Insiderinformationen bei M&A-Transaktionen mit börsennotierten Aktiengesellschaften, NZG 2004, 1987–1095.

Kiem, Roger: Investorenvereinbarungen im Lichte des Aktien- und Übernahmerechts, AG 2009, 301–312.

Kiesewetter, Matthias: Der Sitz der Zielgesellschaft als Anknüpfungspunkt für die Anwendung des WpÜG n.F., RIW 2006, 518–521.

Kiesewetter, Matthias/Kreymborg, Dorothea: Die Stellungnahme von Vorstand und Aufsichtsrat gem. § 27 WpÜG – ein Praxisbericht (Januar 2007 – Juni 2013), CFL 2013, 105–115.

Kirchner, Christian: Neutralitäts- und Stillhaltepflicht des Vorstands der Zielgesellschaft im Übernahmerecht, AG 1999, 481–492.

–: Managementpflichten bei „feindlichen" Übernahmeangeboten, WM 2000, 1821–1830.

Koch, Christian Friedrich (Hrsg.): Allgemeines deutsches Handelsgesetzbuch mit Kommentar in Anmerkungen, Berlin 1863.

Kocher, Dirk/Eisermann, Franziska: Der Gleichbehandlungsgrundsatz als Maßstab in Übernahmesituationen nicht börsennotierter Aktiengesellschaften?, DB 2008, 225–227.

Kort, Michael: Rechte und Pflichten des Vorstands der Zielgesellschaft bei Übernahmeversuchen, in: Festschrift für Marcus Lutter zum 70. Geburtstag (Hrsg.: Uwe H. Schneider, Uwe. H.; Hommelhoff, Peter; Schmidt, Karsten; Timm, Wolfram; Grunewald, Barbara; Drygala, Tim), Köln 2000, S. 1421–1447.

Krämer, Lutz/Kiesewetter, Matthias: Rechtliche und praktische Aspekte einer Due Diligence aus öffentlich zugänglichen Inforationsquellen einer börsennotierten Gesellschaft, BB 2012, 1679–1687.

Krause, Hartmut: Zur Gleichbehandlung der Aktionäre bei Übernahmeangeboten und Beteiligungserwerb, WM 1996, 945–851 (Teil I), 893–900 (Teil II).

–: Zur „Pool- und Frontenbildung“ im Übernahmekampf und zur Organzuständigkeit für Abwehrmaßnahmen gegen „feindliche“ Übernahmeangebote, AG 2000, 217–222.

–: Das neue Übernahmerecht, NJW 2002, 705–716.

–: Die erweitere Beteiligungstransparenz bei börsennotierten Aktiengesellschaften, AG 2011, 469–484.

Krieger, Gerd: Personalentscheidungen des Aufsichtsrats, Köln; Berlin; Bonn; München 1981.

–: Das neue Übernahmegesetz: Preisfindung beim Übernahmeangebot und Neutralitätspflicht des Vorstands der Zielgesellschaft, in: Gesellschaftsrecht (Hrsg.: Henze, Hartwig/Hoffmann-Becking, Michael), Tagungsband zum RWS-Forum am 8. und 9. März 2001 in Berlin, Köln 2001, S. 289–322.

Krieger, Gerd/Schneider, Uwe H. (Hrsg.), Handbuch Managerhaftung, 2. Aufl., Köln 2010.

Lehmann, Karl: Die geschichtliche Entwicklung des Aktienrechts bis zum Code de Commerce, Berlin 1895.

–: Das Recht der Aktiengesellschaften, Band 1, Berlin 1898, Band 2, Berlin 1904.

Lehmann, Karl/Ring, Viktor: Das Handelsgesetzbuch für das Deutsche Reiche, Berlin 1902.

LI, Chun: Kung-ssu-lü (Teil I), Chengchi Law Review, 1974, Nr. 10, S. 171–222 (Teil I), Nr. 11, S. 163–209 (Teil II).

Liebscher, Thomas: Das Übernahmeverfahren nach dem neuen Übernahmegesetz, ZIP 2001, 853–869.

Lorz, Rainer/Pfisterer, Benedikt/Gerber, Olaf (Hrsg.): Beck´sches Formularbuch, Aktienrecht, München 2005.

Lutter, Marcus: Unternehmensplanung und Aufsichtsrat, AG 1991, 249–255.

–: Due diligence des Erwerbers beim Kauf einer Beteiligung, ZIP 1997, 613–620.

Lutter, Marcus (Hrsg.): Holding-Handbuch, 4. Aufl., Köln 2004 (zit.: *Bearbeiter* in Lutter, Holding-Handbuch (2004), § ... Rn. ...).

Lutter, Marcus (Gründer), *Bayer, Walter/Vetter, Jochen* (Hrsg.): Umwandlungsgesetz, Kommentar mit systematischer Darstellung des Umwandlungssteuerrechts und Kommentierung des SpruchG, 5. Aufl., Köln 2014 (zit.: *Bearbeiter* in Lutter/Bayer/Vetter, UmwG (2014), § ... Rn. ...).

Lutter, Marcus/Hommelhoff, Peter: GmbH-Gesetz Kommentar, 18. Aufl., Köln 2012 (zit.: *Bearbeiter* in Lutter/Hommelhoff, GmbHG (2012), § ... Rn. ...).

Lutter, Marcus/Krieger, Gerd/Verse, Dirk A.: Rechte und Pflichten des Aufsichtsrats, 6. Aufl., Köln 2014.

Maier, Stefanie: Die Pflichten des Bieters bei freiwilligen Übernahmeangeboten, Berlin 2006.

Maier-Reimer, Georg: Verhaltenspflichten des Vorstands der Zielgesellschaft bei feindlichen Übernahmen, ZHR 165 (2001), 258–279.

Marsch-Barner, Reinhard: Aktuelle Rechtsfragen zur Vergütung von Vorstands- und Aufsichtsratsmitgliedern einer AG, in: Festschrift für Volker Röhricht zum 65. Geburtstag (Hrsg.: Crezelius, Georg; Hirte, Heribert; Vieweg, Klaus), Köln 2005, S. 401–419.

Marsch-Barner, Reinhard/Schäfer, Frank A. (Hrsg.): Handbuch börsennotierte AG, Aktien- und Kapitalmarktrecht, 3. Aufl., Köln 2014 (zit.: *Bearbeiter* in Marsch-Barner/Schäfer, Hdb. börsennotierte AG (2014), § ... Rn. ...).

Martens, Klaus-Peter: Der Einfluss von Vorstand und Aufsichtsrat auf Kompetenzen und Struktur der Aktionäre – Unternehmensverantwortung contra Neutralität, in: Festschrift für Karl Beusch zum 68. Geburtstag (Hrsg.: Beisse, Heinrich; Lutter, Marcus; Närger, Heribald), Berlin; New York 1993, S. 529–556.

Merkner, Andreas/Sustmann, Marco: Erste „Guidance" der BaFin zu den zu den neuen Meldepflichten nach §§ 25, 25a WpHG, NZG 2012, 241–244.

Merkt, Hanno: Verhaltenspflichten des Vorstands der Zielgesellschaft bei feindlichen Übernahmen, ZHR 165 (2001), 224–257.

–: US-amerikanisches Gesellschaftsrecht, 3. Aufl., Frankfurt am Main 2013.

Michalski, Lutz: Abwehrmechanismen gegen unfreundliche Übernahmeangebote („unfriendly takeovers") nach deutschem Aktienrecht, AG 1997, 152–163.

Mülbert, Peter O.: Shareholder Value aus rechtlicher Sicht, ZGR 1997, 129–172.

Mülbert, Peter O./Kiem, Roger/Wittig, Arne (Hrsg.): 10 Jahre WpÜG – Entwicklungsstand – Praktische Erfahrungen – Reformbedarf – Perspektiven, Frankfurt am Main 2011 (zit.: *Bearbeiter* in Mülbert/Kiem/Wittig, 10 Jahre WpÜG (2011), S. ...).

Picot, Gerhard (Hrsg.): Handbuch Mergers & Acquisitions, Planung, Durchführung, Integration, 5. Aufl., Stuttgart 2012.

Pissler, Knut Benjamin: Chinesisches Kapitalmarktrecht: Börsenrecht und Recht der Wertpapiergeschäfte mit Aktien in der Volksrepublik China, Tübingen 2004.

Pluskat, Sorika: Rückerwerb eigener Aktien nach WpÜG – auch offiziell kein Anwendungsfall mehr, NZG 2006, 731–733.

Pöllath, Reinhard: Grundsätze ordnungsmäßigen Unternehmenskaufs, in: Festschrift für Gerold Bezzenberger zum 70. Geburtstag am 13. März 2000 (Hrsg.: Westermann, Harm Peter und Mock, Klaus), Berlin; New York 2000, S. 549–560.

–: Unternehmenskauf: Ordnungsgemäße Ausschreibung und Bietung als Richtigkeitsgewähr wirtschaftlicher und rechtlicher Konditionen des Unternehmenskaufs („69 Regeln"), in: Festschrift für Welf Müller zum 65. Geburtstag (Hrsg.: Hommelhoff, Peter; Zätzsch, Roger; Erle, Bernd), München 2001, S. 833–866.

Potthoff, Erich: Dreigliedrige Überwachung der Geschäftsführung, DB 1976, 1777–1780.

Raiser, Thomas/Veil, Rüdiger: Recht der Kapitalgesellschaften, 5. Aufl., München 2010.

Renaud, Achilles: Das Recht der Actiengesellschaften, 2. Aufl., Leipzig 1875.

Riehmer, Klaus/Schröder, Oliver: Der Entwurf des Übernahmegesetzes im Lichte von Vodafone/Mannesmann, NZG 2000, 820–824.

Ringleb, Henrik-Michael/Kremmer, Thomas/Lutter, Marcus/v. Werder, Axel: Kommentar zum Deutschen Corporate Governance Kodex, 5. Aufl. München 2014 (zit.: *Bearbeiter* in Ringleb/Kremmer/Lutter/v. Werder, DCGK (2014), Rn. ...).

Roesler, Hermann: Entwurf eines Handels-Gesetzbuches für Japan mit Commentar, Erster Band. Tokio 1884.

Roschmann, Christian/Frey, Johannes: Geheimhaltungsverpflichtungen der Vorstandsmitglieder von Aktiengesellschaften bei Unternehmenskäufen, AG 1996, 449–455.

Rubner, Daniel: Der verschmelzungsrechtliche Squeeze-out, CFL 2011, 274–280.

Schäfer, Philipp Moritz: Die Organstellung, Anstellungsverhältnisse und Haftung der Mitglieder des Vorstands und der Geschäftsführung abhängiger Gesellschaften, Berlin 2003 [Bv389]

v. Schenck, Kersten (Hrsg.): Arbeitshandbuch für Aufsichtsratsmitglieder, 4. Aufl., München 2013 (zit.: *Bearbeiter* in v. Schenck, ArbHdb. Aufsichtsratsmitglieder (2013), § ... Rn. ...).

Schiessl, Maximilian: Leitungs- und Kontrollstrukturen im internationalen Wettbewerb, ZHR 167 (2003), 235–256.

–: Pflicht zur Gleichbehandlung konkurrierender Übernahmeinteressenten bei der Due Diligence?, in: Festschrift für Klaus J. Hopt zum 70. Geburtstag (Hrsg.: Grundmann, Stefan; Haar, Brigitte; Merkt, Hanno; Mülbert, Peter O.; Wellenhofer, Marina; Baum, Harald; v. Hein, Jan; v. Hippel, Thomas; Pistor, Ktharina; Roth, Markus; Schweitzer, Heike), Berlin; New York 2010, S. 2455–2468.

Schmidt, Karsten: Gesellschaftsrecht, 4. Aufl., Köln 2002.

Schmidt, Karsten/Lutter, Marcus (Hrsg.): Aktiengesetz, Kommentar, I. Band, §§ 1–149, II. Band, §§ 150–410, 2. Aufl., Köln 2010 (zit.: *Bearbeiter* in K. Schmidt/Lutter, AktG (2010), § ... Rn. ...).

Schneider, Uwe H.: Die Haftung von Mitgliedern des Vorstands und der Geschäftsführer bei Vertragsverletzungen der Gesellschaft, in: Festschrift für Uwe Hüffer zum 70. Geburtstag (Hrsg.: Kindler, Peter/Koch, Jens/Ulmer, Peter/Winter, Martin), München 2010, S. 905–916.

–: § 251 WpHG – die dritte Säule im Offenlegungsrecht, AG 2011, 645–654.

Schockenhoff, Martin/Lumpp, Stephanie: Der verschmelzungsrechtliche Squeeze out in der Praxis, ZIP 2013, 749–760.

Schwark, Eberhard/Zimmer, Daniel (Hrsg.): Kapitalmarktrechtskommentar, 4. Aufl., München 2010 (zit.: *Bearbeiter* in Schwark/Zimmer, KMRK (2010), § ... WpÜG, Rn. ...).

Seibt, Christoph H. (Hrsg.): Beck'sches Formularbuch Mergers & Acquistions, 2. Aufl., München 2011 (zit.: *Bearbeiter* in Becksches Formularbuch Mergers & Acquisitions (2011), Muster ... , S. ...).

–: Übernahmerecht: Update 2010/2011, CFL 2011, 213–240.

–: Übernahmerecht: Update H2/2011 - H1/2013, CFL 2013, 145–170.

Seibt, Christoph H./Heiser, Kristian J.: Analyse des Übernahmerichtlinie-Umsetzungsgesetzes (Regierungsentwurf), AG 2006, 301–320.

Seibt, Christoph H./Wunsch, Oliver: Investorenvereinbarungen bei öffentlichen Übernahmen, Der Konzern 2009, 195–214.

Semler, Johannes/Peltzer, Martin (Hrsg.): Arbeitshandbuch für Vorstandsmitglieder, München 2005 (zit.: *Bearbeiter* in Semler/Peltzer ArbHdb. Vorstandsmitglieder (2005), § ... Rn. ...).

Sieger, Jürgen J./Hasselbach, Kai: Break Fee-Vereinbarung bei Unternehmenskäufen, BB 2000, 625–631.

Simons, Cornelius/Hanloser, Marlene: Vorstandsvorsitzender und Vorstandssprecher, AG 2010, 641–648.

Spindler, Gerald/Stilz, Eberhard (Hrsg.): Kommentar zum Aktiengesetz, Band 1, §§ 1–149, München 2010 (zit.: *Bearbeiter* in Spindler/Stilz, AktG (2010), § ... Rn. ...).

Steinmeyer, Roland (Hrsg.): WpÜG, Wertpapiererwerbs- und Übernahmegesetz Kommentar, 3. Aufl., Berlin 2013 (zit.: *Bearbeiter* in Stenmeyer, WpÜG (2013), § ... Rn. ...).

Stöber, Michael: Änderungen im Umwandlungsrecht, CFL 2011, 266–273.

Treeck, Joachim: Die Offenbarung von Unternehmensgeheimnissen durch den Vorstand einer Aktiengesellschaft im Rahmen einer Due Diligence, in: Festschrift für Wolfgang Fikentscher zum 70. Geburtstag, Tübingen 1998 (Hrsg.: Großfeld, Bernhard/Sack, Rolf/Möllers, Thomas M.J./Drexl, Josef/Heinemann, Andreas), S. 434–455.

Veil, Rüdiger (Hrsg.): Übernahmerecht in Praxis und Wissenschaft, Köln 2009 (zit.: *Bearbeiter* in Veil, Übernahmerecht in Praxis und Wissenschaft (2009), S. ...).

Veil, Rüdiger/Drinkuth, Henrik (Hrsg.): Reformbedarf im Übernahmerecht, Band I/2, Köln; Berlin; München 2005 (zit.: *Bearbeiter* in Veil/Drinkuth, Reformbedarf im Übernahmerecht (2005), S. ...).

Verse, Dirk A.: Zum zivilrechtlichen Rechtschutz bei Verstößen gegen die Preisbestimmungen des WpÜG, ZIP 2004, 199–209.

–: Neues zum Rechtsschutz der Aktionäre im Übernahmerecht – Die Postbank-Entscheidung des BGH und ihre Folgen, Der Konzern, 2015, 1–8.

Wachter, Thomas (Hrsg.): Kommentar zum Aktiengesetz, 2. Aufl., Köln 2014 (zit.: *Bearbeiter* in Wachter, AktG (2014), § ... Rn. ...).

Wiese, Götz Tobias/Demisch, Dominik: Unternehmensführung bei feindlichen Übernahmeangeboten, DB 2001, 849–852.

Winter, Martin/Harbarth, Stephan: Verhaltenspflichten von Vorstand und Aufsichtsrat der Zielgesellschaft bei feindlichen Übernahmeangeboten nach dem WpÜG, ZIP 2002, 1–18.

Ziemons, Hildegard: Die Weitergabe von Unternehmensinterna an Dritte durch den Vorstand einer Aktiengesellschaft, AG 1999, 492–500.

–: Neuerungen im Insiderrecht und bei der Ad-hoc-Publizität durch die Marktmissbrauchsrichtlinie und das Gesetz zur Verbesserung des Anlegerschutzes, NZG 2004, 537–543.

Zöllner, Wolfgang/Noack, Ulrich (Hrsg.): Kölner Kommentar zum Aktiengesetz, Band 2/1, §§ 76–94, 3. Aufl., 2010, Band 2/2, §§ 95–117, 3. Aufl., Köln 2013 (zit.: *Bearbeiter* in KK-AktG (Jahrgang), § ... Rn. ...).

Texte in chinesischer Sprache

張心悌 [*CHANG, Hsin-Ti*]: „從企業併購論我國公開收購法制“ [Die Rechtsordnung von öffentlichen Erwerbsangeboten aus Sicht der M&A von Unternehmen], 月旦法學教室 [Taiwan Jurist], 2007, Nr. 60, S. 86–96.

陳肇鴻 [*CHEN, Chao-Hung*]: „論權益交換與大股東持股揭露之法律問題“ [Rechtsfragen von Equity-Swap und Offenlegung des Anteilsbesitzes der Großaktionäre], 法學新論 [Journal of New Perspectives on Law], 2009, Nr. 7, S. 105–130.

陳介山 [*CHEN, Chieh-Shan*]: „美國實務針對董事會於敵意併購反制之基準研究“ [Untersuchung der Maßstäbe für die Abwehr gegen feindliche Übernahme durch den Vorstand in der US-amerikanischen Praxis], 嶺東財經法學 [Ling Tung Financial & Economic Law Review], 2009, Nr. 2, S. 85–106.

陳彥良 [*CHEN, Yen-Liang*]: „反併購措施法制之研析（上）— 德國法啓示兼論金鼎案之實證“ [Untersuchung und Analyse der Rechtsordnung der Abwehrmaßnahmen gegen Übernahmen (Teil I) – Inspirationen des deutschen Rechts und empirische Analyse von TISC-Fall], 臺灣本土法學雜誌 [Taiwan Law Journal], 2006, Nr. 86, S. 7–26.

陳彥良 [*CHEN, Yen-Liang*]: „反併購措施法制之研析（下）— 德國法啓示兼論金鼎案之實證“ [Untersuchung und Analyse der Rechtsordnung der Abwehrmaßnahmen gegen Übernahmen (Teil II) – Inspirationen des deutschen Rechts und empirische Analyse von TISC-Fall], 臺灣本土法學雜誌 [Taiwan Law Journal], 2006, Nr. 87, S. 22–34.

陳彥良 [*CHEN, Yen-Liang*]: „企業併購中目標公司之董事責任“ [Haftung des Vorstands der Zielgesellschaft bei Merger und Acquisition des Unternehmens], 臺北大學法學論叢 [Taipei University Law Review], 2014, Nr. 89, S. 231–292.

朱德芳 [*CHU, Te-Fang*]: „效率、併購與公司治理—以敵意併購法規範為核心“ [Effizienz, Merger und Acquisition und Corporate Governance – mit Fokus auf die Normen zu feindlichen Übernahmen], 中原財經法學 [Chung Yuan Financial & Economic Law Review], 2006, Nr. 17, S. 195–259.

戴銘昇 [*DAI, Mean-Sun*]: „論證券交易法之取得股份申報-評司法院大法官會議釋字第五八六號解釋“ [Anmeldungen der erworbenen Aktien im Wertpapierhandelsrecht — Anmerkung an Auslegung Nr. 586 des Verfassungsgerichts], 法學叢刊 [China Law Journal], Band 51, 2006, Nr. 2, S. 133–149.

方嘉麟 [*FANG, Chia-Lin*]: „會計表冊承認制度之研究 – 兼論違法盈餘分派之責任歸屬“ [Untersuchung des Instituts der Anerkennung des Jahresabschlusses – zugleich zur Haftung bei rechtswidriger Ausschüttung des Gewinns], in: Festschrift für Verfassungsrichter LAI, Yin-Jaw zum 60. Geburtstag, Taipeh 2005, S. 399–425.

馮震宇 [*FONG, Gen-Yu*]: „公開收購之法規與自律規範 — 香港公司收購守則之探討“ [Regulierung und Selbstregulierung von öffentlichen Angeboten — Untersuchung der Codes on Takeovers and Mergers in Hong Kong], 載於：余雪明大法官榮退論文集：企業與金融法制 [in: Festschrift für Verfassungsrichter Syue-Ming YU zum Eintritt in den Ruhestand – Unternehmen und Finanzrechtsordnung], Taipeh 2009, S. 589–623.

何曜琛/戴銘昇 [*HOR, Yaw-Chen/DAI, Mean-Sun*]: „無利用消息意圖之內線交易“ [Insidergeschäfte ohne Absicht der Ausnutzung der Information], 臺灣法學雜誌 [Taiwan Law Journal], 2011, Nr. 181, S. 21–32.

許惠峰/陳昱龍 [*HSU, Hui-Feng/CHEN, Yu-Lung*]: „敵意併購策略適法性暨經濟效益分析“ [Analyse der Rechtmäßigkeit und wirtschaftlichen Effizienz der Strategie der feindlichen Angeboten], 華岡法萃 [Hwa Kang Law Review], 2012, Nr. 53, S. 85–126.

黃銘傑 [*HUANG, Ming-Jye*]: „我國公司法制關於敵意併購與防衛措施規範之現狀與未來“ [Der jetzige Stand und die Zukunft der Normen über feindliche Übernahmen und Abwehrmaßnahmen in der taiwanesischen Gesellschaftsrechtsordnung], 月旦法學雜誌 [The Taiwan Law Review], 2006, Nr. 129, S. 134–160.

黃銘傑 [*HUANG, Ming-Jye*]: „2012 年公司法與證券交易法發展回顧“ [Rückblick auf die Entwicklung des Gesellschaftsrechts und Wertpapierhandelsrechts im Jahre 2012], 國立臺灣大學法學論叢 [National Taiwan University Law Journal], Band 42, 2013, Sonderheft, S. 1109–1146.

黃偉峰 [*HUANG, Wei-Feng*]: „企業併購法“ [Das Gesetz über Merger und Acquisition], Taipeh 2007.

黃郁文 [*HUANG, Yu-Wen*]: „企業併購董事責任不可不知“ [Notwendige Kenntnisse über die Haftung des Vorstands bei Unternehmensübernahmen], Commercial Times vom 13. November 2014, S. A22.

黃源盛 [*HUANG, Yuen-Shen*]: „法律繼受與中國近代法“ [Die Rechtsrezeption und das chinesische Recht in der Neuzeit], Taipeh 2007.

洪秀芬 [*HUNG, Shiu-Feng*]: „內線交易之重大消息的判斷 — 板橋地方法院九五年金訴字第二號刑事判決之簡評“ [Beurteilung der erheblichen Information in Insidergeschäften – Anmerkung zum Urteil des Landgericht Banqiao 95 (2006) Jin-Su-Zi Nr. 2], 臺灣法學雜誌 [Taiwan Law Journal], 2008, Nr. 110, S. 182–190.

洪秀芬 [*HUNG, Shiu-Feng*]: „論德國「商業判斷原則」之法制化“ [Die Kodifizierung der Business Judgment Rule in Deutschland], in: 施茂林 [SHI Mao-Lin] (Hrsg.): „商業判斷原則與企業經營責任“ [Business Judgment Rule und Verantwortung der Unternehmensverwaltung], Taipeh 2011, S. 159–187.

甘添貴/靳宗立 [*KAN, Tien-Kui/JIN, Tzung-Li*]: „證券交易犯罪之探討 – 以強制公開收購刑事規制為中心“ [Untersuchung der Kriminalität im Wertpapierhandel – mit Fokus auf Strafregelungen zu zwingenden Angeboten], 月旦法學雜誌 [The Taiwan Law Review], 2011, Nr. 198, S. 57–82.

柯芳枝 [*KE, Fang-Chih*]: „公司法論 (上)“ [Gesellschaftsrecht (Teil I)], Taipeh 2012, (Zit.: *KE, Fang-Chih*, Gesellschaftsrecht (Teil I) (2012)).

柯芳枝 [*KE, Fang-Chih*]: „公司法論 (下)“ [Gesellschaftsrecht (Teil II)], Taipeh 2012, (Zit.: *KE, Fang-Chih*, Gesellschaftsrecht (Teil II) (2011)).

郭大維 [*KUO, Ta-Wei*]: „敵意併購下目標公司董事之義務與司法審查標準 – 我國法與美國法之比較研究“ [Pflichten des Vorstands bei feindlichen Übernahmen und Maßstäbe für die gerichtliche Prüfung – eine Vergleichsuntersuchung des taiwanesischen und US-amerikanischen Recht], 輔仁法學 [Fu Jen Law Review], 2010, Nr. 39, S. 49–100.

賴英照 [*LAI, In-Jaw*]: „中國公司立法之回顧與前瞻“ [Rückblick und Ausblick auf die Kodifikation des Gesellschaftsrechts in China], 國立臺灣大學法學論叢 [National Taiwan University Law Journal], Band 13, 1984, Nr. 2, S. 1–49.

賴英照 [*LAI, In-Jaw*]: „證券法律的未竟之業“ [Die noch nicht ausgefüllten Aufgaben der Wertpapierrechtsordnung], 中原財經法學 [Chung Yuan Financial & Economic Law Review], 2012, Nr. 28, S. 1–69.

賴英照 [*LAI, In-Jaw*]: „法律的移植 – 從公司律到獨立董事“ [Übernahme der Rechtsordnung – vom Gesellschaftsgesetz bis zu unabhängiger Direktoren], 臺北大學法學論叢 [Taipei University Law Review], 2012, Nr. 84, S. 1–70.

賴英照 [*LAI, In-Jaw*]: „最新證券交易法解析“ [Analyse des aktuellsten Wertpapierhandelsrechts], 3. Auflage, Taipeh 2014 (zit.: *LAI, In-Jaw*, Wertpapierhandelsrecht (2014), S. ...).

李智仁 [*LEE, Chih-Jen*]: „強制公開收購法制之發展與問題檢視“ [Entwicklung der Rechtsordnung zu zwingenden öffentlichen Angeboten und Analyse ihrer Probleme], 軍法專刊 [The Military Law Journal], Band 51, 2005, Nr. 12, S. 22–34.

李智仁/洪培睿 [*LEE, Chih-Jen/HUNG, Pei-Jui*]: „論公開收購前內線交易認定時點之問題“ [Frage der Feststellung des Zeitpunkts des Insidergeschäfts im Vorfeld des öffentlichen Angebots], 證券暨期貨月刊 [Securities & Futures Monthly], Band 22, 2004, Nr. 7, S. 54–68.

李禮仲 [*LEE, Li-Chung*]: „金融控股公司間非合意併購問題法律之研究“ [Untersuchung der Rechtsfragen der feindlichen Übernahmeangeboten zwischen Finanzholdinggesellschaften], 月旦法學雜誌 [The Taiwan Law Review], 2005, Nr. 128, S. 37–52.

廖大穎/陳啟垂 [*LIAO, Da-Ying/CHEN, Chi-Chui*]: „論我國法適用「商業判斷原則」與舉證責任之分配“ [Die Anwendung der Business Judgment Rule im taiwanesischen Recht und die Beweislast], in: 施茂林 [SHI Mao-Lin] (Hrsg.): „商業判斷原則與企業經營責任“ [Business Judgment Rule und Verantwortung der Unternehmensverwaltung], Taipeh 2011, S. 189–238.

廖大穎 [*LIAO, Da-Ying*]: „公司法原論“ [Gesellschaftsrecht], 6. Auflage, Taipeh 2012 (zit.: *LIAO, Da-Ying*, Gesellschaftsrecht (2012)).

廖大穎 [*LIAO, Da-Ying*]: „證券交易法導論“ [Einführung in das Wertpapierhandelsrecht], 6. Auflage, Taipeh 2013 (zit.: *LIAO, Da-Ying*, Wertpapierhandelsrecht (2013)).

林志潔/林孝倫 [*LIN, Chih-Chieh/LIN, Hsiao-Lun*]:

林國彬 [*LIN, Kuo-Bin*]: „敵意併購防禦措施之研究 – 以財務性防禦措施中之毒藥丸為主要範圍“ [Untersuchung der Abwehrmaßnahmen bei feindlichen Übernahmeangeboten – mit Focus auf „Poison Pill“ in den finanziellen Abwehrmaßnahmen], 臺北大學法學論叢 [Taipei University Law Review], 2009, Nr. 71, S. 1–45.

劉連煜 [*LIU, Len-Yu*]: „獨立董事是少數股東之守護神？—台灣上市上櫃公司獨立董事制度之檢討與建議“ [Sind unabhängige Direktoren Schutzpatronen von Minderheitsaktionären? – eine kritische Prüfung des Rechtsinstituts von unabhängigen Direktoren der börsennotierten AG in Taiwan und Vorschläge], 月旦民商法雜誌 [Cross-Strait Law Review], 2009, Nr. 26, S. 23–49.

劉連煜 [*LIU, Len-Yu*]: „敵意併購下目標公司董事的受任人（受託）義務–以開發金控敵意併購金鼎證券為例“ [Pflichten der Vorstandsmitglieder als Treuhänder der Zielgesellschaft bei feindlichen Übernahmeangeboten – am Beispiel des feindlichen Übernahmeangebots im Fall CDF/TISC], 政大法學評論 [Chengchi Law Review], 2012, Nr. 125, S. 1–53.

劉連煜 [*LIU, Len-Yu*]: „現代公司法“ [Modernes Gesellschaftsrecht], 8. Auflage, Teipeh 2012 (zit.: *LIU, Len-Yu*, Modernes Gesellschaftsrecht (2012)).

劉邦繡 [*LIU, Pang-Hsiu*]: „開發金併購金鼎證券過程中違反公開收購環華證券之刑案責任分析 – 臺高院 99 年度金上重訴字第 61 號判決探討“ [Analyse der Haftung in Strafsache der Übernahme von GSF durch CDF in Verletzung der Regelungen zu Pflichtangeboten im Prozess der Übernahme von TISC durch CDF], 軍法專刊 [The Military Law Journal], Band 60, 2014, Nr. 4, S. 60–78.

劉渝生 [*LIU, Yu-Sen*]: „公司法總則“ [Allgemeine Bestimmungen des Gesellschaftsgesetzes], Taipeh 2009 (Zit.: *LIU, Yu-Sen*, Allgemeine Bestimmungen des Gesellschaftsgesetzes (2009)).

邵慶平 [*SHAO, Ching-Ping*]: „商業判斷原則的角色與適用“ [Die Rolle und Anwendung der Business Judgment Rule], in: 施茂林 [SHI Mao-Lin] (Hrsg.): „商業判斷原則與企業經營責任“ [Business Judgment Rule und Verantwortung der Unternehmensverwaltung], Taipeh 2011, S. 273–307.

申心蓓 [*SHEN, Hsin-Pei*]: „內線交易中重大消息認定之實務分析—以企業併購案例為中心“ [Praxisanalyse zur Feststellung der Information von Kurserheblichkeit in Insidergeschäften – mit Fokus auf M&A-Fälle], 檢察新論 [Taiwan Prosecutor Review], 2012, Nr. 12, S. 87–116.

沈婉玉 [*SHEN, Wan-Yu*]: „併購是企業的出路“ [Unternehmensübernahmen als Zukunft von Unternehmen], United Daily News vom 14. Mai 2014, S.

蘇怡慈 [*SU, I-Tzu*]: „從比較公司治理出發論經營判斷法則在美國、德國及我國之實踐“ [Die Business Judgment Rule in der Praxis in den USA, Deutschland und Taiwan aus der vergleichenden Sicht der Corporate Governance], in: 施茂林 [SHI Mao-Lin] (Hrsg.): „商業判斷原則與企業經營責任“ [Business Judgment Rule und Verantwortung der Unternehmensverwaltung], Taipeh 2011, S. 127–157.

曾宛如 [*TSENG, Wang-Ruu*]: „「讓與全部或主要部分營業或財產」之探討 – 兼論董事會與股東會權限劃分之議題“ [Veräußerung des Gesamt- oder Hauptunterbetriebs oder -vermögens – zugleich zum Thema der Abgrenzung der Kompetenzen des Vorstands und der Hauptversammlung], 國立臺灣大學法學論叢 [National Taiwan University Law Journal], Band 35, 2006, Nr. 1, S. 293–299.

曾宛如 [*TSENG, Wang-Ruu*]: „公司法制基礎理論之再建構“ [Neustrukturierung der Grundlagentheorien der Gesellschaftsrechtsordnung], 2. Auflage, Taipeh 2012 (zit.: *TSENG, Wang-Ruu*, Neustrukturierung der Grundlagentheorien der Gesellschaftsrechtsordnung (2012)).

王志誠 [*WANG, Chih-Cheng*]: „公開說明書不實記載之民事責任“ [Zivilrechtliche Haftung für unrichtige Angaben in Prospekten], 政大法學評論 [Chengchi Law Review], 2004, Nr. 82, S. 91–157.

王志誠 [*WANG, Chih-Cheng*]: „股東會之權限及議事原理“ [Zuständigkeiten und Mechanismus der Beschlussfassung der Hauptversammlung], 月旦法學教室 [Taiwan Jurist], 2005, Nr. 27, S. 71–81.

王志誠 [*WANG, Chih-Cheng*]: „獨立專家在併購交易應有之功能及法律地位“ [Die Funktion und Rechtsstellung der unabhängigen Sachverständigen in M&A-Transaktionen], 世新法學 [Shih Hsin Law Review], Band 5, 2011, Nr. 1, S. 34–64.

王志誠/邵慶平/洪秀芬/陳俊仁 [*WANG, Chih-Cheng/SHAO, Ching-Ping/HUNG, Hsiu-Feng/CHEN, Chun-Jen*]: „實用證券交易法“ [Wertpapierhandelsrecht für Praxis], 3. Auflage, Taipeh 2013 (zit.: *WANG/SHAO/HUNG/CHEN, Wertpapierhandelsrecht* (2013)).

王泰銓/王志誠 [*WANG, Tai-Chuan/ WANG, Chih-Cheng*]: Gesellschaftsrecht, 5. Auflage, Taipeh 2010.

王澤鑑 [*WANG, Tze-Chien*]: „法律思維與民法實例" [Das juristische Denken und Fälle im bürgerlichen Recht], 1. Auflage, Beijing 2001.

王澤鑑 [*WANG, Tze-Chien*]: „德國民法的繼受和台灣民法的發展" [Die Rezeption des deutschen bürgerlichen Rechts und die Entwicklung des bürgerlichen Rechts in Taiwan], Journal of Comparative Law, 2006, Nr. 6, S. 1 ff.

王文宇 [*WANG, Wen-Yeu*]: „企業併購法總評" [Allgemeine Anmerkungen zum Gesetz über Merger und Acquisition], 月旦法學雜誌 [The Taiwan Law Review], 2002, Nr. 83, S. 70–85.

王文宇 [*WANG, Wen-Yeu*]: „非合意併購的政策與法制—以強制收購與防禦措施為中心" [Politik und Rechtsordnung der feindlichen Übernahmen – mit Fokus auf Pflichtangebote und Abwehrmaßnahmen], 月旦法學雜誌 [The Taiwan Law Review], 2005, Nr. 125, S. 155–175.

王文宇 [*WANG, Wen-Yeu*]: „公司法論" [Gesellschaftsrecht], Taipeh 2008 (zit.: *WANG, Wen-Yu*, Gesellschaftsrecht (2008)).

吳光明 [*WU, Kuang-Ming*]: „證券交易法論" [Wertpapierhandelsrecht], 12. Auflage, Teipeh 2013 (zit.: *WU, Kuang-Ming*, Wertpapierhandelsrecht (2013)).

吳慧玲 [*WU, Hui-Ling*]: 淺談我國審計委員會制度發展沿革及相關規範 [Die Entwicklung des Instituts des Auditausschusses in Taiwan und die relevanten Regelungen], Securities & Futures Monthly, 2013, Nr. 5, S. 5–17.

姚成翰 [*YAO, Cheng-Han*]: „公司條例釋義" [Kommentar zur Gesellschaftsverordnung], Shanghai 1914 (zit.: *YAO, Chen-Han*, Kommentar zur Gesellschaftsverordnung (1914)).

易建明 [*YIH, Jiann-Ming*]: „美國、日本與我國「公開出價收購法制」之比較研究" [Vergleichsuntersuchung der Rechtsordnung von öffentlichen Angeboten in den USA, Japan und Taiwan], Taipeh 1999 (zit.: *YIH, Jiann-Ming*, Rechtsordnung von öffentlichen Angeboten (1999)).

www.ingramcontent.com/pod-product-compliance
Ingram Content Group UK Ltd.
Pitfield, Milton Keynes, MK11 3LW, UK
UKHW021913290926
8980IPUK00015B/1235

9 783631 674895